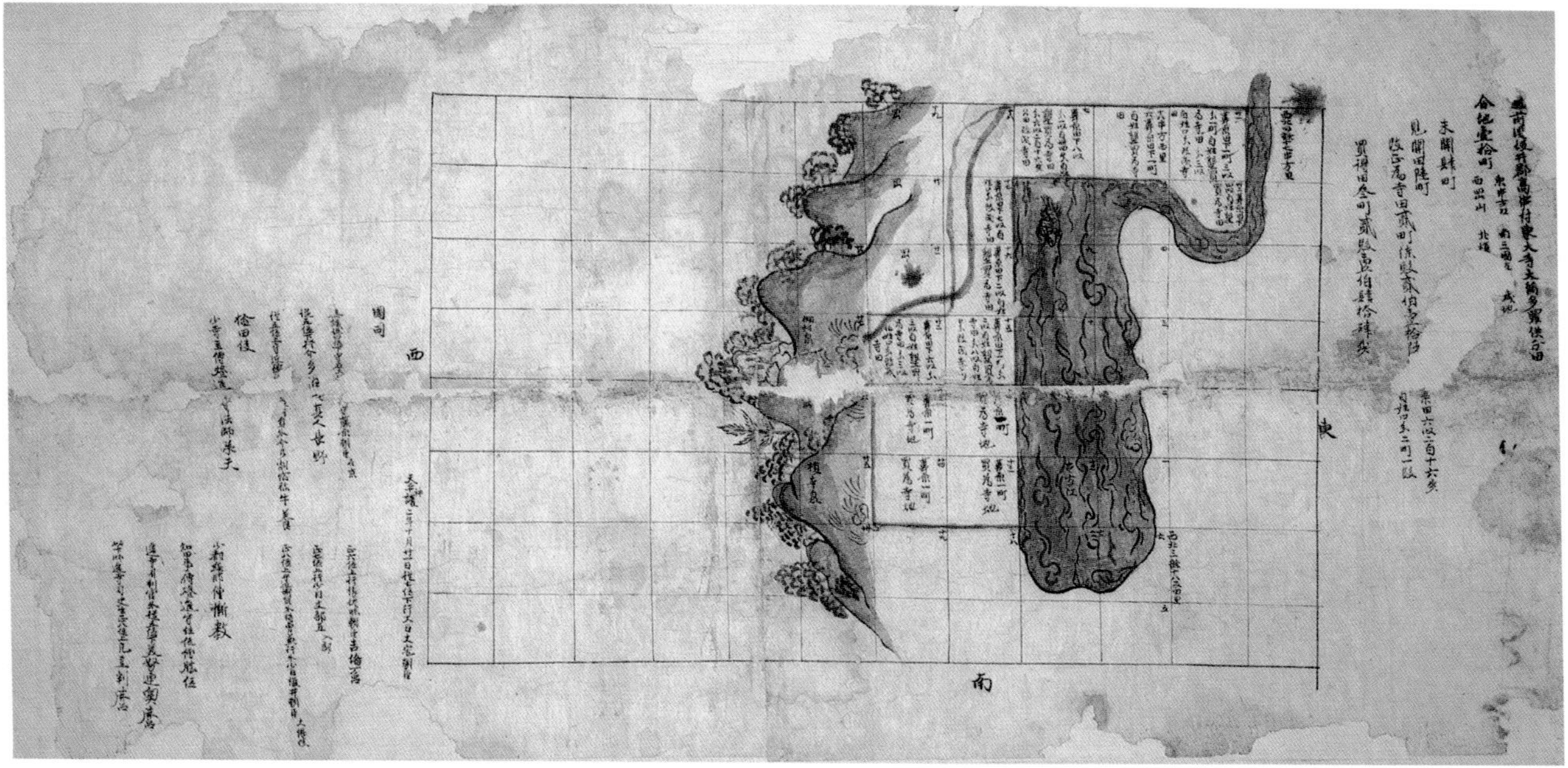

1　「越前国坂井郡高串村東大寺大修多羅供分田地図」天平神護２年（766）・紙本地図　57.0×114.9cm

越前国坂井郡の条里プランと方格が描かれ，条里呼称の条・里・坊および小字地名的名称が記入されている．各坊の区画ごとに東大寺田等の面積が標示され，串方江と称する水面もまた，坊の区画に合わせて直線に描かれている部分が多い．西端には，岡・泉と樹木が描かれており，8世紀の砂丘上の植生を示している．

2 「近江国菅浦与大浦下荘堺絵図」 92×62cm

裏書に乾元元年（1302）8月17日，と記されているが，改元以前の日付であり，実際の作製年はこれより後の14世紀前半にあると考えられている．菅浦と大浦下荘との間に位置する，日指・諸河にある小規模な水田をめぐる相論にかかわって作製されたものと考えられている．絵図には下方中央に竹生島が大きく描かれ，日指・諸河の北側に菅浦の名称が記入されており，この絵図の成立経緯を反映したものと考えられる．

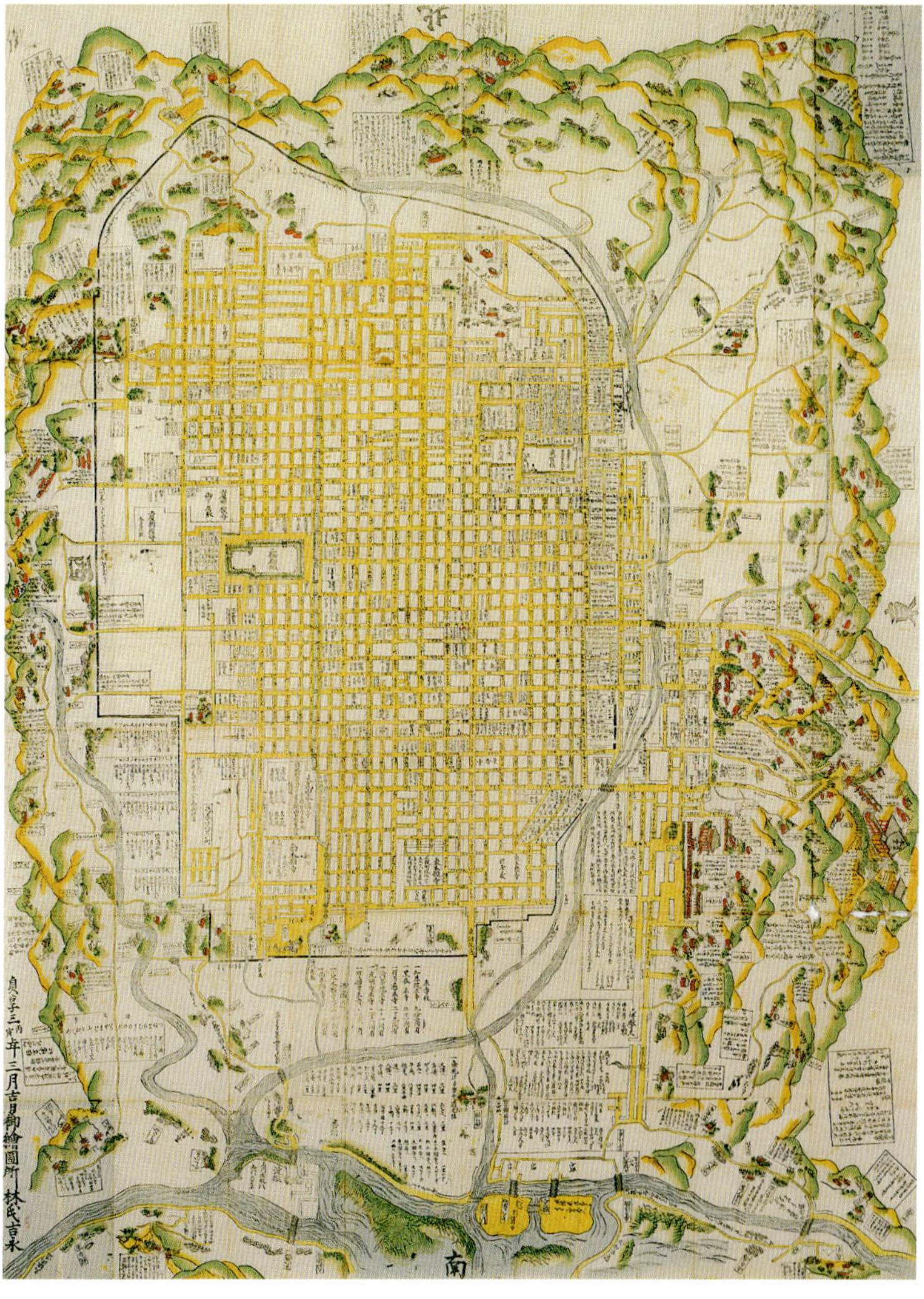

3　『新撰増補京大絵図』林吉永版　貞享3年（1686）　166×125cm

江戸時代中期，京都を中心に活躍した林吉永の代表作．それまでの刊行京都図とは異なり，町人地を白抜きで表現し，美しい彩色を施すなど，地図の見やすさをより追求した地図作製がなされている．また，洛外の寺社についての説明を充実させており，観光地図としての利用も想定した作製であったと思われる．なお，林吉永は寛保元年（1741）にさらにひと回り大きな『増補再板京大絵図』を刊行しているが，それは三条通で南北二分割した図となっている．

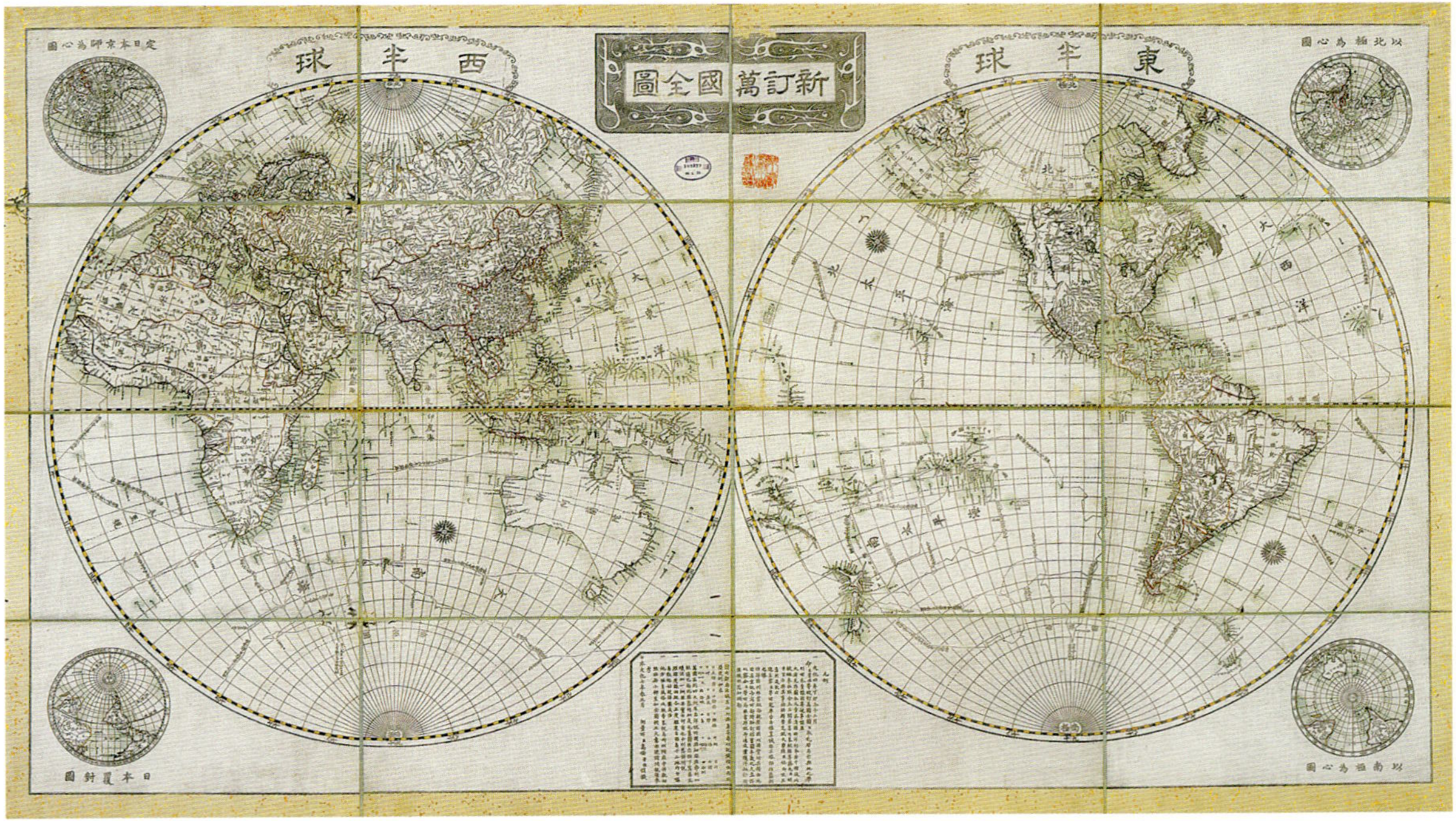

4　『新訂万国全図』高橋景保作・亜欧堂田善刻　文化13年（1816）ごろ刊（文化7年作）　114×198cm

幕府天文方であった高橋景保がアロースミス方図などいくつかの図をもとに編纂した世界図で，間宮林蔵による樺太探検の成果が反映されるなど，当時としては最先端の地理情報を備える．海上にみえるラインは，クック（図中ではコーク氏）による探検航海の軌跡である．

日本地図史

金田章裕
上杉和央［著］

吉川弘文館

はしがき

地図は空間を表現する言語と言ってよいであろう。通常我々が読み書きする言語が、状況を説明し、意志を伝えるように、地図は空間の状況を示し、その基本にある考え方を反映している。同じ意味で数式は数学の論理を表現し、楽譜は音楽を伝える。

ただ地図は、とりわけ古地図の場合、他の言語と異なって、文法が明確ではない。通常の言語の文法は、数式の記号の意味、楽譜の記号の内容に相当する。表現の約束事と言ってもよい。近代地図ともなれば、図式と称する地図記号が示す内容は明確となる。

しかし古地図はもちろん、近代地図においても、地図は読む順序が定まっていないのである。通常の言語でも、数式・楽譜でも、読む順序に迷うことはない。ところが地図は空間そのものを反映し、どこからでも読み始め、どこにでも達することができる。この性格は変わらないとはいえ、図式が定まれば情報の量と質の差、理解の振幅は多少せばまる。つまり、地図の歴史としては、行きつ戻りつしながらも、記号・図式を明示し、文法を整備する方向へと進んできた。

日本は、この地図史をたどる資料にめぐまれていると言ってよい。八世紀の地図の実物が二〇点以上も伝存する国はほかに存在しないのではないかと思う。国家の土地政策を反映した、特徴的な古代の地図に加え、絵画的要素の多い中世の地図、手描き図に加えて印刷図が一般化した近世の地図など、多彩な地図の内容とその変容を紹介しようとするのが本書の目的である。近代地図の成立過程における多様な状況についても言及したい。

その意味で本書は、地図の文法の解説書の役割をになうものである。たとえば、文法が明示されていない中世の地図のような場合にあっても、その表現の記号化の方向性や作製意図を知ることにより、実に多様で豊かな情報を読みとることができる。本書がそのきっかけとなることを願うものである。

なお、古地図には作製された時代の政治状況や社会状況を反映し、身分的差別に関する表現が含まれている場合がある。本書に収録された古地図の一部にもそのような表現が見られる。しかし、それも含めて歴史的資料であり、差別や偏見が歴史的に形成された経緯を解明し、正確な認識を得るために不可欠であるとの考えに立脚し、そのまま使用・掲載している。古地図のもつ歴史的性格について、読者のご理解を賜りたい。

金田章裕

目　次

Ⅰ　古地図の表現と機能

1　絵図と地図

近世以前の地図類をさして、絵図と総称することがある。近世以前の地図類の多くが、地図表現としての図式が完成しておらず、多彩な絵画的表現によっていることが多いことが主要な理由である。絵図の語を古地図の語とほぼ同義と理解している人々さえいる。よく知られているように、「――国絵図」と称する国単位に編集された地図が近世には数多く存在した。江戸幕府も、諸藩も「絵図」の語を多用していたのである。国絵図のみならず、郡ごとの「郡絵図」、国々の境を示す「縁《へり》絵図」などの名称を、幕府製の地図の名称、ないし行政上の正式の名称として用いていた。「絵図方《かた》」と称する作製担当役職さえ設置されていた（川村・一九九二）。確かに近世には、地図と絵図はほぼ同義であったことになる。

ところが、絵図という表現の初見は承平二年（九三二）のことであるという。

これに対して「地図」の表現は八世紀から使用されていた。たとえば『日本後紀』には、延暦一五年（七九六）に律令中央政府が、諸国に「諸国地図」の作製を指示したことを記している。また、正倉院宝物として多くの古地図が伝存していることはよく知られているが、それも、「越前国足羽《あすわ》郡道守《ちもり》村開田地図」といったように、「――地図」と称されているのである。

それでは、絵図と地図ははたして同義なのであろうか。絵図の用語の初見例が記された史料は、高山寺所蔵東寺文書の承平二年八月五日付の太政官符案であり、内容的に疑わしい点があって偽作の可能性があるとされる（小山・一九八七）が、それにしても一一世紀末以前の表現であり、絵図の語の使用例としては有効だと判断されている（南出・一九九六）。

同案文には、「勝宝七歳以来の証図に依り」とか、「図籍公験等に任せ、領掌せしめるべし」として、天平勝宝七歳（七五五）以来の「証図」あるいは「図籍」を典拠とすべきことを示す。一方、同案文では「国郡絵図を注すと云」と、絵図の語を用いているものの、典拠を付していない。このような用例を検討した結果として、南出眞助は「非公式な写図等を絵や図の類という広い意味で『絵図』と総称したのではないだろうか」としている（南出・一九九六）。

絵図の語の用例は時代が下ればさらに増える。たとえば大治五年（一一三〇）東大寺諸荘文書幷絵図目録は、この時点での東大寺所蔵文書・地図などの整理をした目録であるが、開田地図のように本来地図と題されているものも含めて、それらを絵図と総称している。

図籍・証図についてはのちに詳述するが、基本的に「班田図」のような、律令国家の正式な文書・地図である。一〇世紀ごろから、その写図などについて絵図という表現が用いられ、一方で律令国家の正式図が作製されなくなったこととも相まって、次第に作製される絵図の数と絵図の語の用例が増大し、やがて一般的な地図およびその名称として使用されるようになった過程を推定すべきであろう。少なくとも絵図の語は、一定の時代性を有し、それにともなう各種の限定性を有するかたちで成立・

使用されてきたものとみるべきであろう。

したがって、地図の語を包括的概念とし、近代地図が成立する以前のものを一括して古地図と表現するのが妥当であろう。絵図の語は、限定的対象と時代について使用されるべきであり、使用範囲を拡大したとしても、慣用的な用例に限るべきであろう。本書における表現もこの見解に従うこととしたい。

2 古地図の機能と特性

古地図の類型　Ⅱ以下において、日本の各種の古地図について詳しく述べることになる。その前に、各時代の各種の古地図が果たしていた機能や特性について概観し、あわせて本書の構成の説明としておきたい。

日本地図史として記述するために、まず歴史学の時代区分に従い古代・中世・近世・近現代の各時代ごとに説明を試みることとすることをご了解いただきたい。以下の記述から知られるように、各時代における地図の特性は大きく異なっている。かつて、近代以前の古地図全体を絵図と総称したり、近代以前の古地図全体を同一基準で分類したりしようとする試みがなされたこともあるが、それには大きな無理があった。多くの場合、特徴的な中世絵図類を主たる分類対象とし、古代の地図をその前史的に位置づける結果となっていたことである。これについてはⅡ―2で詳述する。

この無理を避けるためには、各時代の各種の古地図の機能と表現対象を見極めつつ検討を進めることが必要となろう。

まずは、時代順に主要な古地図の概要を概説し、それらの機能と表現対象についての整理をおこなったうえで、各時代ごとに各種地図について詳述したい。

古代の地図　天平一〇年（七三八）、諸国に「国郡図」の造進を命じ（『続日本紀』）、延暦一五年（七九六）にはそれが疎略かつ古くなったとして、新たに「諸国地図」の作製を指示した（『日本後紀』）。後者では「郡国郷邑、駅道遠近、名山大川、形体広狭」をしるせ、としているのであるから、近世国絵図を簡略にしたような地図が想定される。

一方、行基図《ぎょうき》と総称される何種類かの日本図が存在するが、最古のものでも嘉元三年（一三〇五）の年紀（仁和寺蔵日本図）である。同図には行基作と記すが、八世紀成立の根拠はなく（秋岡・一九五五によれば、延暦二四年〔八〇五〕輿地図《よちず》の江戸時代の写が所在している〔同書写真1〕。室賀・一九八三、応地・一九九六も参照）、山城国を中心とする七道六八ヵ国の構図は少なくとも九世紀以後の状況である。『延喜式』国郡部の記述が示す国土把握の状況ないし、『二中歴』所載図のそれも同様である。ただし、八世紀段階における「諸国地図」の総図にあたる日本図が存在したとすれば、これらと類似の内容となる可能性が高い。

律令国家の土地管理システムの特徴は、土地を地片に分割する点にあった。その基本が、田令《でんりよう》に規定するような校班田にあったことは再言の要がないが、八世紀中ごろには、条里呼称法の導入による条里プランの完成と、国ごとの班田図の整備が一体となって進んだ（金田・一九八五・一九九三）。条里プランとは、郡ごとに一町（約一〇九メートル《メートル》）方格の碁盤目状の土地区画（ついで現地の畦畔・溝・道に設定）を図上に表現し、番号・名称を付して土地を標記したシステムであり、班田図とは、班田結果を条里プランによって標記した地図である。なお校田図とは班田の前年に田の所在調査の結果を示した類似の地図である。弘仁二年（八一一）一二月二六日太政官符（『類聚三代格』巻一五）などによって、四証図と称して最も基本的な記録とみなす四ヵ年分の班田図の最初に位置づけられる天平一四年（七四二）班田図以来、班田図は条里プランの一条、すなわち六町分の幅（約六五四メートル）を表現対象の幅として、一条一巻のかたちで作製された（岸・一九七三）と考えられる。上野国交替実録帳（『平安遺文』四六〇九）によれば、同国の班田図は八六巻を基本とし、それに対応した八六条の条里プランで国内の耕地分布を把握していたとみられる。

班田図には、その前段階で作製された校田図が転用された例が知られており、「大和国添下《そうのしも》郡京北《けいほく》班田図」の京北三条・四条の基図（岸・一九七三）の例のほか、前述の上野国でも一連の校班田に際して、校田図ないし班田図の一方しか作製されなかった（虎尾・一九六一）ことが知られる。

国家的土地管理システムのもとで作製・使用された校班田図は、校班田がおこなわれなくなったのちも国司による土地管理の基準として使用され続けた。国衙所管の田図は校班田図ないしその系譜の地図とみられ、図・図帳あるいは国図と呼ばれて重要な役割を果たした。前述の上野国交替実録帳の場合もそうであるが、『朝野群載』に記すように、国司の引き継ぎ事物の目録として、田図はその基本項目の一つであった。

校班田図以外にも地図が作製・使用されていた。たとえば、伊賀国には天平元年（七二九）と天平一一年（七三九）の図があったこと、それが計田国司によって無視された（『大日本古文書』東大寺文書二）こと、が知られる。また、天平神護二年（七六六）の伊賀国司解《げ》（同前）では、天平二〇年（七四八）と天平勝宝六年（七五四）のものを「校図」としているのに対し、天平元年図をたんに「図」と表現して両者を区別している。天平元年は班年であるが、天平一一年は校班田のいずれの年次でもないことを考え合わせると、このころの伊賀国では、条里プラン完成後における天平二〇年以後の校田図が重視され、それ以外の図も作製されてはいたものの、重要度はかなり異なっていたことになる。

現存の古地図では、「弘福寺《ぐふくじ》領讃岐国山田郡田図」の天平七年、「摂津職島上郡水無瀬《みなせ》荘図」・「同河辺郡猪名所《いなしょ》地図」の天平勝宝八歳、阿波国名方郡「東大寺図入地」図の「天平宝字二年六月廿八日造国司図案」のいずれの年次も校班年ではなく、これらは校班田図とは別系統の図ないし、そのような図を基図としたものである。のちに詳述するがこのなかには、水無瀬荘図のように国郡司が関与するかたちで作製されたことの明らかな図が含まれており、すでに述べたように、東大寺図入地図の表現に準じて国司図とでも称することができる。「東大寺領阿波国大豆処《まめどころ》図」の基図となったものや、西大寺本「大和国添下郡京北班田図」の三条坂本里の注記にある「天平十五年九月九日勘注図」なども同類であったとみられる。施入文書と国郡司勘が付された図とが一体となった文図《ぶんず》と呼ばれる文書も存在した（鷺森・一九九四）。ここでいう国司図との異同は明確ではないが、とりあえず国司図の一種としておきたい。

とすれば、現存の古代荘園図は、校班田図を基図としたものと、国司図ないしそれを基図としたものとの少なくとも二系統から成っていることになる。前述の各図のほか、東大寺開田地図では天平神護二年図・神護景雲元年図が前者に、天平勝宝三年図・天平宝字三年図が後者に属することになる。

このほかでは、「東大寺山堺四至図《し(い)し》」が結界図（景山・一九六九）とでも称しうる図の一種であり、西大寺資財流記《るき》帳に記された「田園山野図漆拾参《七十三》巻」の多くとともに寺領の領域ないし所在を表現したものである。これらの多くは校班田図や国司図を基礎としたものではない、と考えられる（金田・一九九五aでは、観音寺寺領図もこのグループに含めた。基本的にはそうであるが、校田の過程において作製された可能性があり、紛らわしいので、このグループから除外しておきたい。金田・一九九八参照）。また、山野は国司ないし国家の直接管理外である（金田・一九九五b）から、本来校班田図の対象外であることになる。

西大寺資財流記帳に記された寺院図は、結界図の一種か、伽藍配置を主にしたものかは不明であるが、一方で「額田寺《ぬかたでら》伽藍《がらん》並《ならびに》条里《じょうり》図《ず》」のように伽藍配置を描いたものがあり、これに類する寺院図の可能性もある。額田寺図自体は、荘園図・寺院図・結界図の性格を合わせ有している。宮城《きゅうじょう》図もまた、ここでいう寺院図と同様の機能を有するものであり、「南都所伝宮城図」が平安初期の宮城図の系譜（東野・一九八三）とすれば、遅くとも九世紀にはその存在が確認できることになる。

中世の地図　古地図研究の中心的対象の一つが、絵画的表現が豊かであることもあずかって、中世荘園図であるが、前述のような用語・対象の問題をともないつつ、さまざまな規定・分類案がある。

景山春樹は古地図を「信仰絵図・経済絵図・建築絵図」に三分類したうえで荘園図をすべて「経済絵図」とし（景山・一九六九）、竹内理三も「政治絵図、案内・道中図、信仰絵図、設計・見取絵図」に四分類したうえで「国絵図・田図《でんず》・荘園絵図」を「政治絵図」に含めた（竹内・一九七九）。古代・

中世荘園図類については、景山が「開田図・墾田図・条里図・立券荘号絵図・荘園境界絵図・荘園和与《わよ》絵図・荘園下地中分《したじちゅうぶん》絵図・寺社領牓示《ぼうじ》絵図」に、竹内が「田図・立券絵図・実検図・差図《さしず》・中分絵図・郷村絵図」に分類し、黒田日出男は「墾田・開田図、立券図、実検図、差図、相論図、下地中分図、郷村図」とする(黒田・一九八六)。黒田の分類は竹内に類似するが相論図を加えている。

奥野中彦は時代区分を優先して「奈良(田図)、平安(四至牓示図)、鎌倉(堺相論図・下地中分図・実検図—差図・土帳—)、南北朝・室町(郷村図・灌漑図)」とする(奥野・一九六九)。水田義一は平面図か鳥瞰図かを基礎としてまず「田図・差図・土帳類」と「絵図類」に二分したうえで、「主題図・略図」を加えて三分類し(水田・一九七四)、小山靖憲はこれをふまえ、「田図系統・絵図系統・差図系統」に分類した(小山・一九八七)。吉田敏弘は、差図類を除く「中世荘園絵図」について、「支配系絵図(立券絵図、開発絵図、検注・実験絵図、その他)」と「相論系絵図(和与・裁許絵図、訴陳絵図)」に二分し、表現法からすればそれらが「領域型絵図・道線型絵図」の二種から成っているとした(吉田・一九九三)。

景山の「立券荘号絵図・寺社領牓示絵図」、奥野の「四至牓示図」、水田・小山の「絵図類(系統)」、竹内・黒田・吉田の「立券(絵)図」は、一二世紀以降の領域型荘園の成立・展開にともなって登場したものであり、領主側使者・官使・国使などの立券使がかかわって牓示が打たれた際に作製されたものである。現存最古の事例は康治二年(一一四三)の「紀伊国神野真国《こうのまくに》荘絵図」であり、この類型に含められる荘園図は鳥瞰図的な地形表現と牓示の記入を大きな特徴としている。景山の「荘園境界絵図」、竹内・黒田の「実検図」、吉田の「開発絵図、検注・実検絵図」などに含まれる、正和五年（一三一六）「和泉国日根野《ひねの》村絵図」、嘉暦四年（一三二九）「播磨国鵤《いかるが》荘絵図」、一四世紀ごろの「紀伊国井上本荘絵図」、「尾張国富田《とみた》荘絵図」なども荘園全域を描き、立券図に近い内容を有している。確かにこれらを吉田の「支配系絵図」の概念で一括することは可能であるが、分類対象から除外されている「簡略」な差図類にも領域支配の状況を示すものがある。たとえば、寛正四年（一四六三）「摂津国垂水荘差図」や、明応六年（一四九七）「大和国忌部《いんべ》荘差図」をはじめとする談山《たんざん》神社領の差図類、年不詳「伊勢国櫛田川下流古図」などの例をこの系譜に含め、全体を領域型荘園図とでも称することができよう。竹内・黒田・奥野などの「郷村（絵）図」もこの類型に含まれる。

　和与・下地中分・相論などにかかわる各種の地図と「近江国葛川《かつらがわ》明王院領絵図」のような訴陳にかかわるものを一括する吉田の「相論系」を、ここでは領域型に対置して相論型荘園図とする。この類型の荘園図は、たとえば鎌倉時代末の「大和国西大寺与《と》秋篠寺堺相論絵図」や「近江国菅浦与大浦下荘堺絵図」のように、表現内容において、意識的ないし特定の認識を背景とする極端な限定・強調が含まれていることが多い。さらには、前記の葛川絵図のように、誇張や作為を含め、主観的な地域認識の構造を読み取りうる（葛川絵図研究会・一九八八）場合もある。

　水藤真が説明するように、中世荘園図の表現内容は、①山・川・海・樹木・荒野などの「自然景観」、②耕地・人家・神社・仏堂・用水・池・道・橋などの「人為的事象・景観」、③牓示・境界線・条里方格線などの「概念的景観」からなる（水藤・一九九三）。しかしたとえば、荒野が純然たる自然景観を意味するのではなく、所有・権利にかかわるかたちで設定された概念（黒田・一九八四）であるように、この分類は表現対象を現在の概念によって類別したものであり、必ずしも同時代の機能・認識上の位置づけを反映するものではない。ただし、絵画的要素を強く残しつつも、これらの絵図的表現が一定の記号化の方向性を有していることは事実であり、一定の限定内では実態をよく反映している（葛川絵図研究会・一九八八）。ところが、近代地図のようにその凡例が明示されておらず、解読のためには表現にひそむ暗黙の約束事を読みとることが必要となる。しかもその約束事は近代的規定による概念に対応するとは限らないため、前述のような分類と機能・認識上の意味とが必ずしも整合しないこととなる。

文字の記入は②③について多く、①に少ない。文字の意味は、ほとんどの場合、絵図的表現の対象・位置・形状と一体となってはじめて有効となる。表現された「記号」の意味が明瞭であったり、表現が巧みであったりすれば、文字記入はきわめて少なくても、作製目的を果たしうる場合がある。古代荘園図が、国家的土地管理システムに由来する文字による土地標記を基本的属性としていた状況とは大きく異なる。中世荘園図は、個別的に領域を確定・把握する必要性により、記号化・地図化の強い志向性を有しつつ、一方で表現方法・基準の個別性・完結性が大きい。

ところが、大治三年（一一二八）「大和国飛驒荘実検図」、嘉元四年（一三〇六）「大和国横田荘土帳」、年不詳「山城国紀伊郡里々坪付帳《つぼつけ》」など、実検図・土帳・坪付図などと呼ばれている地図類は、古代荘園図と同様に条里プランの坪単位に、さらには一筆単位に、土地を表示することを主目的としたもものもある。

のである。「備中国服部郷《はっとり》図」などのように、異なった名称ではあるがこれらと類似の機能を有するものもある。

中世に至っても、使用され続けた条里プランについての索引図や一種の推定・考証図があり、文明一七年(一四八五)「大和国楊本《やなぎもと》荘条里図」・「九条御領辺図」・「京都九条図」などがその例であるが、なかには明らかな間違いを含んでいるものもある(金田・一九九三)。これらは、位置表示を主目的とした差図などと称される地図類とも類似する場合がある。ただ差図は、簡略な地図であっても、前述のように範囲や境界を示し、領域把握を主目的とする場合が多く、両者は基本的に別種の地図とみるべきであろう。

なお、前述の垂水荘差図を除けば、差図はほとんどが談山神社領の地図の名称であり、土帳は大乗院領ないし尋尊筆の地図に付された名称である(南出・一九九六)。したがって一般化しうる名称ではないが、少なくともそれぞれの土地管理法にはかかわる呼称であろう。

遅くとも一三世紀前後には、今日伝えられている『拾芥抄《しゅうがいしょう》』東・西京図、宮城図のような形状の地図が作製・使用されていたとみられ、その例を「仁和寺蔵京都古図」などにみることができる。中世には、屋敷配置を描いた「京都左京九条四坊一町屋地図」や寺社境内を描いた「天徳本祇園社絵図」(難波田・一九八八)のような、屋敷図・境内図とでも称すべき図が作製された。境内図と峻別することは困難であるが、伊勢参詣曼荼羅のような参詣図が各地で作製されるのも、中世末―近世初頭である(西山・一九八六・八七)。境内図・参詣図の大きな特徴は、建物が立体的・絵画的に表現されていることと、空間表現のデフォルメが著しいことであり、同じ時期の絵巻や洛中洛外図などとの描写法上の共通性が大きい。

中世には、行基図系の形状の日本を含む、アジア図ないし世界図が中国・朝鮮で作製された（秋岡・一九五五、織田・一九七三）。たとえば李朝太宗二年（一四〇二）の「混一疆理歴代国都之図《こんいつきょうりれきだいこくとのず》」や成宗二年（一四七一）申叔舟編の『海東諸国紀』所載図などがあり、日本でも知られていたとみられる。日本では、貞治三年（一三六四）に重懐が書写した法隆寺蔵「五天竺図」が現存最古の世界図であり、『倶舎論』の仏教的世界観によって世界を描き、天竺への思慕、日本・唐・天竺からなる三国世界観の描出、末法の辺土意識の表現などを特徴とする（宝賀・海野・一九五七、応地・一九八七・一九九三・一九九六、青山・一九九二）。

近世の地図　すでに各種の要素・種類が出揃ってはいたが、近世にはそれがいっそう多様化し、多彩に展開した。しかも、手描き図に加え、木版刷りの出版図が一般化し、さらに、より精度の高い測量図も出現した。

世界図では、一六世紀末の「南蛮世界図屏風」（秋岡・一九五六、中村・一九六四）がすでにヨーロッパ製の地図の日本への伝来を示しているが、マテオ・リッチ訳・刊の『坤輿《こんよ》万国全図』（明万暦三〇年（一六〇二））が日本における世界認識および世界図に衝撃的な影響を与えた（船越・一九七〇）。同図を基礎として幾多の図が作製されたほか、石川流宣によってカナ書きで簡略化して刊行された『万国総界図』（宝永五年（一七〇八））や長久保赤水が補訂して幕末まで広く使用された『地球万国山海輿地全図説』（天明八年〔一七八八〕ごろ刊）がその代表例である。

この時期、仏教系世界観・世界図も併存しており、鳳譚の『南瞻部洲《なんせんぶしゅう》万国掌菓之図《ばんこくしょうかのず》』（宝永七年〔一七一〇〕）のような出版図も出現した。同図はすでに、三国世界観を基礎としつつも西洋的地理知識をとり込んでヨーロッパを表現しており、さらに円通『仏国暦象編』（文化七年〔一八一〇〕）所載「南閻浮洲《なんえんぶしゅう》図」のように、仏教系世界観を擁護しつつ、西洋的知識との統一をはかろうとしたものも出現した（室賀・海野・一九五七）。

一七世紀に入っても、慶安四年（一六五一）の『日本国之図』や延宝六年（一六七八）の『新撰大日本図鑑』のように、刊行日本図は行基図の様式を踏襲するものが一般的であった。一方で、江戸幕府は諸大名に命じて国絵図を撰進させ、それを編集して公用に供していた。慶長の国絵図を基にした寛永日本図（一六三八年）以下、正保図（一六五一年）、元禄図（一七〇二年）、享保図（一七二八年）の日本図があり（川村・一九八六・一九九〇）、編集方針の異なる元禄図を除き、日本の形状は次第に正確な状態に近づいた。これらの国絵図・日本図ともすべて手描き図であったが、いくつもの写しが作られて使用された。刊行国絵図も数多く出現したが、多くはこれらの幕府撰国絵図を基礎とし、簡略化した内容となっている。

近世中ごろ、刊行日本図として流布したのは、貞享四年（一六八七）刊『本朝図鑑綱目』以来の各種の石川流宣作製図であった。装飾的な形状に日本を描き、一方で宿駅・里程表などを加えた実用的なものであり、ヨーロッパ製地図の日本部分にも影響を与えた。近世後半を代表する日本図でかつ広く利用されたのは、長久保赤水の『改正日本輿地路程全図』（安永八年〔一七七九〕刊）であり、形状・距離・方角をほぼ正確に表現し、経緯線を加えたものであった。

寛政一二年（一八〇〇）に始まる伊能忠敬の実測によって、大図一二四舗、中図八舗、小図（大日本沿海輿地全図）三舗に及ぶ正確な測量図が完成したのは文政四年（一八二一）のことであった（保柳・一九七四）。伊能図は沿岸測量の成果であったが、石黒信由による加賀・能登・越中三国の郡別分《ぶん》間《けん》絵図（㈶高樹会蔵、文政六年〔一八二三〕ごろ）のように、類似の精度の測量を内陸部分にまで及ぼした測量図も出現した（楠瀬編・一九八三）。

伊能の実測をはじめ、当時の測量・探検成果を加えて、高橋景保は「日本辺界略図」（文化六年〔一八〇九〕）などを試作し、文化一四年（一八一七）には『新訂万国全図』を作製・刊行した（船越・一九七九）。これは、寛政元年（一七八九）の朽木昌綱『泰西輿地図説』所載地球略全図など、蘭学として入ったヨーロッパの地理書や地図にもとづいたものはもとより、同時期のヨーロッパ製世界図に比しても、世界最先端の成果であった（金田・二〇〇八）。

近世の地図類で最も多いのが、村絵図・町絵図と総称されている手描きの古地図類である。それぞれが限定的目的のもとで作製・使用され、多様な種類のものがあった。

検地の際に土地を一筆ずつ確認・記録する作業の一環として作製されたものもその一種であり、一筆ごとの土地の形状を描くことに最大の特徴がある。各地筆の面積ないしサイズ、小字《こあざ》地名・地目、地番ないし所有者名などの一部を記載している例が多い。町場の場合には、屋敷の間口の把握が主目的となり、農地と宅地が同時に一図に表現されている場合も、そうでない場合もある。太閤検地以来の本検地のほか、新田確定や支配者の交代の際などに、検地帳とともに作製されるのが通常であった（木村・一九七九）。

これを検地図と仮称するとすれば、このほかに麁《あら》絵図などと称されることの多い相対的に簡略な地図があり、狭義の村絵図とすることができよう。いずれもなんらかの目的のもとに、村の概要や村内の一定の要素の把握・表現のために作製・使用されたものである。小字地名や集落の位置、道・川・池・山、あるいは小物成《こものなり》のかかる場所や入会《いりあい》地など、対象は多様である。集落・耕地部分とは別に山の部分を中心に描いたものがあり、これを山絵図とでも仮称するほうが便宜であろう。複数の領主の支配を受けている場合に、その領域や境界を示す例もあり、これを所領図とでも称することができる。このほかに、相論（争論）・裁許にかかわるものや、各種の境界を明示するためのものも多く、かりに相（争）論絵図・境絵図としておきたい。これらはいずれも、村のレベルにおける各種の領域の把握にかかわる地図類とみることができよう（事例および詳細については金田・一九九一）。

広義の村絵図に含められることの多い水利関係の古地図のなかには、特定の相（争）論・裁許と直結しないものがある。そのうち、川の流路やその沿岸の状況を一般的に示した川絵図と類似し、用水路ないし溜池あるいは水掛り状況の全貌を説明・把握する種類のものを用水図とでも仮称するとすれば、その多くは、領域全般よりも個別的位置関係の把握の方に重点がある。

近世における都市図の発達はきわめて著しい（矢守・一九七四・一九八四・一九九二）。検地図を含む町絵図の多くもこの類型である。江戸では明暦三年（一六五七）の大火後、実測に基づく地図が作製され、いわゆる寛文五枚図（三二五〇分の一、遠近道印《おちこちどういん》作）が刊行された（矢守・一九七四）。それ以前から江戸図は刊行されていた（現存最古の江戸図は一六五〇年代と推定されている）が、これ以後、縮尺・方位のいずれについても正確な地図が刊行されるようになった。遠近道印に次いで、石川流宣ほか多数の作者・版元（板元）が参入した（岩田・一九八〇）が、なかでも須原屋茂兵衛は、近世を通じて江戸最大の版元であった。

現存最古の刊行都市図は、『都記《みやこのき》』（寛永元〜三年〔一六二四〜二六〕ごろ）と題された京都図である（大塚・一九八一）。京都でも寛永二〇年（一六四三）に中井家によって一五〇〇分の一の「洛中絵図」が作製され、京都所司代に納められたが、江戸の場合と異なって出版図の基図とはならなかった。近世京都図の刊行を主導した版元は、前半が林吉永、後半が竹原好兵衛であり、前者は江戸図・大坂図も刊行した。

江戸図では、大絵図と称される大型・中型の一枚図と携帯用小型版のほかに、一八世紀中ごろから切絵図《きりえず》と称される分割図が盛行した。いずれも、市街地の街路・町名と武家屋敷の表示が重要な機能であった。これに対し京都図では、江戸の切絵図に相当する種類を欠き、また観光案内図としての要素が強いのが特徴であった。郊外の多数の名所を一枚の地図に描き込むために、周辺部の縮尺を小さくしたり、東西と南北とで縮尺を変えたりする例が多かった（京大地理編・二〇〇七）。一方で公家屋敷の表示を主目的とする内裏図も刊行されており、その性格は江戸図の主要部と類似するが、表現内容が限定されている点でむしろ屋敷図・城郭図と同類とみるべきであろう。

京都図・江戸図のほかに、大坂・奈良・長崎をはじめ需要の多い都市については出版図がつくられたが、種類は両都市ほど多くない。

数多くの城下町の場合、出版図がつくられることは稀であったが、詳細なものから簡略なものまで多様な城下絵図が作製された。多くの場合、城下絵図と城郭図は別々であるか、いずれか一方に重点があり、後者は施設の配置ないし構造を表現対象としている点で都市図一般とは性格を異にする。

街道図・道中図・巡礼図や航路図など、水陸の交通にかかわる絵図の作製・刊行も近世の特色の一つである。東海道分間絵図をはじめとする詳細な街道図や、瀬戸内海航路図、あるいは水深を記した沿岸図などその例は多い。川絵図にも類似の性格のものがある（小野寺・一九九一）。

伊藤東涯や森幸安による平安京の復原・考証図（京大地理編・二〇〇七）をはじめ、大坂の地形考証や、各地の消滅した城郭や城下の推定図など、一種の歴史地図とでもいうべき非実用的な推定・考証図が増大したことも近世の特徴の一つである。

近代の地図　以上に述べてきたような古代・中世・近世の地図の特性は近代地図とは大きく異なっている。近代地図の特質は、少なくとも方向性としては、㋑三角測量・空中写真測量などの正確な実測による地図、㋺一般図と主題図とを問わず、表現対象・方法の明確な基準と凡例の明示、にある。道線法・交会法の測量術を駆使した前述の伊能図・石黒図は、近世にすでに㋑に近づいている。これに対し個別の地筆の測量結果を集成した明治の地籍図は、近代に作製されたものでも㋑とは大きく異

17・18世紀
世界図・アジア図 刊行世界図・アジア図
日本図・国絵図・郡図 刊行日本図・国絵図
検地図
所領図 村絵図・山絵図 相(争)論絵図 境絵図
内裏図・屋敷図・城郭図・参詣図 刊行内裏図・城郭図 →
道中図・航路図・川絵図・用水図 刊行道中図・航路図
市街実測図(京都図・江戸図) 都市図(京図・城下絵図・町絵図) 刊行都市図
推定・考証図(復原図) (浪速古図・平安京条坊図) 刊行復原図

なっているが、同様の技術的レベルで作製された近世の検地図をも含めて㋺には接近している。このように、近代地図の要件を備えていない地図類ではあっても、性格や内容はきわめて多様であり、少なくとも古地図の総称として絵図の語を使用するのはすでに述べたように不適切である。

古地図の機能と特性　以上のような古地図類をその機能と表現対象によって分類すると、表1のように整理することが可能である。

表現対象からすれば、世界・国・小地域の三つのレベルのスケールに分けられる。世界レベルの地図は、世界観・世界認識を表現したものであり、近代ヨーロッパの世界図を受容し、高橋景保のようにその精度を高める段階に入ってはじめて、国土把握と同水準の世界把握へと転換する。

国レベルのスケールの地図は、八世紀にすでに国土把握のために作製されたことが明らかであり、

表1　日本における古地図の機能と表現対象

対象・機能			8・9世紀	10・11世紀	12-14世紀	15・16世紀
世界	世界認識				アジア図(世界図)	→
国	国土把握		国・郡図	- - - →	日本図(行基図)	→
小地域	土地把握	土地(地片)	校班田図 国司図	国図・民部省図	- - - →	
			荘園図	→	実検図(土帳・坪付図)	→
		領域	寺領図		領域型荘園図 (立券・開発絵図)	差図 郷村図
			結界図		相論型荘園図 (堺相論・和与・中分図)	→
	施設・都市把握	位置・配置	宮城図	→	宮城図・官衙図	→
			寺院図			境内図・参詣図 屋差図・用水図
		都市	- - - →	- - - →	左右京図	→
	推定・考証					条里図

古代・近世の国・郡図はその精細図である。ただし、中・近世の日本図では、周辺に雁道《かりみち》（がんどう）や羅刹《らせつ》国など想像上の土地が描かれているものも多く、この点では世界観をも表現していることになる（青山・一九九二、応地・一九八七・一九九三・一九九六）。

小地域レベルのスケールの地図はきわめて多様であるが、大別すれば三つのグループとなる。①土地の面積や場所、あるいはその広がりの状況を表現する地図、②道・用水・建物など多様な建造物・構築物あるいはその集合体ならびに集落などの実態や利用状況を把握・表現する地図で、土地そのものを直接的に表現することが主目的ではない地図、③各種の推定・考証・復原などのための地図で、世界観・歴史観などを反映してはいるが小地域を対象としたもの、である。

ここでは、①の機能を土地把握、②の機能を施設・都市把握、と表現する。両者はそれぞれがさらに二分される。土地についてはⓐ個別の地片を対象とする場合とⓑ領域として扱う場合、施設・都市についてはⓒ個別要素の位置・配置を表現する場合とⓓそれらの全体が含まれる都市を表現する場合である。いずれも前者（ⓐⓒ）が景観要素を個別に扱い、後者（ⓑⓓ）がその複合体を全体的に扱う方向性を強く有していることになる。

古代にⓐが多く、中世にはⓑが中心となるのは、それぞれの時期の政治体制と土地管理システムにかかわるものである。また、ⓒが時代を追って漸増するのに対し、ⓓが近世に激増するのは、表現対象の多寡と需要に由来する部分が大きい。日本の都市図は、境内図類と城郭図を除けば鳥瞰図的要素が少ないのが一つの特徴である。ⓐの系譜は中・近世でも実検図・検地図として続き、明治以後は地籍図として再編されることになる（佐藤・一九八六）。一方ⓑⓒⓓの要素は、近代的国土把握のために作製された地形図（五万、二万五千、二万、一万分の一）や大縮尺図（国土基本図など）などの一般図へと機能が吸収されていくことになる。

小地域を対象とした各種の古地図は、近代の地形図（内容的には地誌図と称すべきか）のような一般図を欠如しており、すべてが特定の目的を有した主題図である。わずかに、都市図に多目的使用を企図したものがあるにとどまる。したがって、明示されているといないとにかかわらず、それぞれの地図の主題と凡例の発見・解析が判読の要点となる。当然、主題については意味のある――それ以外については意味の有無が不明なものもあるが――さまざまなデフォルメ・省略・強調が含まれている。

古地図は、一方ではその多様性のゆえにともすれば個別的に扱われ、しばしば特定目的による便宜的な位置づけを与えられてきた。表1はそのような現状を打開し、文脈論的な視角から検討を進めるための予備的作業の結果である。

古代荘園図が、校班田図や国司図とともに、土地（地片）を主たる表現対象とし、その把握を主目的・主要機能とするものであることは繰り返すまでもない。この機能は、古代の土地制度・土地管理システムと連動するものであり、中世には土帳・坪付図などと称されることの多い、ここで実検図と総称した地図群と類似の機能を果たした。しかし、中世の実検図では主管者は荘園領主に限られ、表現内容についての変異が大きい。また、そのような性格のゆえに、必ずしもすべての荘園で作製されたとは考えられない。

中世の実検図の系譜に連なる地図が、土地制度と連動するかたちで広範に作製されるのは、近世の検地図としてである。機能と系譜からすれば、古代荘園図は、近世検地図との類似性が最も大きい。しかし、両者の図様は、一見して知られるように大きく異なる。その理由は、土地管理システムの差異と、土地利用状況などの実際の景観の差異にある。それぞれについて文脈論的視角から検討すべきことは、古代荘園図と同断である。

3 出版地図の出現とその意義

手描き図と出版図　古地図の図式が未成熟で、表現の基準が明示的ではないことの一つの理由は、これらの多くが手描きの地図であり、限られた状況のなかで、限られた人々によって利用されたからである。さまざまな人々、あるいは一定の関係のある人々のすべてに意志を伝達するための言語は、必然的にそれぞれの言葉の意味や文法を共有化した。古地図の多くは、その方向のなかにはあったが、限定的な範囲での使用が、その方向の展開を不十分なものにしていた。限られた人々のなかでは、それでも一定の目的は果たしえたのである。

手描きの地図は、手書きの書物と同様に、必要な場合は写しを作った。写本である。それでも利用の範囲は限られていた。

しかし、地図を印刷し、出版するという段階を迎え、地図そのものも大きく変貌することとなった。出版するということは、より多くの人々の利用を期待することであり、さらにいえば、不特定多数の人々の利用を前提とすることになる。そのためには、その地図が何を表現しているかについて、その利用者に伝達できることが必要不可欠となる。地図を眺めた人の誰でもが表現の意味を理解できることが望ましい。

同じく古地図ではあっても、手描き図と出版図では、この点において大きな違いがあることになる。古地図のなかでも出版図は、大きく近代地図の方へと歩を踏み出していることになろう。

しかし、出版図ではあっても、その内容は実にさまざまである。先に、地図を一つの言語と表現したが、人々が話し、文章に書き、それを読む一般の言語とは大きく異なっている。言語は、一語ずつ順に話され、書かれ、読まれる。地図という言語はしかしそうではない。地図を読む順番は定まっていないのである。地図を描いた順に読む、という必要はなく、また地図をどういった順に描いたのかはむしろ不明であることの方が多い。にもかかわらず、空間表現のためには地図は不可欠であり、地図というもう一つの言語でなければ、表現し伝達することが困難なことがらがある。

古地図の歴史は、このための技術開発と、情報収集・伝達の過程そのものであるといってもよいかもしれない。しかも、より多くの人々に伝達する必要のある出版図は、特にこの点に深くかかわっていることになる。

地図出版のはじまり　地図の出版は、当然のことながら出版技術そのものとかかわる。世界での地図出版史のはじまり自体は一五世紀末にさかのぼるが、日本においては一七世紀の初めごろがその草創期であり、実物を追跡できるのはこのころからである。言語に比べると、地図というもう一つの言語の完成度は、必ずしも高くはなかった。地図出版の歴史は、地図という言語の文法である図法・図式の確立の歴史であり、語彙に相当する空間情報の集積の過程でもあった。

日本での出版そのものの歴史は、いわゆる『百万塔陀羅尼』にさかのぼり、その宝亀元年（七七〇）という時期は、現存する印刷物としては印刷年代が明確なもののうちで世界最古であるとされる。しかし、出版が広くおこなわれるようになるのはやはり一七世紀ごろからのことであり、地図出版もその流れのなかにあった。

中世に有職故実の書として成立した『拾芥抄』が慶長年間（一五九六～一六一五）に出版されたが、そのなかには「行基図」と呼ばれる簡略な様式の日本図が含まれていた。現存するもののなかでは、日本において出版された最古の地図である。

出版された都市図としては、『都記』と題された京都図が現存のものでは最も早い時期のものである。出版年は記されていないが、寛永三年（一六二六）ごろと推定されている。

一七世紀初めごろの日本には、『坤輿万国全図』という中国で出版された世界地図が伝えられていた。イエズス会士マテオ・リッチ（利《り》瑪《ま》竇《とう》）がヨーロッパ製の地図を漢訳し、万暦三〇年（一六〇二）に刊行したものである。

このような一七世紀初めごろを、日本での地図出版のはじまりと考えてよいであろう。この時期、オランダではブラウが『新地図帳』を刊行しはじめていた。オランダは、一六世紀後半からメルカトルやオルテリウスが活躍していた地図出版における当時の世界の中心であり、ブラウは一七世紀には彼らのあとをついで最大の地図出版者となった。一六六二年に完成した『大地図帳』は一二巻に及ぶ厖大なものであり、空前絶後の世界地図帳であった。

一七世紀初めから、二一世紀初めの四〇〇年間が、まさしく地図出版の歴史ということになろう。

木版印刷の精華　メルカトルやブラウの地図出版は銅版によるものであり、細かな表現や大型の印刷に適していた。

これに対して日本では、木版による印刷が基本であった。慶長版『拾芥抄』の日本図はもとより、『都記』も木版であり、中国からもたらされた『坤輿万国全図』もまた木版であった。木版はふつう、細かな表現には必ずしも適合しないかに思えるが、日本ではとりわけその技術が発達し、きわめて精巧な印刷がおこなわれた。ただ、その技術は高度であり、必ずしも容易でなかったことは、実際の地図出版のいくつかの例にも反映している。

たとえば、正保二年（一六四五）刊の『万国総図』は、地図そのものが木版印刷であることはそのとおりであるが、図中の文字は印刷後に書き込まれたものである。地図出版が容易な技術ではないことの反映とみられる。また、現存最古の都市図『都記』は、文字は印刷されているものの、市街の街区は黒く刷り出されていて、一見陰画のような印象を与える。のちに線のみを刷り出すようになることを想起すれば、積極的にこのような印刷様式としたのか、この方が労力が少ないなどの利点があったのか、について、後者の可能性を想定したくなる。

ただしこの点は、色刷りの問題ともかかわる可能性がある。木版と銅版とを問わず、多色刷りは技術と経費のおそらく両者がからんで出現が遅れる。一色刷りののち、一枚一枚手で彩色する手法が、やがて一般化する。木版手彩色《てさいしき》、銅版手彩色である。

浮世絵師石川流宣が地図作製にも参入したのは、絵柄による表現を中心とする基本技術の共通性が大きいと思われる。石川流宣作の装飾性の強い日本図が一時期広く流布した。

木版のもう一つの問題は、一枚の版木《はんぎ》（板木）の大きさの制約が、おそらく銅版より大きかったことであろう。大きな地図のためには何枚もの版木を使い、何回かに分けて刷り合わせる必要があった。地図の版木が残されている例は必ずしも多くはないが、大仏前絵図屋庄八の日本図の場合は、三分の一ずつの版木として作製され、印刷されていた。桜板を用い、きわめて薄く、きわめて精巧に彫刻されているようすが知られる。部分訂正をして印刷する場合は、一部の版を削り、そこに埋木《うめき》をして訂正部分を彫り込んだ。近世の地図では、既存の版木を入手し、版元の名前のみを訂正して出版するということもしばしばおこなわれた。

木版多色刷りと銅版刷り　木版手彩色が一般化したのち、多色刷りが出現した。これには浮世絵などと同様に、複数の木版を作製し、色ごとに刷り重ねる手法が用いられた。このほかに、京友禅の技法を導入した合羽《かっぱ》刷りと呼ばれる手法が用いられた場合もある。いったん木版で墨刷り部分を刷り出し、その上に、紙型《かみがた》を用いて色を重ね刷りしたものである。

近世の出版地図は、浮世絵とともに、木版印刷の精華ともいいうる段階に到達したが、一八世紀末には次第に銅版印刷の試みが始まった。寛政四年（一七九二）には司馬江漢が世界図を刷り、やがて文化七年（一八一〇）には、高橋景保によって大型の銅版刷り『新訂万国全図』が刊行された。銅版は、地図の経緯線などにとりわけその利点を発揮した。

明治時代に入ると、地図出版は銅版が中心となった。陸軍は、実測に基づく近代地図の作製・発行を進めたが、これらもまたヨーロッパの技術・方法を導入した銅版印刷であった。

以上のような過程を経て、もう一つの言語としての地図の文法というべき、図法と図式が明確となってきた。ただ、地図を読む順序は、依然として読者にまかされている。この点が文章と異なり、また楽譜・数式などとも異なる点であろう。

Ⅱ　古地図の古代・中世

1 古代の地図

(1) 国郡図と諸国地図

八世紀に「国郡図」、次いで「諸国地図」が作製されたことは、すでにIで述べた。いずれも実物は伝存していないので内容は不明とせざるをえないが、国郡図と称するからには、少なくとも国単位でかつ郡が明示されていたものと思われる。

さらに、延暦一五年（七九六）には、それが「疎略」であり、また古くなったとして、新たに「諸国地図」の作製を指示した。したがって、少なくとも天平一〇年（七三八）の「国郡図」が実際に作製され、京の役所で使用されていたことは確かであったことになる。五〇年以上も経過すれば古くなるのは当然であるが、この程度の期間は十分使用に耐えたであろうことは、近代日本における代表的な行政地図である地籍図（公図）の使用状況からも容易に推察できる。ただし、内容が「疎略」であるとはいかなる状況なのかは不明である。

延暦一五年に新しく作製が指示された「諸国地図」には、「郡国郷邑、駅道遠近、名山大川、形体広狭」をしるせとしたことを『日本後紀』は伝えている。国・郡・郷は行政単位、駅道は国家管理のもとに七道諸国を貫いた官道であり、まずは行政単位と官道の距離に加えて、邑つまり主要集落を記入し、かつ著名な山と大河、ならびに土地の形状と広狭を表現することを命じていることになろう。
とすれば、現存史料類のなかでまず想起されるのは『出雲国風土記』の記述である。和銅六年（七一三）撰上を命じられたものであり、たとえば次のように記載されている（『日本古典文学大系』岩波書店）。

　意宇《おう》の郡
合わせて郷は十一、餘戸は一、駅家は三、神戸は三里は六なり。（中略）
母理《もり》の郷　郡家《こおりのみやけ》の東南のかた三十九里百九十歩なり
（中略）
伯太川　源は仁多《にた》と意宇と二つの郡の堺なる葛野《かどの》山より出で、北に流れて母理・楯縫《たてぬい》・安木《やすき》の三つの郷を経て、入海に入る。

このような内容が地図に表現されていると考えるのが最も推定しやすい状況である。天平一〇年のものがこれより疎略とすれば、さらに簡便なものとなるが、あるいは改訂のための単なる文飾にすぎないかもしれない。

　これに関連してふれておきたいのは行基図と総称される簡略な日本図である。その一つ、現存最古の「仁和寺蔵日本図」（後出図5）は嘉元三年（一三〇五）の年紀を有している。同図には行基作と記すが八世紀に成立したとする根拠はない。山城国を中心とする七道諸国の構図は少なくとも九世紀以後の状況であり、一〇世紀初頭に完成した『延喜式』国郡部にみられる国土把握の状況とも共通する。さらに時期の下る『二中歴』所載図も同様の国土把握を示している。行基図の成立には一二世紀から一三世紀中ごろの東大寺が関与した可能性が高いとされる。ただし、八世紀段階において、「諸国地図」の総図ないし索引図を作製したとすれば、結果として、行基図に近い形状のものとなろう（応地・一九九六、金田・二〇〇三）。

(2) 校田図・班田図

国郡図・諸国地図などが小縮尺図とすれば、律令国家の土地管理システムの基本であった校田図や班田図（以下、校班田図と略記）は大縮尺図となるが、それは近代地図とは異なるいくつかの特徴を有していた。

まず特筆すべきは、それぞれの国における最初の校班田図作製が条里プランの成立と密接にかかわっている点である。条里プランは土地管理・記録のための図上の一町方格の区画とその土地を表示するための条里呼称法からなり、前者は現実の土地における一町方格の径溝としての地割形態へと結びつき、後者は、それぞれの区画に付された小字地名的名称としてまず出現し、ついで一里を単位とした内部の一町方格の各区画への数詞の条里呼称と、里および里列（条と称することが多い）への条里

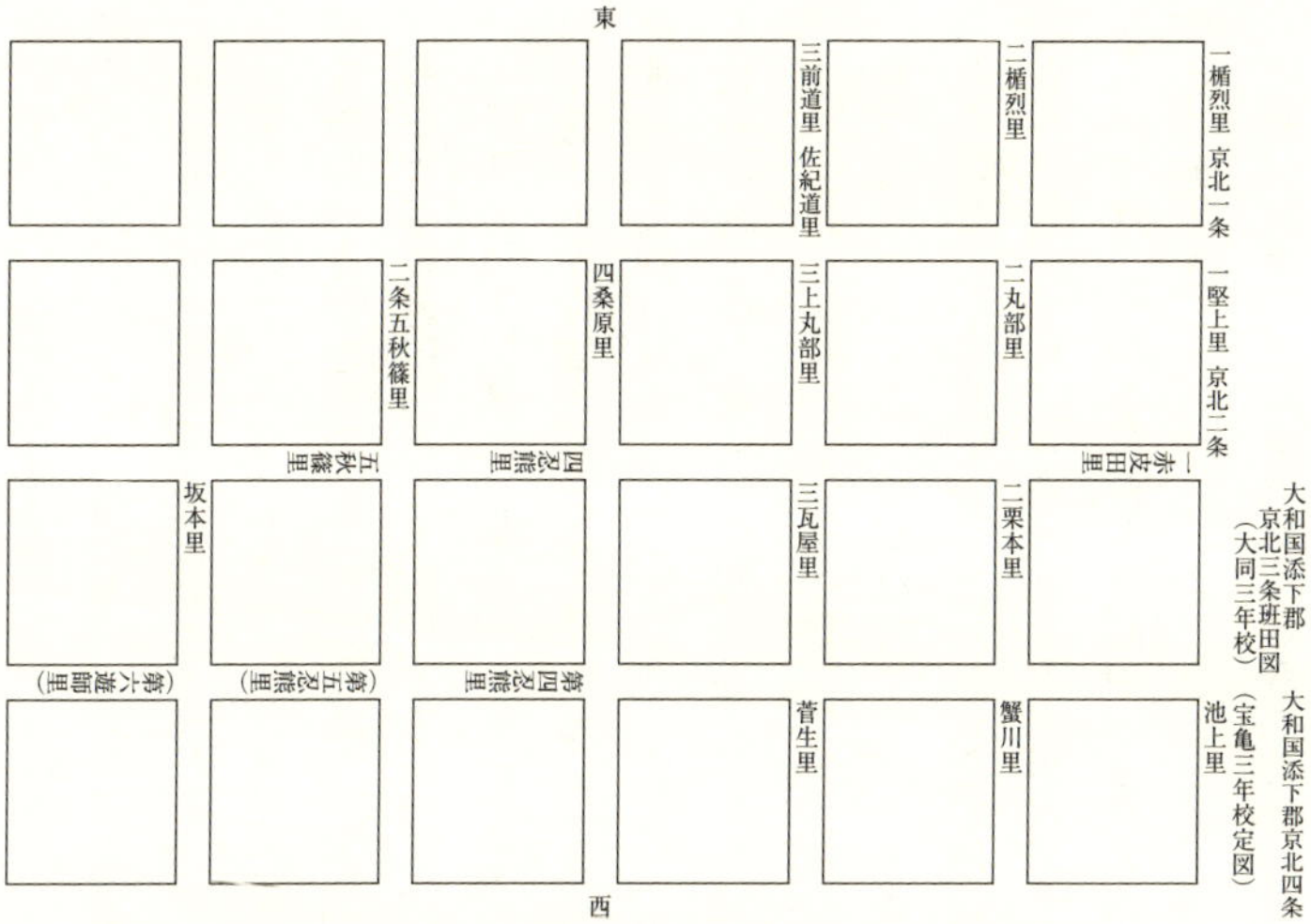

図1　大和国添下郡京北班田図における条里プランの表現

（東京大学本による．（　）の里名は西大寺本で補充．里内の坊・番号を省略）

呼称との併用となり、やがて数詞のみの使用へと変遷するが、この第二段階をもって条里プランの完成とみなすことができる（金田・二〇〇二）。

校班田図そのものは伝存していないが、それを基にした荘園図が残存している。「大和国添《そうの》下《しも》郡京北《けいほく》班田図」のベースマップは三条部分が大同三年（八〇八）の校田図として成立し、弘仁二年（八一一）に班田図として署名されたものであり（図1参照。金田・一九九八）、四条部分は宝亀三年（七七二）の校田図を同四年の班田図としたものである。また「山城国葛野《かどの》郡班田図」の場合は天長三年（八二六）校田図をもとにした同五年班田図である（金田・一九八五）。

校班田図の記録を最も多く残しているのは、長元年間（一〇二八〜三七）の上野国交替実録帳（『平安遺文』四六〇九）であるが、天平一四年（七四二）、天平勝宝七年（歳）（七五五）、宝亀四年（七七三）、延暦五年（七八六）の四証図のほか、弘仁二年（八一一）、天長五年（八二八）、嘉祥四年（八五一）、斉衡二年（八五五）、貞観七年（八六五）、仁和元年（八八五）の班田図と、弘仁一〇年（八一九）、天長一〇年（八三三）、承和元年（八三四）、同八年（八四一）、仁寿二年（八五二）、貞観二年（八六〇）、元慶三年（八七九）、昌泰三年（九〇〇）の校田図の存在を知ることができる。上野国では、八世紀の中ごろから九世紀を通じて一五〇年以上にわたって校班田図を作り続けてきたことになる。

上野国の校班田図は各年度八六巻が基本数であったようであり、ここに列記した年度分のみで一五〇〇巻以上が作製されたことになる。一巻の長さは不明であるが、たとえば保安元年（一一二〇）の観世音寺公験《くげん》目録案（石上・一九九六）に「天暦田図一巻　六十七枚」といった記載があるから、六七枚もの紙を貼り継いだ田図一巻が存在したことが知られ、相当長大なものも含まれていたとみられる。

長さは不明であるが、幅は一条分であるから、単純計算をすると、八六巻で幅約五五キロの平地をカバーすることが可能となる。これで上野国の平野全体を記録したものである。上野国は一四郡であったから、一郡平均、六巻強となる。山城国乙訓《おとくに》郡が一三条、紀伊郡が一二条といった条数であることからすればやや少ないが、讃岐国三木郡八条、山田郡九条、那珂郡六条といった例もあり、特に異例の数ではない。

校班田図は、上野国の例からも知られるように国府に保管された。同時に民部省にも届けられたとみられ、平安時代に「民部省図」として史料にみえるのがそれであったと考えられている。

校班田図は次のような特性があったことが知られている（金田・一九九八）。

①校班田図は条里プランの一条ごとに一巻の様式で作製された。

②校田図として作製された図を基に班田がおこなわれ、若干の訂正が加えられて班田図とされたり、また逆もあったと考えられている。

③最初の班田図が作製されたのは天平一四年（七四二）であり、以後基本的に六年に一回作製された。

④班田図の作製開始は条里プランの編成とかかわっており、国によって編成年度が異なる。何らかのかたちで天平一四年に編成されたことが知られるのは、山背国・尾張国・上野国などである。

⑤班田図のうち、天平一四年、天平勝宝七歳（七五五）、宝亀四年（七七三）、延暦五年（七八六）の四年度のものは、のちに四証図として重要視された。

(3) 古代荘園図

条里プラン完成以前の荘園図　現存の古代荘園図は表1のようである。「弘福寺《ぐふくじ》領讃岐国山田郡田図」、「東大寺領阿波国名方郡大豆処《まめどころ》図」と同「国司図案」、「東大寺領摂津職島上郡水無瀬《みなせ》荘図」と同「河辺郡猪名所《いなしよ》地図」が、条里プラン完成以前の荘園図ないしその写し、

表1　現存古代荘園図一覧

（金田章裕・石上英一・鎌田元一・栄原永遠男編『日本古代荘園図』東京大学出版会、一九九六年により作成、一部訂正）

名　称	現存本の成立時期	素材	著色	法量（縦×横、cm）	原所蔵	現　蔵　者	写真掲載
山城国葛野郡班田図	康和三年（一一〇一）	紙	著色	（三断簡に分離）	東寺	お茶の水図書館 京都府立総合資料館	聚影二
東大寺山堺四至図	天平勝宝八歳（七五六）	布	著色	二九九・〇×二二二・〇	東大寺	正倉院宝物	聚影三
大和国添下郡京北班田図（西大寺本）	一三世紀後半（推定）	紙	著色	七九・九×一五〇・〇	西大寺	西大寺	聚影三
大和国添下郡京北班田図（東京大学本）	一三世紀後半（推定）	紙	著色	七七・九×一五〇・〇	西大寺	東京大学文学部	聚影三
額田寺伽藍並条里図	宝亀三年（七七二）（推定）	布	著色	一一三・四×七二・七	額安寺	国立歴史民俗博物館	聚影三
唐招提寺所蔵観音寺領絵図	宝亀二年（七七一）（推定）	紙	なし	三〇・五×五一・〇	唐招提寺	唐招提寺	聚影三
唐招提寺所蔵国郡不明田図断簡	八世紀、年未詳	紙	なし	（断片）	唐招提寺	唐招提寺	聚影三
摂津職島上郡水無瀬荘図	天平勝宝八歳（七五六）	紙	著色	二八・六×六九・〇	東大寺	正倉院宝物（東南院文書）	聚影四
摂津職河辺郡猪名所地図	一二世紀（推定）	紙	著色	六四・五×一三三・五	東大寺	尼崎市立博物館	聚影四
近江国水沼村墾田地図	天平勝宝三年（七五一）	布	著色	二図一幀 六八・八×二三五・九	東大寺	正倉院宝物	聚影一下
近江国覇流村墾田地図							聚影一下
越前国足羽郡糞置村開田地図	天平宝字三年（七五九）	布	著色	八一・九×一一〇・一	東大寺	正倉院宝物	聚影一下
越前国足羽郡糞置村開田地図	天平神護二年（七六六）	布	著色	六九・〇×一一三・一	東大寺	正倉院宝物	聚影一下
越前国足羽郡道守村開田地図	天平神護二年（七六六）	布	著色	一四四・一×一九七・八	東大寺	正倉院宝物	聚影一下

越前国坂井郡高串村東大寺大修多羅供分田地図	天平神護二年（七六六）	紙	著色	五七・〇×一一四・九	東大寺	奈良国立博物館	聚影一下
越中国新川郡丈部開田地図	天平宝字三年（七五九）	布	著色	七九・五×一一六・五	東大寺	正倉院宝物	聚影一上
越中国新川郡大藪開田地図	天平宝字三年（七五九）	布	著色	七八・八×一四一・九	東大寺	正倉院宝物	聚影一上
越中国射水郡須加開田地図	天平宝字三年（七五九）	布	著色	八〇・八×一〇七・八	東大寺	正倉院宝物	聚影一上
越中国射水郡鳴戸開田地図	天平宝字三年（七五九）	布	著色	七七・〇×一四一・〇	東大寺	個人蔵	聚影一上
越中国射水郡榡田開田地図	天平宝字三年（七五九）	布	著色	七九・五×一三六・四	東大寺	正倉院宝物	聚影一上
越中国砺波郡石粟村官施入田地図	天平宝字三年（七五九）	紙	著色	五六・九×一一一・二	東大寺	奈良国立博物館	聚影一上
越中国砺波郡伊加流伎開田地図	天平宝字三年（七五九）	布	著色	八一・三×九八・〇	東大寺	正倉院宝物	聚影一上
越中国砺波郡井山村墾田地図	神護景雲元年（七六七）	布	著色	七図一幀 六七・九×六二四・八	東大寺	正倉院宝物	聚影一上
越中国砺波郡伊加留岐村墾田地図							聚影一上
越中国砺波郡杵名蛭村墾田地図							聚影一上
越中国射水郡須加村墾田地図							聚影一上
越中国射水郡鳴戸村墾田地図							聚影一上
越中国射水郡鹿田村墾田地図							聚影一上
越中国新川郡大荊村墾田地図	神護景雲元年（七六七）	布	著色	六七・九×六二四・八	東大寺	正倉院宝物	聚影一上
越中国射水郡鳴戸村墾田地図	神護景雲元年（七六七）（推定）	紙	著色	五七・五×六三・二	東大寺	奈良国立博物館	聚影一上
越中国射水郡鹿田村墾田地図	神護景雲元年（七六七）（推定）	紙	著色	五七・六×六三・二	東大寺	奈良国立博物館	聚影一上
越中国砺波郡石粟村官施入田地図	神護景雲元年（七六七）（推定）	紙	著色	三一・一×二一・四	東大寺	天理大学附属天理図書館	聚影一上

阿波国名方郡東大寺地国司図案（新島荘図）	天平宝字二年（七五八）	紙	著色	五六・八×一〇三・四	東大寺	正倉院宝物（東南院文書）	聚影五上
阿波国名方郡大豆処図	天平宝字二年（七五八）（推定）	紙	著色	二八・五×五二・四 右図に貼付け	東大寺		聚影五上
弘福寺領讃岐国山田郡田図	天平七年（七三五）作製図の写	紙	著色	二八・三×二四・五	東寺	松岡弘泰氏	聚影五上

備考
(1) 一種以上の顔料が描画に使用されている場合を『著色』と表記。
(2) 聚影＝東京大学史料編纂所編『日本荘園絵図聚影』東京大学出版会、一上、一九九五年。一下、一九九六年。二、一九九二年、三、一九八八年。四、一九九九年。五上、二〇〇一年。

もしくはそれを原図とした後世の荘園図である。「阿波国東大寺地国司図案」と「猪名所地図」にはいったん成立ののちに条里呼称が追記されたと判断される。

このうちで最も古い年紀があるのが山田郡田図の天平七年（七三五）であるが、これより早い時期の荘園図の記録がある。大宝年間（七〇一～七〇四）から養老年間（七一七～七二四）の四つの文書の断簡を抄写した保安元年（一一二〇）の観世音寺公験目録案に記された「養老四年田薗山林図」である。宝亀一一年（七八〇）の西大寺資財流記《るき》帳にも「田薗山野図漆拾参《七十三》巻」の項があり、計一八ヵ国五二ヵ所の地図を列挙しているから、観世音寺のそれも類似の図を示すものであろう。観世音寺の養老四年の田薗山林図は、寺領の把岐野、賀太野、蝿野林などを描いた図も含まれていたと推定されている（石上・一九九六）。保安元年の観世音寺公験目録案には、「養老絵図一巻」のみが書き上げられていることからすれば、西大寺のものほど多数に及ぶ図ではなかったかもしれない。「養老四年田薗山林図」が一二世紀に「養老絵図」と記されているのは、すでに述べた東大寺領の八世紀の「地図」が大治五年（一一三〇）東大寺諸荘文書幷絵図目録などに「絵図」として記録されているのと同様である。

「阿波国東大寺地国司図案」と称しているのは、従来「東大寺領阿波国新島荘《にいじま》（絵）図」と呼ばれてきたものである。その理由は、仁平三年（一一五三）の東大寺別当寛信による文書整理の際に、阿波国新島荘の項に、「天平宝字二年紙絵図」と一括して記載されたことによる。以来新島荘絵図とされてきたものであるが、その後の研究史上の試行錯誤を経て、同図の対象が新島荘とは別の東大寺地であることが判明したものである（金田・一九九八）。なお、仁平三年の目録に「一幀　養老絵図、一幀　大宝三年同薗紙絵図」と記載されたものは、前者が先の観世音寺公験目録案にある「養老絵図一巻」、後者は大宝三年（七〇三）に施入された賀駄薗についてのちに作製された図と推定されている（石上・一九九六）。

「阿波国東大寺地国司図案」と「大豆処図」は、ほかの多くの現存東大寺領荘園図とはやや異なった伝来過程を有した。両図は、大治五年（一一三〇）に東大寺印蔵（大仏殿東北方）になかったが、仁平三年（一一五三）までに印蔵に入り、その後東南院に移されたとされる（栄原・一九九六）。この地図は図中に「案」と記してあるように本来写しであり、承和七年（八四〇）〜嘉祥三年（八五〇）ごろ、条里呼称の条里名および坪（八世紀には坊）番号、ならびに一部の区画に「川」の文字が加えられた。

この時期にはこの東大寺地をめぐる相論が発生し、おそらく条里プランで記載された文書との照合・確認のために加筆されたと考えられる。この荘園図が作製以後九〇年前後を経て、実際に使用されていたこと、追筆を加えられたことが知られる（金田・一九九八）。

「猪名所地図」の場合、原図が大治五年に印蔵に所在したことは確かであるが、経緯はさらに複雑である。康和年間（一〇九九〜一一〇四）に原図を書写して追筆を加えた図が成立し、元永元年（一一一八）ごろ、それにさらに追記した図が成立し、応保元年（一一六一）ごろにそれを写したものが現存の地図であるとされる（鷺森・一九九六）。なお「水無瀬荘図」は摂津職《しき》大夫（国司守に相当）の署名や国印のある正本《しょうほん》である。

以上のように、条里プラン完成以前の荘園図の作製時期および伝存の経緯は多様であるが、少なくとも現存図に関する限り、原図は方格線と田と圃についての小字地名的名称が標記の基本であり、またこれと区別するかたちで畠ないし不輸租地に彩色を施していた。

校班年の荘園図　条里プラン完成以後の現存荘園図の作製年は、年不明のものを除けば、天平勝宝三年（七五一）、天平宝字三年（七五九）、天平神護二年（七六六）、神護景雲元年（七六七）である。このころの班年は、天平勝宝元年、天平勝宝七歳（七五五）、天平宝字五年（七六一）、神護景雲元年である。それぞれの前年の校田を考慮に入れると、校班年にかかわる荘園図は天平神護二年と神護景雲元年のものであるが、越前国の天平神護二年の荘園図は一〇月三日付であり、校田開始ごろであるにすぎない。神護景雲元年の荘園図はすべて越中国のものである。越中国員外介利波臣志留志を専当国司として作製させた東大寺領のものである。すべて同年一一月一六日付で各図に志留志と砺波《となみ》郡司一名ないし東大寺僧の署名がある。全体で七図が一枚の麻布に描かれ、全体の末尾に在任中の国司が署名したかたちとなっている。ただし、その作製の折に参照することのできた図は、厳密には神護景雲元年の班田図ではない。班田は開始されていたであろうがまだ完了していないはずであり、その途上の班田図であり、おそらくは前年に始まってこの年の春に完了した校田図である。「須加村墾田地図」における「大溝」の間違いは、それが、原図の校班田図に描かれておらず、別の情報を加えたために発生した可能性が高いことになろう（金田・一九九九）。この一連の荘園図は同日付の越中国司解《げ》とともに太政官ないし民部省に提出された。

作製年不詳の「額田寺伽藍並条里図《ぬかたでらがらんならびにじょうりず》」についても検討しておきたい。手がかりは図中にもある。まず、図中に家が記入されている二人の人物が天平宝字八年（七六四）に叙位を得ていることが参考になる。また、同図には「大和国印」が押捺されているが、その使用は「大倭国」から「大和国」へと用字が変更された天平勝宝八歳（七五六）からその翌年にかけての時期以後であることが知られる（山口・一九九六）。

また、この時期前後の班年は、天平宝字五年、神護景雲元年、宝亀四年（七七三）である。

一方、図1に概要を示した「大和国添下郡京北班田図」の四条部分の基礎となった宝亀三年校田図すなわち宝亀四年班田図には、「額田寺伽藍並条里図」と同様の様式で条里プランが表現されている。平城京と下ツ道を基準とした大和国の統一的な条里プランの、文書による使用例の初見は、宝亀八年

（七七七）の大和国符である。これらの事実から導かれる結論は、宝亀三・四年の校班田の際における大和国条里プランの完成である。ただし、平城京膝下の大和国で、この年にはじめて条里プランが導入されたわけではないようである。それより何年か前に、条＋里＋坊番号＋小字地名的名称という完成した様式ではなく、条・里・坊などの一部を欠いた不完全なかたちの土地表示例がみられるからである。

現在のところ、大和国で試行的に実施されていた土地表示法が、天平一四年（七四二）以来、条里プランのかたちで各国に施行され、大和国では、宝亀三・四年の校班田の際に平野全体をカバーする統一的条里プランに再編成されたのではないかと考えられる。その際に再編成された新たな条里プランに基づいて、寺領を再確認したのが「額田寺伽藍並条里図」ではないかというのが一つの推定である（金田・一九九九）。とすれば、それは宝亀三年の校田の際であろうし、宝亀二年と推定されている「観音寺寺領絵図」と称される地図と同じ流れのなかで作製されたことになる。この図の方は、校田過程にかかわる作業図の一種と推定されている（橋本・一九九六）。

この際に作製された宝亀四年の班田図は、のちに四証図の一つとされ、班田図のなかでも重要なものとして扱われた。この年のものが大和国における条里プラン再編結果を示す班田図であれば、それはむしろ当然であろう。

校班年以外の年の古代荘園図　校班年以外の年紀の古代荘園図のうち、最古の天平勝宝三年（七五一）のものは近江国水沼《みぬま》村・覇流《へる》村の二図で、一連の麻布に描かれたものである。二面の地図の全体が、近江国司解という文書様式のなかに挿入されているのが大きな特徴である。太政官符を受けて開拓を進めたことを、国司を兼ねていた大納言藤原仲麻呂以下が署名し、報告したものである。

天平宝字三年(七五九)の荘園図は、越前国と越中国の東大寺領のものであり、一例を除いて天平感宝元年(七四九)東大寺から派遣された平栄らが占地した土地について、再度来訪した平栄らが開拓の進行を確認し署名した地図であった。このうちの越中国では、荘園図の日付と同じ一一月一四日付の墾田を書き上げた文書を作成した。同日付の地図と文書をのちに、合わせて「図籍」と称した例があることからも、両者が一体のものであったことが知られる。天平神護二年のものはすべて越前国東大寺領の三図であり、同年の越前国司解と対になっている。これは天平宝字三年に寺領を確定したのち、翌年の校田で誤収され、さらにその翌年に口分田として誤給され、東大寺の抗議を受けて、調査し、寺領と再確定した際に作製したものである。中央に対し、田の所属換えや交換、売買の結果を明記した文書に、図を添えて報告したものである。

このように、校班年以外の荘園図ではあっても、国家の指示によって作製され、文書をともなって国から中央へ報告するかたちの一連の業務のなかで成立したことが明確なものがある。この点では、校班年に当る東大寺領越中国の荘園図の場合もまったく同様である。

ここで取りあげた四年次の東大寺領荘園図は、「越中国砺波郡石粟村官施入田地図」と「越前国坂井郡高串村大修多羅供分田地図」(口絵1参照)が紙本であるのを除けば、ほかのすべてが麻布製である。麻布が調布を使用している点も、右のような作製過程からすれば当然であろう。「石粟村官施入田地図」は、没官地《もつかんち》が東大寺に施入されたものであり、荘園図作製の経緯も主体者も異なる。これは国印が押捺された正本であるが、現存の高串村図は写しである。ただし、大治五年（一一三〇）と仁平三年（一一五三）の東大寺の目録には、いずれも布製と紙製の地図の所在を記しているので、本来麻布のものも存在したとみられる。

もう一点注目しておきたいのは、校班年の地図であろうとなかろうと、条里プラン完成以後の荘園図は、それ以前の荘園図に比べて様式が整い、画一性が高い点である。一つには、条里プランが完成し、参照しうる校班田図の様式の影響があり、一つには官（中央政府）が関与していることもあろう。

(4) 国司・官司作製の地図

国司図・文図　「阿波国東大寺地国司図案」と称している地図にある国司図という名称は、同図の図中の表現である。つまり国司図の写しであることを明記しているのである。同図によれば、原図の国司図は「天平宝字二年（七五八）六月廿八日造」とあるので、校班年とも関係しない年に、六月という校班年の手続きでは考えがたい農繁期中の日付で作製されたものであった。

阿波国では校班田図の整備はまだ始まっていなかったと考えられるが、土地を面積一町の方格に区分して管理する方法はすでに採用されていた。東大寺墾田などが設定される際には、墾田の許認可権が集中していた国司によってその位置の確認のための地図作製がおこなわれたと考えるのは、それほど無理がないであろう。国司図とは、そのようなかたちで国司が関与して作製されたものと考えるべきであろうというのが、筆者の見方である。

条里プラン完成以後の現存古代荘園図のような様式化が進んでいたかどうかは不明であるが、現存の地図では「摂津職島上郡水無瀬荘図」(図2)が、その典型的な形を示していると思われる。同図は、地図の左端に日付と島上郡司名が記され、国司勘と国司(この場合は守と少目に相当する大夫・少属)の署名が加えられて、摂津国印を押捺するという様式となっている。日付は、天平勝宝七歳(七五五)の班田が終了したのちに当る翌年の一二月一六日であり、班田業務とは別である。

伊賀国においてこれに類する地図をめぐる興味深い経過が知られる。天平神護三年(七六七)の民部省符が次のような事柄を述べている。「右の田、元公田なり。然るに百姓、たばかりて己が墾田となす。立券して寺に進め、その時の国司等、勘検に練れず、券文を判許す。加うるに天平(二十年)・(天平)勝宝六年の計田国司等、天平元年・十一年合せて二歳の図を検ぜず、百姓の墾田となす」。つまり、元々公田であった田(二ヵ所計一町七段六五歩)を自分の墾田と偽って東大寺に寄進しようとした人物があり、国司は図との照合に不慣れであったために、そのまま許可した。さらに天平二〇年(七四八)と天平勝宝六年(七五四)の計田国司(校田使)が、天平元年(七二九)と天平一一年(七三九)の地図を無視して、それをほかの人物の墾田として処理していた、というのである。事情は込み入っているが、天平元年と天平一一年の何らかの地図があったこと、それが校田使に無視されたことが判明する。天平元年は班年であるが、同一一年は校班田にかかわらない年のはずである。

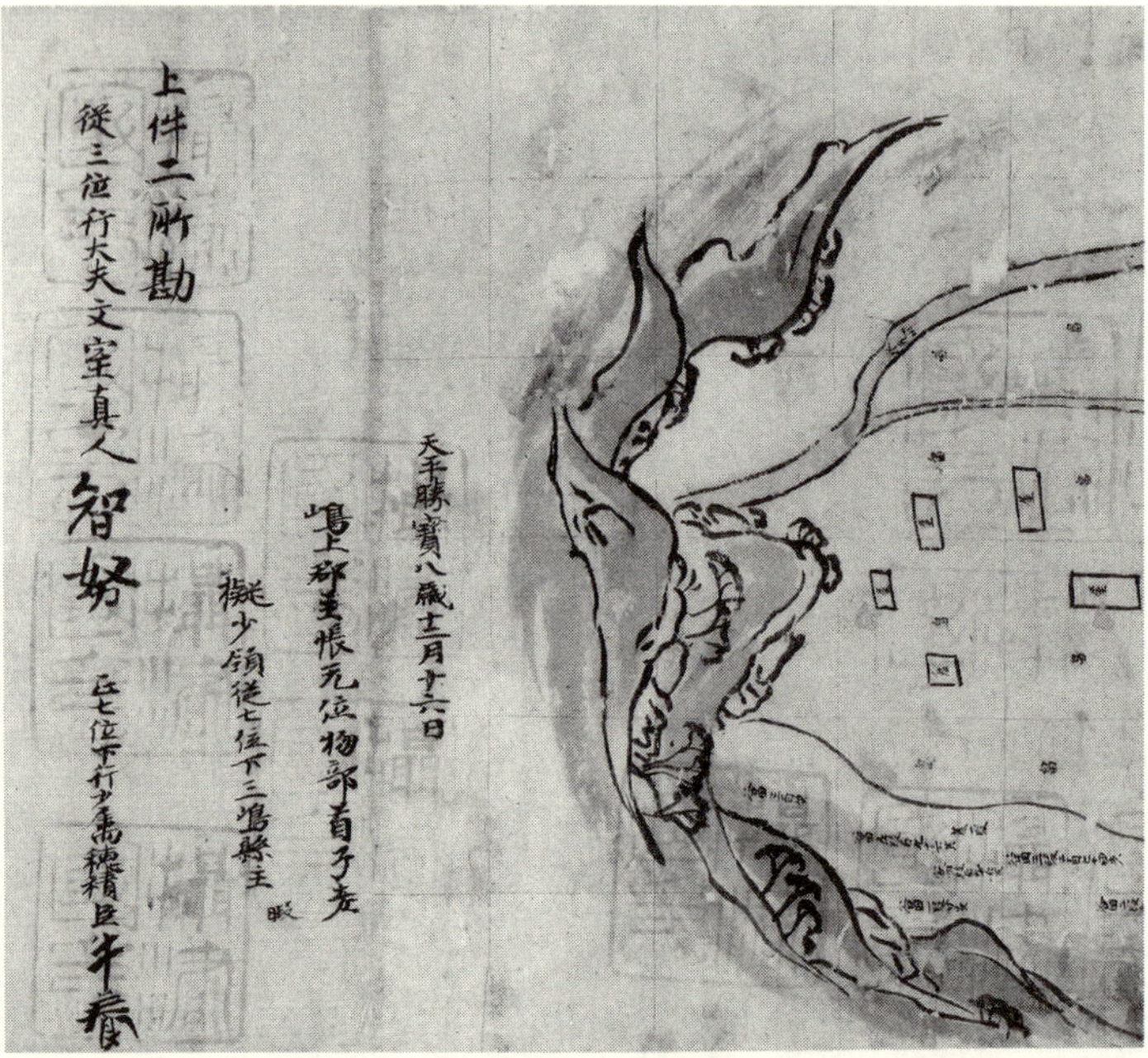

図2 「摂津職島上郡水無瀬荘図」

民部省がこのような指摘をする前年の伊賀国司解は、やはり東大寺田に関連して、「去る天平勝宝元年をもって買いて寺田となす。しかるに天平宝字二年、国司守正六位上六人部連鯖麻呂、天平元年図につきて件の田を勘取す。今、天平（二十年）・（天平）勝宝六年の校図幷券文により、改正すること前《さき》の如し」と記している。この文言によれば、先の文書で校田使が活動したことの知られる天平二〇年と天平勝宝六年に「校図」すなわち校田図が作製されたこと、そのほかに天平元年図が存在したことが知られる。両文書に出てくる天平元年図、先の文書にみえる天平一一年図がいかなるものであったのかは不明であるが、少なくとも校図とは別のもので、かつ校田使に無視されることのあった図である。両者はいずれも、班田図の整備が開始される天平一四年以前のものであり、広い意味で国司図の範疇に含めることができるのではないかと考えられる。

国司図の典型とした天平勝宝八歳（七五六）の「水無瀬荘図」には、現存する正文のほかに案（写し）のあったことが指摘されている（栄原・一九九六）。ところが「水成瀬」については、同年の「文図」と称するものが存在したことも、大治五年（一一三〇）の目録に記されている。文図は、たとえば宝亀一一年（七八〇）の西大寺資財流記帳にも、数多くの布製・紙製の地図とともに神護景雲二年（七六八）の「美作国解文墾田地文図」なるものが書き上げられている。文図がほかの荘園図とは異なった様式のものであったことは確かであろう。

鷺森浩幸は、文図とは施入文書と国郡司の勘がある図とが一体となった文書であるという。天平勝宝八歳の「孝謙天皇東大寺宮宅田園施入勅」がその様式を備えた典型的な例であるとする。また、先の「水成瀬」にかかわる文図は、内容的には「水無瀬荘図」とほとんど変わるところのない地図を収載していたと推定している（鷺森・一九九四）。とすれば、ここで国司図と称しているものとほとんど違いのない地図ということになる。

そこで、前述の施入勅（図3）をみてみたい。図の部分が表現しているのは、平城京内の五区画分の土地である。わずかに松などの表現はあるが、平城京域内という条件を考慮したとしても、きわめて簡略なものであることは明らかである。「水無瀬荘図」が、条里プランの坊に相当する区画ごとに小字地名的名称を伴った田の面積ないし畠の文字を記入し、不輸租の畠の部分を彩色している状況とは大きく異なっているとみなければならない。「水無瀬荘図」は、山や川などの表現も豊かであり、荘所の施設も加えられている。

おそらく文図の地図は、施入文に添えられたまさしく補足的な概略図であったとみるべきではないであろうか。ただし、それにしても古代の地図のさまざまな様式のなかには、文図も加わっていたのである。

都市図・寺院図・結界図　天平勝宝八歳（七五六）の「東大寺山堺四至図」は、墨書に「東大寺図」と記された、寺域を定めた図である。寺域には広大な山地も含まれている。東半部と西半部で方

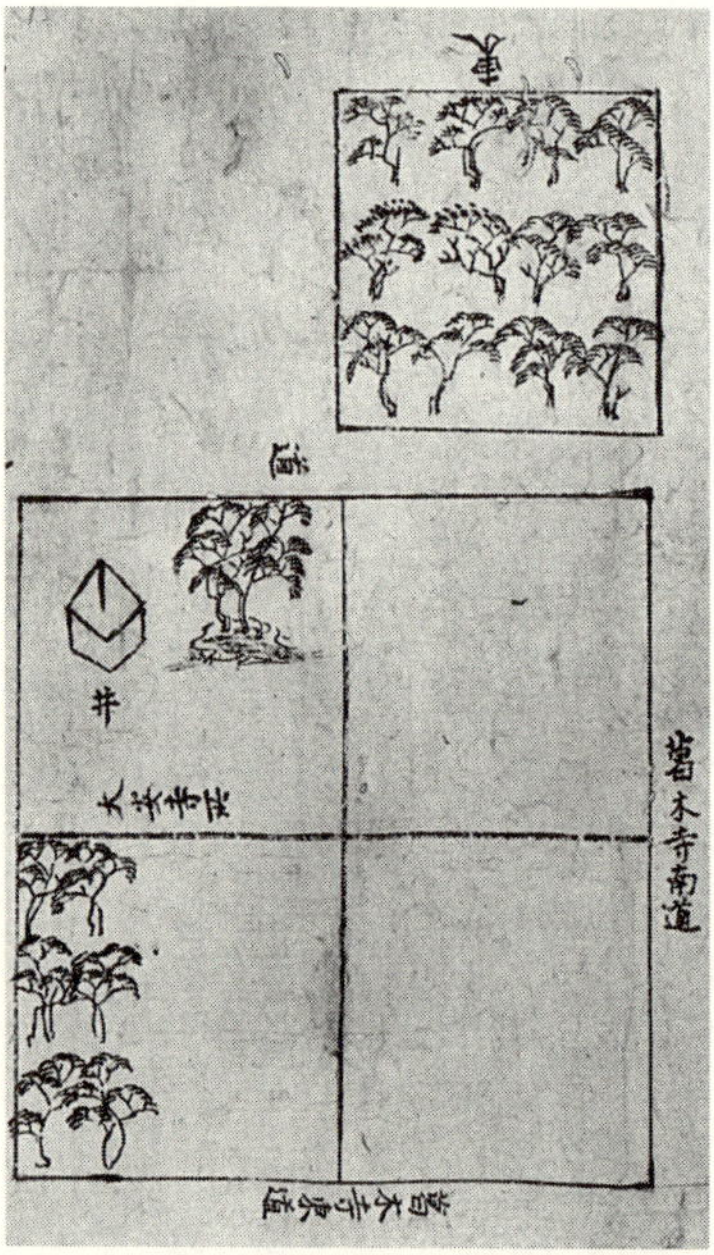

図３　「平城京葛木寺東所地四坊図」（孝謙天皇東大寺宮宅田園施入勅の図）

格線の東西の縮尺が異なっているが、その方格を基準として山の稜線・川・池・道をはじめ、各種の区画や築垣・堂宇・井戸が描かれ、樹木や岩も表現されている。顔料については専門家による分析が必要とされるが、山肌は緑色、川は茶色、道路は薄茶色、堂舎の屋根と基壇は黄色、築垣は桃色にみえるとされる（吉川・一九九六）。ほかの例からすれば、茶色にみえる川は、本来濃い緑系の色であったかもしれない。山はさまざまな方位からみたように描かれており、大仏殿や新薬師寺付近は堂舎から、御蓋《みかさ》山やその背後の山は西の「神地」から、北部の山陵はその北側の道からみた方向である。

彩色された伽藍と緑色を施された山肌は、「額田寺伽藍並条里図」を連想させる。同図もまた類似の性格を合わせもっていたとみてよいであろう。

「東大寺山堺四至図」は麻布製であるが、西大寺の寺院図は絹本であった。「東大寺山堺四至図」は麻布三幅を縫い合わせた、縦二九九センチ（一丈）、横二二三センチの巨大な地図であるが、西大寺寺院図も絁《あしぎぬ》二幅を縫い合わせた長さ五尺（約一五〇センチ）のものであり、やはり大きなものであった。

西大寺の寺院図は「京職所造」とあり、平城京右《う》京職《きょうしき》が作製したものであったことが知られる。また、先に文図の例とした施入勅の図は、ごく一部であるが平城京域内の土地である。しかし、わずかに南都所伝宮城図と称する残欠が知られているほかには、古代の都城を描いた地図類は伝存していない。九条家本の『延喜式』には、左右京職の部分に、「左京図・宮城図・内裏図・中和院図・八省院図・豊楽院図・右京図」が付されているが、図そのものの成立は院政期ごろと考えられている。『拾芥抄』の「東京図・西京図」も中世のものである。類例は多いが、八・九世紀に遡る都市図の存在は知られていない（九条家本「左・右京図」については、後述する）。

しかし、前述の西大寺図を右京職が作製していることからも予測しうるように、ほかにも京域にかかわる地図類が存在した可能性は高いとみておきたい。

[2] 中世の地図

(1) 世界図・日本図

日本の中世には、当時の世界認識を示した世界図が出現したと考えられている。法隆寺所蔵の「五天竺図」（図4）がそれであり、写本の識語によれば、貞治三年（一三六四）に重懐という僧が描いたとされる（奈良文化財研究所・二〇〇一、ジャメンツ・二〇〇七）。同図は仏教の基礎的な教学書である『倶舎論』（世親著、玄奘訳）のいうところの贍部洲《せんぶしゅう》、とくにその中央に位置する須弥山《しゅみせん》の南側の南贍部洲とそのさらに南の海域の島々を描いている。『大唐西域記』にも記載されている世界である。「五天竺図」の名称は、南贍部洲を構成する北・中・東・南・西の天竺にかかわる。

つまり、仏教による世界観を表現した世界図であり、南贍部洲を全体として北に広く、南に狭い卵の逆さ状の世界として表現している（室賀・海野・一九五七）。北東隅に「大唐国」が位置し、そこの「長安」から、南天竺ならびにさらに南の海域の「執師午国」へのルートが赤線で記入されており、短冊状の輪郭のなかに記された地名も含め、玄奘三蔵の西域への旅を記録した『大唐大慈恩寺三蔵法

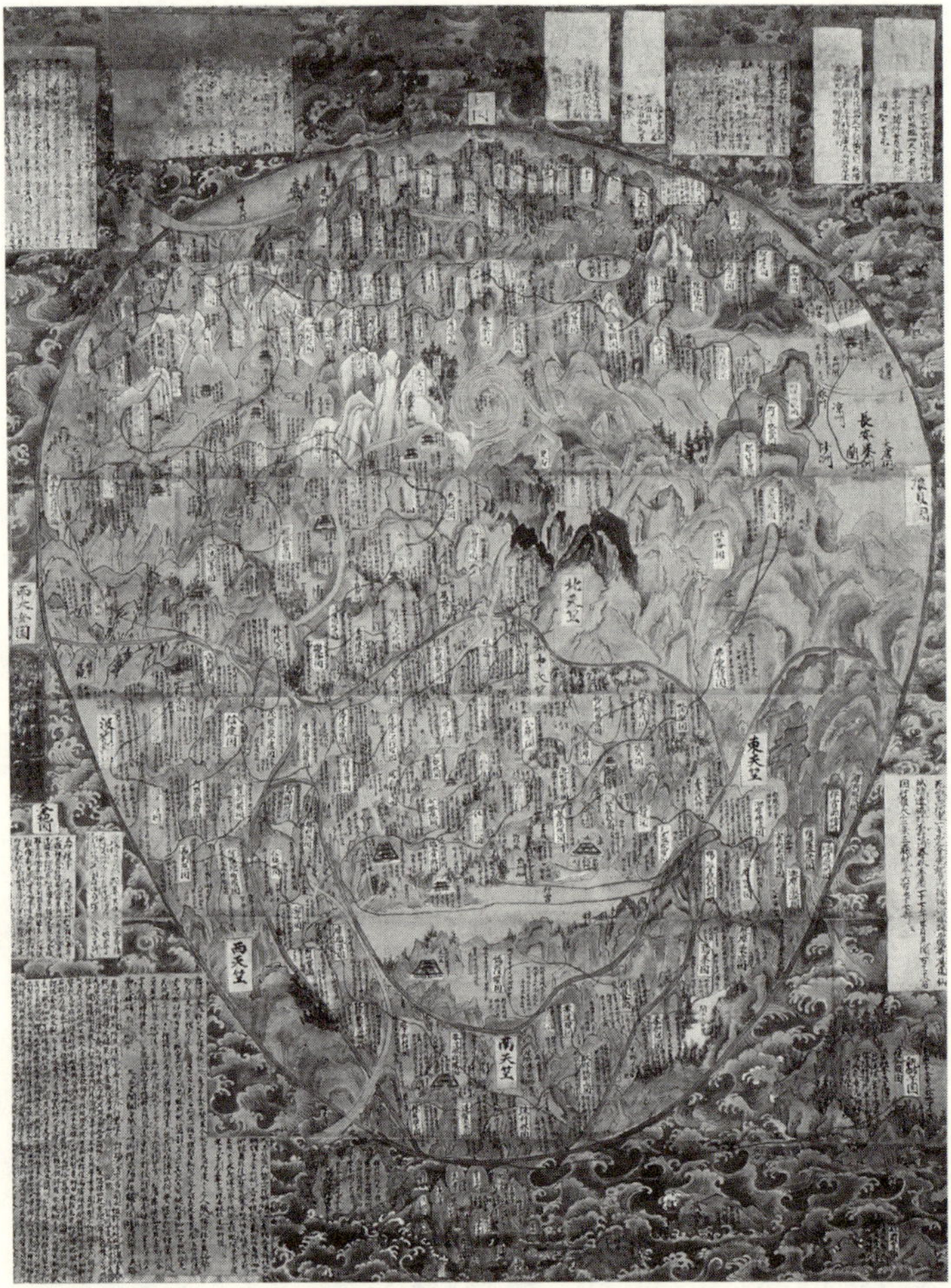

図 4　「五天竺図」　貞治 3 年(1364)

師伝』に基づいていると考えられている。

南瞻部洲中央部にそびえているとされる須弥山については、東大寺大仏蓮弁に刻まれたものも知られており（京都大学附属図書館・一九九八）、同じような世界観を表現している。

なお、「五天竺図」については東大寺に三種が伝わっており、貞治三年の識語のもの以外の二つは、近世の作成にかかわるものと考えられている。また、近世には仏教系世界図もまた新たな知識を加えて新たに作製され、出版図も出現した。

中世から近世にかけて、簡略な日本図が広く流布した。現存最古のものは、嘉元三年（一三〇五）の年紀を有する「仁和寺蔵日本図」である（図5）。同図には明確に「行基菩薩御作」と記されている。同図の起源については、『今昔物語集』などによる中世の空間認識と異域についての詳細な対照を基礎とした応地利明の卓抜した分析がある（応地・一九九六）。

それによれば、いわゆる「行基図」には、仁和寺蔵日本図の系統と、称名寺蔵日本図（金沢文庫保管）の二系統があり、前者は日本を構成する各国《くに》の行政区画としての側面を重視し、後者は各国の国勢把握に力点がある、とみている。そのうえで、仁和寺蔵日本図系の「行基図」の成立場所として、『今昔物語集』とともに、一三世紀前半の東大寺周辺、つまり重源がかかわっていた時期の東大寺周辺へと推定が収斂していくとする。『今昔物語集』の「釈種、龍王の聟と成れる語」を典拠とした異域としての「雁道《かりみち》」の記入、国土の四至を守る龍体の表現などの統合的分析がなされている。その結果として、行基が日本図作製と結びつくのは、一三世紀前半の東大寺周辺における仮託であるとの結

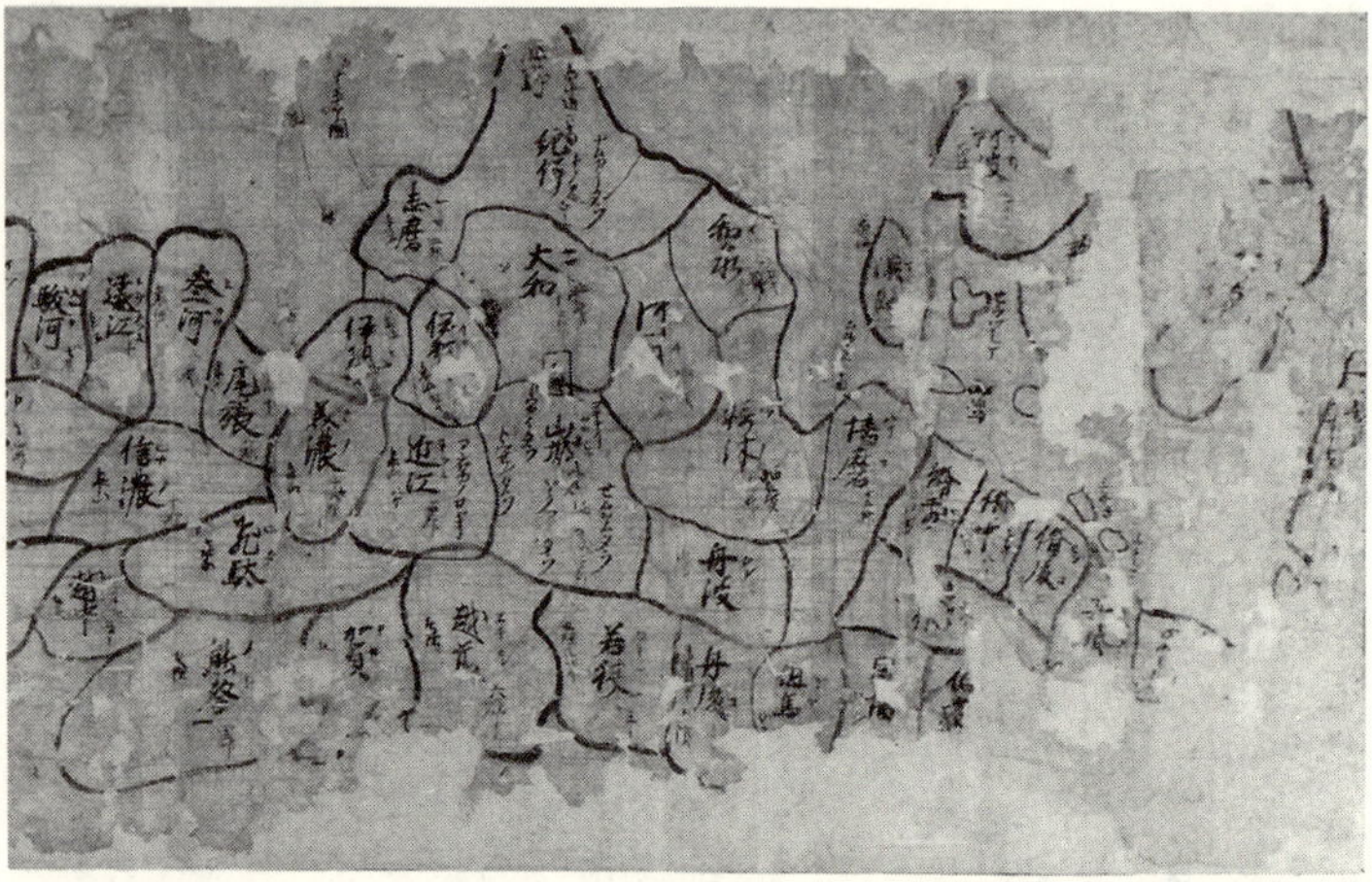

（嘉元3年〔1305〕）

論が導かれるのである。

大仏造営や多くの土木事業をおこなった行基の時代、天平一〇年（七三八）、平城京の中央政府は、諸国に対して「国郡図」の造進を命じた。実物は伝存していないので内容は不明であるが、五〇余年を経た延暦一五年（七九六）、それが「疎略」であり、また古くなったとして、新たに「諸国地図」の作製を指示した。したがって、少なくとも天平一〇年に「国郡図」が実際に造進されて平城京で使用され、長岡京を経て平安京に継承されていたことになろう。

天平一〇年の「国郡図」を行基が実際に利用しえたか否かはまったく不明である。しかし、重源の段階では、何らかの日本図を利用しえたと考えて無理がないであろう。天平一〇年の「国郡図」も、延暦一五年の「諸国地図」も、何らかの総図ないし索引図を作製したとすれば、『延喜式』民部の記載とも共通する表現内容の「行基図」、とりわけ「仁和寺蔵日本図」に近

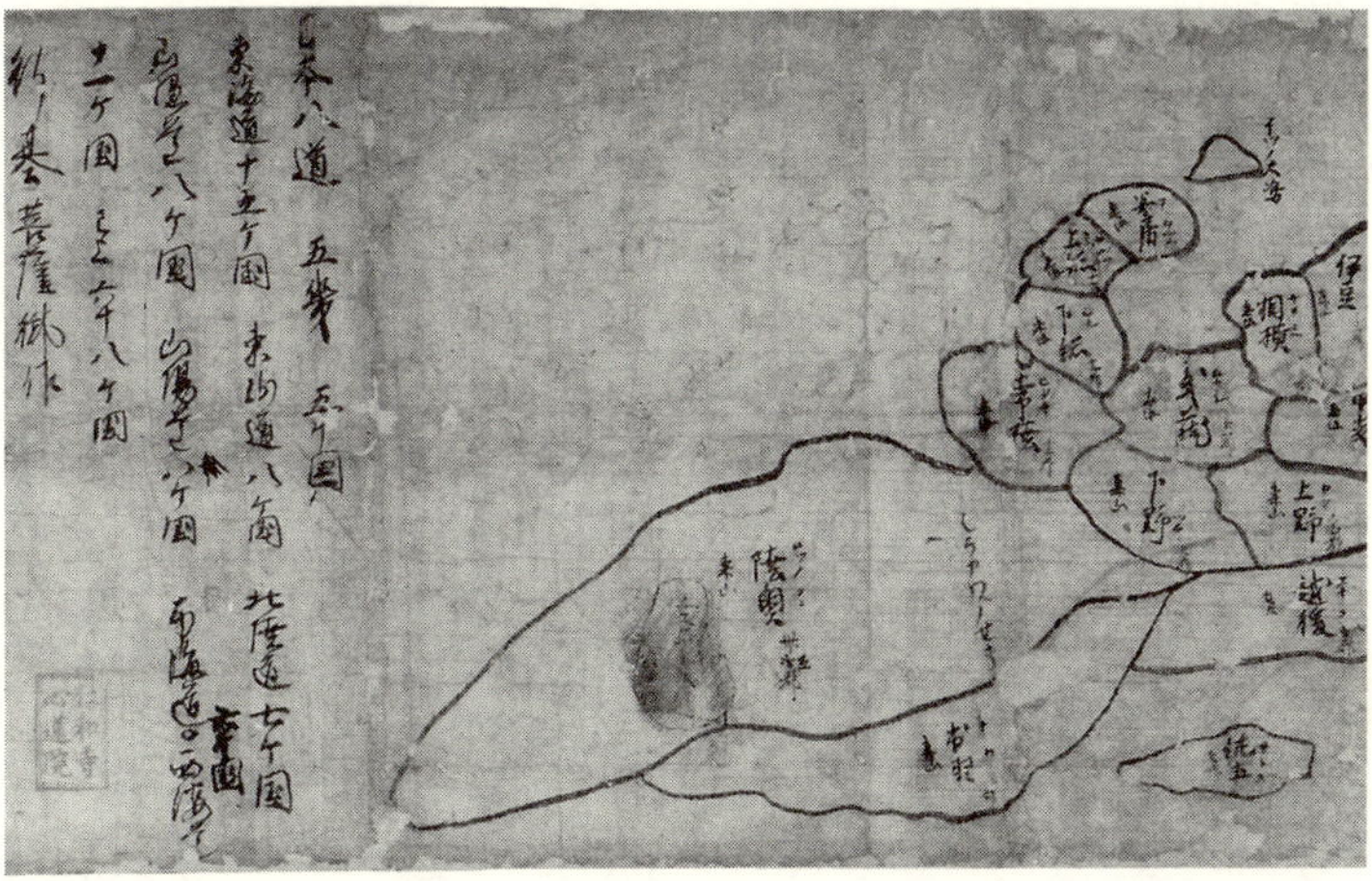

図5　「仁和寺蔵日本図」

い内容となったと思われる。それを行基の作に仮託するといった状況は、重源の意図や事蹟からしてもまったく無理のない推定である。

　重源は養和元年（一一八一）に東大寺勧進職に補任され、諸国に勧進して資材の調達に努め、平重衡軍によって興福寺とともに焼討ちの被害を受けていた東大寺の再建工事全般を指揮した。文治元年（一一八五）八月には後白河法皇を迎えて大仏の開眼供養を執り行い、建久六年（一一九五）三月には、大仏殿再建供養に将軍源頼朝が鎌倉から出席した。その折、大和尚の位を授けられた重源は、東大寺再興の祖となった。重源にとって、東大寺建立・大仏造営の際に勧進を進めて大きな役割を果たした行基は、勧進職としても、東大寺創建にかかわる四聖の一人としても、確かに重源の範たるべき先達であった。重源の事蹟は、播磨国大《おお》部《べ》荘の経営の拡充と播磨別所としての浄土寺の堂宇の整備、東大寺の周防国経営拠点としての阿弥陀寺の建立などと枚挙に暇がなく、道路・橋・港湾などの修築工事の多さも行基に比肩しうる。東大寺の再建と同様に、行基の事蹟の対象のすべてにかかわることこそが、重源の意図そのものであったとみても矛盾がないと思われる。重源の時代、東大寺の周辺において、重源の事蹟を行基に仮託することは、むしろ自然のことであったともいえよう（金田・二〇〇八）。

図5のように、「仁和寺蔵日本図」は、南を上にして描かれ、九州や西国の一部は欠けているが、赤線で表現された東海・東山・北陸・山陰・山陽・南海の諸官道が平安京のある山城から描かれていることはもとより、弘仁一四年（八二三）に分置された加賀国が描かれていることのみでも、一〇世紀以後の図であることは明確である。

(2) 都市図

平安京左・右京図、屋敷図　平城京・平安京などに、古代に左・右京図が存在したと推定されることはすでに述べた。鎌倉時代に書写されたものと推定されている九条家本の『延喜式』には、巻四二、左右京職の部分に「左京図・宮城図・内裏図・中和院図・八省院図・豊楽院図・右京図」が付されている（京都市編・一九四六）。宮城図は内裏とその周辺の官衙の配置を示した図であり、内裏図・中和院図・八省院図・豊楽院図は、宮城内のそれぞれの施設の配置を図示した指図《さしず》である。左京図と右京図は、平安京の大路・小路を描き、その名称と各種の邸第の位置と規模を表現した地図である（図

6)。ただし、これらの地図類が、一〇世紀初頭に『延喜式』が完成した時点から具備されていたものか、貴族・明法《みょうぼう》家の利用の過程で挿入されたものかについてはさまざまな議論がある（桃・一九四〇は、黒板勝美が『延喜式』付図を院政期のものとして『新訂増補　国史大系』に収載しなかったことを紹介しつつ、中世に北野社の「紅梅殿社」の所在地をめぐる訴訟のなかで、院宣に「延喜以来」の文言があることから、本来『延喜式』に付図があった可能性を提示している）。

左京図・右京図は、方格状にほぼ一定幅の街路の方格を描き、その上から施設・邸第の位置と範囲を記入しており、この点ではほかの伝本も同様である。いずれの場合も、施設・邸第の記入は著しく左京に偏り、右京への記入は著しく少ない。このことのみでも、右京の衰退以後の状況、つまり平安後期の状況を示していることになり、現在伝存する左・右京図は、少なくとも平安初期の状況をそのまま伝えたものでないことは明らかである。しかし、方格状の街路パターン自体は平安京建設以来のものであり、実際に街路の建設が進まなかったと判断される部分も含めて全体が画一的に表現されている。

以上の状況から導かれる推論は、次の三様となる。

①左・右京図は本来『延喜式』に付されておらず、のちに追加された。
②左・右京図は本来付されていたが、現存のものはその後の状況に改めた改訂版である。
③左・右京図の原型は方格状街路と街路名部分であり、施設・邸第配置はのちに加えられた。

留意しておきたいのは、少なくとも画一的に表現された街路パターンの部分が、古代荘園図や校班

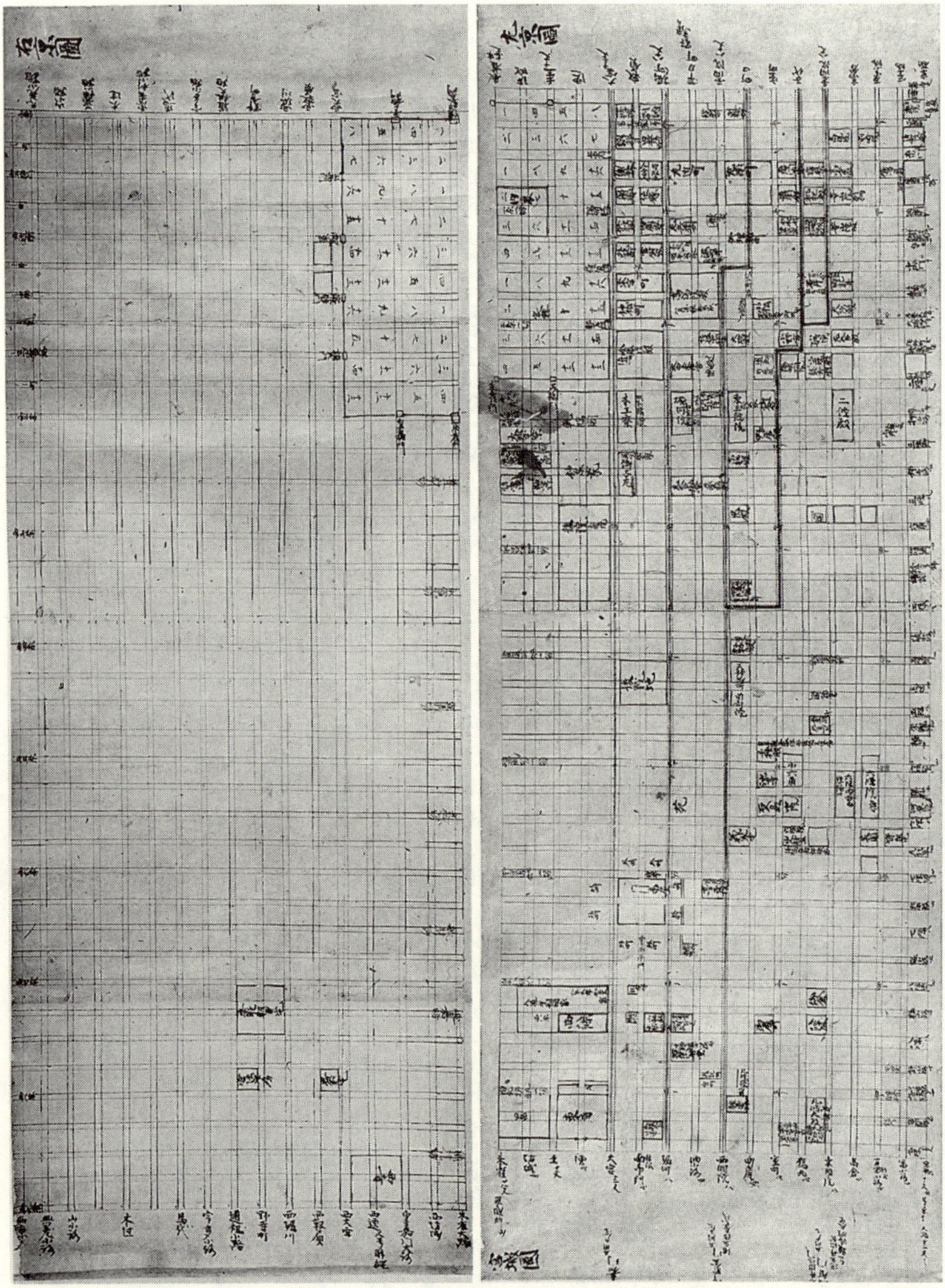

図6　「平安京右京図　左京図」 九条家本『延喜式』付図

田図と共通する性格を示している点である。土地を地片に分割して管理する方式は、平安京の場合、現実の街路と坊・町の区画として顕現していたが、実際に街路が建設されなかった部分も含めて、全体を方格の座標に表現している状況は、一連の市街を左・右京という行政単位に分割している点も含めて、土地制度や土地管理システムの地図への反映とみられるからである。表現内容の分析からすれば、現存の左・右京図は、すでに成立していた直接の原図を一二世紀中ごろに書写し、その後朱枠および加筆が加えられたものと推定され、しかもこの原図自体が三段階程度の書写・加筆を経て成立したものである可能性がある（金田・二〇〇七）。

『拾芥抄《しゆうがいしよう》』もまた、類似の地図類を収載している。「東京図・西京図」と題された左・右京図は、『延喜式』図と同様に平安京の街路・邸第などを描いている。ただ『拾芥抄』は、鎌倉末から南北朝ごろの有職故実の書であり、少なくとも現在の伝本には、いずれも永仁二年（一二九四）以降の加筆がある（金田・一九八五）。

この『拾芥抄』の東・西京図と同様の地図で、より詳細な内容を有した「仁和寺蔵京都古図」の存在も知られている。同図には、遅くとも一三世紀初頭を下らない時期以前の、平安京内の邸第や官衙の状況を記入しており（上杉・一九九二）、少なくとも『拾芥抄』の東・西京図よりは古い時期の成立にかかわる。

平安京の宅地は、先に述べたように一辺四〇丈（約一二〇メートル）の正方形の「町《ちよう》」を街区の基本とし、それを四行八門に分割した一戸主《へぬし》（ほぼ一五×三〇メートル）を最低基準としていた。『拾芥抄』にもこの宅地割を図示した四行八門図がある。政府による宅地班給を基礎としたこのような宅地割は、次第に変形を余儀なくされた。変化は二つの方向を有していた。一つは宅地の形状そのものの変化であり、一戸主・二戸主といった単位の崩壊である。いま一つは、街路で区画された正方形の町ではなく、街路をはさんで向かい合う商工業者の連帯を基にした両側町の形成である。一三・一四世紀ごろからは、このような宅地の売買などにともなう屋敷指図がいくつも伝わっている。これらの屋敷指図は、町の区画と四周の街路名、屋敷地の間口・奥行の長さを記すのが普通であり、これによって所在地と面積の確認・表示をしたものである。

一方、慶滋保胤《よししげのやすたね》の『池亭記』の記述によって著名なように、天元五年（九八二）ごろにはすでに、右京が衰微しはじめていたようであり、市街は洛陽に擬せられた左京とその東から、さらに鴨東へと拡大していく。左京ではあるが南西端の東寺周辺では、平安京の街区内の耕地化が進んだ部分があり、永享一二年（一四四〇）より少しあとの「山城国東寺寺辺水田幷屋敷指図」（西岡編・一九七七）をはじめ、京域中の水田を描いた地図も伝存する。同図は壬生大路沿いに「巷所《こうしょ》」を描いているが、これは道路敷部分を占拠・耕地化したところである。平安京の街路は本来大路が八〜二八丈（約二四〜八五《メートル》）、小路が四丈（約一二《メートル》）を標準としており、両側に側溝をともなったものとして計画され、事実多くの部分でそのように建設された。しかし中世には、その部分が私的に占拠されて巷所と化す部分が少なくなかった。

大永三年（一五二三）ごろの「京都左京九条四坊一町屋地図」（西岡編・一九七七）は、このような中世の京都の一部をよく示している。町の内部が不規則な形状の屋敷・所領に区分され、幅一二丈の九条大路と一〇丈の東洞院大路が描かれている。ところが実際の道は、そのなかを曲がりくねって通じており、「大道」と注記されているものの本来の大路幅の何分の一かでしかなく、九条大路の途中には「木戸」さえ設けられている。このころの京都は、左京域を中心とした洛中と、その周辺の辺土ないし洛外からなり、洛中洛外と併称することで実質的な市街の全体を表現することが多く、やがていくつも作製された絢爛たる「洛中洛外図屏風」がよくその全貌を示している。

ただ、この時期に至っても、永正一六年（一五一九）の「京都九条図」（西岡編・一九七七）にみられるように、平安京の本来の街路配置を表現して使用している例がある（金田・一九九三a。同図は平安京プラン・条里プランの接合部を中心とした部分の検索のための図である）。

嵯峨と奈良の都市図　嵯峨天龍寺は、現在の京都御所の西約四キロほどにあたるが、平安京あるいは中世の京からも離れた一都市であった。

天龍寺の場所一帯には、鎌倉時代中期に後嵯峨天皇によって造営された亀山殿があり、その北と東には、関連の寺坊・御所・邸第・宿所・在家などが所在していた。南北朝時代（一四世紀前半）に描かれた「山城国嵯峨亀山殿近辺屋敷地指図」（東大史料・一九九二、山田・二〇〇五）にはこれらの施設が南北の「惣門前道・朱雀大路」、東西の「作道《つくりみち》」などに面している状況が描かれている。

亀山殿の敷地に天龍寺が、「出釈迦大路」と名称を転じた旧朱雀大路の東に臨川寺が建立されたのちの状況を描いた「山城国臨川寺領大井郷界畔絵図」（図7。山田・二〇〇七）、応永三三年（一四二

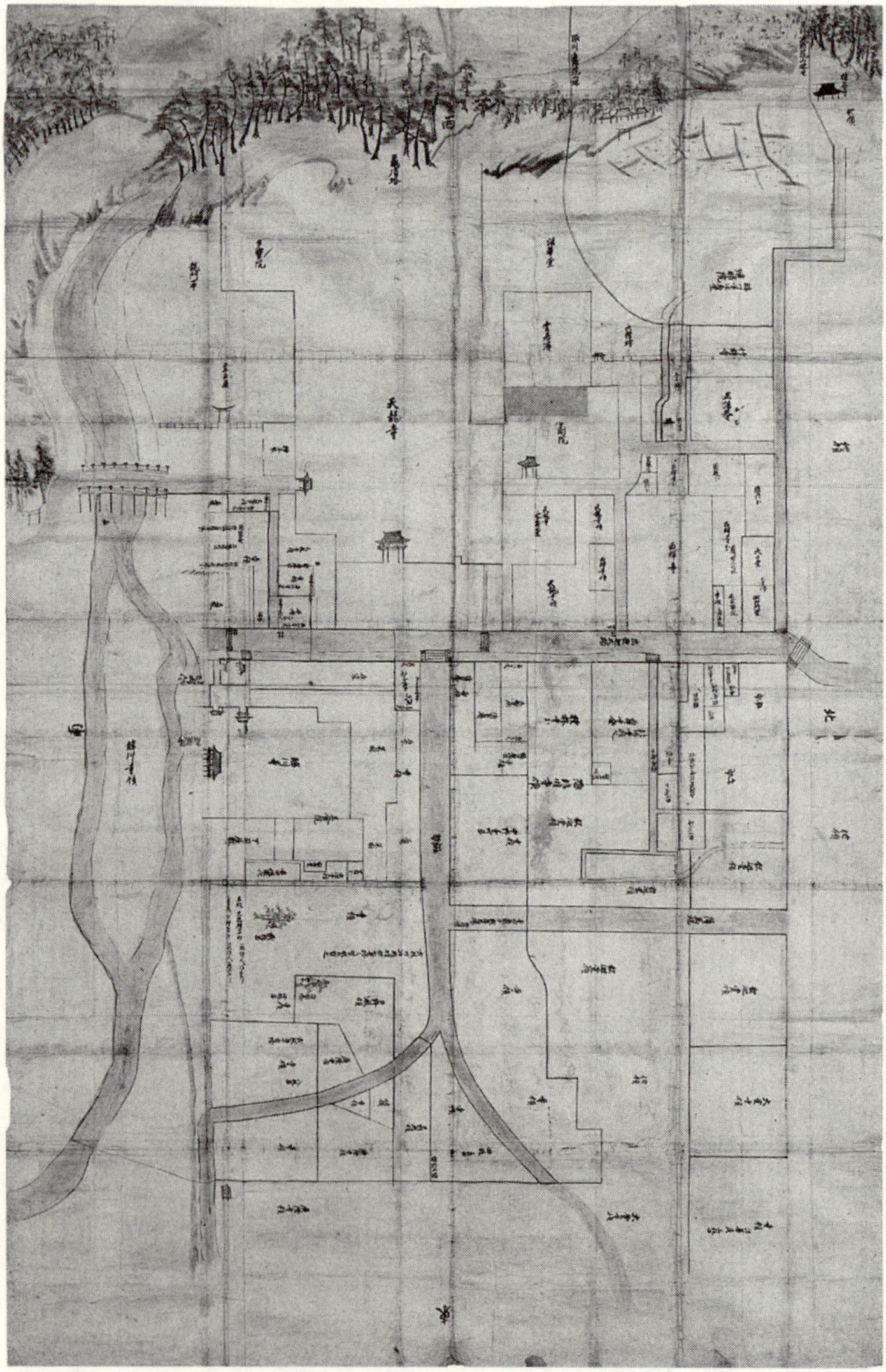

図７　「山城国臨川寺領大井郷界畔絵図」

六）臨川寺住持月渓中珊作の「応永鈞命絵図」（東大史料・一九九二、原田・一九九七）も中世都市嵯峨の都市図である。

中世には東大寺・興福寺など南都寺社の門前町となっていた奈良についても、大乗院門跡尋尊の原図を近世に書写した「大和国小五月《こさつき》郷差図写」（東大史料・一九八八）が知られている。大乗院内天満社の小五月会の費用負担にかかわる範囲として小五月郷を示したものであるが、猿沢池の南側一帯、元興寺周辺の市街を表現している（西岡編・一九七七、の解説では「荒池かと思われる」としているが、猿沢池であろう）。

(3) 領域型荘園図

中世荘園図については、西岡虎之助編『日本荘園絵図集成』上・下が多大な便宜を提供したが、さらに、東京大学史料編纂所編『日本荘園絵図聚影』全七冊が網羅的に精巧な写真を収載している。また、『国史大辞典七』には詳細な荘園絵図一覧（黒田日出男担当項目）が掲載されているので、網羅的記述は避けたい。

ここで領域型荘園図としたのは、荘園の領域全体を表現した荘園図であり、I—2に述べたように、荘園の開発や立券、あるいは検注・実検に際して作製される場合が多く、時に「差図《さしず》」と称される見取図的な例も、全貌を表現している点において同様である。

荘園領域の全貌を表現しようという意図が前提にあるとはいえ、地図として具体的には、①絵画的な表現が主体となっているもの、②より地図的に、つまり地図記号化された表現が多いもの、③簡略化したり、選択的な表現を主としたもの、に大きく三分することができよう。

〈絵画的な表現が主体となっているもの〉としては、鎌倉時代後期に作製された、九条家領和泉国日根荘の「日根野村絵図」を例示しておきたい。同図は裏書によれば正和五年（一三一六）六月一七日成立であることが知られる。図8のように東と北が山、西が「熊野大道」、南が川に限られた小宇宙的に同村が表現され、関連寺社・在家と溜池が描かれ水田様の表現に「古作」の文字が注され、中央および要所に「荒野」の文字が注記されている。「古作」と「荒野」の記入がこの地図の主要目的とみられており、北山麓に連なる溜池群は現在でも泉佐野市の現地で確認しうる。この地図の主要目的が、開発にかかわる主題を表現することであったことが知られる。

このような絵画的表現は、地図記号化の方向が明らかであるものの、いまだその途上にある状況とみなしうる。表現対象はまた、客観的事実としての景観を必ずしもそのまま描いているものではなく、目的に従った取捨選択やバイアスの強くかかった表現であると考えるべきである。

この種のバイアスがきわめて明瞭な、立券にかかわる「紀伊国挊田《かせだ》荘絵図」（東大史料・一九九九）、絵画的表現と条里地割・地名などの記号化された地図的記載を併用し、牓示石を標記した、実検の際に作製された「播磨国 鵤《いかるが》 荘絵図」（東大史料・一九九九）の存在もあげておきたい。

さらに〈地図的な表現が軸となっているもの〉として、「尾張国富田《とみた》荘絵図」をみておきたい。

図８　「和泉国日根野村絵図」

この荘園図が作製されたのは嘉暦二年（一三二七）のことであると考えられており（大山・一九六四）、その表現内容は三角洲上の中世村落の展開を詳細に示す、一つの典型的な例である。

図9にみられるように富田荘は汀線に接した位置を占め、汀線に近い部分では、富長・福富・松本・江松などの堤防にとり囲まれた輪中的形態をも描いている。黒田日出男はこのような堤防を「塩堤」として、「河川氾濫の防禦と海水の流入を防ぐ機能をもち、かつ集落のない部分にもつくられているので、耕地開発のため」であるとしている（黒田・一九八四）。

同図の主要部が比定される付近一帯の条里型地割の形態と分布、ならびに微地形条件と対比すると、荘園図に描かれた主要な三本の川は、東から庄内川・戸田川・蟹江川に相当すると考えられ、現在の河道とは異なっているが、旧河道をも含めて検討すると、その旧状をほぼ確認することができる。また、荘園図南辺に描かれた汀線と比較すると、三角洲の成長および人工的干拓の進展にともなう海岸線の変遷をも知ることができる。

同図の基本的表現対象は、川・堤防のほかに方形の区画であり、この方形の区画、少なくとも中央部の一三区画は、名称も含めて条里プランの里に対応することが判明している。加えて、同図に表現された建物様の表現も、同荘を構成する荘官・名主・番衆・一般在家の各層の数との類似関係が高いと考えられている（金田・一九九三b）。

このように、河道・旧河道ならびに条里プランや集落の状況と一四世紀の荘園図とは、比較的よく合致するわけであり、同図は一四世紀前半ころの景観をかなり正確に表現している可能性が高いこと

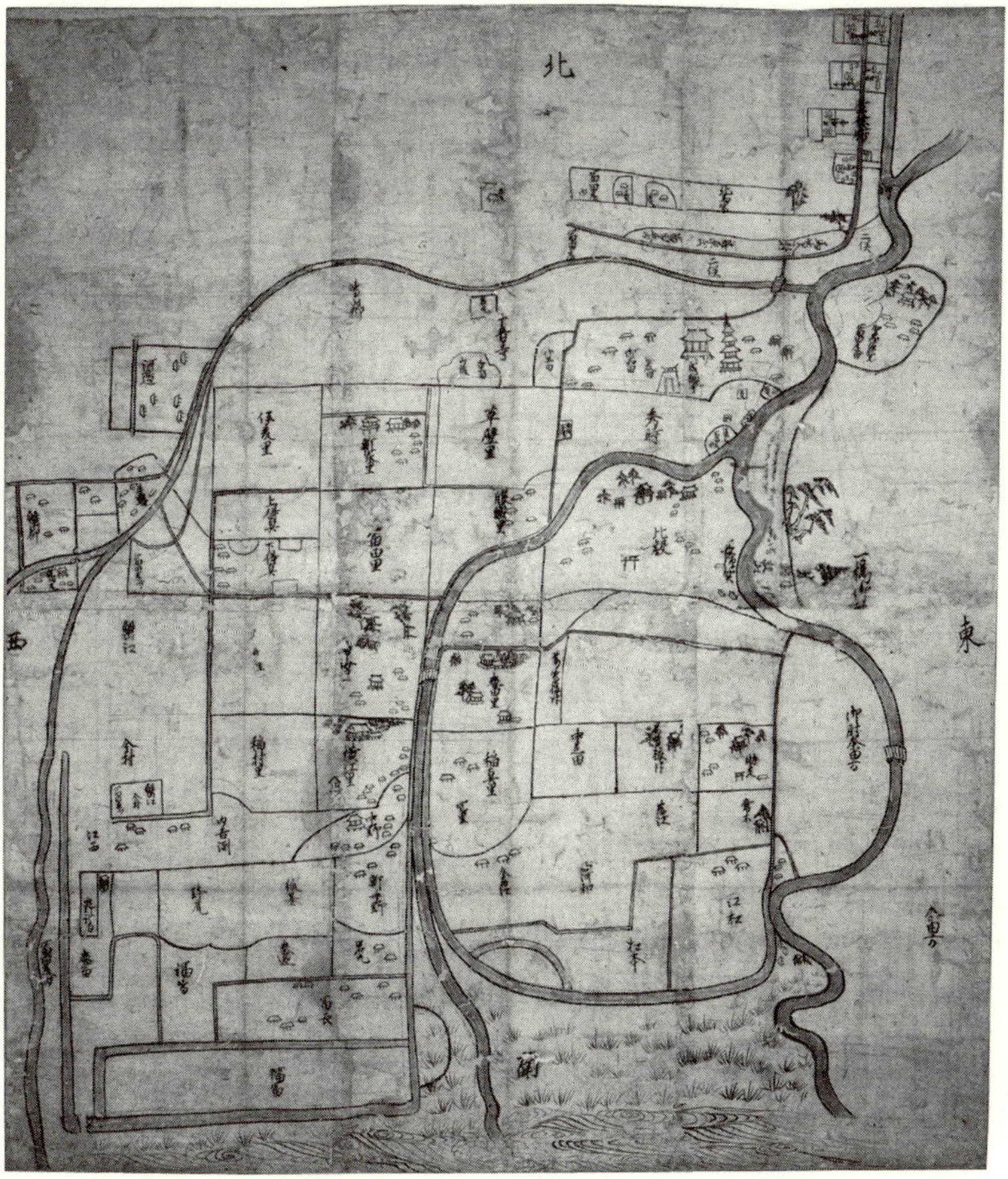

図9 「尾張国富田荘絵図」

になる。

言い換えるならば、同図は表現の地図記号化がかなり進んだ荘園図とみられることになる。ただし、依然として表現そのものは絵画的状況であることも事実である。また、同図東北隅の道路沿いに、いくつかの寺社などの表現とそれぞれの枠が描かれ、「萱津宿《かやつのしゆく》」と記されているのは、東海道萱津宿の状況を表現しているものとみられる（金田・二〇〇八）。

領域全体を表現しようとする意図があったとしても、〈簡略化したり、選択的な表現を主としたもの〉は、きわめて多い。

寛正四年（一四六三）の「東寺領摂津国垂水荘指図」を例示しておきたい。図10のように、同図には絵画的要素が少なく、数本の樹木、数ヵ所の施設、川などであり、条里プランの表現が目につく。同図上部に表現されているのは「大河」（現在の神崎川）とその中洲・堤、中央部を流れる「高川」（現在も高川）であり、同時に示された条里プランによって、別に伝わる文書史料によって詳細な事柄が判明することになる。同図端裏書《はしうらがき》には「垂水庄差図」と記され、指図・差図と称されていたことも判明する。

類似の性格の地図は「大和国膳夫《かしわで》荘差図」（東大史料・一九八八）などのように近畿各国で多用され、「大和国乙木《おとぎ》荘土帳」（東大史料・一九八八）など、土帳の表現も多かった。乙木荘土帳では、条里プランが坪の区画内における一筆単位で表現されていることも一つの特徴である。

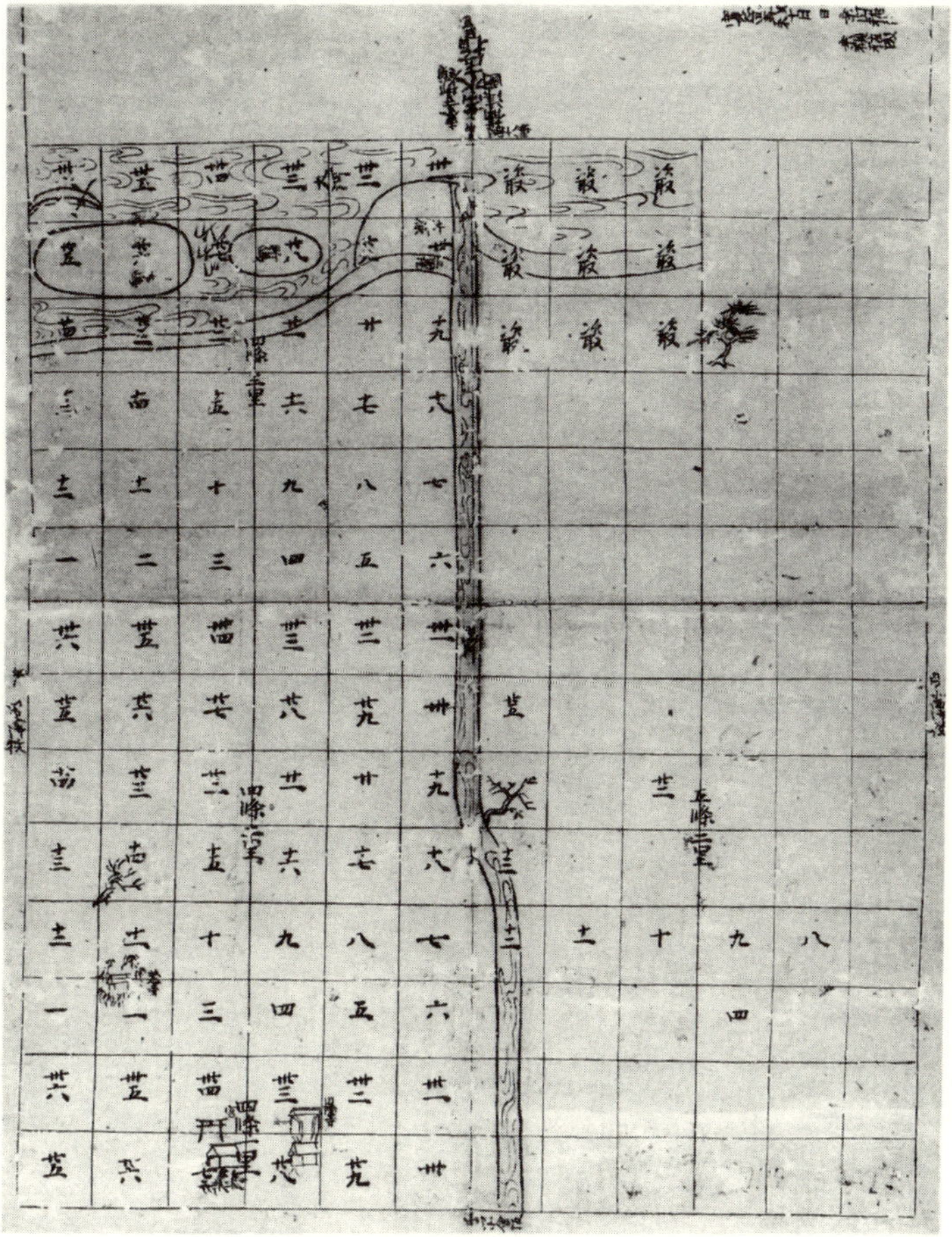

図10　「摂津国垂水荘指図」

(4) 相論型荘園図

相論型荘園図とは、荘園の領有、所領配分、領有地の所在や境界、用水などをめぐる、さまざまな相論の際に、その証拠や説明、あるいは決着の結果を表現したものである。

地図としては、領域型荘園図に近い、領域の全貌を描いたもの、と、相論対象を明示するために、一部を強調したり、部分的に描いたりしたものがある。

「伯耆国河村郡東郷荘下地中分絵図」は、同図裏書に正嘉二年（一二五八）に領家の松尾神社と地頭東郷氏（原田氏とも）との間で、所領の和与《わよ》中分がおこなわれた際に作製された（太田・一九九一）。

図11のように、同図は南・東・西の山と北の海に囲まれた、ほぼ完結する地域を描いており、他領の平地が続く西に川、北の海には帆をあげた三隻の船が描かれている。つまり領域の全貌が描かれていることになり、この点では領域型荘園図と共通する。しかも、東郷池を中心に描く地形の形状は、多少の歪みがあるものの、かなり正確であるとされる（渡辺・一九六八）。

同図の相論型荘園図としての特徴は、図中に表現された下地中分線とそれを認定する花押《かおう》および、「領家分・地頭分」との記載である。花押は、鎌倉幕府の執権北条長時および連署政村のものであるとされる（太田・一九九一）。四本の下地中分線は、山・谷および「紫縄手」、「広隈路」と記された地割ないし道であり、また領家分と地頭分を分けると思われる地点で下地中分線のないところには杉様

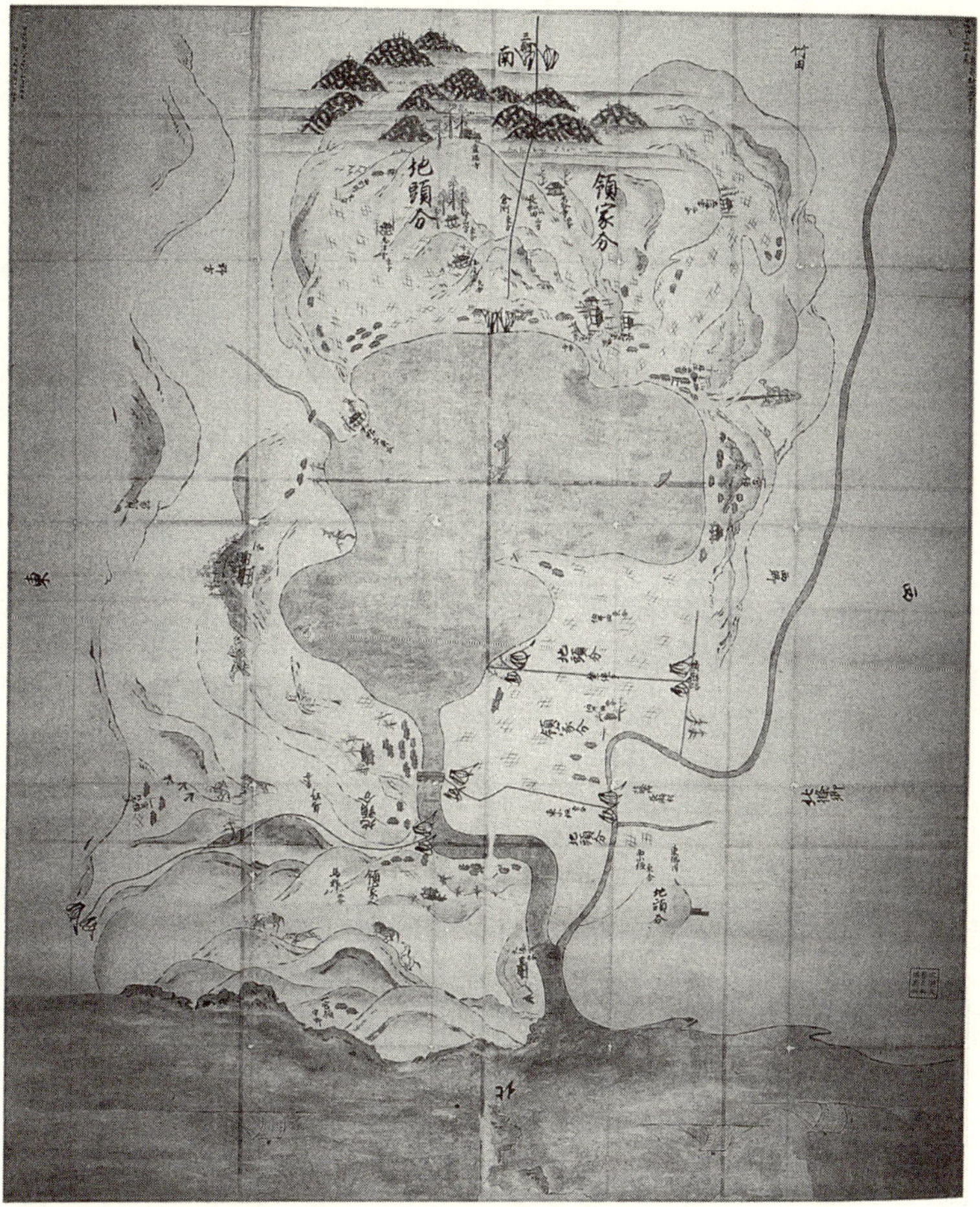

図11 「伯耆国河村郡東郷荘下地中分絵図」

の独立樹が大きく描かれている。

以上のように荘園の全貌を描くことに加え、下地中分線および境界の所在を明示することを主目的としており、そのための表現上の強調が目立つのが大きな特徴であろう。「薩摩国伊作《いざく》荘内日置《ひおき》北郷下地中分絵図」（東大史料・二〇〇二）の場合も、図中に花押はないが類似の性格を有する。

相論型荘園図のうち、相論対象にかかわるものとして著名なのが、「近江国菅浦与《と》大浦下荘堺絵図」（口絵2）である。同図は裏書にある乾元元年（一三〇二）が作製年と考えられてきたが、これに検討・批判が加えられ、これより若干下る一四世紀前半のうちで議論されている（錦・一九九二）。

菅浦は琵琶湖北岸の葛尾《つづらお》崎近くにあり、竹生島《ちくぶじま》に近いが、水田に乏しい同荘は半島つけ根の大浦荘との間で、「日指・諸河」の小規模な水田をめぐって相論を繰り返していた。同図はこの相論のなかで作製されたものであるが、図中の「日差・諸河」の北に「菅浦」の名称が書き込まれ、さらにその北に「菅浦与大浦下庄堺」の記入と朱線が描かれている。明らかに菅浦側の主張を示すものであること、また前面に竹生島が大きく強調して描かれているのが特徴である。

このような表現対象の選択と一部の強調が相論型荘園図の大きな特徴であり、たとえば「西大寺与秋篠寺相論絵図」（東大史料・一九八八）なども類似の強調した表現が多い。

(5) 中世の地図の特性

中世には、これらのほか、用水・寺社など特定の施設を表現した地図も存在した。たとえば、「武蔵国称名寺絵図並結界記」(東大史料・一九九六)では、周囲を山に囲まれた境内の諸施設の配置を、金堂を中心に詳細に描いている。このような状況は「相模国円覚寺境内絵図」(東大史料・一九九六)などでも同様であり、境内をあたかも小宇宙のごとく表現しているとみられる。

以上のような中世の地図の全般的特性としては、まず国家政策として作製したものが存在しないことであるが、次の三点を指摘することができる。

一つは、地図によっては古代以来の伝統を色濃く継承している場合があることである。土地制度そのものが、古代以来の状況を基本的に継承しているのであり、この状況は当然のことであろう。律令の土地制度の基準となっていた校班田図の系譜の地図は、国府によっては「国図」として鎌倉時代に入っても使用され続けていた場合があった。

第二には、特定目的に応じて作製されている地図が多いために、目的に対応した強調・選択などの強いバイアスの働いた表現内容となっていることである。

第三には、地図としての記号化の方向にあるものの、それがまだその途上にあって、その表現意図を読み取るのが必ずしも容易ではないことである。

Ⅲ　江戸幕府の地図編纂

1 官撰国絵図の変遷

地図史の近世　Ⅰで述べられているように、中世までにほぼ出そろっていた各種の要素・種類の地図が量と質の両面においていっそう多様化し、多彩に展開したのが近世であった。Ⅲ～Ⅵでは、近世に作られた地図を描写範囲や作製主体、作製目的等によって分類し、特徴あるいくつかをピックアップしながら近世の特徴をみていくことにしたい。

なお、ここでは戦国時代の地図史も含み込んで論じている。というのも、江戸時代の地図史が戦国時代の様相を色濃く反映するかたちで始まっているからである。地図の歴史が政治情勢とかかわりつつ展開する側面があることはいうまでもないが、一般に使用される政治史を基準とする「近世」に限定することは、逆に地図史の流れをみえにくくする可能性がある。江戸時代に主な焦点を当てつつも、その前史としての戦国時代にも適宜言及することにしたい。

国絵図研究　まずは、この時期の政治史とも密接に絡み合うなかで作製された国絵図について重点的に取り上げ、その通史的把握を試みる。その変遷は藩などの領主権力、もしくは民間で作製された地図の歴史的意味や位置づけを測るうえでも指標となると思われ、その意味でも国絵図から始めるのがよいだろう。

そもそも〈国絵図〉とは、大和国や山城国といった旧国を単位として描かれた古地図の総称であるが、一般的には近世に幕府の命により作製された図をさすことが多い。このような幕府が関与した国絵図を、より明確に官撰国絵図と表現することもしばしばである。ここでも国絵図ないし官撰国絵図という表現を、幕府や藩が何らかのかたちで関与して作製された地図をさすものとして使用する。

地図史研究全体からみて、国絵図についての研究は長い間立ち遅れていた。国絵図をもとに作られた日本図については早くから注目されていたが、それでも概説的な範囲にとどまり、個々の国絵図については存在が知られる程度にとどまっていた。その最大の理由は、国絵図の大きさにあるといってよい。一辺が数メートルにも及ぶ国絵図は、閲覧のために広げるだけのスペースを確保するだけでも困難であり、また巨大なために閲覧自体も困難を極めたからである。国絵図研究の第一人者である川村博忠は、研究を始めたころの思い出として「過去においては、文書館や博物館などの所蔵先に広げる場所がなくて閲覧が大変でした。（中略）たとえ所蔵先で閲覧が許される場合でも、折り畳んだ国絵図の片方を持ち上げて、中をのぞき込むだけといった観察しかできないことも多く、歯がゆい思いをしたものでした」（川村・二〇一〇、あとがき）と語っている。史料が目の前にあるのに、それを十分にみることができない。このような状況は、まさに「歯がゆい」ばかりであり、どうしても研究の進展も滞りがちとなってしまったのである。

しかし、川村をはじめとする地理学および歴史学の研究者による研究成果が次々と提出されていった一九七〇年代以降、このような状況は徐々に改善されていくようになる。そこには、国絵図が単に

国絵図	日本図	郷帳	担当(実務責任者)	特　　徴
?	?	○		
○	×	○		西日本のみか
○	○	×		巡見成果
△	○	—	井上政重(大目付)	島原の乱の反省
○	○	○	井上政重	軍用情報が詳細
△	○	—	北条氏長(大目付)	道度(道のり)の書き上げ
○	○	○	井上正岑(寺社奉行)・能勢頼相(町奉行)・松平重良(勘定奉行)・安藤重玄(大目付)	国郡図としての性格，縁絵図・海縁絵図も提出
×	○	—	建部賢弘	
×	○	—	伊能忠敬	完成は文政4年(1821)
○	×	○	明楽茂村(勘定奉行)	郷帳は天保2年(1831)より

地図史にとどまるのではなく、政治史にも密接にかかわる史料であることが専門家以外にも周知され、国絵図への関心が高まっていったこと、文字資料以外の絵画資料を用いた歴史研究が進展し、「史料」としての位置づけが適切に与えられるようになってきたこと、といった要素も関連する。

このような国絵図研究の隆盛を受けるかたちで平成八年（一九九六）には国絵図研究会が発足し、史料の熟覧の機会や議論の場が提供されるに至り、各地の国絵図をめぐる具体的な研究が飛躍的に進んだ。その成果は『国絵図の世界』（国絵図研究会編・二〇〇五）としてまとめられたが、そこには全国各地の史料の残存状況についての調査結果も掲載され、国絵図研究に進む者への道中案内記ともなっている。ただ、一部

表1　国絵図・日本図の年次別作製一覧

開　　始	統治者(事業期間中)	事業による絵図の通称	城絵図	郡絵図
天正19年(1591)	豊臣秀吉	(天正郡絵図)	×	○
慶長9年(1604)	徳川家康・秀忠	慶長国絵図	×	×
寛永10年(1633)	徳川家光	寛永巡見使上納国絵図，寛永A型日本図	×	×
寛永15年(1638)	徳川家光	寛永B型日本図	×	×
正保元年(1644)	徳川家光	正保国絵図，正保日本図(初回図)，正保城絵図	○	×
寛文10年(1670)ごろ	徳川家綱	正保日本図(再製図)	×	×
元禄10年(1697)	徳川綱吉	元禄国絵図，元禄日本図	×	×
享保2年(1717)	徳川吉宗	享保日本図	×	×
寛政12年(1800)	徳川家斉	伊能図	×	×
天保6年(1835)	徳川家斉・家慶	天保国絵図	×	×

の史料については未掲載のようである。たとえば、舞鶴市郷土資料館には丹後国絵図が、京都大学総合博物館には摂津国絵図がある。このような未掲載史料は本格的な調査は進んでいないと思われ、今後の検討が期待される。その際においても国絵図研究会の一連の研究成果や『国絵図の世界』によって提供された知識が基本となることには変わりなく、この研究会の果たしている意義はきわめて大きい。

なお、技術面での進展が国絵図研究の発展に不可欠であったことも付け足しておかねばならない。高精細デジタル画像の導入・普及により、巨大で貴重な国絵図がパソコンの画面で詳細な点まで確認できるようになったのである。現在、国立公文書館をはじめ、いくつかの大学や地方の図書館・博物館において、ウェブ上での高精細デジタル画像が公開されている。

このように、デジタル画像などをもとにした内容に関する詳細な分析が加えられる一方で、史料学的観点からの分析の必要性も説かれるようになっている。たとえば、巨大な紙を作るためには何枚もの紙を継いでいくことが必要だが、それはどのように継がれたのか。紙を補強するための「裏打ち」は何枚程度なされたのか。また採色にはどのような顔料が利用され、どのような順番で塗られていったのかという点である。このような検討にはデジタル画像では限界があり、やはり原本を精査する必要がある。国絵図に限らず、デジタル画像があることを理由に原本の閲覧が不可となるケースがあることも漏れ聞くが、調査の内容によって原本に当たることが不可欠な場合もあることは伝えていかねばならない。

なお、古地図に関する史料学的側面からの分析は古地図研究全般にあてはまるものであるが、現時点では古代荘園図研究と近世国絵図研究でやや進んでいる程度であり、まだ発展途上の段階にあるといってよい。

このような研究史をふまえつつ、以下では、これまでの研究で明らかにされてきた国絵図のすがたを、時代に沿って追っていくことにしたい。

秀吉による御前帳・郡絵図の提出指示　Ⅰ・Ⅱですでにふれたように、古代日本では国家による地図作製がなされていた。しかし、日本全体を視野に入れた統一的な地図作製事業は、その後長らく実施されることがなかった。その理由を端的にいうならば、日本全国にわたって権力を発揮しうる強力な政治主体がいなかったから、となるだろう。逆に、全国で統一的な地図作製が再び実施されるようになるのは、このような政治主体が登場してからだともいえる。それが豊臣秀吉であり、その後の徳川政権である。

織田信長の死後、権力を握った豊臣秀吉は検地を順次おこない、石高制による生産力の画一的掌握を目指した。そして、多聞院英俊による天正一九年（一五九一）七月の日記（『多聞院日記』）に、「日本国の郡田を指図絵に書き、海山川里寺社田数以下ことごとく注し、上るべきよし御下知」とあるように、天正一九年には全国の大名らに対して検地結果を示した御前帳（郷帳）と郡絵図の提出を命じている。

この事業は、領地ごとに御前帳・郡絵図が作られたのではなく、国郡を単位として実施されたものであった。大名の領域ではなく、旧来の国郡という単位が基準となるこの事業は、古代の国郡図が念頭に置かれたものであった可能性が高い。先の日記に「禁中ニ籠おかるべきの用云々」とあり、徴収した地図と台帳を天皇に献納しようとしていたのも、古代の国家統治体制を意識した表れであり、古代律令国家の事績を踏襲することによって自らの政治的権威・実践を正当化しようとしたのだと考えられている。

この秀吉が調進を命じた郡絵図そのものは現存が確認されていないが、その流れを引く図として、上杉家に伝わる「越後御絵図」がある。現在は頸城郡と瀬波郡（岩船郡の当時の通称）の二鋪のみが残されているが、本来、越後国全郡で作製されていたと思われる。頸城郡絵図は縦三四〇×横五八六センチ、瀬波郡絵図は縦二四三×横六九三センチであり、その法量はかなり大きい。ちなみに、江戸幕府による国絵図のうち、国立公文書館に所蔵される天保国絵図の場合、「越後国図」（村上新発田領）が縦三六七×横六一四センチ、「越後国図」（高田長岡領）が縦五二一×横六〇八センチであり、これらの国絵図に匹敵する大きさを持っていることがわかる。

「越後御絵図」の内容は両図でやや異なっているが、城郭・村落・町場といった集落や耕地、山地などは絵画的に描写され、主要な街道や水系、郡郷界は線状に記されている。集落に付される墨書は郷名・村名・知行人名・本納・縄高・家数などである。山地の表現方法など、江戸幕府による国絵図作製事業にも通じる側面があるが、一方で、海岸沿いの集落と内陸部の集落とで表現方法が異なるなど、全体として江戸時代の国絵図に比べると表現の自由度が高い（図1）。

慶長国絵図　秀吉に代わって天下を統一した徳川家康は、幕府開設翌年の慶長九年（一六〇四）、諸国から郷帳と国絵図の徴収をはかった。この際に作製された国絵図を「慶長国絵図」と呼んでいる。

慶長国絵図は幕府に提出された正本は現存しておらず、提出した大名が手元に置いていた控や写がいくつか確認されるにすぎない。また関連史料も少なく、その全体像は不明な点が多い。そのようななかで、黒田日出男（一九七七）によって紹介された土佐山内家文書は、慶長国絵図の作製経緯がうかがえる史料として注目を集めてきた。それによれば、「国郡田畠高之帳」三冊と「国郡之絵図」三通の提出が求められたようである。三セットであった理由を語る史料は発見されていないが、一セットは収納・保存用として必要であったと推測されることに加え、慶長一〇年四月に家康は秀忠に将軍

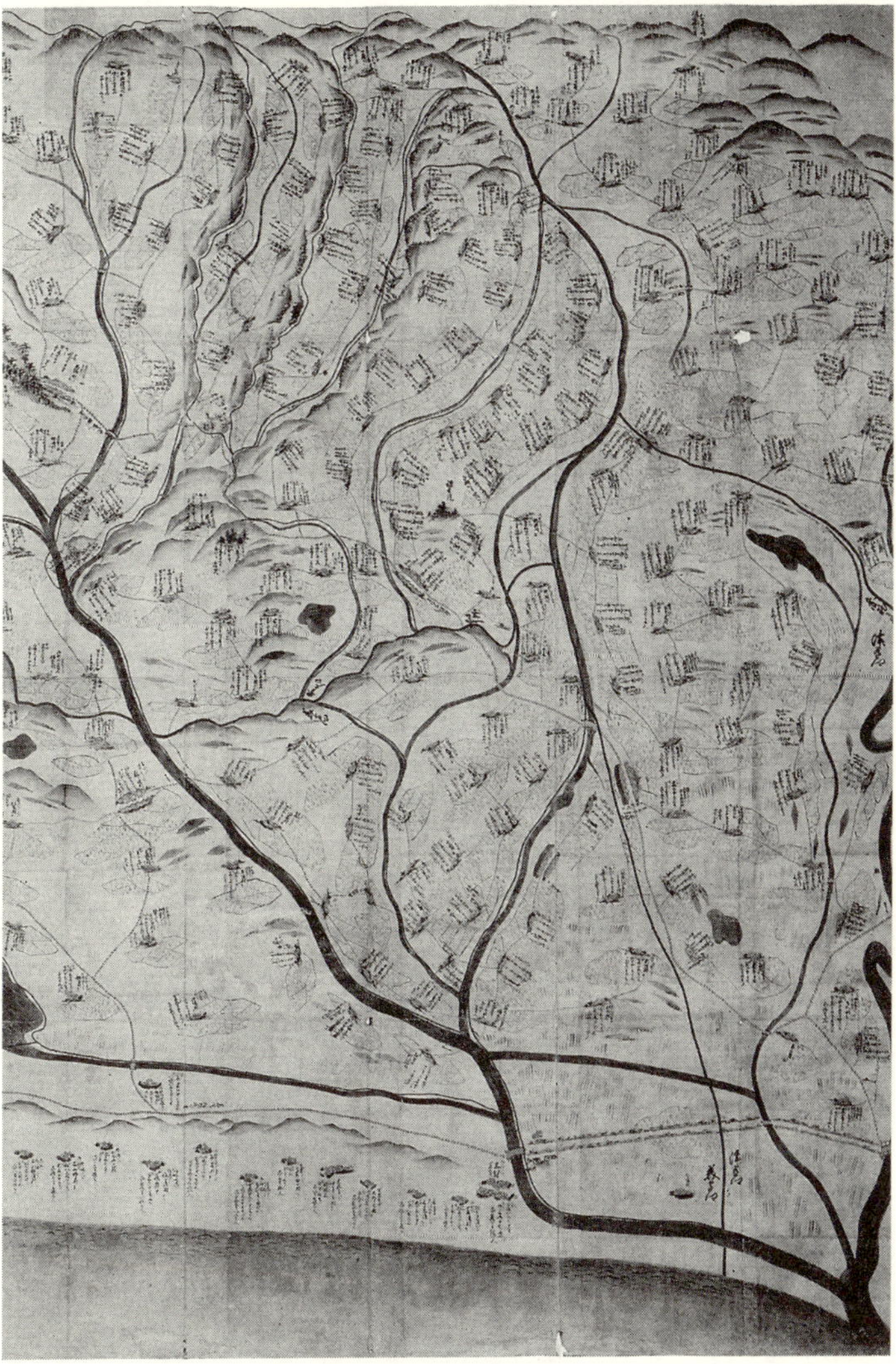

図１　「越後御絵図」頸城郡（部分）

職を移譲しており、当時の江戸幕府が大御所と将軍による二元体制で、かつ家康が伏見もしくは駿府にいたために、実務用として二セット必要だったのではないかと考えられている。もしくは、実態は別として、秀吉期の郡絵図のように禁中献納用として計画された可能性もなくはないといわれている。

また、秋澤繁(一九九二・九三)は慶長期の郷帳・国絵図に関する史料が西国に限られている点に注目し、この事業が西国大名対策として実施されたものであり、国絵図も日本全国ではなく西国に限って作製されたという見解を提出している。作製範囲を示す幕府側の史料は残されておらず、この見解を強力に下支えする明確な史料的根拠はないのだが、国絵図研究が盛んとなった現時点に至るまで東日本で慶長国絵図に関する史料の発見がないこともあり、慶長国絵図が西日本のみの作製であったという説は、たとえば礒永(二〇〇〇)でも指摘されており、国絵図研究のなかで大かた支持されている。

後述のように、慶長国絵図を集成した日本図の作製は確認されていないが、そもそもの国絵図が西日本しかなかったのであれば、日本図が作製されなかったのも当然であったことになるだろう。一方、慶長国絵図が三枚上納された理由として禁中献納用の可能性にふれたが、もしそうであれば、禁中献納は秀吉期と同じく国家統治の正当性を表明するパフォーマンスとして想定されたのであろうし、それならば、やはり全国の国絵図を献納しようと計画したようにも思われる。推論の域を出るものではないが、秋澤説を支持するならば、禁中献納が考慮された可能性は低いと考える方が自然であろう。

さて、現存する慶長国絵図そのものを閲覧するのはそう簡単ではないが、幸い『江戸幕府撰慶長国絵図集成』（川村編・二〇〇〇）によって、確認されている一一ヵ国一島すべての慶長国絵図を確認することができる。また、福井県立図書館では「越前国絵図」、徳島大学附属図書館では「阿波国大絵図」、岡山大学附属図書館では「備前国図」の高精細画像がそれぞれウェブで公開されており、また高精細画像ではないが、西宮市立郷土資料館のウェブでは「慶長十年摂津国絵図」の全体画像と畾紙《らいし》（地図の余白部分）の拡大画像を、宇部市デジタルアーカイブでは「慶長国絵図控図周防国・長門国」（周防長門一四郡高辻絵図）の全体画像をみることができる。このような資料集・デジタル画像のおかげで、別の場所に保管されている慶長国絵図どうしを容易に比較することができるようになった。

全体を概観するとよくわかるが、慶長国絵図の表現面での最大の特徴は、様式が不統一であることにある。たとえば、村を示す村形の場合、越前国や摂津国・阿波国などでは小判形が採用されている一方で、肥前国は短冊形であり、筑前国は村名のみで村形はない。また備前国の場合、岡山城のみならずその城下町についてもきわめて絵画的な描写がなされている一方、阿波国は村形よりやや大きな円形のなかに城下名が表示されるのみである。

実は「国が単位となって描かれている」という点すら不統一であり、たとえば筑前国の場合、基本的には福岡藩黒田氏の領域であるが、怡土《いと》郡の西半分は肥前唐津藩寺沢氏領であったために、「慶長筑前国絵図」にはその部分が表現されていないなど、国郡制にもとづく国の領域ではなく、大名の支配領域が加味されるかたちで描写範囲が設定されているのである。このような不統一が改められ、全国一律の様式での提出が命じられるようになるのは、正保元年（一六四四）より実施された国絵図作製事業（正保国絵図）からである。

寛永巡見使上納国絵図　慶長国絵図と正保国絵図の間でふれておくべき事業がある。それは寛永一〇年（一六三三）の巡見使派遣にともなう地図作製事業である。慶長期および正保期、さらにはのちの元禄期、天保期に作製された国絵図は諸国に絵図を調進させる事業であった。一方、寛永期の場合は、幕府が巡見使を派遣して各地の国情を観察させ、その成果をもとに巡見使が将軍に提出した地図であった点が異なっている。幕府に国絵図が集められた点では同じであり、寛永国絵図と呼ばれることもあるが、作製経緯が違うことをふまえれば、やや誤解を招く表現かもしれない。

巡見使が上納した国絵図の原本は寛永一六年の江戸城本丸の火災時に焼失しており、残されていない。しかし、この国絵図に関連すると思われる六八ヵ国一揃い（ないしその一部）の地図がいくつかの大名家史料に残されている。「日本六十余州図」と総称されているこの地図は、巡見使の分担地域によって表示する内容や程度に差がみられるが、表現形式はほぼ統一されている。表現形式がおよそ統一されていることから、「日本六十余州図」の原本は、各巡見使が将軍に提出した図をもとに編集したものと想定されており、幕府のなかで各図を編集・編纂する事業がなされ、全国統一的な様式の地図集――いわば日本アトラス――を整備していたということになる。慶長国絵図が西日本のみの事業だとすると、この日本アトラスが江戸時代で初めて全国を統一的に概観できる地図資料であり、だからこそ各地の大名も模写を請うたのかもしれない。大名が手元に置いた「日本六十余州図」のうち、岡山大学附属図書館池田家文庫所蔵本については、大型複製本が刊行されている（川村編・二〇〇二）。

なお、巡見を実施するに先だって、視察準備や現地での使用に供するための国絵図提出が各国に求められたことが明らかにされている。この時に提出された国絵図は現存しておらず、どのようなものであったかは不明である。川村（二〇一〇）によれば、急な提出であったため、「慶長国絵図など既存の国絵図を写し用いた」という。たとえば同じく川村が例示しているように、米沢藩は寛永一〇年一月に地図の提出が求められ、翌二月には提出されているので、手元に国絵図（領国絵図）があったことは間違いない。はたしてそれはどのような地図であったのか。各藩が独自に領国の絵図を作製していたことは十分に考えられるが、幕府への提出は念頭になかったはずである。先述した慶長国絵図は西国のみが対象であったという見解（秋澤・一九九二・九三）に従うとすれば、米沢藩をはじめとする東国諸藩にとって全国一律の事業としては初めての国絵図提出であり、とまどいや抵抗があったと想像しても許されるように思われるが、史料をみる限りその点をめぐる大きな混乱はない。これ以上の憶測は控えねばならないが、これらの提出図の性格については、慶長国絵図作製事業とも関連して、さらなる議論が必要なのかもしれない。先の川村の言葉は、これらの点も勘案された絶妙なニュアンスの表現といえるだろう。

寛永巡見使上納国絵図は、幕府撰日本図の作製にも深くかかわることになった。この点については、後述する。

正保国絵図　さて、慶長国絵図では各国絵図の体裁は不統一であり、どうやら豊臣恩顧の西国大名から領域図を提出させること自体に意味をもたせていたという側面が強かった。これに対し、正保元年（一六四四）より実施された第二回目の国絵図作製事業は、およそ統一的な規格・様式が提示され、より幕府の意向を強く反映させるかたちで国絵図を調進させることになった。この事業による国絵図を、正保国絵図と呼んでいる。

この事業で提出された郷帳、国絵図は、ともに二部であった。佐賀藩の江戸留守居による国元への書状に「知行高帳〔郷帳〕二通にて御座候、これは御公儀と御勘定所との両所に召し置かれ候ためと申し候（中略）国之絵図弐枚と御座候、これも右の両所に召し置かれ候ためと申し候」とあり、一部が公儀、すなわち将軍のもとに置かれるものとして、もう一部が勘定所に置かれるものとして作製されたことがわかる。前者は保存用、後者は実務用と言い換えることができるだろう。

正保国絵図作製事業は大目付の井上筑後守政重と宮城越前守和甫が責任者となって遂行されたが、主に井上政重がその任にあたり、実務はその家中の者がおこなった。各国絵図作製の絵図元を任命するにあたっては国持《くにもち》大名がその国を担当することは無論だが、国持大名がいない国は複数の大名による相持《あいもち》、そして幕府領のある場合は代官が加わるかたちとなった。絵図元となった藩は、幕府からの細かい指示に応じるため、江戸留守居が頻繁に幕府に伺いを立て、それを国元に伝えるという作業が生じることになった。先にもふれた佐賀藩の江戸留守居は「今度の絵図の儀は、左所右所申越ても、何共致しにくく候わんと何れの御留守居衆も存じられ」とあり、絵図作製が「何共致しにくく」いものであると嘆息している。また、この記録からは、各藩の江戸留守居衆が情報交換をおこなっていたことをうかがえる。幕府と国元との間で奔走する者どうし、会話のなかで愚痴の一つや二つも漏れたのであろう。

国絵図に求められた情報のうち、陸海の交通情報は特に詳細な注記が求められていた。街道であれば道筋を六寸一里（約二万一六〇〇分の一）として描くこと、主要道と脇道を区別すること、一里ごとに一里山の記号を表示すること、峠・難所の指示、渡河地点での渡河方法や川幅・水深を表示することといった点である。また冬季に牛馬の通行が困難な場所についても指示するように要請されている。また、慶長国絵図や寛永巡見使上納図では海運に関する情報は掲載されていなかったが、正保国絵図においては舟路が図示されたほか、湊や岬の名称、また潮の満ち引きや風向きによる舟路の利用具合といった海運に必要な情報を詳細に記すような指示が出ている。

川村（二〇一〇）は、このような陸海の詳細な交通情報が要請された背景として、国絵図作製事業の責任者である井上筑後守政重の経歴を加味する必要があることを説いている。井上政重は後述する寛永期の日本図作製の責任者でもあったが、それは寛永一四年（一六三七）におこった島原の乱を契機として作製されたものであった。この際、江戸幕府はそれまでに収納していた地図が交通情報に乏しく、いざという時の行軍に対して使用できないことを痛感したという。そのため、島原の乱終了後、特に西国各藩から新たに情報を提出させて新たな日本図を作っている。井上政重は実際に乱の平定にも赴いており、その実感はより強いものであったはずである。そのような経験が、正保国絵図の作製にあたって、各藩にきわめて詳細な交通情報を要求させることになったと考えられている。言い換えるならば、正保国絵図は軍事的観点が強く織り込まれた地図であったことになる。

慶長国絵図と異なり、正保国絵図は基本的に一国一枚の原則が貫かれたが、一枚仕立てではあまりにも巨大となりすぎる陸奥については七分割、また島嶼部で本土と離れていることもあり、肥前では五島が別図仕立てとなった。また、琉球についても海域で大きく隔たっているために、奄美大島付近、沖縄本島付近、宮古・八重山諸島付近の三分割で作製されている。ただ、その一方で出羽や越後ではその領域が広いにもかかわらず、一枚仕立てとして作製されたため、幅が一〇メートル前後の巨大図となっている。また、隠岐については、出雲と同一図のなかに収められており、一国一枚の原則からややはずれている。

琉球および松前については、この正保国絵図が幕府撰国絵図による初めての地図作製であった。慶長国絵図は西日本中心であり、またその時点で琉球は島津の統治下に入っていなかったため、両地域ともに作られることはなかった。また寛永巡見使による国絵図が集成された「日本六十余州図」においても両地域はみられない。

松前については原図ないし控図などは確認されていないが、正保国絵図をもとにして作られた日本図にその形が記されている。そこには一見、どこであるかまったく見当のつかない島が描かれている。日本の他の地域の「かたち」がそれなりに整っていることもあり、北方に対する知識がきわめて乏しかった状況を明瞭に知ることができる。

一方の琉球は、正保国絵図の控図が薩摩藩の史料に残されている（図2）。三分割されたこの絵図は詳細で、その「かたち」も整ったものとなっている。ただ、この時に作製された日本図に琉球は採

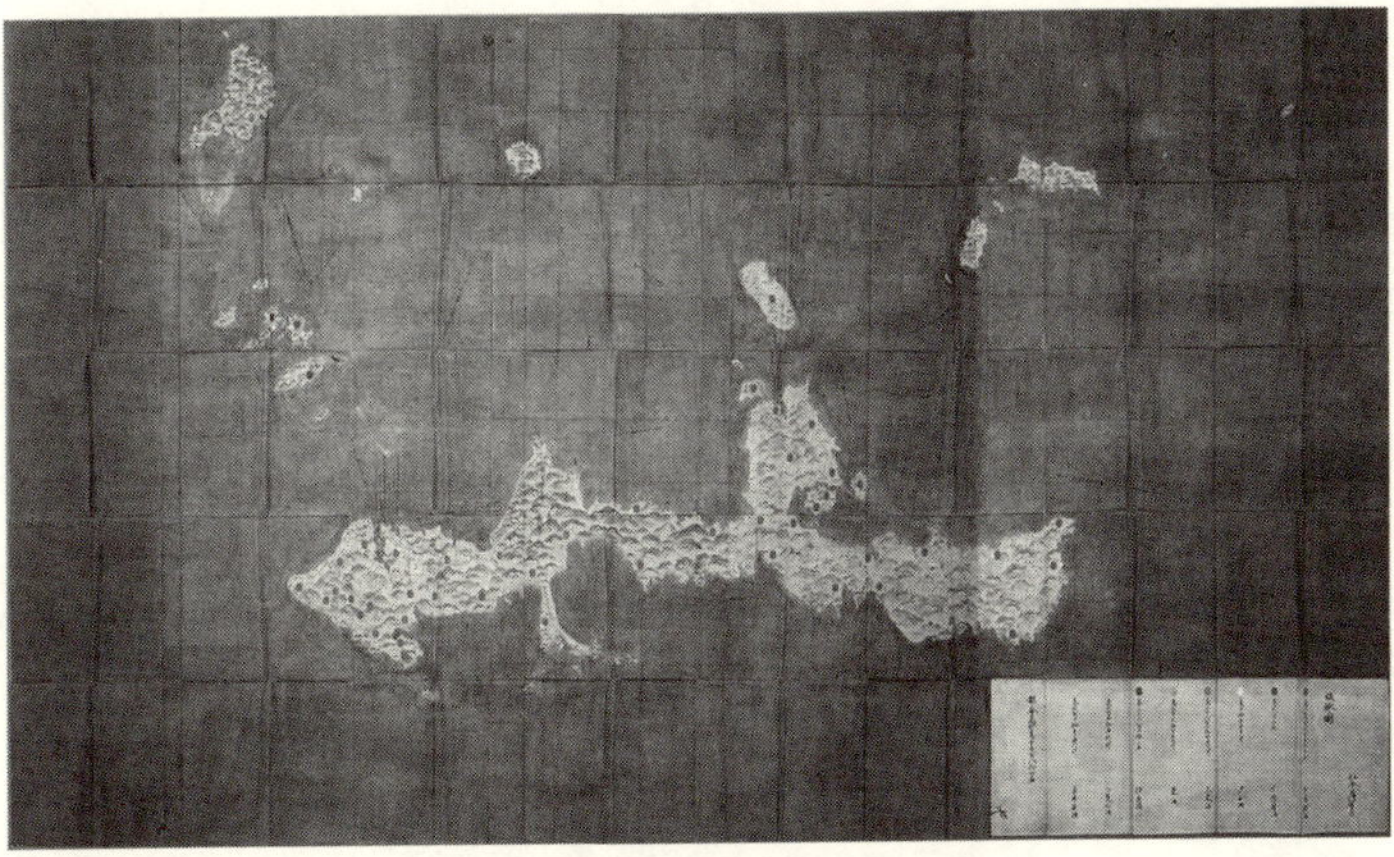

図2　正保国絵図「琉球国」（本島部分）

用されていない。

なお、この事業では城郭および城下を描く城絵図と詳細な交通情報を記す道帳も提出が要求されており、城絵図については正保城絵図と呼んでいる（図3）。城絵図の提出は、この正保期のみの特徴である。城絵図は、たとえば天守の階数や垣の高さなど城内の情報をきわめて詳細に書き記すことが求められ、また城下の町割りや侍町と町人地の区別、また周囲の田畑の浅深や山からの距離といった状況も図示することが求められた。これらの調査によって、幕府は軍事に関する詳細な情報を把握し、諸大名の軍事拠点についてもほぼ完全に掌握することが可能となったのである。

元禄国絵図　元禄一〇年（一六九七）、徳川綱吉治世下において、慶長、正保に次ぐ国絵図作製事業が開始された。これを元禄国絵図と呼んでいる。同一二年三月の壱岐国絵図が最初の提出、同一五年一二月の播磨国が最後の提出であり、およそ六年が費やされている。史料で

図3　正保城絵図「安芸国広島城所絵図」

は、この時に作製された国絵図は「新国絵図」として登場し、一方、先の正保国絵図を「古国絵図」と呼んでいる。

元禄国絵図においても一国一枚の原則で作製されたが、正保国絵図で分割して作製された国については引き続き複数枚に分けて作られた。また、正保国絵図ではあまりにも巨大となってしまった出羽や越後についても、今回は分割して作られることになった。

元禄国絵図の作製にあたっては「古国絵図」（正保国絵図）が貸与され、古くなった情報については修正を施しつつ新たな国絵図を作るというのが基本であった。しかし、事業の途中（元禄一二年）で方針に修正が加えられるなどした結果、正保国絵図とはその重点が置かれるポイントがずいぶん異なった国絵図として仕上がることとなった。その最大の特徴は、領域の境界を明確にするというものである。この時期、社会では農業生産などの発展に伴う開発が盛んになされ、境界をめぐる争論が多数起こるようになっていた。杉本史子（一九九九）によれば、元禄国絵図作製事業において作製され、早々に幕府に上納されてきた地図は「正保国絵図を新しく書き直したままで今後の御用に立たない」と奉行衆内からの批判が上がったのだという。そして、以後の境争論を未然に防ぐため、また国境《くにざかい》を統括する幕府の「公儀」としての位置を明確に示すために、その後は当地に住む百姓の判形《はんぎょう》をもった国境証文を取りはじめ、絵図内に国境小書《こがき》を付すことも求め、国境を確定していくこととなった。ただし、山深い地などの国境が確定できない点は「山国境不相知」としてそのまま残された。杉本は、この点に幕府が国境を実態的にとらえるための実現可能なぎりぎりの方法を模索していたことを読み取っている。

また、幕府は「国境縁絵図《へりえず》」（図4）と呼ばれる国境付近を抽出した地図を作製し、隣国と突き合わせて確認して境界証文を取り交わすことを新たに命じ、さらに境界がどのような地物のどこで設定されているのかを明確に国絵図内に小書にて表現するよう、その描画見本を作製して各藩に指示している。現代の地図のように山地を等高線で示す場合であれば、国境はラインとして引くことが可能であるが、国絵図における山地は絵画的に描写されていた。当然、国境付近にある山は、隣りあう複数の国の国絵図では異なる描写がなされた。したがって、突き合わせといっても、近代地図のようにすべての国境がピタリと一致するというわけではない。そのような点も考慮し、描画見本では同じ峰限りであっても「峰限境」、「峰ヲ少越境」、「山之根限境」といった違いがある点を小書にて考慮するよう指示している。

また、元禄国絵図では「御領、私領、寺社領の高、仕分け無用に候」として、領分の区別は必要ないという指示が出された。それに対し、「郡色分け紛れざる様」として郡区分を明確にすることが求められ、領域区分図ではなく国郡図としての性格を強く打ち出すものともなった（川村・二〇一〇）。

さらに、村の表記についても、体系的な表記が求められた。この点、横田冬彦（一九八五）は元禄丹波国郷帳と国絵図を検討し、元禄郷帳上には基本的に「村高をもつ村」が記載される一方で、国絵図上には郷帳に示されていない「石高のない村＝枝村」が数多くみえることを明らかにしており、郷帳には〈宛行単位としての村〉、国絵図には〈集落としての村〉が記載されたと論じている。さらに

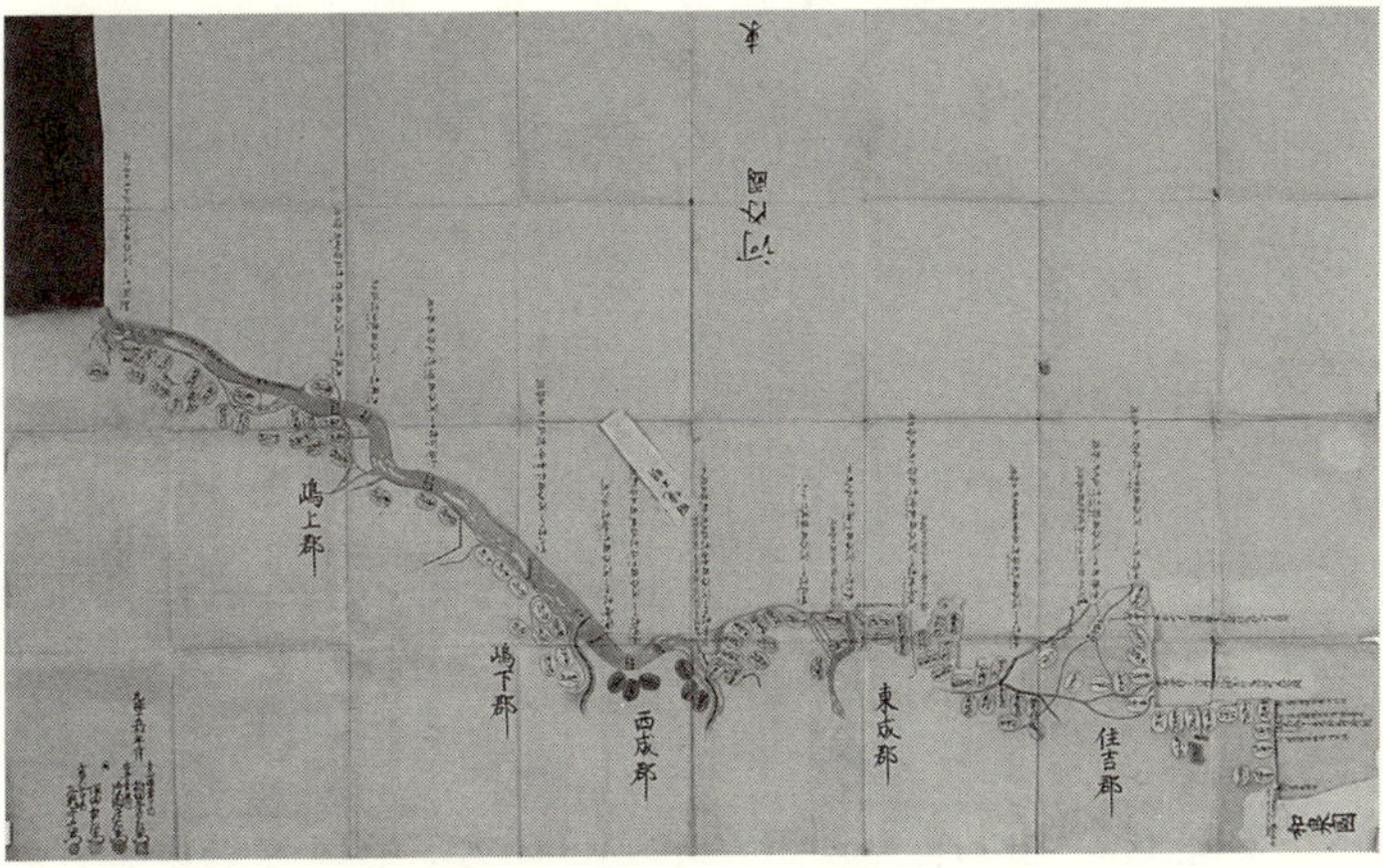

図４　「河内之方　摂津国縁絵図」

摂津国の慶長・正保・元禄の各郷帳、国絵図について、島下・豊島郡部分を中心に各記載を比較した藤田和敏（二〇〇二）は、慶長国絵図では無高村〈横田のいう〈集落としての村〉〉として描かれていた村の多くが正保期・元禄期では村高設定された「行政村」となっていること、また正保国絵図上での無高村が元禄国絵図・郷帳段階では村高設定される傾向があることを明らかにした。このような変化は、一七世紀中後期に中世的な郷の重層構造が解体し集落を中核とした近世村落が確立するという水本邦彦（一九八七）の議論にも通じるものである。正保期・元禄期の国絵図・郷帳編纂事業は、そのような在地の変化の過程のなかでおこなわれたものであったことになるが、藤田が論じたように、これらの事業は親村―枝村関係を国家が掌握していく過程でもあった。そのため、在地側からは枝村確定の作業に際して、さまざまな働きかけがおこなわれ、争論が各地で起こった。その意味で、国絵図作製事業は在地が近世村落としてのアイデンティティを培う一つの重要な契機であり、また国家が村の新たなかたち（＝近世村落）を承認する装置ともなった。

このように、元禄国絵図は国・郡・村それぞれの空間レベルでの境界や帰属がこれまでになく明確に表現された国絵図である。それは、川村（二〇一〇）が表現するように、「純粋な国郡図」であり、軍用が重視された正保国絵図とはその表出される理念がまったく異なっていた。正保国絵図作製事業よりもさらに徹底された表現の統一といった点もあわせて考えれば、元禄国絵図は、江戸時代に作製された国絵図のなかで、もっとも「国」絵図らしい国絵図といえるかもしれない。ただし、そこに現れた「国郡図」は明らかに近世的枠組みを表出するものであったことも忘れてはならない。

なお、正保期と同じく元禄国絵図作製事業においても、国絵図を集成した日本図作製がおこなわれている。この点については後述する。

天保国絵図　次の国絵図作製事業が開始されたのは、元禄期から一三〇年以上を経た天保六年（一八三五）ごろからであった。この際に作られた国絵図を天保国絵図と呼んでいる。

天保国絵図作製事業の場合、絵図作製に先行するかたちで郷帳の作成が命じられており、それは天保二年に開始されている。これまでの国絵図作製事業はすべて国絵図と郷帳が同時に作製されていたが、天保期の事業では先例とは異なるかたちで事業が実施された。ただし、三河国では高《たか》調査と並行して国絵図作製がなされており、天保六年から一斉に絵図作製がなされたというわけではないようである。

また、天保期の事業は、その他の面においてもこれまでの事業とは大きく異なる側面があった。郷帳それ自体の内容の変更もその一つであり、従来のように一国単位の郷帳が求められたのではなく、領分限りの郷帳の提出が要請された。そして、従来のように拝領高のみを書き上げるのではなく、拝領高に新田高や改出高《あらためだしたか》などをも加えた実高《じつだか》の書き上げが要請されたのである。この事業の担当は勘定奉行・勘定吟味役であったが、このような実高記載への変更について、これら担当者は各地からの問い合わせに対し、勘定所での政務の参考とするものであって将軍―領主の関係により安堵されている判物《はんもつ》・朱印高の増減を企図するものではないとして、その提出をうながしている。

しかし、各藩はなにかと言い訳を付して、その高帳の提出を遅らせている。たとえ勘定方による先のような説明があったとしても、新田高・改出高などの提出により、これまでの判物・朱印高の改訂に結びつくのではないか、ひいては判物・朱印高によって定められてきた家格が変動するのではないかという強い懸念が広まっていたからである。結局、各藩からの領分別の郷帳の提出は天保五年になってようやくなされ、それをもとにした一国単位の郷帳が勘定所の手によって仕立てられた。その際に拝領高、新田高、改出高といった内訳がすべて削除、集約されるかたち、すなわち実高によって一村限りの村高が列挙されたため、元禄時の郷帳と比較すると、今次の郷帳では高数が増加している。ただし、たとえば薩摩藩は元禄郷帳とまったく変わらない高数を報告しているように、各藩から提出された数値が、実高そのままであるかは疑わしい。各藩が実際の生産力を幕府に把握されることをいかに警戒していたかがうかがえる。

紆余曲折を経つつも郷帳のとりまとめが一段落した天保六年、今度は国絵図の作製が始められた。この国絵図作製も、それまでとは大きくその作業過程が変わっている。これまでの国絵図では各国に「絵図元」が任命され、絵図元が責任をもって清《きよ》絵図を作製し、幕府に提出をしていた。しかし、今回の国絵図作製に際しては、国別担当者として任命された「国絵図掛」に要請された作業は、幕府から渡された元禄国絵図の写に、元禄以降の変化を「懸紙《かけがみ》」によって修正するのみであった。清絵図は全国一括して幕府が作製したのである。ただし、実際の状況として幕府膝元の関東諸国では、担当の代官らが配下を廻村させて証文付きの村絵図・組合村絵図を提出させていたこともわかっており（杉本・一九九九）、懸紙による修正のみとはいえ、その作業は念入りであった。蝦夷図については、これまでの国絵図にはみられないほど実態に近い国形が表現されているが、それもこのような調査によるものだろう（図5）。ただし、そのできばえと、すでに幕府内に収められていた伊能図とを比較すると前者の稚拙さはいなめず、この国絵図作製事業に際して伊能図は参考にされていないことがわかる。

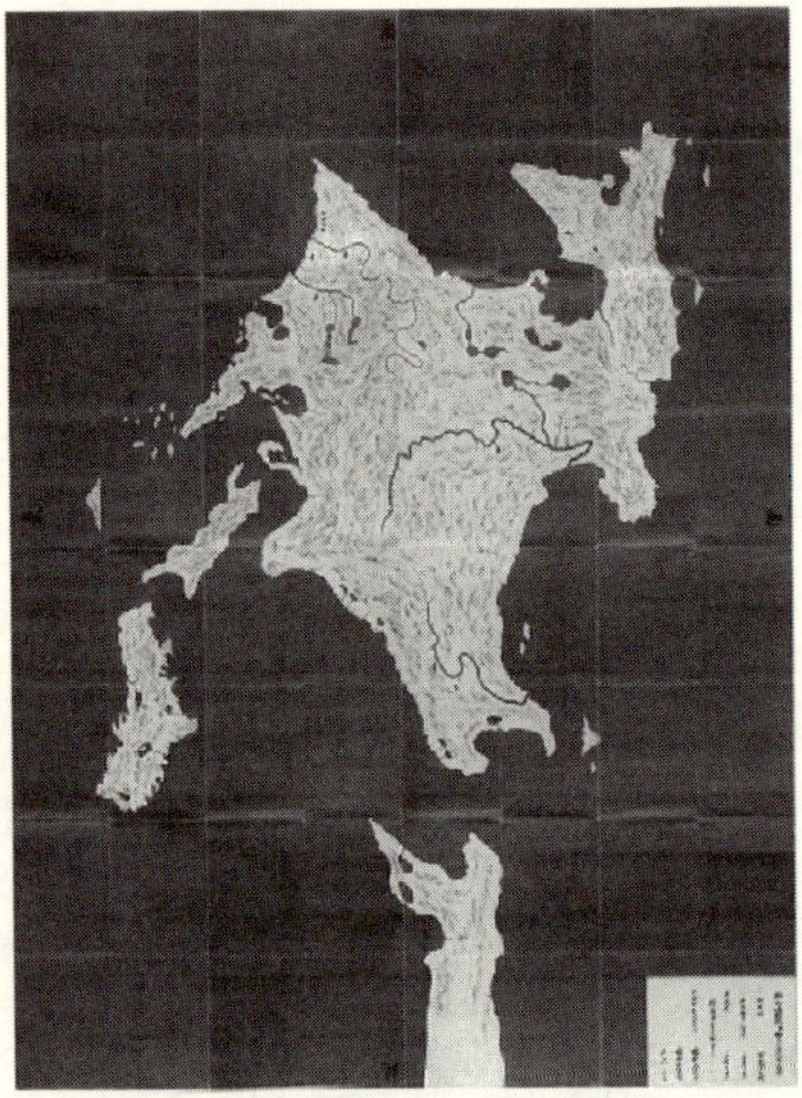
図5　天保国絵図「松前国」

各藩からの修正図の提出は、天保八〜九年ごろになったようである。それらは幕府の絵図小屋に運び込まれ、各国二枚ずつの清絵図が仕立てられていった。各国絵図の畾紙部分の末尾には等しく「天保九年戊戌五月、明楽飛驒守・田口五郎左衛門・大沢主馬」と、国絵図掛ではなく、勘定奉行明楽《あけら》茂村ほかの幕府における改訂責任者の名前が記されている。天保郷帳においてもその署名はすべて幕府の責任者の名前で統一されており、天保期の郷帳・国絵図作製が幕府の手によってなされたことを明白に物語るものとなっている。

このような作業過程および署名の変化は、国絵図・郷帳のもつ本来的な性質を大きく変えるものであったとされている。これまでの国絵図・郷帳は、地方の地図・土地台帳を中央政府が完備することに政治的重要性があり、古代の国郡制に基づく国家統治の原理を踏襲した形式をとっていた。国絵図作製事業でいえば、各藩（国）から調進されたものであることに意味があった。しかし、天保国絵図・郷帳は、その署名をみてもわかるように、いずれも責任の所在は幕府官僚にあり、幕府がみずからの手で全国の図を作製し、それが将軍に上覧されたという形式となっているのである。ここに将軍―領主間の儀礼的表象を見出すことは難しい。しかし、将軍と領主ではなく、幕府と領主という関係でみれば、表高《おもてだか》ではなく実高による把握を強く要請される領主たちにとって、みずからの経済力を把握され、家格の変更の危機ともなるきわめて深刻な事態であった。その完全なる把握は逃れたものの、これまでとは大きく異なる幕府の姿をそこにみた藩は多いだろう。このほかに幕領内の掌握の徹底といった特徴ももつが、それを含め、天保期の事業をどのように評価するのかについては、時代の流れに即するかたちで、より議論が深められる必要がある。

コラム1　藩による測量図

江戸時代は、幕府による国絵図作製の命による地図作製のほかに、各藩が独自に領内図を作製することもあった。とりわけ一九世紀に入ってからは、実測を伴う詳細な地図が各地で作られた。後述の伊能忠敬は海岸線を測量するという大事業を実施したが、一方で内陸部の測量は海岸測量調査のために通過した主要街道沿いにほぼ限られる。一方、ほぼ同時期ないしそれ以降になると、日本各地で領内の詳細な実測図が作られるようになり、各地で測量家が活躍するようになる。

なかでも著名なのは、越中国の石黒信由（一七六〇〜一八三六）だろう（高樹文庫研究会・一九八三、新湊市博物館・二〇〇一）。山崎流測量術や天文学を学んでいた信由は、寛政年間（一七八九〜一八〇一）には藩からの命によって村や河川、潟などの測量をおこなっていたが、その正確さが認められ、文政二年（一八一九）四月に加越能三州諸郡内の道筋の測量御用が命じられた。信由は文政五年九月までの三年半にわたって加越能三州全域を測量し、その成果をもとに文政七年に郡図を作製、翌八年には三州の国図と三州図を藩に提出している。また、すでにいくつかの測量事業に携わっていた享和三年（一八〇三）には、沿岸測量のために越中国を訪れていた伊能忠敬と出会い、その知識の交換をおこなっている。

そのほか、享和二年に徳島藩から「阿波国図」の作製を命じられ、分間《ぶんけん》村絵図、郡図、国図を三

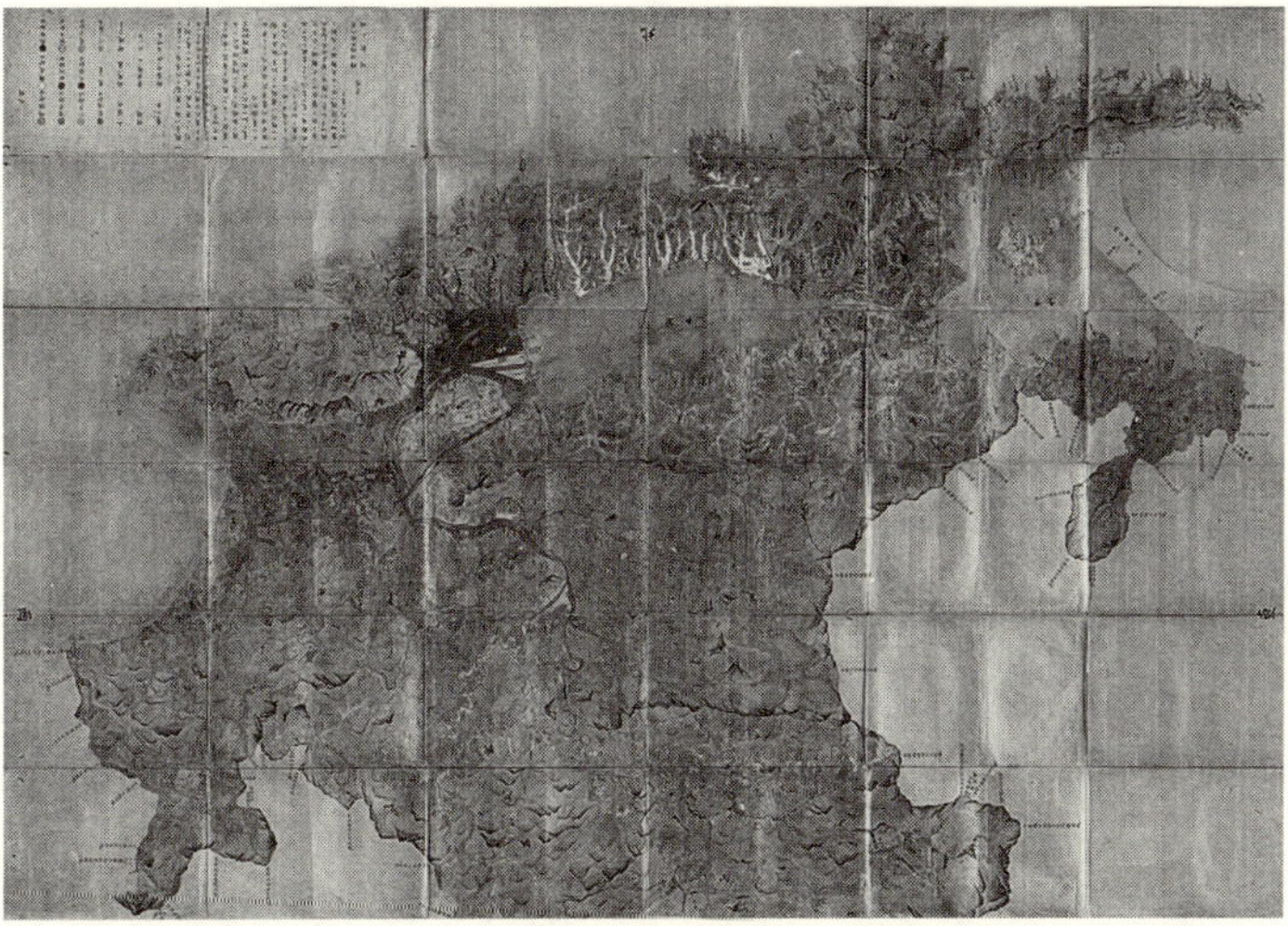

図6　「出雲国十郡絵図」（部分）

〇年かけて完成させた岡崎三蔵や（平井・一九九六）、文化年間（一八〇四〜一八）から天保年間（一八三〇〜四四）にかけて数度にわたる出雲国図を作製している神田助右衛門・新二（のち佐三右衛門）父子（図6）、また嘉永三年（一八五〇）に松代藩から領内の測量図作製を命じられ、「松代封内測量図記」および一〇枚一組の領内測量図を完成させた東福寺泰作など、きわめて優れた技術を有した測量家たちが江戸時代後半には各地で活躍していた。ただ、これらの人物についての研究は、まだ十分とはいいがたい状況にあり、今後、史料の発掘を含めてその成果の蓄積が待たれる。そうすることで、江戸時代の幕府や藩が実施した国絵図作製事業の意味や地域への影響、また知的交流の実像や伊能忠敬の評価など、さまざまな面でより深い理解が得られるだろう。

2 江戸幕府の日本図

国絵図作製事業とのかかわり　江戸幕府は日本図も作製している。現時点で確認されているのは七種であり、国絵図作製事業が四度ないし巡見使上納国絵図を含め五度であったことからもわかるように、国絵図作製事業の延長線上ですべて作られたわけではなく、日本図作製そのものが主目的としてなされた事業もあった。国絵図作製事業と一致して作製されたのは、正保国絵図、元禄国絵図の二回であり、また寛永巡見使上納国絵図についても、その図をもとに日本図が作られたことがわかっている。以下、これら江戸幕府によって編纂が進められた日本図の展開を追うことにしたい。

なお、江戸時代には江戸幕府の手によらない日本図も多数作られた。これについては、後段で改めて説明することにする。というのも、江戸幕府撰日本図は、それ自体で一つの歴史的変遷をたどっており、単独でみた方がわかりやすいからである。また、まず江戸幕府撰日本図の展開を押さえたうえで、そのほかの日本図の歴史を眺めることで、両者の流れの異同を明確にとらえることができるからでもある。

二種の寛永日本図　江戸時代最初期の幕府撰日本図として、古くから二種の図が知られてきた。慶長国絵図との関連が論じられ、慶長日本図と呼ばれていたこともあったが、近年はいずれも寛永期の事業であったことが明らかにされたことから、作製順に寛永A型日本図、寛永B型日本図と呼んでいる。

寛永A型日本図について、その性格を明確にしたのは川村（一九九八）であった。川村は、寛永A型日本図に記された城所の築城・廃城年代を調べ、この図の成立が寛永一〇年（一六三三）から寛永一三年の間であることを明らかにし、寛永巡見使との関連性が高いことを裏づけた。さらに、寛永巡見使上納国絵図である「日本六十余州図」と図形や図示内容を、各巡見使が担当した地域ごとに比較し、北陸地域は明らかな不整合がみられるが、それ以外の地域は「日本六十余州図」と日本図とには関係がみられることを示した。

このような点から、現在は寛永A型日本図が寛永巡見使の国廻りの成果による「日本六十余州図」を重要な基本資料としつつ作られた日本図であり、これが江戸幕府による最初の日本図だと考えられている（図7）。

寛永A型日本図は三分割になっており、現在の地方区分でいえば、九州・四国・中国で一枚、近畿・中部・関東で一枚、東北で一枚としてそれぞれ作られている。居城は印で記されているが、江戸・京都・大坂・駿府は別格の扱いで表現されている。そのほか、古城が数多く記されているのが特徴で、これは寛永巡見使が元和期に出された一国一城令が順守されているかを調査する目的も担っていたことと関連すると想定されている。一方、交通に関する情報は概して希薄で、里程記載はおよそ五街道に限られている。また、岬や湾、小島といった記載が簡略で、海岸線が単調であるのも特徴と

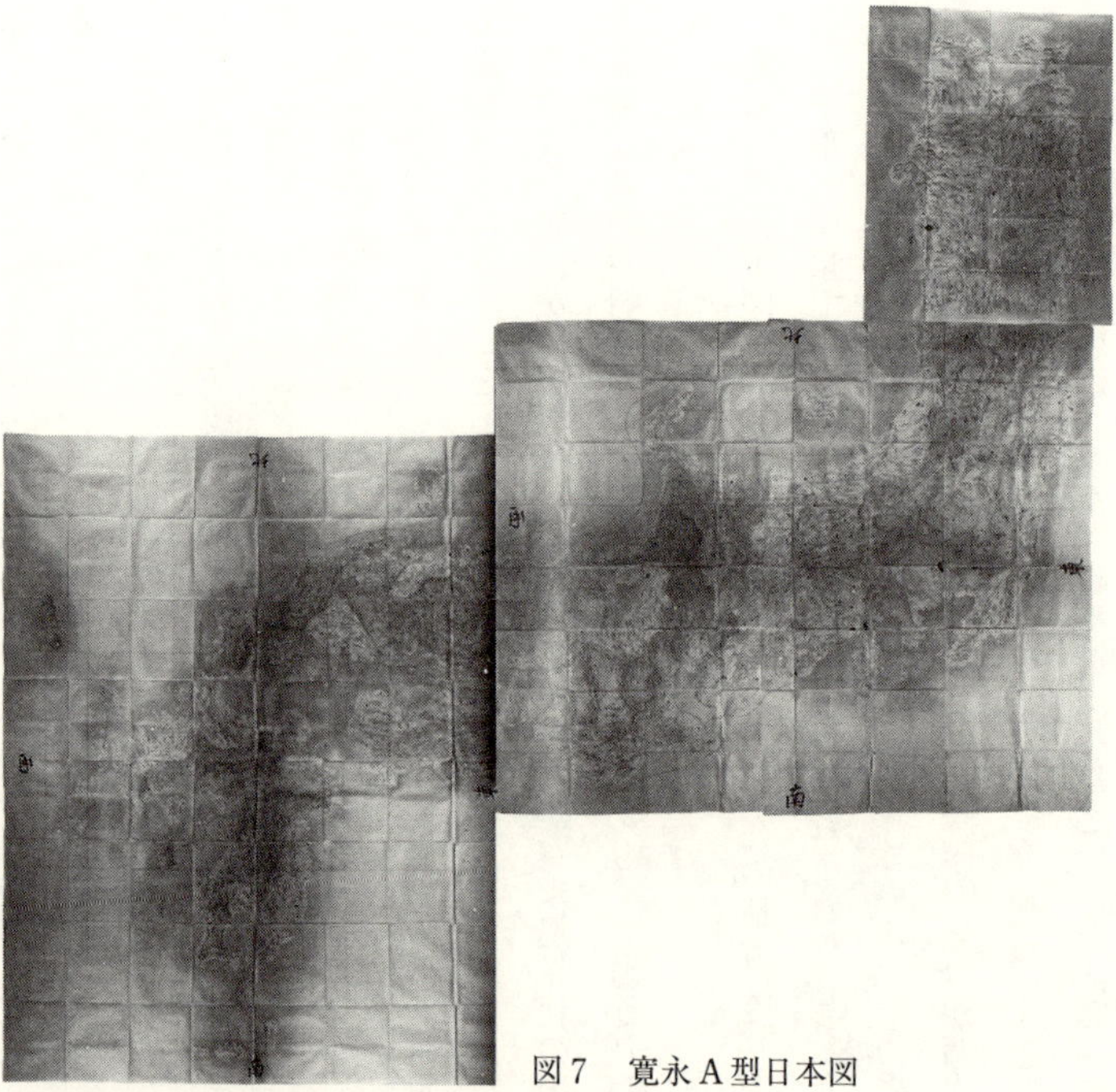

図7　寛永A型日本図

されている（川村・一九九八）。

寛永A型日本図は、佐賀県立図書館（蓮池文庫）、山口県文書館（毛利家文庫）、福井県大野市杉本家（もと水戸藩所蔵図）、長崎県島原市本光寺で確認されている。本光寺は寛文八年（一六六八）に丹波国福知山藩から島原藩に転封となった松平氏（深《ふこ》溝《うず》松平氏）がその菩提寺として元禄二年（一六八九）に建立した寺院で、松平家に関連する史資料を中心に、松平氏以前の地域の史資料も所蔵されている。寛永A型日本図がどの時期に島原にもたらされたかは不明であるが、いずれにしても民間資料ではなく藩資料であったことは間違いない。

島原の乱の影響　本光寺のある島原は、いわゆる「島原の乱」の地として知られた場所である。寛永一四年（一六三七）一〇月に起こった一揆を幕府はなかなか鎮圧できず、結局、乱の収拾は翌年二月となった。

川村（二〇〇八a・二〇一〇）によれば、一揆鎮圧のための軍勢派遣に際し、陸海の道筋や里程、渡河方法といった交通情報についての知識に乏しく、速やかな移動・展開をおこなえなかった幕府は、軍事的観点に立ち、交通情報を重視した日本図の作製が急務となった。これによって作製されたのが、現在、寛永B型日本図と呼ばれている日本図である。幕府は鎮圧直後の寛永一五年五月には、早くも日本図の改訂に乗り出しており、その必要性をいかに痛感していたかがうかがえる。この事業を指揮したのは井上筑後守政重であるが、井上政重自身も島原の乱に際して島原に赴いており、幕府の地政学的知識の乏しさを実感した一人であった。

この日本図作製において、幕府は交通情報を充実させた国絵図の調進を命じている。幕府布令として「西国中国諸大名」に宛てたものが残されている。とりわけ中国筋については国絵図の提出が要請されており、この際に提出された絵図にかかわる史料として、大分県臼杵市立臼杵図書館には中国筋一四ヵ国の地図がまとまって収蔵されている。また、土佐藩や米沢藩にも日本図作製にかかわる情報収集があったことが史料から確認されており、それ以外の地域にも必要に応じて情報収集がなされたことがわかっている（川村・一九九〇・二〇〇七）。

寛永B型日本図は、国立国会図書館本がよく知られているが、岡山大学附属図書館（池田家文庫）

や京都大学附属図書館（中井家文書）でも確認されている。また利用の便を図ったと思われる三分の一程度の縮図も四点が知られている。

正保日本図　江戸幕府による国絵図作製事業のなかで、正保期の事業のみが国絵図のみならず、城絵図と日本図という三種類の地図を作製した事業となった。このうち、日本図については正保日本図と呼ばれている。ただし、正保日本図も寛永日本図と同じく、二種類あることが知られている。

二種類が存在するのは、明暦三年（一六五七）一月一八日から二〇日にかけて江戸を襲った大火によって、正保国絵図が焼失したことに起因している。幕府は大火後に各藩に控図を写して上呈するように求めており、現在正保国絵図として残されているのは、この再製された図である。そして、正保国絵図をもとに作製された日本図もこの火事によって失われ、模写図も含め現存しないとされてきた。

しかし、ごく近年、国立国文学研究資料館（国文研）所蔵の「日本総図」が大火以前に作られていた本来の正保国絵図をもとに作製された日本図の系統に属す図であることが、藤井譲治（二〇〇七）によって明らかにされた（図8）。より詳細にいえば、国文研所蔵図はその内容から明暦三年以降、明暦四年以前に成立したものであり、そのもとになった日本図は大火前の承応二年（一六五三）ごろには成立していた可能性が高いという。正保国絵図作製事業で国絵図をほぼ収納し終えたのは慶安元年（一六四八）ごろとされているので、この承応二年図は、正保日本図そのものもしくはその直接の写図であると判断できる。

藤井の指摘した国文研所蔵図の年代が正しければ、次のように想定することも可能となる。国文研

図８　「日本総図」(国文学研究資料館本)

所蔵図の成立年代の上限となっている明暦三年の根拠は、宇和島藩からの分知による伊予吉田藩の成立を指しているが、これは明暦三年七月の出来事である。つまり国文研所蔵図の成立を厳密にいえば、この七月以降となり、その時点でもとになった承応二年図が存在した可能性も十分に考えられるということになる。前述のようにオリジナルの正保国絵図や正保日本図は明暦の大火で焼失されたと思われていたが、承応二年図は少なくとも焼失を免れている可能性があるのである。もしかしたら、今後の新たな史料の発掘により、承応二年図ないしそれに近い日本図がみつかるかもしれない。

なお、国文研所蔵図と同種の地図として島原図書館（松平文庫）所蔵図も知られている。今後、両図を詳細に比較する作業は不可欠だろう。

大火前の正保日本図に系譜を持つ国文研所蔵図、島原図書館所蔵図は、「正保日本図（初回図）」とでも表現できるだろう。一方、大火後に国元から改めて集められた国絵図をもとにして日本図も再製されたことがわかっている。集められた国絵図は、初回提出時からの変更点についての修正が一部みられるものの、基本的には正保国絵図そのものであり、それをもとにして作られた日本図もまた、正保日本図の流れを汲むものであることは間違いない。よってこの日本図を「正保日本図（再製図）」としておきたい。なお、後者は寛文期の作製となるため、寛文日本図と呼ばれることもある。

正保日本図（初回図）の特徴は、①蝦夷地が初めて記載されたこと、②朝鮮半島東端が書き込まれ、朝鮮という国名のほか、「釜山海」という記載がみえること、③琉球はみえないこと、といった点である。①の蝦夷地については、寛永期の二種の日本図にはみえなかったもので、官撰日本図として初めて登場した。一方、③の琉球については、正保国絵図で薩摩藩が琉球国絵図を調進しており、その控図が残されているにもかかわらず、日本図には反映されていないことになる。さらに、②にあげたように、一部ではあるが朝鮮半島が記載されており、日本図は必ずしも「国内」を強く意識したものではないことがわかる。国絵図が調進されていない朝鮮は描かれ、調進がなされた琉球は描かれないというのは、当時の幕府の認識を少なからず反映しているということになるだろう。

一方、正保日本図（再製図）については、国立歴史民俗博物館所蔵図や大阪府立中之島図書館所蔵図などが知られている。先に述べたように、基本的には正保国絵図と同じ国絵図をもとにして作られているため、当然ながら大枠においては正保日本図（初回図）と同じような図形をしている。近年まで両者の区別がなされないまま議論が展開してきたのも、両者が類似しているからこそである。ただし、初回図と再製図では作製の過程やその表現内容等でいくつかの大きな変更がみられる。その一つは再製図の担当が大目付北条阿波守氏長になった点である。氏長は天明大火後の江戸の都市再整備に携わるなかで「江戸府内図」を作製した人物として知られており（矢守・一九七四）、地図にかかわる相応の知識を有していたと思われる。次に各藩に「道度」（道のり）の書き上げが要請されている点である。具体的には諸国の城下から江戸日本橋までの距離や、国内の城下間の距離、隣国の城下までの距離、港間の船路の距離などが求められている。このような距離データを活用しながら国絵図どうしの接合をはかったと思われ、実際、再製図には街道筋に一里目盛が付されている一方で、初回図にはそれがみられないという違いがある。大阪府立中之島図書館所蔵図は「皇圀道度図」という名称が付されているが、これはまさに氏長の「道度」書き上げを反映した図であることを表現していると考えられている（川村・二〇一〇）。

また、全体として海岸線や離島の配置は再製図の方が整っており、注記も充実している。再製図は初回図の単なる再製ではなく、日本図としてより高い完成度が求められるなかで作製された図であると位置づけることができる。

元禄日本図　元禄国絵図作製事業においても日本図の作製が実施されており、元禄日本図と呼ばれている。元禄日本図では初めて琉球も含み込まれた。これ以降の官撰日本図では再び琉球は描かれなくなるため、琉球描写は元禄日本図の大きな特徴の一つとなっている。

元禄日本図については、明治大学（蘆田《あしだ》文庫）に所蔵される「元禄日本総図」（図9）がその簡略な写図として知られてきたものの、原本に近い図はないとされてきた。しかし近年、川村（二〇〇八b）によってその理解が誤りであることが示された。「元禄日本総図」の内容は、元禄一五年（一七〇二）の段階のものを示しており、元禄一五年一二月に作製が完了した元禄日本図そのものの写図である可能性がきわめて高いという。

それまでの日本図と比べて、「元禄日本総図」の内容が簡略であることは間違いない。しかし川村によれば、そのこと自体が元禄日本図の特徴である。というのも、元禄日本図の作製は元禄国絵図の上納が半数程度済んだ段階で開始されたが、その時点で将軍への国絵図上覧が済んでおらず、元禄国絵図を原図として使うことができなかったからである。すでに国絵図を集めた段階で、隣国との境界

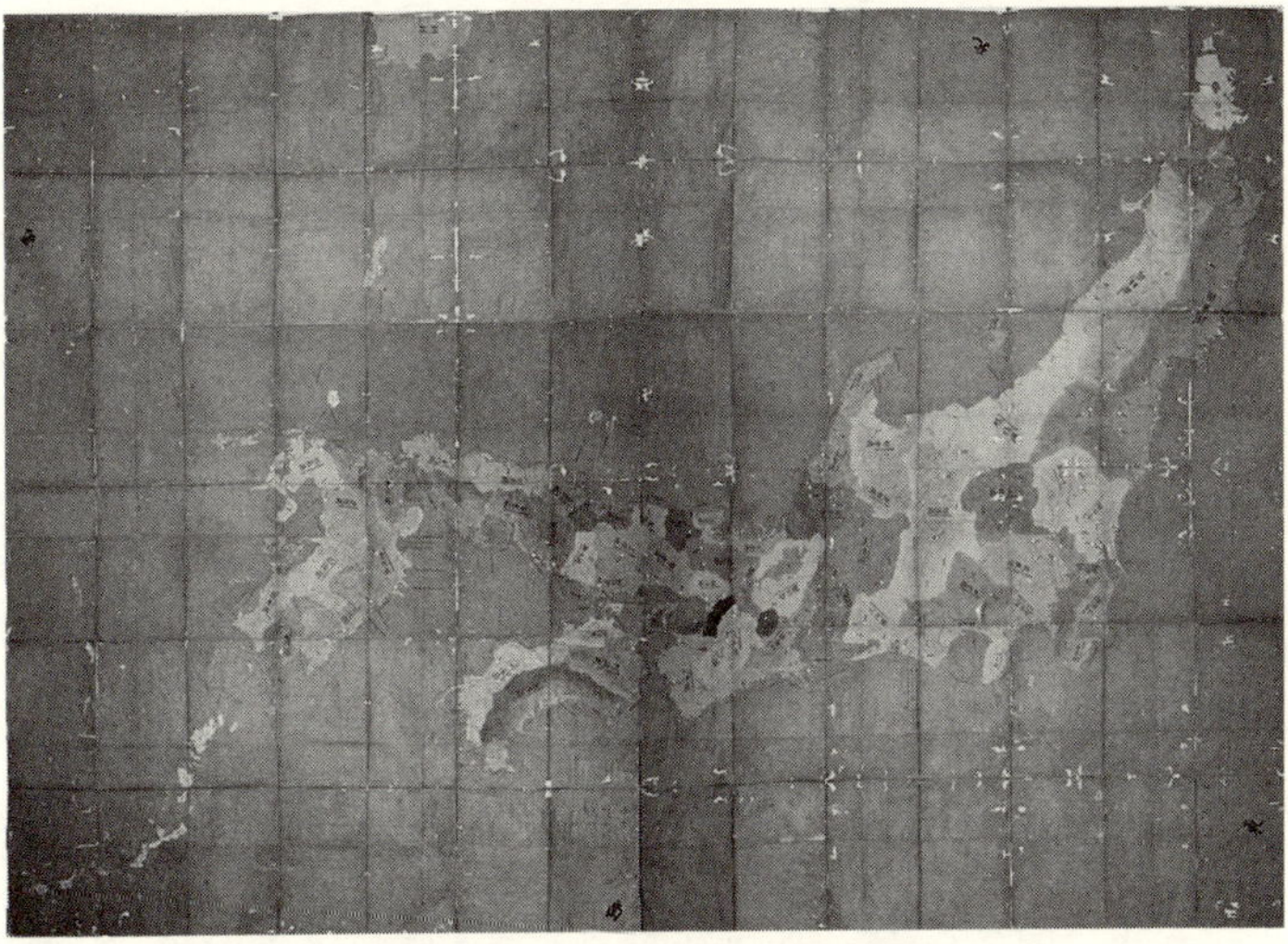

図９　「元禄日本総図」幕府作製　元禄15年（1702）

部分を抜き出した縁絵図《へりえず》を提出させていたため、内部の境界線については縁絵図を使って描くことができたが、海岸線部分は資料がない。そのために幕府は日本図作製を始めるにあたり、各国に、作製した国絵図から海岸線付近を抜き出した海際《うみぎわ》縁絵図《へりえず》を作り、提出するように求めている。また、道筋の距離データとして「おも立候所」から国境までの距離を記した「道程書上」を各国に要求している。すなわち、元禄日本図の作製にあたって主に利用された資料は、縁絵図、海際縁絵図、道程書上であり、図内の地名が簡略であるのは、道程書上の「おも立候所」が基礎となっているからである。また、国境付近や海岸部の情報が比較的詳しくなっているのも、縁絵図・海際縁絵図を利用していることの証左となる。

元禄日本図は明治大学（蘆田文庫）本のほかに、国立歴史民俗博物館（秋岡コレクション）本も知られるが、これは後年の模写である。また、四三枚ないしそれ以上に分割された切写図も一〇点が知られており、そのうち五点が明治大学（蘆田文庫）本と同じ系譜にあると考えられている。

享保日本図　元禄日本図の作製からわずか一五年後の享保二年（一七一七）、前年に将軍になった徳川吉宗によって日本図の再編が命じられた。吉宗は、きわめて旺盛に幕府御文庫に収納されていた既存の国絵図や日本図を閲覧しており、地図に関して強い関心を示していたことが知られる。

享保日本図と呼ばれるこの時の日本図作製に、国絵図の提出はともなっていない。元禄日本図は各国の境界が厳密に定められた元禄国絵図（縁絵図など）をもとに作製したが、その厳密さゆえに接合していくとかえってズレが蓄積・拡大されていくことになり、日本図のできとしては決してよいとはいえない結果となっていた（図10）。特に地続きとなっていない四国・九州、および離島の位置関係は配置の不備が目立った。享保日本図は、元禄国絵図をもとにしつつも、それらの国絵図をより適切に接合し、精度の高い日本図を作製することが求められたのである。

享保日本図の作製過程は川村（一九八四）によって詳細に検討されている。それによれば、享保日本図は勘定奉行大久保下野守忠位《ただたか》が責任者となり、実際の仕事は正保日本図編集を担当した北条氏長の実子、北条氏如《うじすけ》が担当していたが、のちに関孝和《せきたかかず》門下の建部賢弘《たけべかたひろ》が加わり、建部が実質的な担当者となった。担当の交代は技術的な行き詰まりによるものだという。以下、川村の成果をもとにその過程をまとめてみよう。

北条氏如は日本図作製に先立ち、江戸城三重御櫓からみえる諸山の方位を測るなど、元禄日本図の

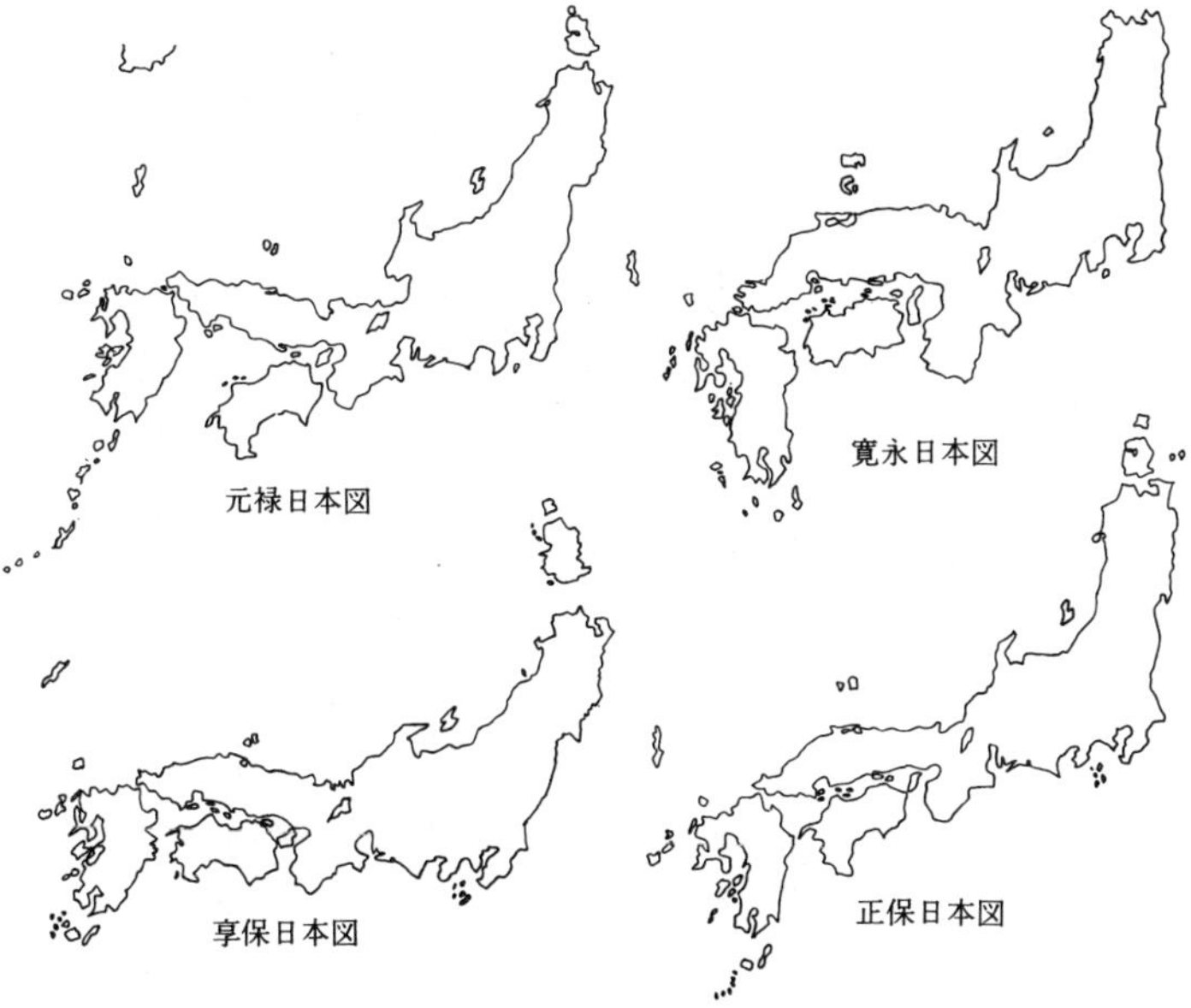

図10　日本総図の図形の変遷

精度検証をおこない、元禄日本図が不正確であることを確認している。そのうえで、日本図作製のための見当山《みあてやま》調査を全国で実施した。一回目の調査では、見通すことのできる隣国の山（見当山）を二〜三ヵ所と、見通すことのできる地点を書き出すよう各国に指示している。これは、全国の見当山を整理するためのもので、いわば予備調査であった。この調査結果をふまえた二回目の調査では、国内の望視地点と見当山について幕府から指示し、さらに調査地の絵図（元禄国絵図の該当部分を写したもの）と磁石をそれぞれ配布した。各望視地点で求めた作業は、まず四方位を測り、配布された地図に十文字に方位線を引く。そして見当山を見通し、その方向線を朱引きして方位を測ることを第一としたが、さらに、交付された絵図に記された望視地点や村形配置に誤りがあればそれを訂正することも求めた。

この調査は確かに国絵図どうしを接合するためには適した調査であった。しかし、そもそも国絵図が厳密な測量図ではなく、地物は大まかにしか記されていなかったために、その調査は複雑で困難を極めた。さらに、国絵図を修正すること自体の要求については、献上図の間違いがみつかることは由々しき問題だとして、間違いを修正せずに提出した藩もあり、足並みがそろうことはなかった。このようななかで収集されたデータでは国絵図を接合することができず、再検討が求められることになった。

そこで建部賢弘が加わるかたちで三回目の調査が実施された。この時は、望視地点から見当山を見通す方位線を示すための方角紙と定規が配布された。調査は四方位線の描かれた方角紙の上に望視地点から四方位線の交点を通って見当山を見通す方位線を記すだけでよく、前回と比較して調査の内容が簡便となった。ただ、幕府から指示された望視地点から見当山が見通せないといった問題も生じている。その場合は代わりの望視地点を選んでよいという指示も出されているが、第一回の予備調査とそれに続く第二回の本調査の成果とは関係なく望視地点・見当山が選定されていたことがうかがえ、第三回の調査が新規調査であったことがわかる。そこで得られた方位データをもとに元禄国絵図の縮小図を接ぎ合わせて地方図を作り、さらにそれらを富士山や鳥海山などの代表的高山を見当として接ぎ合わせることで日本図を作っていった。さらに離島の位置の確認調査などを経て、日本図作製が終了したのが享保一〇年（一七二五）、その後の資料整理なども含めた最終的な事業完了は享保一三年であった。

享保日本図は、これまでの日本図とは異なる方法で日本図を作製しており、その主眼は正確さの追求にあった。国絵図作製がないにもかかわらずほぼ一〇年の歳月を必要とし、大規模な見当山調査だけで三度も実施されている点をみれば、これまでになかった事業方針を前にした担当者たちの苦労がしのばれよう。望視による方位測定をもとに作製していったため、見通すことのできない遠方の離島については方位と里数があいまいなため別図仕立てとなっていたことも、正確さを期す姿勢の表れであろう。琉球が描かれていないのもそのためである。ただし、壱岐と対馬については古来より申し伝えられてきた里数に依拠するかたちで記入されている。この点は琉球とは大きな違いである。

伊能図　日本地図史において圧倒的な知名度とそれに違わぬ業績を残した伊能忠敬《いのうただたか》（一七四五〜一八一八）の指揮のもと作製された日本図――いわゆる伊能図――を本書のどこに配置するのかは、正直悩ましい問題である。天文方高橋至時《よしとき》に入門した忠敬は、暦学研究のために本邦子午線一度の長さを確かめたいという志をもっていた。第一次調査となった蝦夷地東岸調査は、忠敬の「心願」を幕府が許可するかたちでの事業であり、それも「測量試み」にすぎなかった。また当初の「心願」からいけば、あくまでも緯度の測定と緯度間の距離の測定が目的であって、地図作製そのものも副次的なものであった。この忠敬の「心願」は十分に考慮しなければならない。にもかかわらず、幕府撰日本図の系譜に伊能図を位置づけるかたちで本書に示しているのは、その事業が途中から幕府直轄事業となり、最終的に提出された日本図が官庫に収められたこと、そしてその後に実施された天保国絵図作製事業では伊能図がすでにあるために日本図作製はおこなわれなかったこともまた、重視すべきだからである。忠敬の業績の顕著なことは、保柳（一九七四）や大谷（一九七九）などの先行研究によってもはや周知に属することであろうから、ここでは川村が最新の著書で示したように（川村・二〇一〇）、幕府撰日本図の系譜のなかに伊能図を位置づけることにしたい。

一八世紀後半の江戸幕府は、国内のみならず対外的な問題に悩まされるようになっていた。ロシア人の蝦夷地来訪がたびたび起こり、寛政四年（一七九二）にはラクスマンが根室に来航し通商を要求している。ロシア以外にも、天明七年（一七八七）にはフランスの探検家ラ・ペルーズが宗谷海峡・千島列島を探検、また寛政八〜九年はイギリスのブロートンが蝦夷地近海を測量するなど、北方を中心として情勢があわただしさをみせはじめたのである。国内には海防をめぐる論議が起こり、地図に関していえば、天明六年には林子平が『三国通覧図説』を須原屋市兵衛より上梓した。それは「三国通覧輿地路程全図」のほか「琉球全図」、「無人島之図」（小笠原諸島）、「朝鮮国全図」、「蝦夷国全図」の計五枚の地図とその解説からなっていたが、明らかに蝦夷への関心が高い内容となっている。老中の松平定信は、寛政四年に本書や同じく林子平の手による『海国兵談』を発禁処分として市井への影響を押さえ込もうとしたが、一方で北方の現状に対して幕府としても黙ってみている状況ではなくなっていた。寛政一〇年には大規模な探検隊を蝦夷地へ派遣し、さらに翌年には東蝦夷地を幕府直轄地としたのである。

そのようななかで必要となってきたのが蝦夷地に関する地図であった。そして、このような時期に天文方高橋至時より、弟子の一人、伊能忠敬なる人物が蝦夷地測量を願望していることが伝えられたのである。幕府はこの希望を叶え、海路での蝦夷地派遣を準備しはじめたが、天文方からわざわざ陸路での往復が求められ、陸路への変更を許可した。至時らにとっては蝦夷地測量という名目のもと、遠隔地での緯度計測とそれまでの距離を算出し、子午線一度の距離を求めることが真の目的であり、海路では途中の距離計測が不可能となるので、どうしても不都合だったのである。

このように蝦夷地測量と子午線一度の測定という微妙に異なる思惑のなかで、伊能忠敬の測量は始まった。これが、現在、第一次測量と呼ばれている東蝦夷地の測量であり、寛政一二年閏四月一九日に江戸を出発、一〇月二一日に帰還するという一八〇日間の測量旅行であった。この調査において、忠敬には一日銀七匁五分が支給されているが、それ以外は忠敬の自弁であり、あくまでも忠敬主催、幕府後援の事業であった。

翌年には至時から幕府に対して、関東から陸奥に至る太平洋側の海岸測量が願い出され、今次は一日銀一〇匁の支給によって許可された。忠敬自身は蝦夷地の残りの測量を望んだが、当時西蝦夷地は幕府支配下になく、至時は許可がおりないと判断、代わりに前年の願い出にすでに含めていた太平洋側海岸部の測量を持ち出したのである。

この第二次測量によって忠敬は子午線の長さを二八・二里と定めることができた。本来の目的がここに達成されたことになる。ただ、この時点になると測量図作製への関心もきわめて高くなっており、至時の意向も汲みつつ、次は東日本の日本海側の測量を願い出た。そして、享和二年（一八〇二）に陸奥三厩《みんまや》から越後直江津までの海岸線およびその往復の陸路の測量を実施（第三次測量）、さらにその翌年には、前年に測量できずに終わった東日本の各地、すなわち伊豆半島以西尾張までの地、そして北陸および佐渡を測量した（第四次測量）。そして、これまでの測量成果を文化元年（一八〇四）に「日本東半部沿海地図」としてまとめた。この間、師の至時は死去しており、幕府への上程は至時の息子で天文方となった高橋景保《かげやす》と吉田秀賢《ひでかた》によってなされている。この図は縮尺三万六〇〇〇分一の大図が六九枚、二一万六〇〇〇分一の中図が三枚、四三万二〇〇〇分一の小図が一枚からなっており、そのできに幕府上層部もきわめて満足したようである。その結果、忠敬は天文方暦局へ出役の十人扶持の士分に取り立てられた。そして引き続き西国一円の海辺測量と地図作製が命じられている。

文化二年から始まった第五次測量以降、文化一三年の第一〇次測量に至るまで、これらの測量事業は幕府直轄で実施された。ここに至り、伊能忠敬の測量・地図作製は江戸幕府撰日本図の系譜に連なる業績として明確に位置づけられる事業になったのである。

最終的に西国調査は文化一一年に終わり、その後に伊豆七島と江戸府内の調査が加えられ、測量事業は終了した。その後、地図作製に取り組んだが、その途中の文政元年（一八一八）、忠敬は地図の完成を待たずに死去してしまった。その完成は文政四年七月となり、高橋景保によって上呈された。「大日本沿海輿地全図」と名づけられたその図は、大図二一四枚、中図八枚、小図三枚からなり、加えて「沿海実測録」一四巻も上呈されている（図11）。

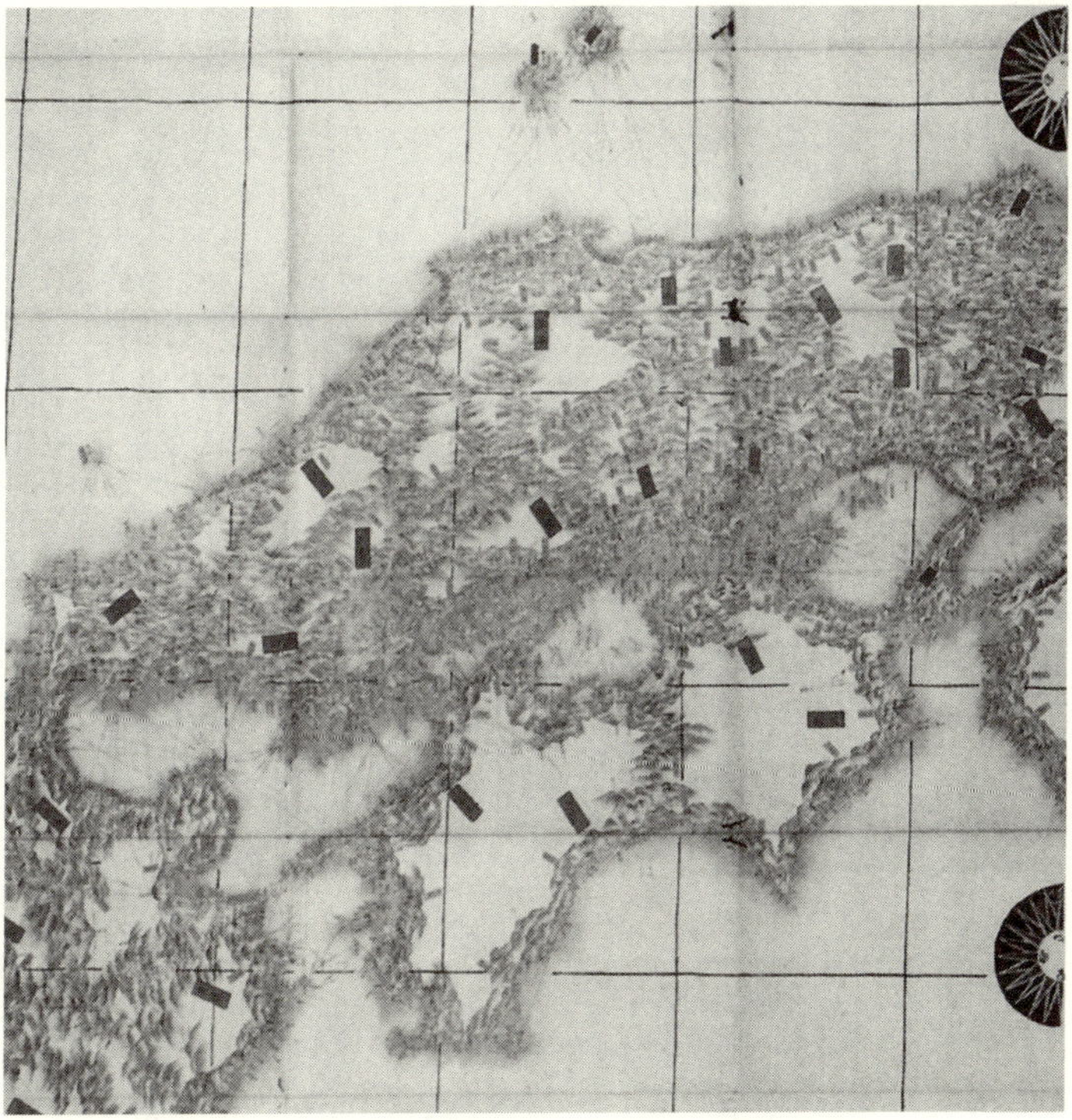

図11　「大日本沿海輿地全図」(小図・中国四国部分)

忠敬の事業から幕府直轄事業へと変化するなかで、測量方法が変更されたわけではない。忠敬は従来どおり、道線法《どうせんほう》と交会法《こうかいほう》の組み合わせによる測地と天測による緯度経度の測定を実施した。道線法・交会法ともにすでによく知られた測量法であり、いろいろな道具を試作・改良している点は忠敬の新規性だが、測量法自体でみれば目新しいというわけではない。しかし、それを全国規模で実施したこと、そしてそれとともに天測を実施したことの二点においてきわめて画期的な事業となった。もちろん、このような測地・天測による日本図作製は、これまでの江戸幕府による日本図作製では実施されていない。ただ、直前の日本図作製事業であった享保日本図は、望視による位置補正をおこないつつ、より正しい日本図を求めていたのであり、きわめてプリミティブなかたちではあるが、測量が導入されていたことも思い出すべきだろう。ほぼ一〇〇年を経て、幕府はより正確さを求めるかたちで伊能忠敬に出会い、そしてその成果を吸収していったのである。

そして、作製方法としてもう一つ大きく異なるのは、国を単位とした作図ではなかった点である。享保日本図においても国絵図は作られておらず、日本図の作製が直接指向されていたが、それは元禄日本図の修正という側面が大きい。それに対して伊能図は海岸線の把握が意図されていた。幕府直轄事業となった時点においても、西国一円の海辺測量が求められたのであり、そこに国境が単位として国が集まり構成された日本という意識はない。また、伊能図には国名は記されているものの、その国境が引かれておらず、日本がいくつもの国に分かれているという意識も乏しい。大図・中図・小図ともに分割図であるが、分割場所として国境が意識されているわけではない。やや大胆にいえば、そこには「日本」があるのみである。

ただ、この「日本」に琉球が含まれなかったことは少しだけ覚えておきたい。それは伊能忠敬の測量隊が琉球まで及んでおらず正確さを期すことができなかったからであることは容易に想像され、この点では享保日本図と同じ姿勢であることになる。ただ、北方の蝦夷地のうち、西蝦夷については忠敬の測量隊は赴いていないにもかかわらず、間宮林蔵《まみやりんぞう》によると思われる測量成果によって補足されるのである。未測量であった問題、距離の問題といった点があるにせよ、伊能忠敬ないし伊能図を最終的に取りまとめた高橋景保らにとって、北方と比較して南方への意識は乏しかったといわざるをえないだろう。

Ⅳ　近世の都市図

1　都市の俯瞰

都市図屛風をめぐって　都市が描かれた地図の歴史を語る際に、洛中洛外図屛風や江戸図屛風といった屛風絵——このような屛風絵を一般に都市図屛風と呼んでいる——をその端緒にあげる向きは多い。『都市図の歴史　日本編』と題され、多様な都市図を逍遥した矢守一彦（一九七四）の概説書においても、「都市図の発達」を論じる冒頭で「都市図屛風の世界」が論じられている。また『都市図の系譜と江戸』を著した小澤弘（二〇〇二）も、「最初の都市図」という章において「日本の都市図としてはじめて完成を見た」のは「洛中洛外図屛風」であるとしている。

一方で、『江戸図の歴史』で江戸の都市図を詳細に論じた飯田龍一・俵元昭（一九八八）では、都市図屛風はまったく扱われていない。そして、鳴海邦匡（二〇〇六）は先述の矢守（一九七四）の見解を紹介したうえで、「都市図屛風を都市図に含めるかは議論が分かれる」と慎重な態度を表明している。

矢守自身、「都市図屛風は、むろん第一級の芸術品であって、地図として描かれたものではない」（矢守・一九七四）と断言しており、地図の起源に地図ではないものを布置していることになる。もちろん、これについて矢守は説明を与えており、都市図屛風が「単に家屋や風俗のみでなく、都市の全域、ないしは広域にわたる市街の景観を、都市図に近い精度、あるいは地図以上に如実に写しだして」いること、および都市図屏風の「伝統が後世の都市図にも、鳥瞰図的要素としてながく反映しつづける」ことをもって、「都市図発達史をここ〔都市図屏風〕から始め」る理由にしている。

確かに、絵画と地図との境界線はきわめてあいまいである。たとえば、江戸時代の地図として誰もが認めるであろう幕府提出の国絵図も、その清《きよ》絵図は狩野派の絵師が仕上げている。また本書でも取り上げているが、西洋からもたらされた世界図や日本図を屏風に仕立てたもののなかには「すやり霞《がすみ》」が周囲に漂う図容も見受けられる。一八世紀前半ごろまでの刊行地図は、浮世絵師が手掛けることも少なくなかった（上杉・二〇〇七）。さらに江戸時代も半ばを過ぎた一八世紀後半に盛んに描かれた「庭園画」においても、「地図」的要素と「風景画」的要素を等しく備えており、その両者を区別することが問題であることも指摘されている（今橋・一九九九）。そのほか、絵画と地図の親縁性や同質性をあげるときりがないが、いずれにしても、今橋も依拠するアルパース（一九九三）が述べるように、「地図」と「絵画」を別々のものと考えるのは、現在の認識を歴史に投影しているにすぎない。なお、上杉本洛中洛外図屏風に関する資料の一つに、元禄一一年（一六九八）の自序を持つ駒谷散人による『北越家書』があるが、そこには「洛中洛外ノ地図ノ屏風一双」と出ており、元禄期を生きた者が洛中洛外図屏風を「地図ノ屏風」と認識していたことも付言しておきたい。

よって、現在の認識を基準とすれば、「都市図」に都市図屏風を含めるかどうかは確かに議論の余地はあるだろうが、そのような現在の認識を横におくならば、都市図屏風を都市図の系譜のなかで扱うことは、それほど奇異なことではない（また、逆にほかの地図が絵画史研究のなかでもっと取り上げられてもいいように思う）。Ⅳでは、このような立場に立って論を進めることにしたい。

ただし、現在の認識であれ、それを広げたものであれ、「都市図」の起源に洛中洛外図屏風等の都市図屏風をおくことには強い違和感がある。というのも、たとえば、九条家本『延喜式』に付された「左・右京図」は、一二世紀中ごろにすでに何度か書写が重ねられていた原図をもとに書写、加筆してできたものであることが明らかにされている（金田・二〇〇七b）。この図が『延喜式』編纂時から付図として添えられていたかは議論が分かれるところであるが、いずれにしても、都市図屏風よりもはるかに早い段階で、「都市図」というにふさわしい描写物が日本にはすでに存在していたことは確かである。このような「左・右京図」の系譜は、後述のように江戸時代の京都図に影響を与えていることからも、古代・中世の地図史からの連続性は押さえておく必要がある。少なくとも都市図屏風からの単線的な系譜を描いてしまうと、江戸時代の都市図の歴史を語ることは不可能である。

洛中洛外図屏風　このような点をふまえて、改めて江戸時代の都市図の系譜を語るに不可欠な都市図屏風のなかでも、もっとも古い歴史をもつ京都に関する屏風、すなわち洛中洛外図屏風を取り上げることにしたい。

洛中洛外図屏風と思われる作品の文献上の初出は、『実隆公記』永正三年（一五〇六）一二月二三日条にある「甘露寺中納言来、越前朝倉〔貞景〕屏風新調、一双画京中、土佐刑部大輔〔光信〕新図、尤珍重之物也、一見有興」という文章であり、「京中」を画いた一双の屏風が土佐光信の手によって作られたことがわかる。

さらに、屛風形式ではないと思われるが『晴富宿禰記』文明一一年（一四七九）七月三日の裏文書に「洛中図」という記述もみえる。

実際に残されている作品としては、大永年中（一五二一～二八）ごろの景観が描写されている国立歴史民俗博物館が所蔵する「歴博甲本」と通称される一双が最古である（図1）。「応仁の乱後の京の街並み」（小澤・二〇〇二）が描かれているとされるが、「応仁の乱後」という表現は、たとえそれを「応仁・文明の乱」といい改めたとしても、やや誤解を招くものである。というのも、応仁・文明の乱で上京の町が深刻なダメージを受けたことは確かだが、下京の町はそれほど被害を受けなかった。むしろ、下京の景観に大きな影響を与えたのは、明応三年（一四九四）七月におこった火事であり、結果、下京の大部分が灰となったのである。さらに、上京の町も明応九年七月に大火が起こり、応仁・文明の乱後からの復興が再び灰燼と化している。応仁・文明の乱が京都の歴史において重要であることは変わりないが、景観上の変化という点でいえば、これらの大火事をはずすことはできない。さらに、現在は、応仁・文明の乱や明応の政変以降の軍勢乱入の常態化に加え、このような火事が京都の治安をさらに悪化させ、それが上京・下京のまちをそれぞれ取り囲む「惣構」と呼ばれた防御施設の必要性を高めることになったと考えられている（河内・二〇一〇）。その意味でも、応仁・文明の乱だけを特筆して京都の歴史を語ることは、やや乱暴であろう。

歴博甲本には、そのような一五世紀後半からの経験を経て登場した上京・下京と洛外の村落景観が

（下京隻）

（歴博甲本）

部分図 a　下京隻第 2 扇・第 3 扇下部

部分図b　下京隻第4扇・第5扇上部

(上京隻)

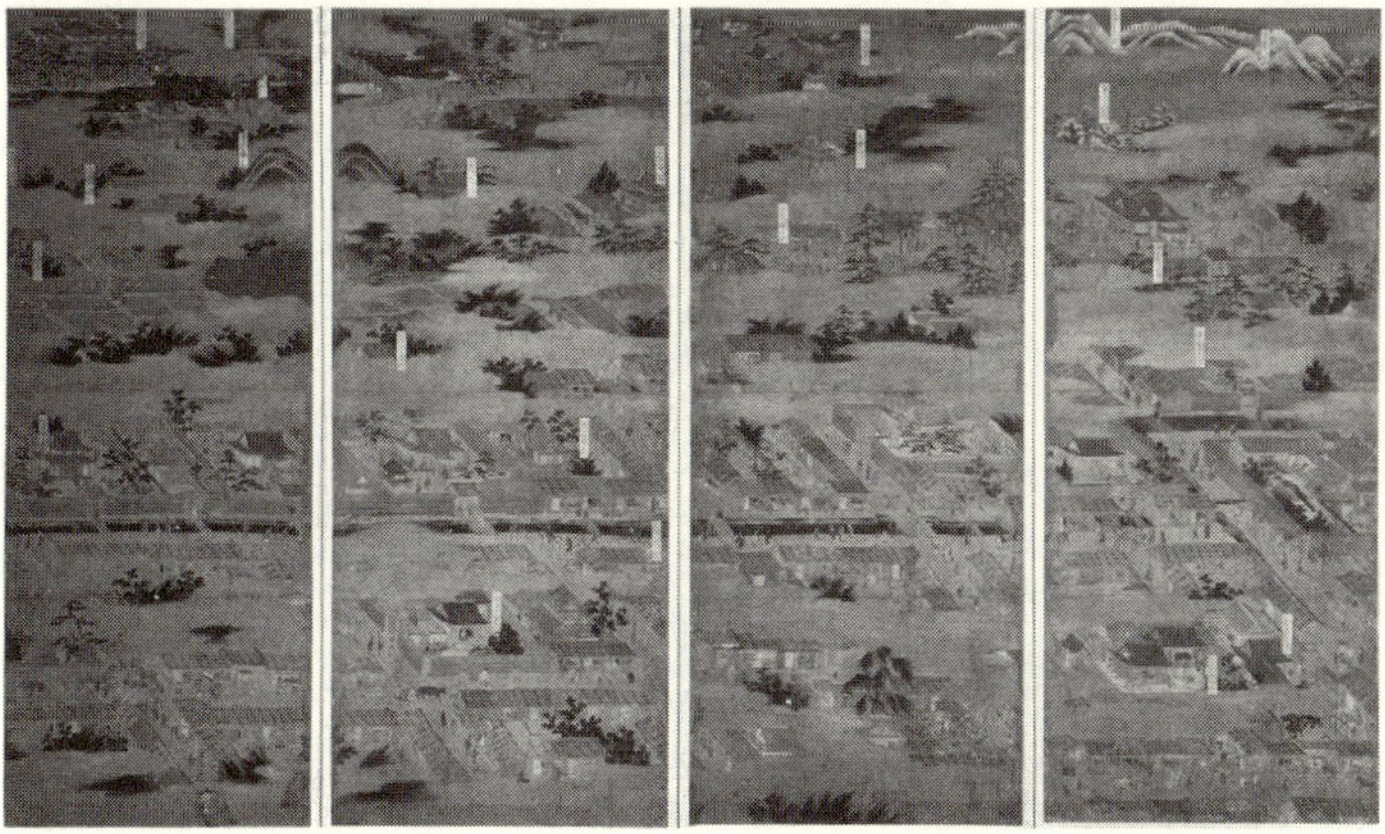

図1　「洛中洛外図屛風」

表現されている。たとえば下京の北辺にあたる三条坊門（現在の御池通）と町小路（新町通）との交差付近には木戸門があり（図1a）、洛外吉田の集落は塀と門によって囲まれている（図1b）。

一六世紀代の作品としては、このほかに、東博模本、歴博乙本、そして狩野永徳の筆により描かれ、織田信長から上杉謙信に贈られたものとしても知られる上杉本の四本が知られており、これらは初期洛中洛外図屏風と呼ばれている。これらを含め、洛中洛外図屏風については、京都国立博物館によって作成された大型図録（京都国立博物館・一九九七）によっておおよその全体像を知ることができるほか、高橋康夫・吉田伸之編の『日本都市史入門』Ⅰ（一九八九）では、歴博甲本、上杉本、歴博乙本のトレース図が示されている。また、上杉本の来歴をめぐる問題については、これまで多くの議論がなされてきたが、黒田日出男『謎解き洛中洛外図』（一九九六）ではそれらが概観されたうえで新たな見解が提示された。現時点では、黒田説がもっとも受け入れられているように思われる。さらに近年、小島道裕が初期洛中洛外図屏風四点についての明快な解説と論点、そしてその後の展開を概観した『描かれた戦国の京都』（二〇〇九）を発表している。

洛中洛外図屏風の構図　江戸時代に入ると、洛中洛外図屏風に描かれる個々のモチーフは次第に固定化されていき、いわば既製品化していった。ただ、初期洛中洛外図屏風から江戸時代の既製品的洛中洛外図屏風への過渡期には、きわめて特異な構図をもつ洛中洛外図屏風も作製されている。それが舟木本と高津《こうづ》本である。その特異性を示すには、まず一般的な洛中洛外図屏風の構図を示す必要がある。

一般的な洛中洛外図屏風の場合、東山と下京域、西山と上京域がそれぞれ別の隻《せき》に描かれており、両隻の描写は接続しない。そのため、通常の屏風のように各隻を右隻・左隻と呼ぶ代わりに、上京隻・下京隻という呼称も使用されている。歴博甲本の場合は、下京隻を向って左に、上京隻を向って右に配置すると四季の移り変わりがスムースに示されることになる（狩野・一九九四）。右から左へ季節が流れるというのが伝統的な描写法にあって、この配置では左から右へと変化することになるが、実際の場所にはそれぞれ季節ごとの特徴があり、場所と季節をうまくつなぎ合わせるためには、視点の流れが従来とは反対になることもいたしかたなかったのだろう。

また、上杉本を中心として初期洛中洛外図屏風は、鑑賞者があたかも京の中心から周囲の景観を眺めるように、両隻を向かい合わせに設《しつら》えたのではないかという見解も出されている（小澤・二〇〇二）。その場合、鑑賞者が左を向けば東山の描かれた隻が、右を向けば西山の描かれた隻が配置されることになるのだろう。これは平安京以来の為政者の視点である。

ただ、初期洛中洛外図屏風であっても、既製品化が進んだ江戸時代の洛中洛外図屏風であっても、両隻の構図は連続しない。そのため、どのように配置するにせよ、鑑賞者には空間的連続性を想像することが求められる。しかし、その過渡期に作られた舟木本の場合は、南から京を眺めたような視点から右隻右端に大仏殿方広寺、左隻左端に二条城を配置し、さらに右隻左端と左隻右端が連続するように描かれている。まるでパノラマ写真かのような表現となっているのである。このような描写となっているのは、現在、舟木本のみであり、きわめて特異な位置づけにある。

（高津本）

高津本の面白さ　それに対して、高津本はさらに型破りの構図をとる（図2）。右隻は三条以南、左隻は以北が描かれ、一般的な東西での区分ではなく、南北で区分されているのである。もし、この構図を連続的にみようと思えば、屏風を上下に重ねることになるが、実際にはそのような見方は不可能である。また、たとえ上下配置で設えることができたとしても、両隻はうまく接合しない。たとえば鴨川は、北を描く左隻では第一扇の下部で終わっているが、南を描く右隻では第二扇・第三扇上部にその端緒がある。また同じく堀川も左隻第四扇下部で終わり、右隻第六扇上部で始まる。よって、あくまでも左隻は上京（ないし上中京）とその周辺を描くものとして、右隻は下京とその周辺を描くものとして設定されていたことになる。

現在、高津本は九州国立博物館の所蔵となっているが、まだ京都にあった折、筆者は本屏風を間近でみる機会を何度も得て、さまざまな分野の研究者と本屏風について語り合うという幸せな経験をもった。高津本は「狩野や土佐などという流派とは無縁の筆法、彩色」（京都国立博物館・一九九四）とされているが、確かに、その描写技術は稚拙で、決して一流とはいえない者（集団）の手によるも

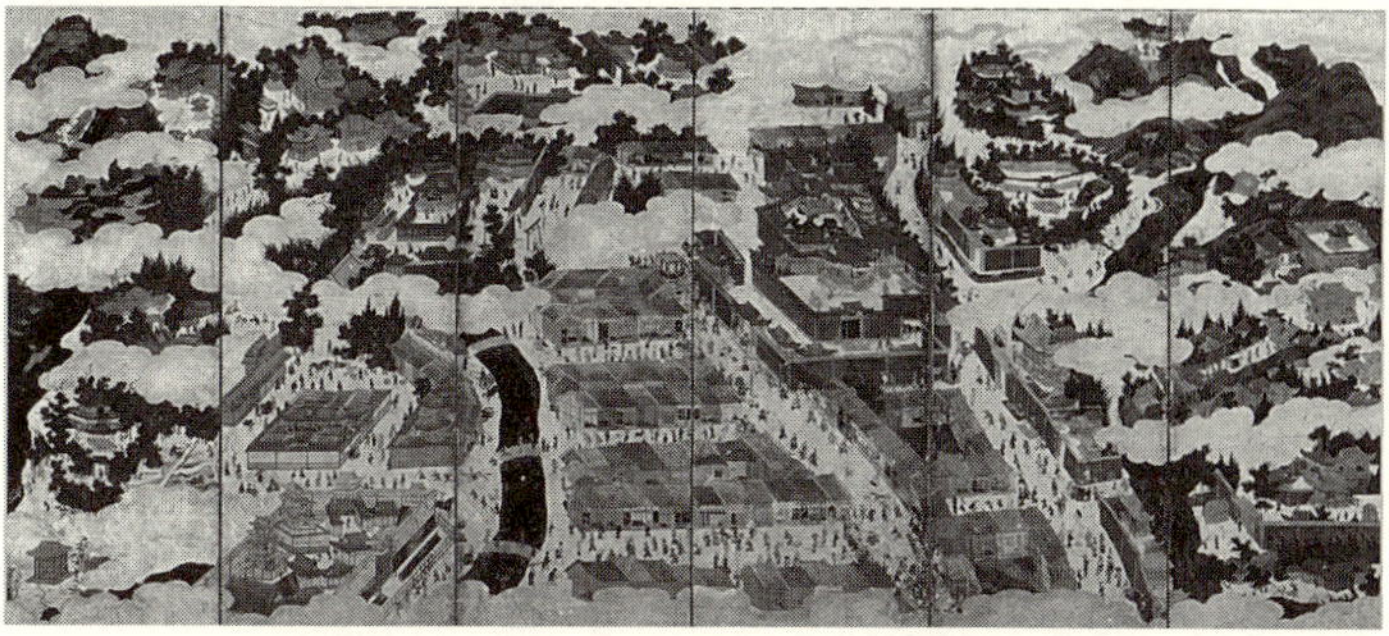

図２　「洛中洛外図屛風」

のである。ただ、その描写は精緻で、京に住んでいる者でなければ把握しえない内容を備えていることは、みな一致する見解であった。琵琶法師は相も変わらず犬に吠えられており、その意味で「伝統」からまったく逸脱しているわけではないが、一流の絵師たちにはしがらみのようにつきまとう描写「作法」から、かなりの程度自由となり、自らの感性でとらえた京都がそこには描かれている。

島原に移転する前の遊郭街、六条三筋町で繰り広げられる喧嘩とそれを小屋から眺める女性といった描写、京の一瞬のモードを切り取ったのであろう東南アジアの更紗《さらさ》に由来する鋸歯紋様小袖の多出、雪だるまや雪合戦に興じる子供、鷹や犬を連れての猟から意気揚々と帰る者たち、そしてよく知られた例だが、動物の皮をなめす生業の一コマ。このようなほかの洛中洛外図屛風にもまして当時の京都を活き活きと描写しているのが高津本である。そして、そのような描写をするために選びとられた構図が、「北を上」とし、上（京）と下（京）で分割するというものであった点は、きわめて興味深い。確かに「破天荒な構図」（京都国立博物館・一九九四）ではあるが、むしろ、このような構図こそ、当時の京都に住む者たちにとって日常的な地理的感覚に沿ったものだったのかもしれない。

その他の都市図屏風　都市図屏風については、京都のほか、江戸や大坂の屏風もよく知られている。江戸図屏風については、諏訪春雄・内藤昌編の大型図録（一九七二）が知られるほか、近年、黒田日出男（二〇一〇）が「江戸天下祭図屏風」をめぐる議論を展開している。大坂図屏風については、平成一七年（二〇〇五）に大阪城天守閣で江戸初期の作例が一堂に会した特別展が開催されたことが記憶に新しい（大阪城天守閣・二〇〇五）。なお、秀吉に関連する作品としては一連の大坂図屏風のほか、「聚楽第図屏風」や「肥前名護屋城図屏風」がある。

また、高松・金沢・広島など、各地の城下町屏風も知られている。このうち、一七世紀代の作である八曲一隻の「高松城下図屏風」は、絵画と地図のまさに「あわい」に属す作品といえる作例である（図3）。画面の周辺部に霞がたなびくものの、高松城下のなかには一点の曇りもなく、画面左下には屋島、右上には石清尾《いわせお》八幡宮が配置され、中央部の六隻ほぼすべてにわたって北側から眺めた高松城下の整然とした街路が表現されている。堀の微妙な屈曲なども実際の状況をかなり忠実に表現しており、また町人地は東西に長い長方形街区として表現されているが、これも実態に即している。洛中洛外図屏風の場合、京都が表現されるものの、そこには省略や誇張が過度にみられるものであった。「高松城下図屏風」にも、もちろん省略や誇張はあるが、実際の城下の全体像を損なわないことに留意されている。そのうえで、多くの人物が描かれており、天秤を担ぐ者、馬を引く者、塩田で塩を作る者など、さまざまな営みが描かれ、風俗図としての内容も充実している。町には暖簾のかかる店が並び、辻には木戸が設けられている場所もある。また檜皮葺《ひわだぶき》、板葺、藁葺《わらぶき》の屋根の描写も地域ごとに確実に描き分けられている。

高松を知る人であれば、描かれた場所が現在のどこに当たるのかは一目瞭然であり、また知らなくとも、現代の地図と見比べれば簡単に理解することができる「高松城下図屛風」。これをみれば、地図であるか絵画であるかという議論はあまり生産的でないことがよくわかる。

俯瞰された街道　上空から俯瞰的に地物をとらえる視点そのものは、伝統的な大和絵にみられるもので、都市図屛風の段階で新たに生まれたものではない。また、中世にもたらされた水墨画においても、そのような俯瞰的構図をもつ作品も多い。なかでも雪舟の「天橋立図」は、丹後府中が描かれている点で、都市俯瞰図の系譜に位置づけることも可能な作品である（伊藤・二〇〇四、福島・二〇〇五）。

このような歴史的背景にある俯瞰図は、江戸時代においても、当然、さまざまな媒体で表現されることになる。都市図屛風はその一つとみるべきで、都市の全体ないし一部を描写した江戸時代の俯瞰図としては、そのほかにも名所案内記の挿絵や道中図、また鳥瞰図など、いくつもあげることができる。

俯瞰的構図で表現された道中図のうち、初期に位置づけられ、また著名かつ重要な位置づけにあるのが、遠近道印《おちこちどういん》作・菱川師宣《ひしかわもろのぶ》画の『東海道分間《ぶんけん》絵図』であろう（図4）。作者遠近道印については、その人物像をめぐって多くの推論がなされてきたが、深井甚三（一九九〇）によって測量の心得をもち、晩年には富山藩の藩医となった藤井半知であることがほぼ確定された。この図は遠近道印が天和

図3「高松城下図屏風」

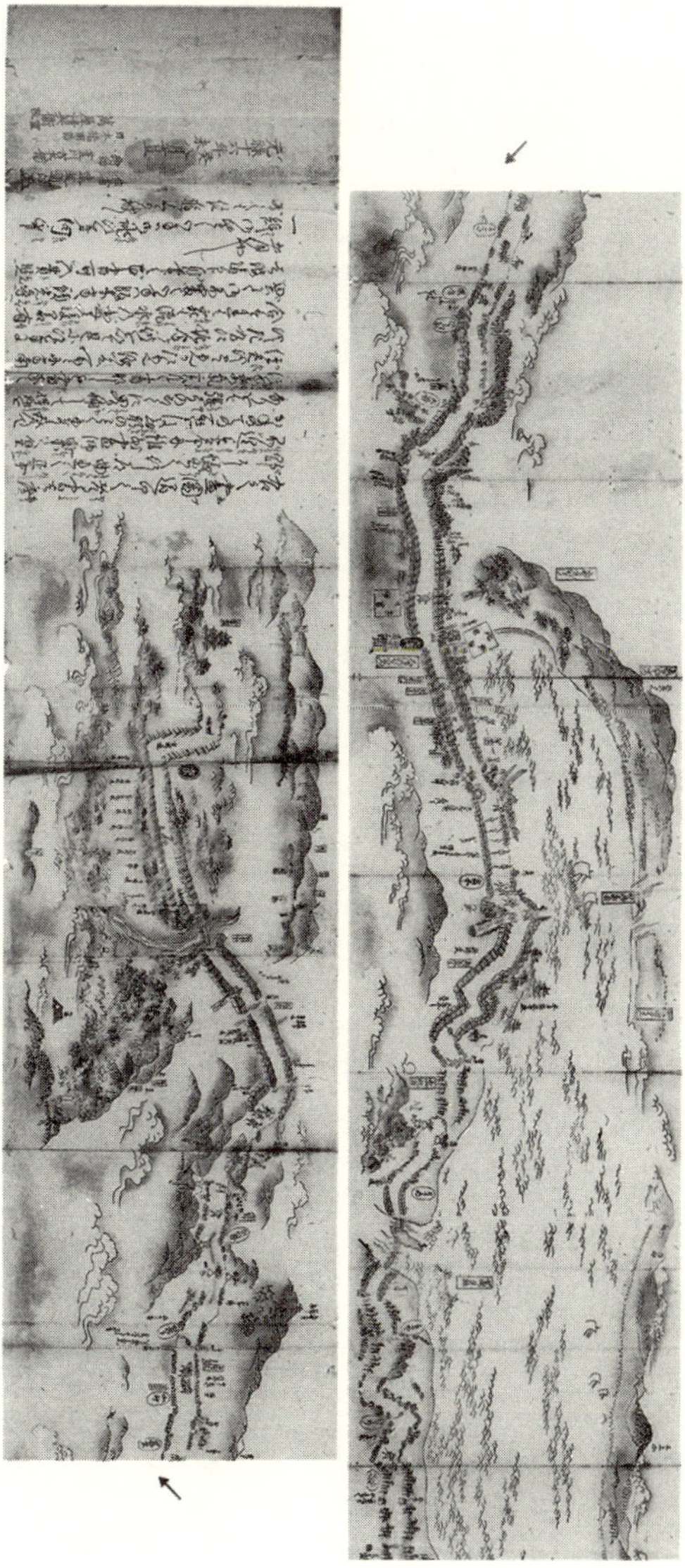

図4 『東海道分間絵図』（瀬田〜二条城） 遠近道印作・菱川師宣画 元禄16年(1703)版

年間（一六八一〜八四）に加賀藩前田家に献上した「東海道絵図」をもとにしたもので、その後、縮尺が変更され、さらに浮世絵のジャンルを確立したといわれる菱川師宣によって風俗画的要素が書き加えられて、元禄三年（一六九〇）に刊行された（深井・一九九〇）。一七世紀末を代表する地図作製者であった遠近道印と浮世絵師菱川師宣のコラボレーションによるこの作品は、分間図、すなわち実測図でありながら、絵巻物的な要素が満載である。これについて、深井は「東海道絵図」と『東海道分間絵図』を比較して、師宣が付け加えたのは街道往来の人々や土地の人々の風俗、街道沿いの家の描き分け、そして近江八景だけであり、その他の要素は道印が作製した原図にすでにあったと推測している。直接の原図は残されていないので、その詳細は不明とせざるをえないが、しかし両者をみれば、山の表現などは大きく異なり、「東海道絵図」が街道を中心にした見開き図的な描写になっているのに対し、『東海道分間絵図』では街道の南側から俯瞰した構図が一貫して採用されている。『東海道分間絵図』の刊記には、師宣が「指図《さしず》計《ばかり》にては通達の慰用共ならす」といい、風俗画的要素を加えて「うるわしき」ものとしたという趣旨の言葉が残されている。このような「指図」から「うるわしき」ものへの移行は、師宣という当代一流の絵師に画を依頼する時点ですでにある程度想定内であったのかもしれないが、それにしても垂直に見おろした「地図」的描写よりも、俯瞰的な視点からの描図が当時の人々をひきつけるものであったことがうかがえる点できわめて面白い。

真景と鳥瞰図　一八世紀後半になると、俯瞰図に大きな変化がおきる。それはみた目の正しさ、もしくは写実的な描写の追求とでもいえるものである。たとえば、都市内の構成要素を描く名所案内記

図5　『竹斎』の清水寺

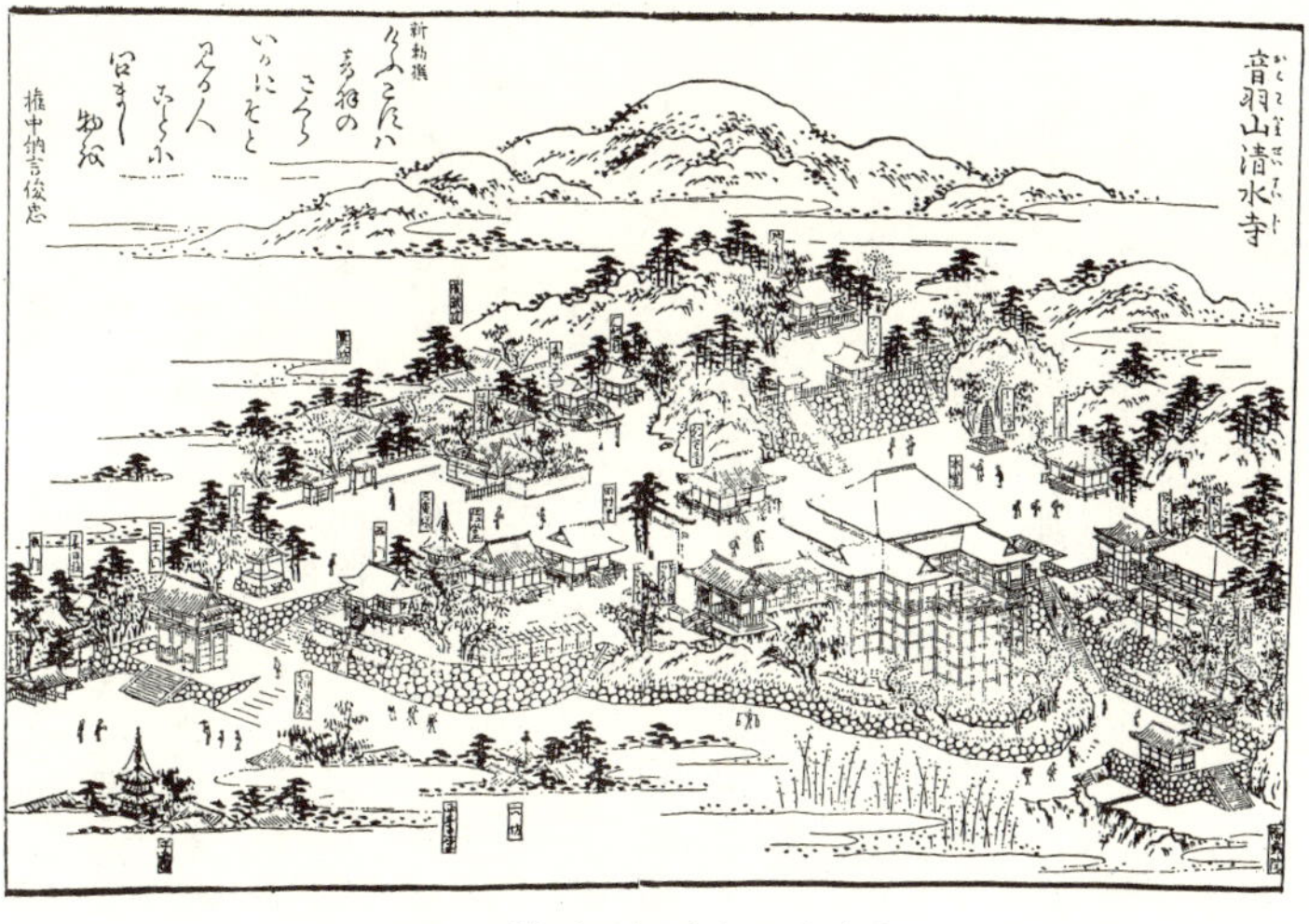

図6　『都名所図会』の清水寺

の挿絵にも、その変化は明瞭にみえる。江戸時代に出版された名所案内記のなかでもごく初期の作品である『竹斎』（元和期〔一六一五～二四〕末成立）にみえる清水寺の挿絵（図5）の場合、建造物だけをみるとすでにかなり詳細に表現されているが、同時に描かれる人物との比率は――主人公である人物を強調する技法であるとはいえ――不自然である。それに対し、安永九年（一七八〇）に刊行され、これ以降の名所案内記における一つのジャンルを確立することになった『都名所図会』にみえる清水寺（図6）は、人物と他の描写との比率も含め、「正しさ」が意識されながら俯瞰されている。江戸時代に清水寺をこのようなかたちで実際に俯瞰することは不可能であり、したがって、ここに描写された清水寺も絵師が現地をスケッチし、それらを再構成することで仕上げたものであり、極端にいえば、その「正しさ」はみた目のうえのものでしかない。しかし、このような写実性は、『都名所図会』の凡例に掲げられた「今時の風景をありのままに模写し（中略）坐して古蹟の勝地を見る事を肝要」とする方針に十分に沿う内容となっている。

「風景をありのままに」というのは、たとえば池大雅《いけたいが》（一七二三～七六）に代表される「真景図」、さらには司馬江漢《しばこうかん》（一七四七～一八一八）、谷文晁《たにぶんちょう》（一七六三～一八四一）といった一八世紀後半ないしそれ以降に活躍する絵師たちがもつ「写生」ないし写実性の追求と同方向の趣である。たとえば、そこには円山応挙《まるやまおうきょ》（一七三三～九五）らが描いた西洋からもたらされた一点透視図法を用いた「眼鏡絵」など、遠近感の感覚の導入もあった。

そしてこの時期、池大雅の描く真景図よりもはるかに高い視点から江戸や京都、そして果てには日

図7　『江戸名所之絵』　鍬形蕙斎作　享和3年(1803)発行

本全体を見渡すような鳥瞰図もほぼ時を同じくして登場することになる（矢守・一九八四）。その代表は、江戸であれば享和三年（一八〇三）に発行された鍬形蕙斎《くわがたけいさい》（一七六四〜一八二四）の『江戸名所之絵』であり（図7）、また文化六年（一八〇九）に同人によって描かれた「江戸一目図屏風」（もと襖絵）である（小澤・二〇〇二）。京都であれば文化五年に発行された黄（横山）崋山（一七八四〜一八三七）による『花洛一覧図』だろう（V—図14）。

　そのほか、葛飾北斎（一七六〇〜一八四九）による『東海道名所一覧』が文政元年（一八一八）に登場している。さらに『江戸名所之絵』を描いた鍬形蕙斎は、その延長として日本全体を俯瞰した『日本名所の絵』も刊行している。一点透視図法を用いてさまざまな要素を写実性のあるように「シームレス」につなぎ「真景」

に仕立てた作品（小澤・二〇〇二）として位置づけられている『江戸名所之絵』・「江戸一目図屛風」と、「真景」とはいいがたい程度の誇張が加わった『日本名所の絵』を一概に扱うことは、もしかすると難しいのかもしれない。しかし、俯瞰するまなざしをさらに高みへともっていくと、都市から日本という空間の拡大がみえる、という発想もまた「シームレス」であろう。

高みに登った絵師の眼下には「日本」が広がっていたはずなのだが、それは実際には日本図であった。蕙斎の場合、それは当時の社会に広く流布していた長久保赤水による後述の『改正日本輿地路程全図』であったことが明らかにされている（小野田・二〇〇六）。ここにも、鳥瞰図と平面図との接点をみてとれよう。

絵師の営力　ちょうどこのような鳥瞰図が刊行される時期は、葛飾北斎の『富嶽三十六景』や歌川広重（一七九七〜一八五八）の『東海道五十三次』など、浮世絵における「風景画」というジャンルを確立する作品群の刊行時期と重なる。この両者の描写法を写実性という点からみれば、明らかに広重の方に軍配が上がるが、広重自身は東海道を旅した経験はなく、谷文晁らの描いた絵図や名所案内記の挿絵を基礎として『東海道五十三次』を完成させている（大久保・二〇〇七）。しかし、それが「風景画」として認められているということは、原図とした絵図がいかに写実的であったのかを物語ると同時に、みずからみることなく、写実的に表現する技術が広重に蓄えられていたことを示す。そして、実際にみていないという点についていえば、実際にそのような視点でみることは不可能な構図のなかで写実的な絵図を作っていった俯瞰図の作画者たちにも共通する。地上で個々の地物について

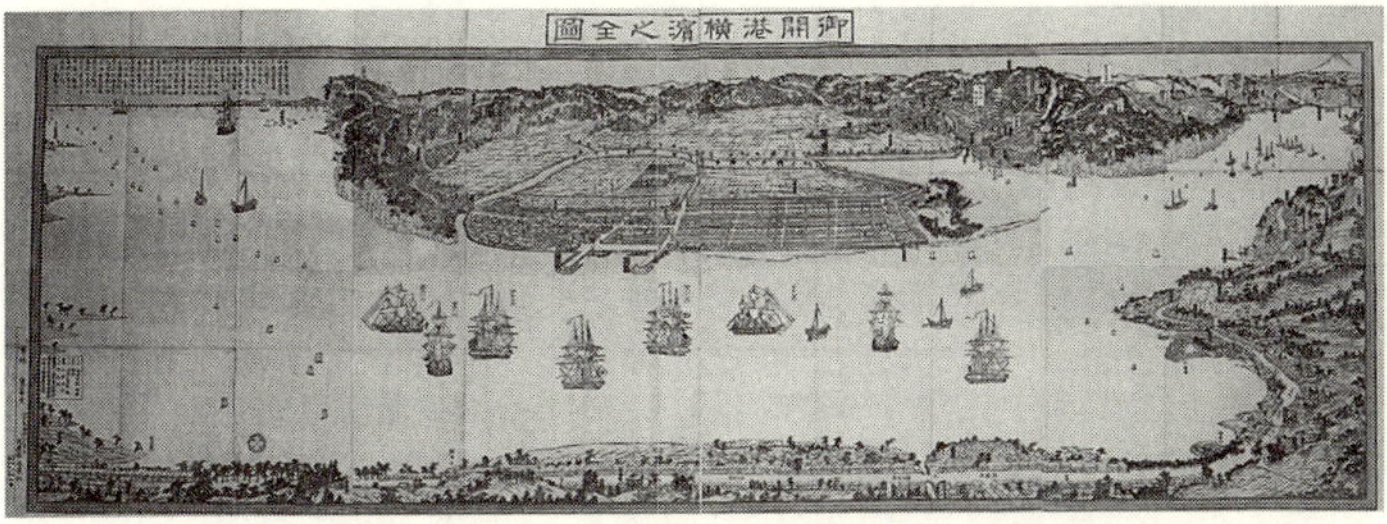

図8　「御開港横浜大絵図全」　五雲亭貞秀（橋本玉蘭斎）作
万延元年(1860)

の観察を積み上げていくなかで、全体を俯瞰できる配置に再構成するのは、かなり高度な技術だと思われるが、それをやってのけるだけの文化的営力が一八世紀後半以降の日本にはあった。

近年、神戸市立博物館の特別展にて取り上げられた幕末の絵師、五《ご》雲亭貞秀《うんていさだひで》による秀麗な一群の鳥瞰図も、このような流れのなかでみるべきであろう（神戸市立博物館・二〇一〇）。貞秀は開港地横浜を四方から俯瞰するような作品群を残しているが（図8）、そのほか西山から京都を眺める構図の『京都一覧図画』や、「ワイドビューにも程がある」（神戸市立博物館・二〇一〇）と感嘆される浮世絵の大判九枚続きの大胆なワイド画面で描いた『大坂名所一覧』など、それまでの俯瞰図の「伝統」的な文化的営力を遺憾なく用いつつ、自由で大胆な描写をおこなっている。

ただし、そのような俯瞰図を描く一方で、貞秀は平面図の作者という別の側面ももっていた。この点は後述するが、俯瞰図作製が平面図と密接にかかわることがうかがえる。またこの両者が一人の人物によってなされていることをみれば、地図という分野を平面図に限定することは、当時の状況をとらえそこねることになりかねないことが改め

図9　「首里那覇港図屏風」（部分）

てわかるだろう。

首里・那覇を描いた俯瞰図　さて、本節最後に、琉球の首里とその外港であった那覇に焦点を当てることにしたい。首里・那覇の活況を描いた俯瞰図は、現在一二点（うち二点は焼失）が知られている（図9）。

確認されている一二点のうち、多くは屏風形式である。そのため、少なくとも屏風形式のものは洛中洛外図屏風などと同じ都市図屏風の一群と考えることができると思われるが、管見の限り、都市図屏風を見渡したこれまでの優れた議論のなかでも、首里・那覇を描いた屏風は扱われたことがない。それは、一つには都市図屏風研究の対象の時期的偏りがある。首里・那覇図屏風のうち、最古と思われる景観年代を備える作品であっても一八世紀代までしか遡らないが、これまでにみたように、洛中洛外図屏風をはじめ、都市図屏風の研究は戦国期から江戸時代初期の作例が中心となってきた。そして、もう一つには研究対象の地域的偏りがある。これまでの都市図屏風研究は三都、なかでも京都と江戸の屏風に特化するかたちで議論が展開してきた観は否めない。

実際、現存する首里・那覇俯瞰図のすべてを取り上げ、その系譜関係についての検討をおこなったのは堀川彰子（二〇〇八）が初めてであり、それまではごく限られた数点を用いた系譜についての議論（鎌倉・一九八二、安里・二〇〇〇）や、個々の作品についての分析（伊従・一九九八、岩崎・二〇〇一など）のみという状況であった。

堀川によれば、那覇を俯瞰的に描こうとする試みは一八世紀前半に琉球王府の絵師殷元良《いんげんりょう》（一七一八〜六七）によって開始され、その弟子の呉著仁《ごちょじん》（一七三七〜一八〇〇）や京都の絵師松村呉春《まつむらごしゅん》（一七五二〜一八一一）などによって構図やモチーフが展開されていったという（図10）。

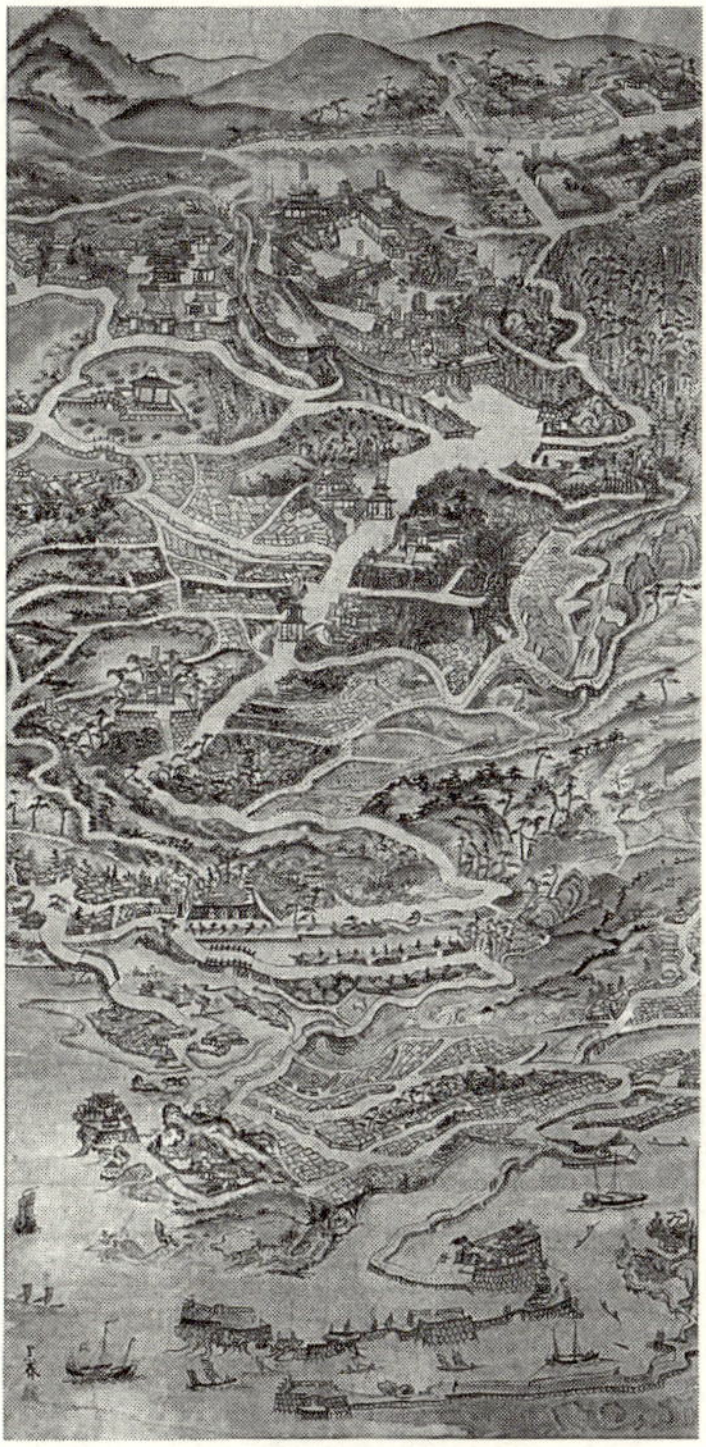

図10　「首里那覇鳥瞰図」（公文書館本）

呉春の作品は、それまでの構図とはまったく異なり、内容もそれまでのものとは大きく異なる。そこには当時の画壇のなかにあった鳥瞰的まなざしをみてとることもできて興味深いが、問題は、京都にいた呉春がなぜ首里・那覇の図を描けたのかという点である。現時点では、この問いに明快に答えるだけの材料を持ち合わせていない。ただ、殷元良の描いた図をもとにした作品として知られる愛知県西尾市立図書館岩瀬文庫蔵「琉球図」は「中山殷元良画琉球図、蒹葭堂蔵幅、天保四年癸巳暮春令中島憲秀　韻勝閣蔵」という識を備えており、一八世紀後半には海を越え、大坂の博物収集家、木村《きむら》蒹葭堂《けんかどう》（一七三六〜一八〇二）の手元まではもたらされていたようである。『蒹葭堂日記』安永八年（一七七九）九月二四日条には、京都で呉春と会っている記事があり、両者は面識があった。また、上田秋成（一七三四〜一八〇九）など共通の知人も多く、殷元良図を呉春がみることのできた可能性は十分にある。

なお、那覇を描いた絵画としては葛飾北斎の描いた『琉球八景』も著名だが、これは天保二年（一八三一）に刊行された『琉球国志略』の挿絵をもとに創造したものである。年代的に呉春はこの刊本を手に取ることはできない。

いずれにしても、堀川がおこなった基礎的研究によって、このような問いが初めて可能となったのであり、その意義は大きい。首里・那覇俯瞰図については研究のさらなる進展に期待するが、それと同時に、京都・江戸に特化するような都市図屏風研究ないし都市俯瞰図研究についても相対化していく必要があろう。

② 細密な都市図

都市図の歴史　江戸時代初期の都市図には、洛中洛外図屏風のような俯瞰図を位置づけることができる。ただその後、先述した俯瞰図の流れと時に重なり、時に分かれながら、真上から眺める構図をもつ都市図も豊かに展開していくことになる。

都市図についての個別研究は、古くから進んできた。ただ、地図史という大きな枠組みからみた場合、一九七〇年代前半までの都市図に関する研究成果を幅広くまとめた矢守一彦による『都市図の歴史　日本編』（一九七四）が一つの収束点となっているように思われる。概説書の体裁ではあるが、四七八頁のボリュームのなかで幅広い目配りがいきとどいた内容となっており、それ以降の研究の大部分は、この書にまとめられた事柄を基礎として展開しているといっても過言ではない。矢守自身は、その後も都市図や観光案内図を中心とした古地図に関する多様な側面を照射した著書をまとめており（矢守・一九八四・一九九二）、また『都市図の歴史　日本編』の姉妹編にあたる『都市図の歴史　世界編』（一九七五）も刊行している。これらを含めた都市図研究における矢守の果たした役割はきわめて大きい。

『都市図の歴史　日本編』の「序章」で矢守は次のように述べる。「従来とも歴史地理学の分野では古い都市図を研究の資料とはしてきたが、その際、資料自体についての書誌的・地図史的な吟味があいまいにされがちであった。その要因の一つは、たとえ都市図の歴史に関心はあっても、適当な入門書・概説書が皆無という事情にもあると思う。つまり地図史の専門家や古地図マニアの記述には、微に入り細をうがった考証が多く、われわれには全体の流れや個別都市ごとの地図発達史を把捉しがたいうらみがあった」。このような状況を打開すべく企図された書が『都市図の歴史　日本編』である。

本書は地図史を概観することをめざしている点で、『都市図の歴史』と同じような方向性をもつ。ただ、都市図のみを扱うものではないために、また、むしろ筆者の力量不足ゆえに、都市図に関して矢守と同じ程度の考察をおこなうことは難しい。ここでは、矢守の成果（ないしそれ以前の成果）で重要なものや、それ以降に発表された都市図研究の動向などを中心に、紹介していくことにしたい。

三都の地図　江戸時代に作られた都市図のなかで、その種類と量の両面において、ほかの都市を圧倒する地図が作製されてきたのが江戸・大坂・京都の三都であった。そのほか、堺・長崎・駿府・金沢・奈良・鎌倉・日光・横浜・神戸などの刊行もあるが、その種類はそれほど多いものではなく、またこれらの地域の地図の特徴をみるためにも、まずは三都の地図の変遷をとらえることが重要である。よって、本書では三都の地図を中心にみていきたい。

江戸図については岩田豊樹（一九八〇）によって目録が作製され、その後、飯田龍一・俵元昭（一九八八）が補足している。京都図については大塚隆（一九八一）が内裏図や火災図を含めた全体の目録を作製している。大坂図については、手描き大坂図である大坂三郷町絵図の所蔵一覧を、鳴海邦匡

表1　矢守一彦『都市図の歴史　日本編』にみえる三都出版図の時期区分

京都図

区分	時　期	特　徴	代　表　図
第1期	～1650ごろ	黎明期	都記(1626ごろ)
第2期	1654～1680's	洛外描写の開始	新板平安城東西南北町幷洛外之図(無庵刊，1654)
第3期	1686～18世紀中葉の約80年間	林吉永時代	新撰増補京大絵図(林吉永刊，1686)
第4期	18世紀中～19世紀前期の約60年間	諸種観光案内図展開期	天明改正細見京絵図(正本屋吉兵衛刊，1783)
第5期	1831～	竹原好兵衛時代	改正京町絵図細見大成(竹原好兵衛刊，1831)

江戸図

区分	時　期	特　徴	代　表　図
第1期	～17世紀前半	寛永古刊図系統	武州豊島郡江戸庄図(1632ごろ)
第2期	17世紀後半	寛文五枚図系統	寛文五枚図(新板江戸大絵図・新板江戸外絵図)(遠近道印作，経師屋加兵衛刊，1670～1673)
第3期	17世紀末以降	須原屋茂兵衛時代	分間江戸大絵図(須原屋茂兵衛刊，1698)

大坂図

区分	時　期	特　徴	代　表　図
第1期	1757～1680's	京都版元期	新板大坂之図(河野道清刊，1657)
第2期	1687～18世紀後半	町屋白地 大坂板元確立期	新撰増補大坂大絵図(林吉永刊，1687)
第3期	1789～	播磨屋九兵衛時代	増修改正摂州大阪地図(大岡尚賢・岡田玉山作，播磨屋九兵衛刊，1806)

代表図は矢守(1974)の例示に従ったが，刊行年等を部分修正・追加した．

(二〇〇六)が報告しているが、刊行図の網羅的な所蔵調査はなされていないのが現状である。
三都の都市図のうち、刊行図における変遷案については、たとえば栗田元次(一九五二)や矢守(一九七四)などによってその基礎が作られた。これらは板元・作者の変化や、表現範囲および表現方式の変化をもとに画期が設定されたもので、全体的な流れとしては、現在もほぼ踏襲されている。ただし、研究の進展にともなって、いくつかの点については修正や追加がなされており、たとえば江戸図については先述の飯田・俵(一九八八)によって、大坂図については矢守(一九八四)や小野田一幸(二〇〇一)によって、京都図については矢守(一九八四)や金田章裕(二〇〇七a)によって、それぞれ議論が展開されている。以下、三都それぞれについて、これらの成果をふまえて、概観しておきたい。

初期の刊行京都図　刊行都市図のなかでもっとも古い図が作られたのは京都であり、よって京都図から説明を始めたい。また、矢守(一九七四)は、京都図の変遷における五期の区分が「そのままわが国における都市図の発展段階をしめしているといえるのである」と述べている。筆者などは、ここまで断言することにためらいを覚えるのだが、いずれにせよ、代表的な都市図群であることは間違いない。そこで、京都図については少し詳しくみていこう。

第一期は寛永年間(一六二四〜四四)に始まり、現存する古地図としては寛永三年ごろの刊行と推定されている『都記《みやこのき》』がその嚆矢となる(図11)。『都記』の描写範囲は、北は一条通、南は七条通、西は二条城西端付近、東は寺町となっているが、これは南部を除いて平安京の左京域にほぼ相当し、

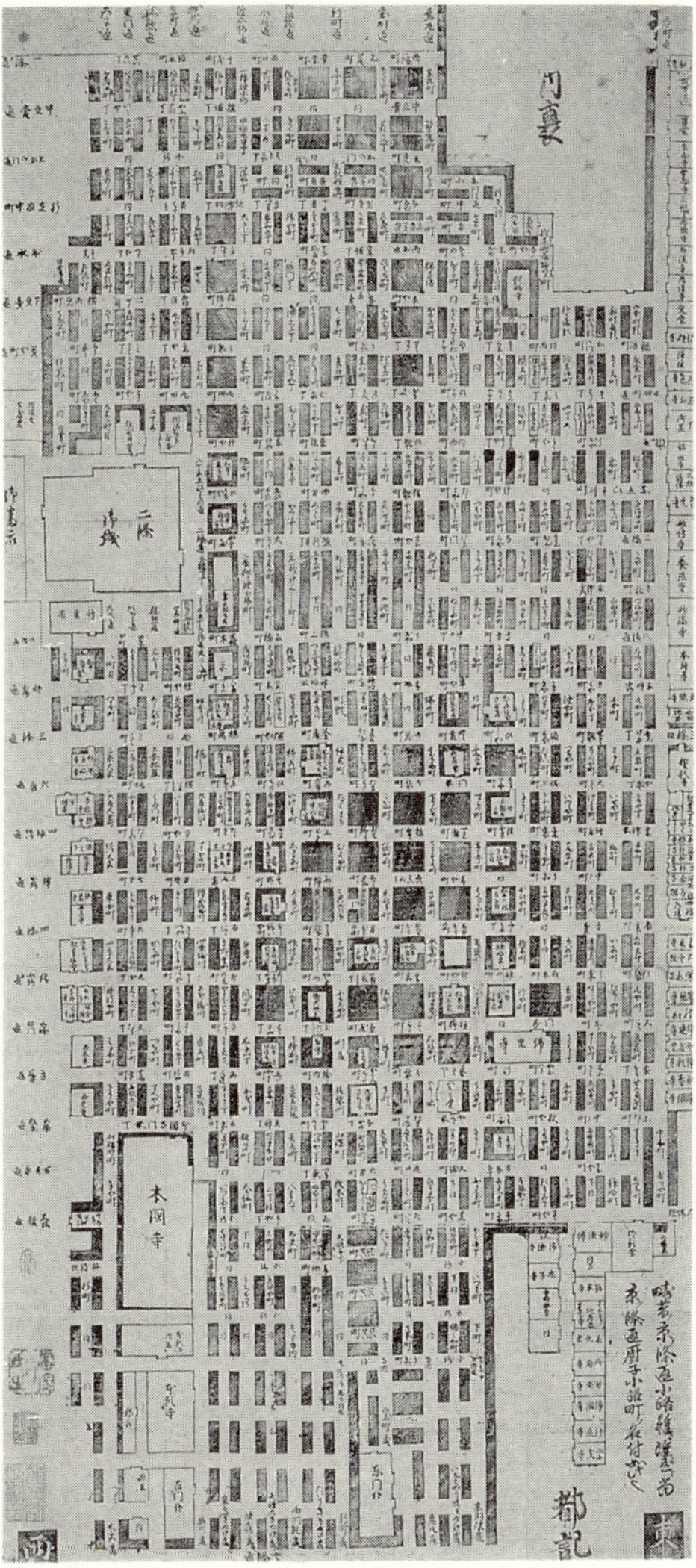

図11 『都記』 寛永3年(1626)ごろ刊行

そのなかで当時市街地化が進んでいた地域とみることができる。その一方で、上京の中心部をはじめとして都市化した地域は一条通よりもさらに北側に展開していたにもかかわらず、描写されていない。すなわち、『都記』は平安京左京域があくまでも念頭にあり、そのうえでの都市図となっているのであり、その意味で実態とは異なる都市域が表現されている。『都記』以前に表現された京都図としては、俯瞰図としての洛中洛外図屏風と、平面図としての『延喜式』等収載左・右京図などがあるが、

『都記』は明らかに後者の系譜から生まれてきたものである（金田・二〇〇七ａ）。

刊行京都図はこのような中世的な香りを残して出発したのだが、それからの二〇年間、徐々にその描写範囲が広がっていく。たとえば、『都記』以降の図では、一条から上立売通《かみだちうり》（本立売通《もとだちうり》）まで描写が伸び、洛外に位置する寺社が描かれるようになり、そして洛中からそれらに向かう道筋が略記されるといった変化がみられる。中世以来続く意識を脱し、近世京都を表現するようになる、その過程が第一期であったと位置づけられるだろう。その際、既存描写部分は平面図であるのに対し、追記された寺社は俯瞰的な絵画表現によって示されていく。やや極端ないい方をすれば、これは俯瞰図系の流れと平面図系の流れとの出会いが第一期に起こったということになる。その際、東寺や北野は秀吉による御土居《おどい》の内側にあり、また東寺はそもそも平安京内に位置するものであることをみれば、この表現の区分けが洛中と洛外で区分があるのではなく、あくまで『都記』段階に記載された市街地とそれ以外というものであったことがわかる。

第一期の図の特徴はほかにもある。一つは、町人地部分が彫り込まれておらず、黒く残される表現になることである。この描写は第二期にも踏襲される。

もう一つは用紙の横に対して縦が二倍以上長くなる「縦長」の構図で描画されることである。これは日本図や世界図の初期刊行図にもほぼ共通してみえるもので、一七世紀前半には共通の様式であった。ただし、後述の江戸図においては、原本は残されていないものの写図をみる限り、最初期の作品は横が長い配置である。

第一期の末には初めて刊行年と板元を記した作品が登場する。それが慶安五年（一六五二）に山本五兵衛によって刊行された『平安城東西南北町幷之図』である。これ以降、刊行年と板元が記される図が多くなる。

なお、矢守（一九七四）は、平安京の地割が方格状であったことから「精度の高い地図を机上で容易に描きえた」とし、第一期の段階で「四〇丈を約一寸にちぢめて、洛中に関してはほぼ四〇〇〇分の一という、かなり正確な縮尺の都市図が、いきなり出現した」と評価している。しかし、これはやや誤解を生む評価であろう。整然とした方格状の区画といってもそれは平安京の時代であって、踏襲されているとはいえ、以後の展開の過程で部分的な改変はあちこちにあり、道路幅や道路間距離は場所によってそれぞれ異なっている。それは寛永一四年（一六三七）の大工頭中井家による実測図「洛中絵図」（宮内庁書陵部）やその数年後に同じく中井家によって作られた「洛中絵図」（寛永万治前京都全図）」（京都大学附属図書館）をみれば一目瞭然である。確かに山本五兵衛版になると、「五条石橋」西南部の寺町の斜行道路が表現されているが、「内裏様」東北部の「本満寺」や「立本寺」付近は斜行表現になっていない。

矢守が「精度の高い地図」や「かなり正確な縮尺の都市図」という時、どれくらいの精度・正確さを念頭においていたのかはわからないが、少なくとも実測図と深くかかわって作製された刊行京都図というのは、この時期、そしてそれ以降もみられない。「机上で」・「かなり」の程度——すなわち、徒歩で歩くのにはまったく問題にならない程度——の正確さを有する地図が描けたことは確かであり、だからこそ、実測図に依存することのない刊行京都図が作製され続けていった。この点は、実測図に深く影響を受けるかたちで展開した刊行江戸図との大きな違いである。

洛外の充実　さて、刊行京都図の第二期の始まりは、承応二年（一六五三）の『新改洛陽幷洛外之図』（板元不明）、および「板本北山修学寺村無庵」によって承応三年に出された『新板平安城東西南北町幷洛外之図』である（図12）。前者は一一七×七三センチ、後者は一三五×八七センチ程度の法量で、それまでよりも横幅の比率が高まり、画面全体も大きくなった。これらには初めて彩色がみられる。

この両図には板元自身がセールス・ポイントを、それぞれ下記のように記している。

古より京ノ図板行多シといへども町之名違多シ、其上柳原、安居院、西陣、北野、大仏、六條之新屋敷者絵図ニ無之故、今度其町町之名を悉ク聞立、凡町数千四百八町之名付如此、此外洛外ノ名所旧跡山川通路迄改、新板ニ開者也（『新改洛陽幷洛外之図』）

此図世に四板ありといへども、御公家衆名所無之、一二三付を以、公家屋敷不残令書付者也、洛外之名所旧跡方角或ハ山川道筋相違有之、仍此度粉骨をつくし其所々を考あらためて令開板者也（『新板平安城東西南北町幷洛外之図』）

これらによれば、『新改洛陽幷洛外之図』は新しく開かれた町を含めて町名を改めたこと、そして洛外の描写を新たにしたことを売りにしていたことがわかる。ただ、このうち町名云々についてはそれ以前の京都図でも詠われていることであり、洛外への着目の方がより新しい内容となる。実際、山並みや河川を伴う洛外が初めて表現された図となっている。

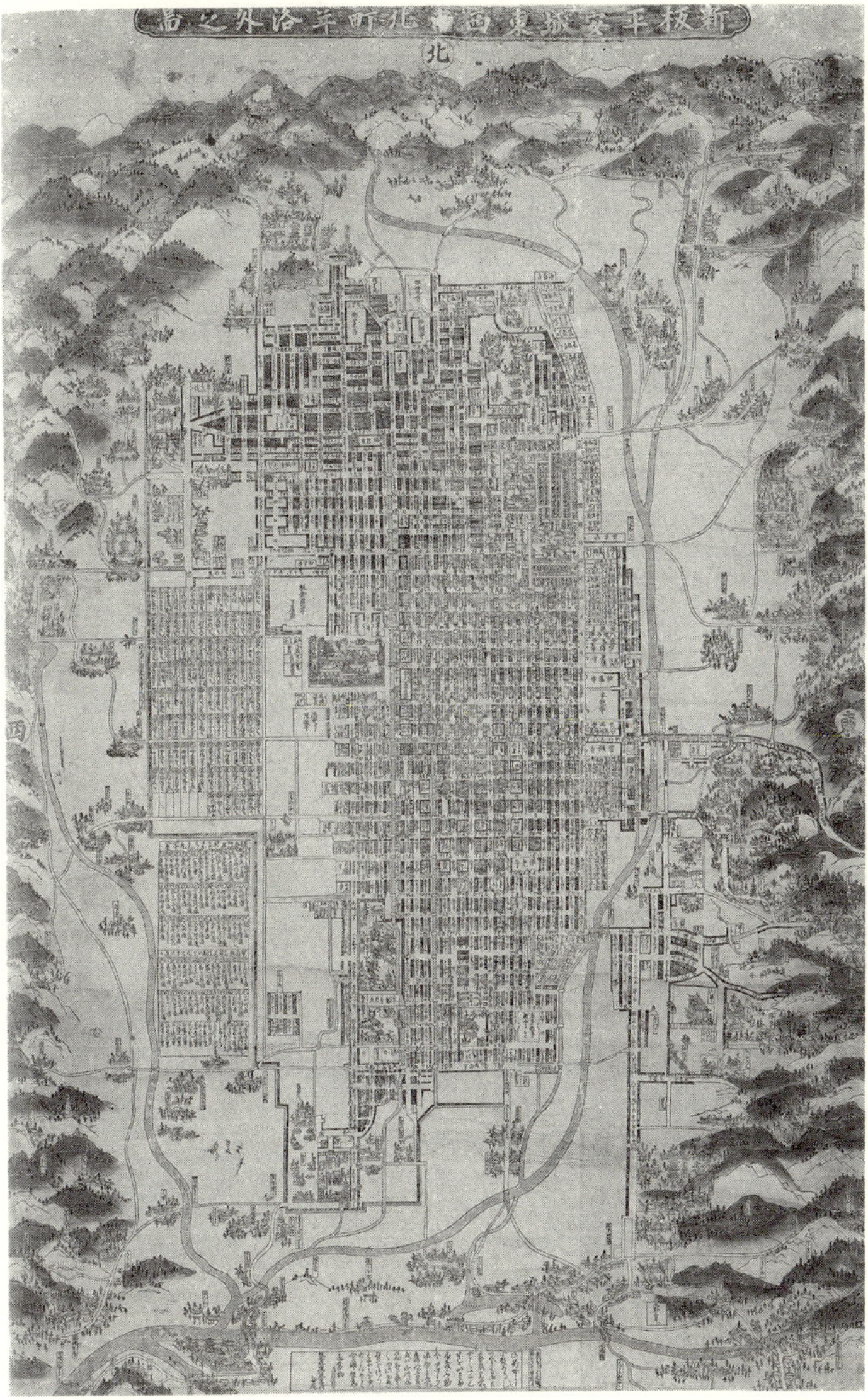

図12　『新板平安城東西南北町幷洛外之図』　修学寺村無庵版
承応３年(1654)

そのような洛外への関心がさらに深まり、ある程度の内容を備えるものとして登場したのが『新板平安城東西南北町幷洛外之図』である。矢守（一九七四）では第二期の始まりをこの図からにしているが、それは洛外描写の達成に画期を求めているからであろう。ただ先に示したセールス・ポイントをみれば、『新改洛陽幷洛外之図』も第二期の萌芽的作品に入れておいた方がいいように思われる。洛外の山並みが南から俯瞰したように表現されているが、これは第一期の過程で付加されていった洛外の寺社の表記と同じような視点からのものであり、関連が想定できる。

『新板平安城東西南北町幷洛外之図』は、洛外の充実のほかに公家衆の名前を表記したことを売りにしていた。大きな公家屋敷には直接公家名を記しているが、小さな屋敷の場合、名前を入れることは不可能である。そのため、「一二三」といった数字を入れ、地図左側に別表を設け、数字に対応する公家名を書き込んでいる。東西、南北の通り名についても、同様にいろは（もしくはイロハ）順の記号を道路に付し、表で道路名を表示しているが、これは『新改洛陽幷洛外之図』からみられる。

『新板平安城東西南北町幷洛外之図』は、ほぼ同様の内容で別の板元からも次々と出されている。名称はすべて同じである。そのなかには注目すべき板元もあり、たとえば修学寺村無庵本に続いて明暦二年（一六五六）に刊行した河野道清は、直後の明暦三年には大坂図を、寛文元年（一六六一）には江戸図を出し、三都すべての図にかかわっている。

また、寛文七年には伏見屋がひと回り小さな『新板平安城幷洛外之図』を出した。版面が小さいとはいえ、洛外の田畑部分を圧縮して洛中を大きく表現する工夫が施されており、また公家町部分の部分図を挿入することで便をはかっている。この図もいくつかの板元から出されることになる。

さらに、この時期に始まった二つの事項にふれておきたい。一つは「焼場図」ないし「火災図」と総称されている火災地図である（大塚・一九八一、伊東・二〇〇八）。多種多様な火災図が江戸時代を通じて作られているが、現時点で確認されている最古の京都火災図は、寛文一二年に伏見屋が出した『新板平安城幷洛外之図』を利用したもので、翌一三年に起こった大火の焼失区域が朱引きされている。このように、江戸時代前半においては既存の都市図を利用した火災図が作られており、それは江戸や大坂でも共通する（伊東・二〇〇八）。

もう一つは「内裏図」と総称されている図である。第二期の図は公家町の描写に意を注ぎはじめたことに特徴があったが、それが展開し、内裏と公家町の部分を抜き出し、別図に仕立てるようにもなったのである。現存最古の内裏図は寛文二年に河野道清が開板した『禁中新院両御殿之図』だが、これは前年の内裏炎上にともなう新造営に主眼がおかれたもので公家町は記載されていない。内裏と公家町が表現された図では、延宝五年（一六七七）に林吉永が刊行した『新改内裏之図（内裏之図）』が古い。

板元の工夫　林吉永は翌年に『新板平安城幷洛外之図』も刊行しているが、次第にその頭角を現し、次の第三期を担う板元となる。なお、林吉永の地図出版の初見は寛文一一年（一六七一）刊行の『万国総図』であり（海野・二〇〇三）、延宝三年（一六七五）の『新板江戸大絵図絵入』がそれに次ぐ。よって、京都図が最初なのではなく、世界図や江戸図のあとに内裏図を作り、そして京都図に本格的に参入したことになる。

林吉永が第三期の代表者としての役を担う画期となるのが貞享三年（一六八六）に刊行した『新撰増補京大絵図』（口絵3）である。一六六×一二五チセンという大型図というだけでも新しいが、内容も「新撰増補」と銘打つだけあり、それまでの京都図とは一線を画す。

その特徴の一つは町人地部分が白抜きで表現されるようになったことであり、これ以降、大型図については白抜き表現となっていく。黒地であったそれまでの図は、どちらかといえば重厚な見た目をもつが、白抜きになったことで図の印象が明るくなった。そして、その印象はそれまでにない美麗な彩色によってさらに強くなっている。ただし、彩色については無彩色の図も残されており、両方の販売があったようである。

また、洛中洛外の寺社仏閣についての地誌的記述が付加され、観光地図としての役割を担うことも企図されている。さらに洛外の描写という点では、それまでの京都図では南から俯瞰したような山並みの描写であったのが、この図を境に、洛中から四方を眺めたような描写へと変化している。そして、洛外の寺社そのものの描写や、それらに付された地誌的記述も、基本的には洛中に視点をおいて眺めるような方向で記される。ただし、宇治については、山並み、地誌的記述ともに宇治川からみた方向が採用されている。また、洛中の文字の方向は北を上とするものが多いが寺町の寺院は西を上にしている。

林吉永は寛保元年（一七四一）にさらにひと回り大きな『増補再板京大絵図』を刊行した。三条通を境として乾坤二枚一組の図で、合わせると縦は一八〇センチを超える。それまでは一条札辻を起点として各地への里数も記載されていたが、この図が刊行されるころになると、起点は三条大橋へと変更されており、外からくる、もしくは外へ向かう者への便がいっそうはかられている。

この図は「八分一町ノ刻」（約五〇〇〇分の一）と、初めて縮尺が「標榜」された京都図となっている。たしかに、『新撰増補京大絵図』の洛中が南北方向に圧縮された描写になっていたのに比べると、実態に近い京の町が現れている。もちろん、現在の眼でみれば、五〇〇〇分の一であれば、もう少し細かく表現できるだろう、といいたくなる程度であるが、それはおいておくとしよう。縮尺を標榜しての問題は、むしろ洛外表現である。というのも、洛外は従前のとおり、縮尺はまったく無視された表現となっているからである。林吉永の図は「洛中の地図部分と洛外のいわば絵図部分との対照」（金田・二〇〇七a）が特色とされているが、縮尺の適用の違いからみても、洛中と洛外で異なる地図作製の論理ないし意図があったとみるべきであろう。

林吉永の図が一世を風靡した時期は、一八世紀中ごろに一段落を迎える。林吉永版の内裏図の刊行は文化一四年（一八一七）版が知られるが、京都図は宝暦一〇年（一七六〇）～明和元年（一七六四）ころに刊行されたものが最後となる。代わって目立つようになるのが、さまざまな板元による中・小型の観光案内図であり、この点をとらえて矢守は第四期を設定している。

長辺が一メートルを超えない程度の中型図（指掌図）は、それ以前から林吉永をはじめ、いくつかの板元が出していた。また、長辺が五〇センチ前後の小型図（袖中図・懐宝図）としては、元文二年（一七三七）

の『増補京絵図道法付全』（野田藤八版）が古い。ただ、これは「増補」とあるので、それ以前にも出ていたはずである。いずれにしても、林吉永の大型図が権勢をふるう背後で刊行されていたこれらの図は、観光文化の成熟にともなって次第に重要性を増していき、独自の工夫がなされていくことになった。たとえば、前にふれた俯瞰図『花洛一覧図』などはその代表となるだろう。また俯瞰図的要素をもつ図としては、それ以前、安永八年（一七七九）に小川多左衛門ら三肆から折本図帖形式の『袖珍都細見之図』として出されている。全長八《メートル》を超える折本には、絵巻物のように京都が俯瞰的に表現されている。道が朱線で合羽刷《かっぱずり》の技法によって刷られているのも特徴である。この図は書肆が入れ替わった版がいくつか確認されており、何度かの再版が確認できる。

また、彩色図としては正本屋吉兵衛によって安永三年（一七七四）に刊行された『懐宝京絵図』が色板木と合羽刷を併用した初めてのものである。正本屋吉兵衛には天明三年（一七八三）刊行の『天明改正細見京絵図』（彩色刷）や天明七年刊行の『早見京絵図全』（道赤線合羽刷）もあり、野田藤八と並び、観光案内図を牽引した板元の一つである。

この正本屋吉兵衛の上記三図を求板して刊行年はそのままに出版した板元がいた。それが竹原好兵衛である。『天明改正細見京絵図』についていえば、竹原版は正本屋版よりも鮮やかな色使いを駆使して、後発のハンデを補おうとしている。この美しい色刷はその後も竹原好兵衛の代名詞となる。とはいえ、京都図出版に名を連ねてしばらくは目立った動きもせず、いくつかの板元から求板をし、また相合板《あいあい》の一板元に名を連ねるといったことを繰り返している。初めて完全オリジナルの京都図を作

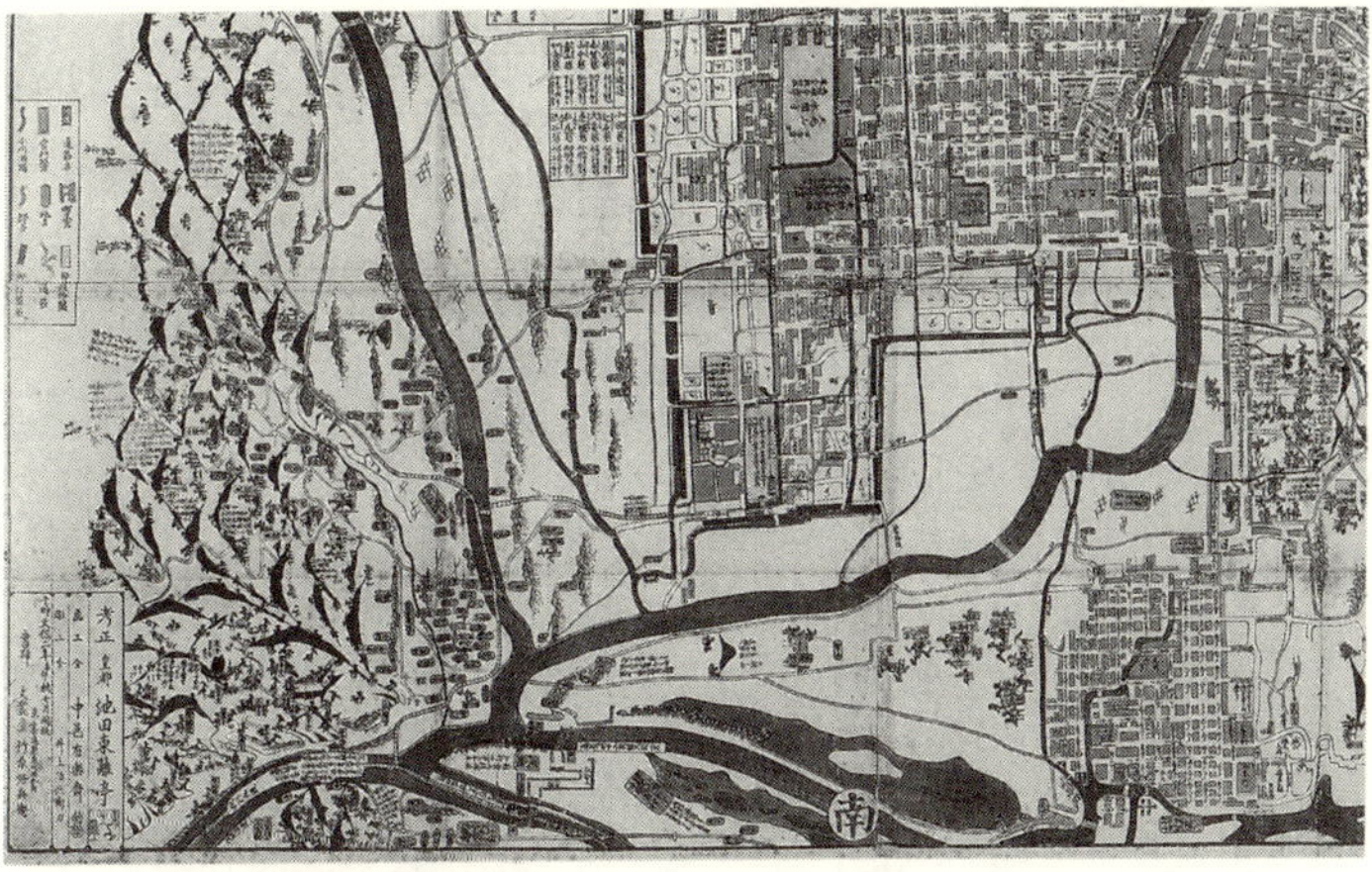

図13　『改正京町絵図細見大成　洛中洛外町々小名全』（部分）
竹原好兵衛版　天保2年（1831）

るのは天保二年（一八三一）であり、その間には代替わりもあったのかもしれない。

そして、この図をもって京都図の第五期が始まる。これ以降、幕末に至るまでいわゆる竹原版が京都図の代表となるが、そのなかでも出世作がこの天保二年刊行で一八〇×一四五㌢という一枚ものの刊行京都図としては最大の法量をもつ『改正京町絵図細見大成　洛中洛外町々小名全』（図13）である。竹原好兵衛自身による自家蔵板を示した「京絵図蔵板目録」には、「大々図」であり「惣して京都絵図の冠にして其くはしきことこれにまされるはなし」と記されており、その自信のほどがうかがえよう。そのほか、「大図」・「中図」・「小図」の各種京都図や『京都順覧記』などの名所案内記を主力商品として掲げてある。面白いのは、「京之図古板数十板有之、古を好む風流の諸君は板元へ御入来御覧可被下候」という文章であり、竹原好兵衛が板木を集めて独占状況にしようとしていたことがわかると同時に、当時「古を好む風流の諸君」がおり、そのような者に対して古板も価値があったことがわかる。

幕末には京都の動乱状況に合わせてきわめて頻繁な改版がみられ、また銅板の京都図が新たに登場するといったこともあるが、刊行京都図の大きな流れとしてはほぼ以上のようである。最後にその後の動きにふれるならば、明治期初期は村上勘兵衛によって木版・銅版ともに牽引されていく。その一番の特徴は新たに設定された市内の番組や小学校区が塗り分けられて刊行されていくことである。当初は竹原好兵衛版を利用したものもあるが、それまでになかった洛中の塗り分けは、時代が変わったことを強烈に物語る指標となっている。

江戸図　江戸図は、刊行図のなかでも質量ともに傑出していたことが知られている。矢守（一九七四）は、それまでの研究をふまえ、江戸図は三期に区分できるとしている。第一期は、江戸図における最初の刊行図とされる『武州豊島郡江戸庄図』（寛永九年〈一六三二〉刊）とその系統図が出版されていたころである。これらは描写範囲が江戸府内にほぼ限定されているのが特徴で、都市化した地域すべてを表現することにはまったく意識が向けられていない。

第一期のなかでの異色作は、明暦三年（一六五七）に刊行された『新添江戸之図』（太郎右衛門刊）で、北を上にした縦長の構図をとる。江戸図においては西を上とするのが一般的であり、北を上にすることは例外的であった。また、江戸時代の刊行図全体を見渡せば、一七世紀前半のいわゆる黎明期には、縦長の構図をとる作品は多い。しかし、江戸図に限っていえば、本図のみとなり、例外に属すものとなる。

第一期の系統図は、最終的には天和年間（一六八〇年代前半）ごろまでは出版が続いているが、寛文年間後半（一六七〇年代前半）には第二期に属する地図の出版が始まっている。それが「寛文五枚図」と通称されている『新板江戸大絵図』（寛文一〇年〔一六七〇〕刊）（図14）と『新板江戸外絵図』四枚（寛文一一〜一三年刊）であり、その後の刊行江戸図に直接ないし間接的な影響を与えた図として非常に重要な作品である。「寛文五枚図」自体は明暦の大火後に北条氏長によって作製されたとされる実測図――この実測図の写とみられる「万治年間江戸測量図」（三井文庫蔵）が残されている――をもとにして作られたものであり、縮尺や方位がきわめて正確であることが確認されている（飯田・俵・一九八八）。京都図の場合は、縮尺が明示されることはあっても、実際の実測図との関連性を指摘することは難しいが、江戸においては、実測図がかなり早い段階で出版文化に取り込まれていることになる。

「寛文五枚図」の作者は遠近道印、板元は経師屋加兵衛である。遠近道印の作としては「寛文五枚図」のほか、先述の『東海道分間絵図』が著名であるが、いずれも幕府の関与した詳細な分間図（実測図）を基礎とし、それに修正を加えて作られたものとなっている。『東海道分間絵図』の場合は、菱川師宣によって風俗画的な描写が加えられたが、「寛文五枚図」についてはそのような絵画的要素はなく、実測成果を前面に押し出す作品となっている。

「寛文五枚図」の刊行が終わった直後から、各板元がそれらをもとに、もしくは別系統で、一枚も

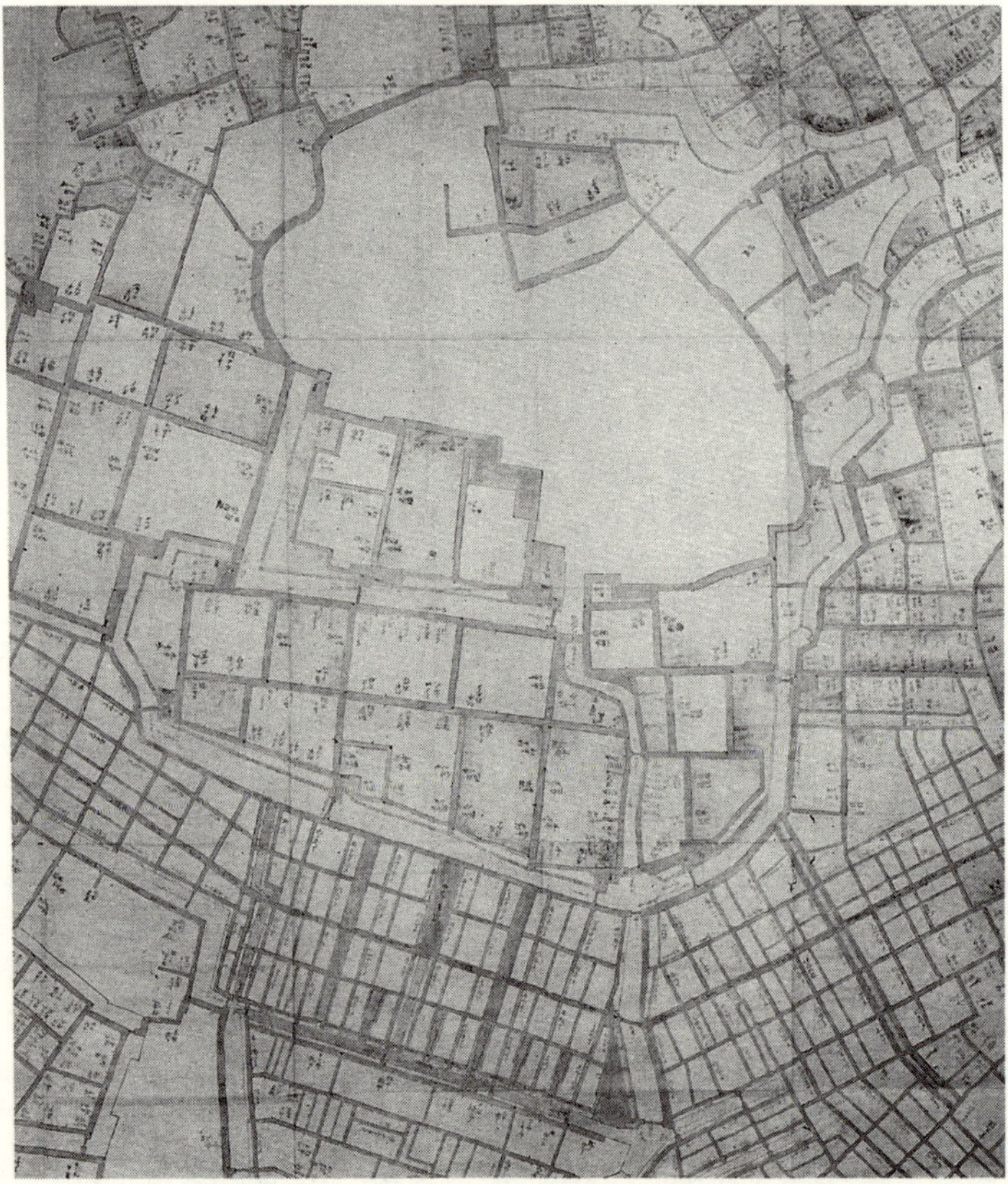

図14　『新板江戸大絵図』（部分）　遠近道印作・経師屋加兵衛版
寛文10年（1670）刊

のの大絵図を作りはじめる。飯田・俵（一九八八）は、「延宝・天和・貞享期（一六七三〜一六八八）の一五年間は、それに続く元禄時代（一六八八〜一七〇四）とともに、江戸図史上、百花繚乱の時期、ある意味では、江戸図の最盛期ともいえる」と表現し、各板元や作者の駆け引きを浮かび上がらせている。

なかでも地図史をとらえるうえで重要なのは、遠近道印と石川流宣との争いであろう。石川流宣は相模屋太兵衛から元禄二年（一六八九）春に『江戸図鑑綱目』（乾・坤）を出した（図15）。このうち乾が江戸の地誌、坤が江戸図となっているが、乾に次のような序文を載せている。

寛文年中に其の像を画して、所謂江戸大絵図貴賤の調法とす。私曰く、壱分十間等の図有り、すべて間地を知る事益なし

これが「寛文五枚図」を念頭においたものであることは間違いなく、そこで実測による正しい距離が記されていても「益なし」と批判をおこなったのである。このような実測図への痛烈な批判に対する道印の反応は、同年夏に板木屋七郎兵衛から刊行された『分間江戸大絵図』にみることができる。

（前略）頃日また江戸図鑑綱目と下題し、作者石河氏とあり。彼図をみるに、先歳重判の如くにして、方角順路相違せり。彼図に一冊の添本あり。序書をみれば、一分十間等の間地を知る事益なしと書たり。凡分間の積りなくば、前後左右の違ひ方角をみんにも、所々において明か成んや

この前段では、自らの実測図を模倣しながらその実測成果を無視するような類板を出す板元全体に対して強い口調で批判をおこなっているが、そのうえで、流宣を名指ししつつ、実測重視の姿勢を批判

図15　『江戸図鑑綱目（坤)』(部分)　石川流宣作・相模屋太兵衛版
元禄２年(1689)刊

して絵画的描写を重視したその手法に強い憤りを表明しているのである。

この論争、飯田・俵（一九八八）の表現を借りれば、「片や寛文五枚図を出して以来自他ともに許す地図作製者・図翁遠近道印、片や天下の売れっ子絵師流宣石川俊之」という当代の出版地図業界の両横綱による、目指すべき地図の理想像をめぐってぶつかりあった日本地図史上まれにみる「好取り組み」であった。寛文以来その座を守ってきた道印か、天和二年（一六八二）に浮世草子作家としてデビューし、貞享四年（一六八七）には『本朝図鑑綱目』で地図業界にも本格参戦して勢いのある流宣か。その勝敗はとても気になるところだが、「好取り組み」というものは取り組みそのものがよいのであって結果は二の次なのである。なので、ここではあえて決着をつけないでおきたい。

ただ、土俵の外を眺めておけば、両陣営が火花を散らした翌年、元禄三年（一六九〇）春に道印は『東海道分間絵図』を刊行している。板元は前年と同じ板木屋七郎兵衛、そしてタッグを組んだ絵師は、流宣の師でもあるかの菱川師宣であった。道印がこの組み合わせに何を思ったのかは定かではないが、先述のように、師宣も「指図計にては通達の慰用共ならす」として風俗的描写を追加し、さらに俯瞰図風に仕上げていた。あるいは、このころには道印に一定の妥協があったのであろうか。もしくは、板元の販売戦略という側面が強いのだろうか。

一方の流宣も正徳二年（一七一二）に万屋清兵衛版で一分一五間の『新板分間江戸大絵図全』を出している。飯田・俵（一九八八）は、以前批判した分間図を刊行した流宣について「おのれの非をさとったものか、世間が、絵図は美しいばかりが能じゃないと、評価の基準を変えたものか、その辺の事情は定かではない」としているが、いずれもやや極端にすぎよう。たとえば、流宣の名前が刻まれる美麗な日本図は一八世紀後半まで刊行され続けるのである。流宣の周辺環境をみれば、江戸図・日本図・世界図にて一世を風靡した時期にタッグを組んだ相模屋太兵衛との蜜月的な関係が終わり（上杉・二〇〇七）、さまざまな板元が流宣に接触していた時期である。少なくとも、流宣のネームバリューを用いた板元万屋清兵衛の販売戦略といった点も想定すべきであろう。

　実際、この時期、ほかにも山口屋須藤権兵衛や須原屋茂兵衛が石川流宣の名を冠した江戸図を刊行している。そして後者の須原屋茂兵衛は、その後江戸図を牽引していく板元へとなっていく。矢守（一九七四）はこの須原屋茂兵衛の江戸図参入をもって第三期への移行としている。

　須原屋茂兵衛は、さまざまな地図や武鑑を出した江戸後期を代表する板元であるが、江戸図の代表作としては、毎年のように改板されていった『分間江戸大絵図』がある。全体として、この図は時期を経るにつれて大型化し、幕末には一辺が二《メートル》前後にもなり、その画面は圧倒的ですらある。

　その一方で、タイトルに「懐宝」を冠する縦が六〇〜七〇《センチ》、横が八〇〜九〇《センチ》程度の法量の図も作っており、須原屋茂兵衛は用途に合わせた販売戦略を展開していた。このような販売戦略はほかの板元もとっており、さらにひと回り小さな図を売る板元もあった。そして、このような多種多様な都市図の登場は、一八世紀以降の大坂や京都でもみられた。

　さて、刊行江戸図の特徴の一つに「切絵図」があげられる。江戸の刊行図の第二期の原点となっている「寛文五枚図」も分割図であり、その後も地図帳形式による作品も作られており、そもそも江戸

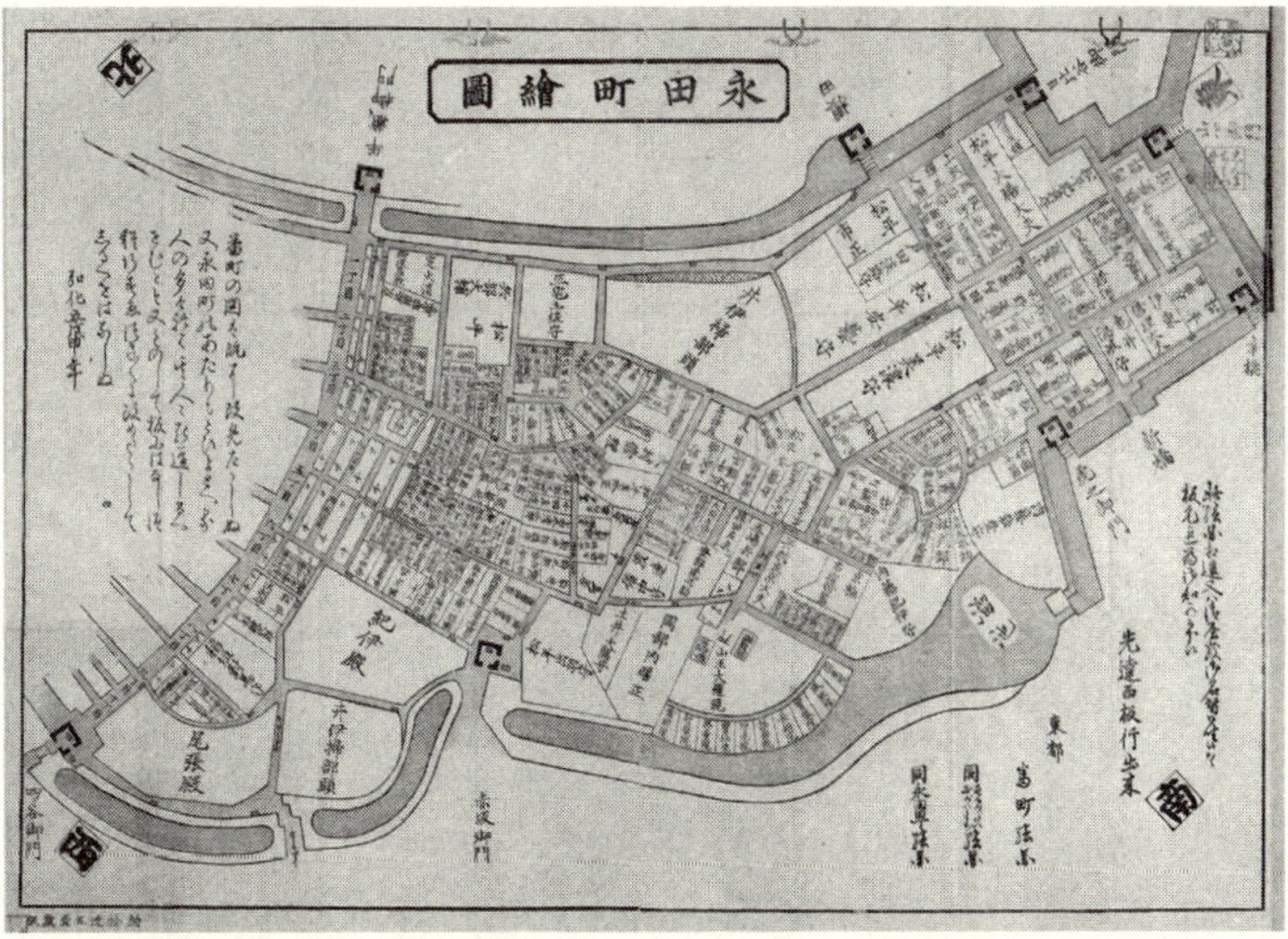

図16　『江戸切絵図』（近吾堂版）　永田町絵図

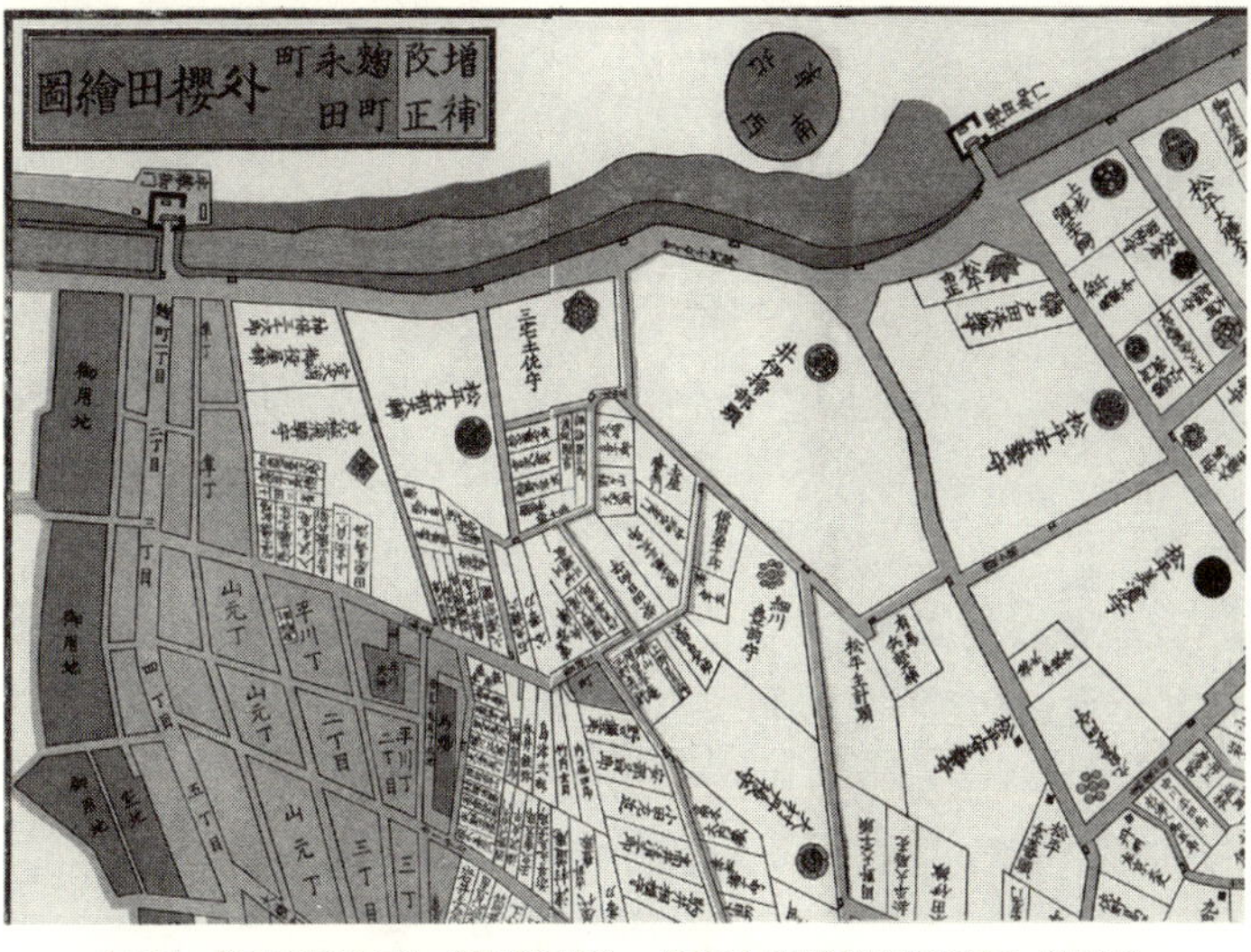

図17　『江戸切絵図』（尾張屋版）　麹町永田町外桜田絵図（部分）

図には切絵図を生み出す土壌があったともいえる。その土壌を活かして一八世紀後半以降に登場するのが、「江戸切絵図」（図16・17）である。江戸切絵図は総称であり、一八世紀後半の吉文字屋版、一九世紀後半、幕末近いころの近吾堂版と尾張屋版（部分的なものとしてはこれに平野屋版）が著名である。ほかの二都市と比較して、時期区分をするなら、これら江戸切絵図の展開を指標にすることもできよう。

江戸切絵図のうち、近吾堂版と尾張屋版は同時期に売られていたこともあり、それぞれ競争心はもっていたと思われる。ただ、先の道印と流宣のような直接的な史料はなく、図面から想像するしかない。この点、矢守（一九七四）は、近吾堂（近江屋吾平）版は実務的な利用、一方の尾張屋（金鱗堂尾張屋清七）版は江戸みやげとしての販売といった棲み分けを想定している。また、その他の説も紹介したうえで、飯田・俵（一九八八）は、両者を比較しての一番の違いが色彩であり、先行の近吾堂版が淡彩四色、尾張屋版が濃彩五色であることに改めて注目している。そのうえで、尾張屋版がみやげ用として華美を狙ったという評価から一歩踏み込み、江戸の伝統的な土地色分け表示を踏襲していることや、当時の錦絵の隆盛を考えれば、むしろこちらが大勢に従っており、近吾堂版の方が逸脱したものだという評価を下している。

大坂図　大坂図は、三都のなかで刊行がもっとも遅い。確実なものとしては明暦三年（一六五七）の『新板大坂之図』が最初となるが、その板元は河野道清で、京都の板元であった（図18）。矢守（一九七四）は、この図をはじめとして大坂図は当初、京都の板元によって担われており、そのため

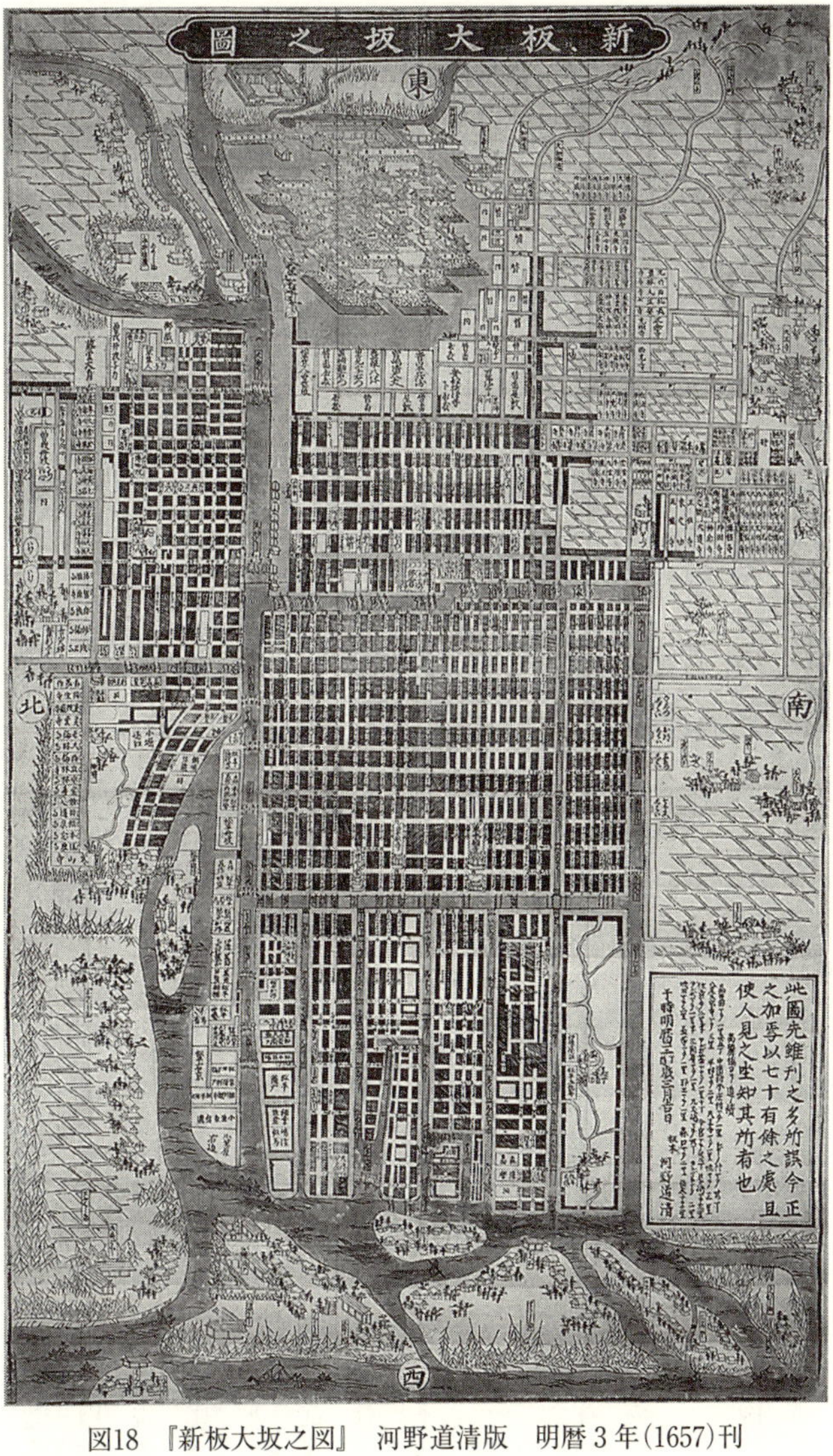

図18 『新板大坂之図』 河野道清版 明暦3年(1657)刊

京都図の当時（京都図の第二期）の特徴がそのまま大坂図にもみえるという。そのもっとも大きな共通点は町人地部分が黒で塗りつぶされる点である。また、郊外の寺社が絵画風に示される点も共通するが、これはこの時期だけの特徴とはならない。一方で、京都図の郊外（洛外）の農地部分は空白かごく部分的な井桁風記号によって表現されるが、たとえば『新板大坂之図』は田の畦畔を示す表現が全面に表現されており、京都図とは違う趣をみせている。洛外への寺社や山地表現が多い京都に比べると、大坂はそれほどでもなく、京都と同じような表現では空白が目立ちすぎたのであろうか。

また、この時期の大坂図は、やはり京都図の影響を受けて、用紙を縦長に用いて上部に額題を記している点も特徴である。そして、この時、図の「上」として設定されたのが「東」であった。これは大坂城を図の上部に置く構図とするためで、御所を上部に置いた京都の構図に対応する。結果として、南北方向が圧縮（ないし東西方向が拡張）された表現となっている。

第二期の始まりを告げる作品とされているのは、京都の板元林吉永による貞享四年（一六八七）の『新撰増補大坂大絵図』である。林吉永は京都図で一時代を築いた板元だが、都市図ではほかに江戸や大坂、また長崎の図を手がけている。京都で『新撰増補京大絵図』という「新撰増補」を銘打った図を出したことは著名だが、この大坂図はその翌年に出されたことになる。この図は画面の横幅（大坂では南北方向）を伸ばし、よりワイドな画面構成として郊外部分の描写を拡大するとともに、南北が圧縮されていた町人地部分をより現実に近い表現へと変更したことに特徴がある。そして、京都の「新撰増補」とも連動するが、これまで黒で塗りつぶされていた町人地部分を白抜きにしたことも大きな変更点である。大坂では、白抜きとなった部分に三郷（北組・南組・天満組）の別を示す合紋《あいもん》が表示され、町組が刊行図において明示されることになった。また、これも京都図の改良と軌を同じくするが、観光地や名所についての情報を盛り込むことで観光案内図的な役割も担うことが企図されている。

こうしてみると、確かに『新撰増補大坂大絵図』は刊行大坂図の画期として位置づけられる作品ではあるが、矢守（一九七四）らが述べる第一期の特徴、すなわち京都図の影響の強い作品の刊行という流れと何が違うのかという疑問に出会うことになる。京都の影響からの脱却という点をより強く意識するならば、むしろその後の元禄年間（一六八八〜一七〇四）以降に注目するべきかもしれない。林吉永の『新撰増補大坂大絵図』は引き続き改版が出されていくが、この時期になると、次第に大坂図刊行の中心は大坂の板元が担うようになり、新たな試みがみられるようになる。その試みの最大の特徴は合紋を用いた記号化であり、寺の宗派や蔵屋敷などの分類が表現されていく。

当時の大坂の板元による作としては、たとえば万屋彦太郎の『摂津大坂図鑑綱目大成』があり、宝永四年（一七〇七）に刊行された（図19）。本図は長谷川図書の作で、刊行年の明記された大坂図としては作者名が記された最初の図である。

また、野村長兵衛もこのころの大坂を代表する板元である。たとえば安永元年（一七七二）に刊行された『摂州大坂大絵図』の場合、万屋彦太郎版の系統を受け継いだものではあるが、より正確な描写が施されていることが特徴となる。この正確さの進展は、当時の刊行図全体の動向に一致しており、

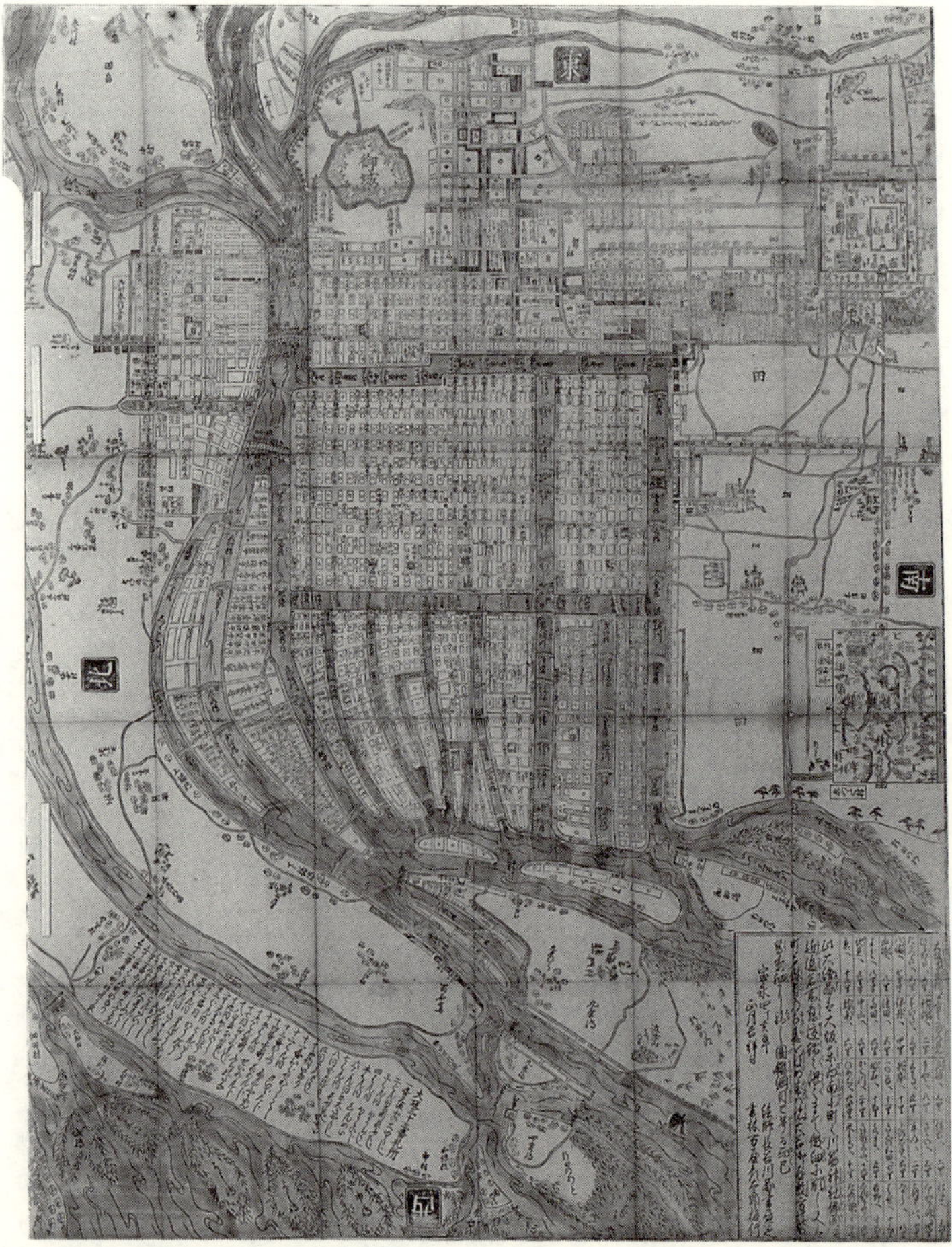

図19　『摂津大坂図鑑綱目大成』（部分）　長谷川図書作・万屋彦太郎版
宝永４年（1707）刊

板元が出版文化全体を見渡すなかで試行を重ねていたことがうかがえる。なお、野村長兵衛は上田秋成による『雨月物語』の板元の一人（京都の板元との相板《あいはん》）だったことでも著名である。

このような流れは、安永七年ごろから出版活動（ただし当初は地図ではない）を始めた播磨屋九兵衛によって、新たな局面を迎えることになる。先の『摂州大坂大絵図』は寛政元年に野村長兵衛から播磨屋九兵衛に板元が替わっており、このころがおよその画期となろうか（矢守・一九七四）。播磨屋九兵衛の代表作と目されているのが、寛政九年刊行の『改正懐宝大阪図』（『増修大坂指掌図』）と、文化三年（一八〇六）刊行の『増修改正摂州大阪地図全』である。

前者は往来や観光案内に便利な指掌図で、その地図は寛政元年に播磨屋九兵衛が刊行した『改正摂津大坂図』をほぼ踏襲した内容となっているが、その上に「二分五厘」の方格を図の全面に朱で印刷し、「一分二十四間／二分半壱町／五分弐町／一寸四町／五寸二十町／九寸壱里」という分間例を掲げている。基本的に徒歩で移動していた者たちにとって、このような方格線や分間例は、その場での地図利用として便利であったに違いない。朱の方格は基本的に東西南北であるが、淀川沿いについては川の流れに沿うように向きを変えて利用者のさらなる便をはかっている。また、この図は裏面に「河絵図」として伏見の豊後橋から淀川の河口部までの図が印刷されている。これは京都と大坂を結ぶ淀川水運を利用する往来者が多く、その者たちのニーズを見越しての工夫であろう。

また後者は図の大きさと記事の詳密さにおいて、刊行大坂図随一を誇るものとして知られる（図20）。特に天保一五年（一八四四）の増訂版は天保二年にできた天保山が加えられ、最大版となる。ま

図20 『増修改正摂州大阪地図全』 播磨屋九兵衛版 文化3年(1806)刊

た一方でその縮小版も出されており、江戸時代後期を代表する大坂図にふさわしい。

この図は「大岡尚賢訂正／岡田玉山写図」であることが知られる。大岡尚賢については詳細は不明だが、絵図師であり弟子もいたことがわかっている。岡田玉山は『改正懐宝大阪図』(『増修大坂指掌図』)の画図担当者でもあり、また多くの名所図会の画図を担当していることで知られる。この図には、天明三年(一七八三)の年紀をもつ「曽之唯」すなわち曾谷応聖《そやおうせい》(一七三八~九七。通称は忠助など)による序が付されており、播磨屋九兵衛が「博ク輿地図ノ制ヲ極」めた大坂の「沢田翁」、すなわち沢田員矩《さわだかずのり》(呂少。長莎館)による未稿の「浪華ノ地図」をもとにして刊行したものであることが記されている。その「訂正」や「写図」に携わったのが彼らであったのであろう。

また、小野田一幸(二〇〇二)が指摘するように、この序文からは播磨屋九兵衛が文化三年(一八〇六)よりもかなり早い段階から大型大坂図を刊行しようとしていたことがうかがえるが、同じく序文によれば、播磨屋九兵衛が接触して「居ルコト何モナクシテ」沢田員矩が死去したため、その刊行が遅れたのだという。沢田員矩は享保二年(一七一七)生まれ、安永八年(一七七九)没であるので、播磨屋九兵衛はその直前に接触していたことになる。それはつまり、播磨屋九兵衛が出版活動を開始した直後であり、その活動の当初から大坂図刊行を意識していたことがわかるのである。その思いは、員矩の死で一時頓挫したが、再び体制を整えて刊行を始めたのが寛政期以降ということになろう。

沢田員矩とは、延享元年(一七四四)に大坂から遠江辺りまで旅した紀行文が残され、また寛延・宝暦年間(一七四八~六四)に多数の地図を描いた森幸安の弟子であることが知られる人物だが(矢守・一九八四)、その他の経歴等は不明で、ほかに安永四年(一七七五)版『難波郷友録』の「図絵師ごふく町沢田呂少」という記事によって居所を知ることができるくらいである。ただ、師である森幸安が宝暦五年(一七五五)八月に記した「河内国旧地図」には「大坂高麗橋街大豆葉町沢田彦三郎員矩」とあり、名が彦三郎であったこと、このころは高麗橋筋に居住していたことについては、これまで知られていないと思われるので付け加えておきたい。また、先の序文によれば沢田員矩は「小大ヲ通じて無慮一千三百有余」の図を作製したとされているが、神戸市立博物館の舟型一一枚からなる世界図「地球分双卯酉五帯之図」などを除けば、原本は確認されていない。

序文を認《したた》めた曾谷応聖とは、安永四年版『難波郷友録』の作者でもあり、また、このころの大坂で活躍していた板元で、長久保赤水の日本図・世界図を刊行した板元として知られる浅野弥兵衛とは姻戚関係を結んでおり、浅野弥兵衛が手掛けた橋本宗吉《はしもとそうきち》製・長久保赤水閲『喎蘭《オランダ》新訳地球全図』にも序文を寄せるほか、後述するように、実はその真の作者であったとの推定がなされている(海野・二〇〇三)。そして、何より播磨屋九兵衛の小型図の代表作、寛政九年(一七九七)版『改正懐宝大阪図』(『増修大坂指掌図』)の原図となっている寛政元年版『改正摂津大坂図』を記した人物でもある。つまり応聖は、播磨屋九兵衛の二つの代表作のいずれにもかかわっていたことになる。ただし、応聖は寛政九年に没しているので、少なくとも序を寄せた『増修改正摂州大阪地図全』については、その完成をみることなく没している。『増修改正摂州大阪地図全』の刊行が文化三年(一八〇六)にまでずれ込んだのは、員矩の死のみならず、応聖の死も関係しているのかもしれない。

このような大きな流れのほか、大坂図では湾岸部の新田開発の状況を伝える新田図（これも播磨屋九兵衛からの刊行である）など、特徴ある図が刊行されている。また、幕末には播磨屋九兵衛に代って、積典堂などいくつかの板元が力をつけてくるが、その地図の内容は前代を引き継ぐものが多い。

歴史地図の作製　刊行大坂図には「現在」を描くものではなく、「過去」を描いたものもあった。このような図は手描き図にもあり、それらを含めて「浪速古図」と総称されている。刊行「浪速古図」の一つは『浪華往古図』であり、月岡丹下《つきおかたんげ》画、文英堂・西山堂・環書堂・渟浪亭の相板で宝暦六年（一七五六）に刊行された。月岡丹下（雪鼎《せってい》）は、先に記した岡田玉山の師である。この『浪華往古図』は、寛政一三年（一八〇一）に『浪華近古図』と改題して柏原屋佐兵衛から再板されているが、この前年には中村直躬《なかむらなおみ》によって著された古代難波を描いた歴史アトラス『浪速上古図』も『浪速上古図説』とともに刊行されている（上杉・二〇〇二）。

大坂では一八世紀以降、歴史地理的な関心が読者の間に高まり、そのニーズに応える歴史地図が刊行されていったとみることができるが、このような歴史地理的な関心の高まりは江戸や京都、またその他の地域でもほぼ同様の現象がみられ、江戸時代には多くの「古図」――歴史地図――が作られた。たとえば江戸の場合、先の時期区分よりも以前、長禄年間（一四五七〜六一）の作と伝えられたという由緒をもつ「長禄江戸図」なる図が写図として伝えられているが、写しが作製されるようになるのは一八世紀後半であり、それ以前の作品は確認されない。京都ではもとは寛政二年（一七九〇）に出版された名所案内記『京の水』の付図として作られたが、翌年に独立するかたちで出版された『花洛往古図』が有名である（図21）。また、森幸安が京都や大坂・伏見などの歴史アトラスを作り上げるのも一八世紀中葉である（上杉・二〇一〇）。このほか尾張では「尾張古図」、越後では「越後古図」といったように（堀・二〇〇八）、また戦国城下町古図のように（山村・二〇〇六）、全国で「古図」が作られていった。

このような「古図」のなかには、その図の示す年代に描かれたものとして使われることもあり、またそれが「偽作」として強く非難されることもあった。しかし、江戸時代の人々が歴史地理的な関心を寄せる過程ないしその結果として登場してきたものととらえなおせば、古地図のなかでもきわめてユニークな資料的価値をもつ存在である。そして、『花洛往古図』が当時の一般的な刊行京都図に平安京を（強引ではあるが）重ね合わせるかたちで提供されている点をみてもわかるように、そのような歴史地理的関心の展開が地図史そのものの動きとも連動していたことは明らかであり、知と地図との関係を探る重要な手掛かりにもなる。このような検討は近年始まったばかりであり、全国的な古図の調査も含め、今後の課題となっている。

城下の把握　矢守（一九七四）は、都市図の研究は刊行図に対して手描き図の研究が遅れ、なかでも城下絵図についてはその遅れが著しく、〈未開拓の領域〉であると述べている。そのうえで、その研究を進めるために不可欠な地図の分類について、先行研究をふまえるかたちで、（Ⅰ）目的・用途による分類、（Ⅱ）図法・図式による分類、（Ⅲ）書誌的分類といった、いくつかの分類試案を提示している。その前後より、矢守自身、米沢や福井、金沢、熊本といった城下町を事例に城下絵図史を調

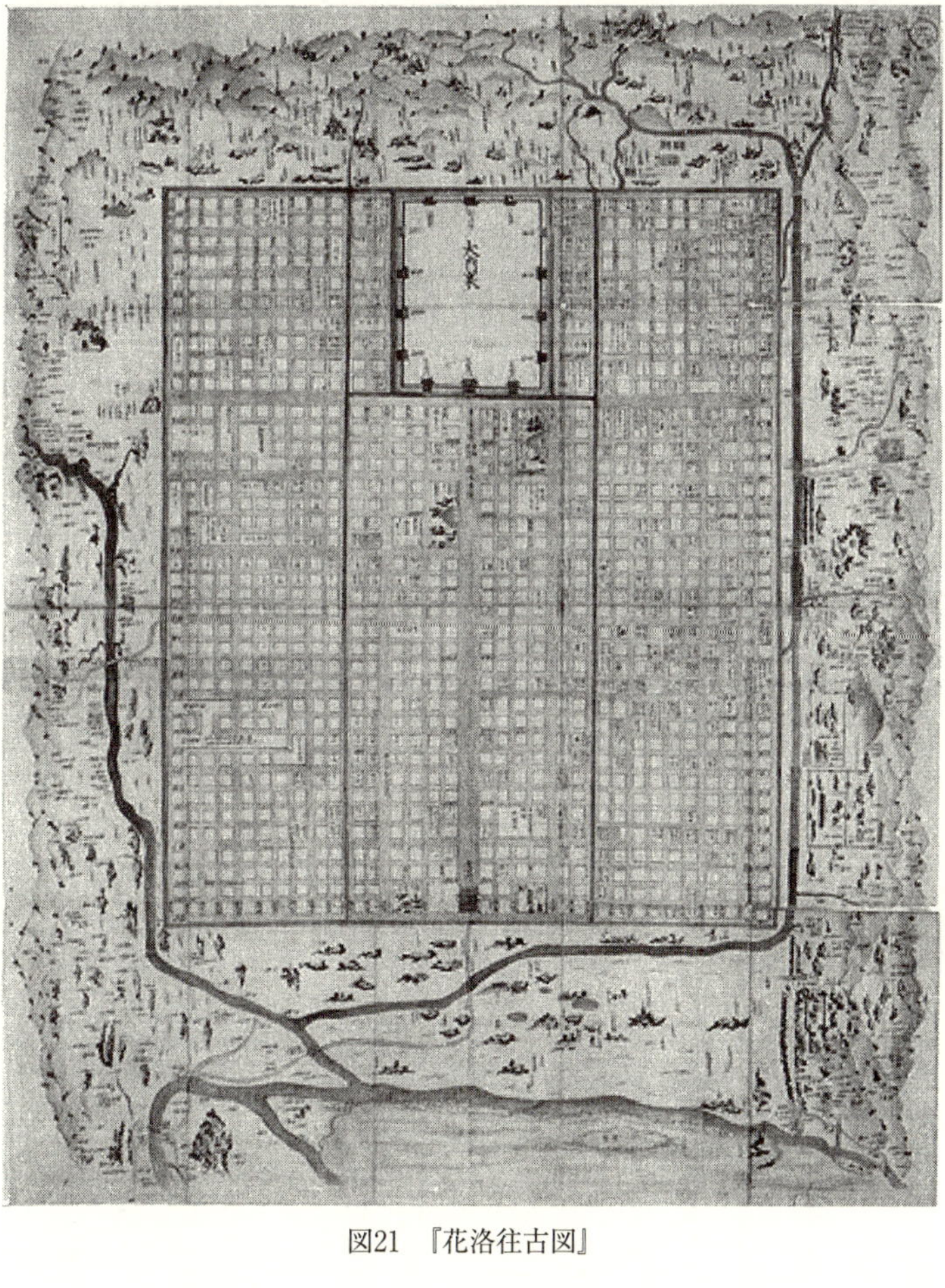

図21 『花洛往古図』

査し、その領域開拓を進めていった（矢守・一九七三・一九七八・一九七九・一九八三・一九八六）。

地方城下町の個別研究は、自治体史編纂の折に進められることも多いが、それらを含め、もっとも研究の進んでいる城下町として米沢をあげることができる。米沢は矢守（一九七三・一九七四）でも取り上げられているが、それ以前、戦前において阿刀田令造（一九三六）がすでに詳細な検討をおこなっていた。そして、近年においては渡辺理絵（二〇〇〇・二〇〇三・二〇〇四・二〇〇八）が、先行研究もふまえつつ、きわめて精力的に議論を展開している。

矢守（一九八三・一九八四）が指摘しているように、城下絵図のうち、公用図は幕用図と藩用図に分類が可能であり、さらに藩用図の場合、その多くは武士の屋敷配置が示された屋敷割り図である。渡辺（二〇〇八）は、この屋敷割り図が大半を占めることの意味を問い、城下絵図の作製の背景や利用の実態について、絵図面のみの分析に終わることなく、藩政史料を駆使して詳細に論じている。たとえば、米沢の城下絵図の場合、文政六年（一八二三）を画期として、それ以前は一枚ものの絵図が、それ以降は帳面形式の絵図が作製されているが、この様式の変化を米沢藩の都市政策をとらえるなかで考察している。そして、城下絵図の様式の変化からは城下町における武家地管理ないし武家地経営政策を見出すことができること、また逆に武家地に対する政策の変化が城下絵図の様式に影響を与えていることを見出した。そして、その背景には武士のおかれた社会的環境の変化があることも指摘している。

城下絵図は江戸時代の都市図の代表的な存在である。もちろん、都市支配ないし都市管理の根本的道具の一つであった城下絵図という位置づけは、これまでにも想定ないし漠然と共有されてはきていたが、どちらかといえば城下の景観復原やその変遷に利用されることが多く、当地の政治史や社会史を含む都市史全体のなかで城下絵図を位置づけようとする試みはわずかであった。近年、渡辺が推し進めている城下絵図研究は、都市図研究の新たな方向性を示すものとなっている。

都市計画と地図　屋敷割り図に対して、矢守（一九八四）がいうように、藩用図のなかで「城下町建設・築城に際しての記録ないし計画図」はまれであり、ほとんど残されていない。このような計画図は、城下町の建設を考えるうえで空間的広がりをとらえることのできる資料としてきわめて重要であるにもかかわらず、その資料の少なさゆえか、これまで焦点が当てられることがなく、地図史の議論においてもまったくといってよいほど顧みられることがなかった。

このような状況のなか、近年、平井（二〇〇九）によって、淡路国洲本城下町に関する二枚の「町割計画図」についての研究が発表された（図22）。徳島藩蜂須賀家は淡路国の加封後、由良に城番を置いて淡路支配をおこなっていたが、由良の立地条件が悪かったために、寛永七年（一六三〇）に洲本への移転を幕府に願い出て許可され、翌八年から一二年にかけて「由良引け」と呼ばれる由良から洲本への移転を実施している。この移転期間中、寛永一一年五月には由良城の破却が命じられており、これが「由良引け」の一つの画期となっている。平井は、残されている二枚の計画図が、いずれもこの「由良引け」にかかわって洲本に建設された城下町の町割計画図であり、洲本城下町建設の流れにおける各図の位置づけを明らかにした。それによれば、二枚のうち「須本御城下町屋敷之図」は、記

図22　「須本御山下之絵図」（部分）

載される人名から寛永八～一〇年の間の作製であり、「由良引け」前半期の拝領屋敷配置計画図である。一方、もう一枚の「須本御山下之絵図」では、先の図では大手筋に並行する短冊型ブロックの街区形態であったものが、大手筋に直行する短冊型ブロックに変更されており、それがその後の実態と一致していることや、先の図以降に拡張された道筋や町割が描かれていることなどから、よりあとの時代の地図であることは明らかであるという。ただし、城下町完成後の地図にある道筋がみえないなど、この図もいまだ城下町建設途上の図である。この図の作製年代は不明だが、寛永一一年五月以降に描かれた洲本城下建設の最終段階を示す城下計画図である可能性が高いと論じられている。さらに、高級な岩絵具を用いた美麗な仕上がりとなっているこの図は、関連史料との内容の一致も加味すれば、「由良引け」の完了を幕府に報告する意味をもった幕府提出用御普請絵図の控図であった可能性もあるという。

平井の研究は、城下町建設にあたって計画図が何度も作られていたこと、最終段階のそれは、幕府への完了報告として提出された図になりうる可能性もあることなど、城下絵図の作製と利用に関する新たな視点を提示しており、これまで城下絵図研究のなかで等閑視されてきた計画図に焦点を当てた重要な研究として高く評価される。確かに、計画図と目されている城下絵図は少ないが、平井も指摘しているように、幕府提出用の図が（最終段階ではあるが）いまだ建設途上の状況を示した図である可能性もあり、そのような視点で城下絵図を見直すことで、新たな資料発掘と城下町研究へのフィードバックが期待できよう。

コラム2　地図の虚像

江戸時代に作られた城下絵図のなかには、明らかに実態とは異なる内容を描出しているような図もある。たとえば、平井（二〇〇九）が先の議論のなかで利用していた「須本御山下之絵図」は、正保城絵図の控図である可能性が高いものであるが、そこに描かれた洲本城（下ノ城）の三層の天守は実態とは異なるものなのだという。

古地図を用いた景観復原をおこなう場合、地図にはこのような虚像《フィクション》が含まれていることに十分気をつける必要がある。地図には時に使えない情報も含まれるのである。ただ、当該時期の空間の広がりを示す資料が、その地図しかないといったことも多く、この史料批判の作業は意外に難しい。

そして、景観復原や城下町研究に地図を利用する場合は、このような虚像を「使えない情報」と一刀両断にすればよいのかもしれないが、古地図研究としては、そのような断罪に終始することは悲劇以外の何物でもない。というのも、地図においては歪みや誇張、省略といった、いわば実態の虚像化の作業のなかに、作製者の意図や地理認識が反映されているからであり、同時にその作業に同時代の政治的・社会的文脈が埋め込まれている可能性があるからである（ハーリー・二〇〇一）。このような視角に立って古地図を解釈しようとすれば、実態とはかけ離れた虚像は「使えない情報」どころか、きわめて魅力的な「使える情報」となる。たとえば、平井（二〇〇九）の論じた計画図も、その後の実態とは違う内容が含まれており、その点からみれば虚像が含まれていることになるが、各時期の都市計画者の意図をとらえようと思えば、踏襲された部分よりも変更された部分、すなわち机上の虚像に終わった部分をみた方がわかりやすい。

まったく「使えない」、いや最上級に「使える」地図を一つ紹介しておこう。「端原氏城下絵図」と題される図がそれである（図23）。

描かれた都市は、二重の堀に囲まれた郭内と東西南北の正方位の道路によって整然と区画されたきわめて計画性の高い城下町であることがわかる。矢守（一九七〇・一九七四）の城下町プランの議論でいえば、この都市は「郭内専士（町屋郭外）型」に分類されるものである。上級家臣の屋敷割は付されている一方で、下級家臣については「大士」や「士」として一括されており、詳細な屋

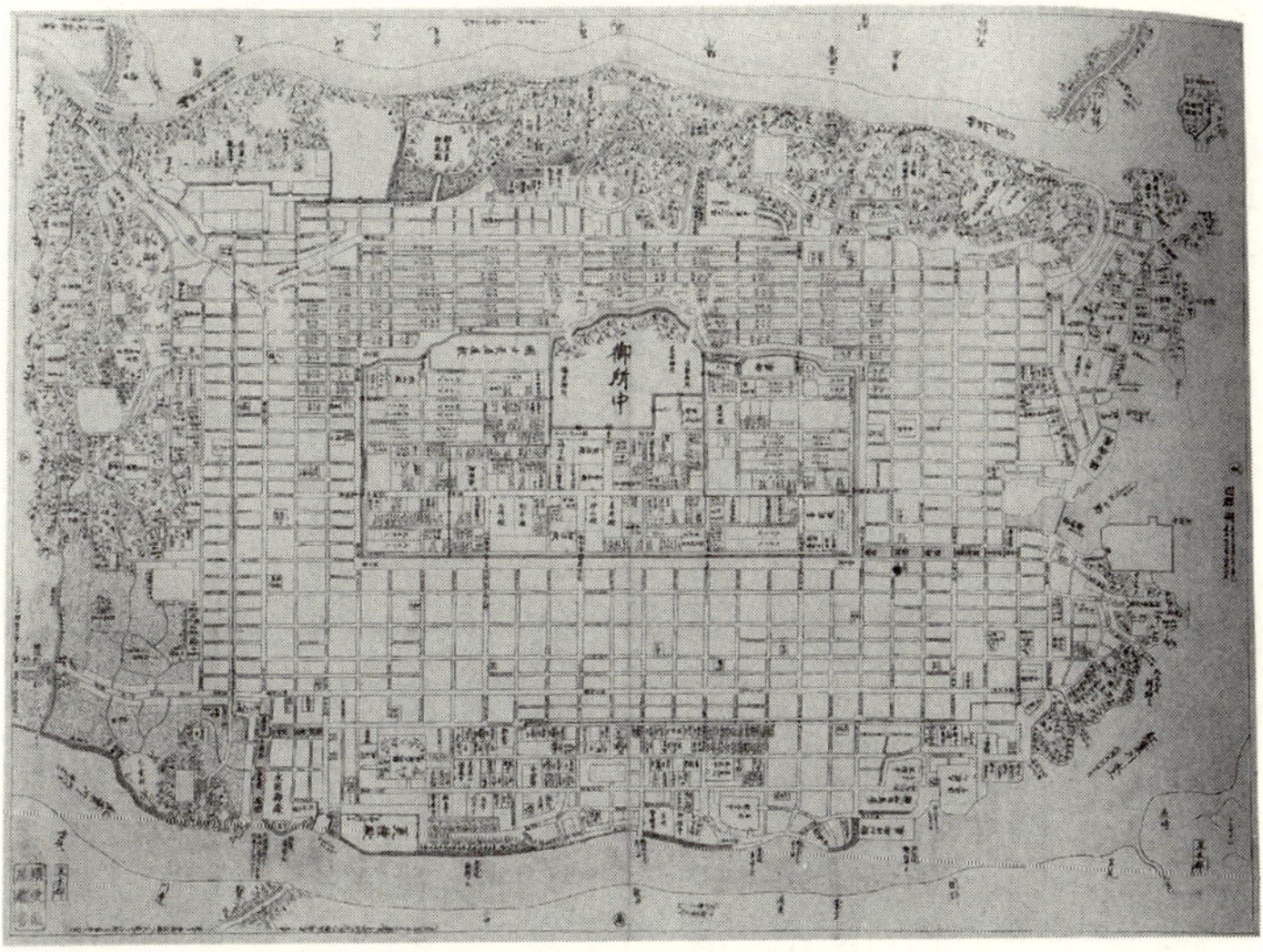

図23　「端原氏城下絵図」

敷割り図というわけではないが、家臣の階層によって居住場所に違いがあったことは明瞭にわかる。さらに詳細にみれば、「大路」もしくは「小路」と末尾に付く道路名がそれぞれ記され、またその分類に従って道路幅が描き分けられている。このほか、寺社や芝居小屋といった諸施設の分布も示されているなど、詳細にみるとほかにいくらでも都市の特徴を拾い出すことはできるのだが、ひとまずこのくらいにしておこう。

重要なのはこの図には重大な虚像が潜んでいるということである。おわかりだろうか。ここ数年、大学の授業のなかでこの地図を取り上げ、地図の読解をさせたうえで、「この場所はどこですか」と問うことを続けてきた。地図をみていくと、上記のような都市構造にかかわる点は気がついていくのだが肝心の場所は、ほぼ誰もわからない（携帯電話からインターネットを駆使した学生は正解に近づいたのだが……）。最後の段階で、この図が「端原氏城下絵図」と名づけられていることを披露するのだが、「端原氏」がわからないのである。城下町マニアならすぐわかる、などとマニア心をくすぐっても結果は同じであった。

実はわからなくて当然なのだ。というのも、この都市そのものが虚像なのであり、この地図はまったくの想像図なのである。「わからない」というのが正解であり、その意味で誰もがそこにたどり着いているのだが、誰もそれを最終解答としては提示しないのである。地図に描かれた地物は実像であるという固定観念があるのかもしれない。

空想の都市である、ということで、ではこの地図に意味がないのかといえば、そうではない。空想であるなら、自由に都市を建設できたはずにもかかわらず、この作者はなぜこのような城下町プランをもつ都市を構想したのか。そのような着想を得る背景にはどのような個人的文脈ないし同時代の政治的・社会的文脈があったのか。「端原氏城下絵図」の場合、京都と作者の出身地である松坂の都市構造や立地条件が深く影響していることが指摘されている（上杉・二〇一〇）。それは、三都とごくわずかな都市を除けば、都市図が出版されることがなく、出身地や三都をモチーフにする以外の選択肢の余地がほとんどなかった、という当時の状況にも影響を受けている。そして、三都のなかで京都が選択されたのは、地図作者の憧憬の地であり、また実際に訪れたことのある場所であったという個人的な事情が反映されているのである。また、町人地を「白抜き」で示すのは、当時の出版都市図の作法を踏襲したものである一方で、まずもって管理と支配を貫徹すべきなのが武士身分であったという支配者側の論理を、町人身分であった作者の内側にも暗黙のうちに浸透させる結果にもなっている。

この図の作者についての検討は、上杉（二〇一〇）に委ねることにしたいが、まったくの虚像が描かれた地図であるがゆえに、作者の「都市」をめぐる意識・無意識がより鮮明に現れている点は確認しておきたい。「端原氏城下絵図」は極端な例に属すものではあるだろうが、地図を扱う際、地図の歪み・省略・誇張といったなかにも重要なメッセージが隠されているということを忘れてはならない。

V　マクロな日本図とミクロな地域図

1 刊行日本図の展開

出版文化とベストセラー 日本で出版文化が生まれたのはいつか。木版印刷は古くから日本に存在し、寺院を中心として経典などが作製されていた。しかし、それらはいうならば私家版であり、不特定多数の人の手に渡ることを念頭において作製されたものではなかった。社会に出版物が流布し、影響力をもつことをもって「出版文化」の成立とするなら、それは江戸時代になってからということになる。

もちろん、現代の出版文化と比較すれば、江戸時代に展開した出版文化の影響範囲は限られたものであったといわざるをえない。しかし、特定の知を特定の人だけが享受しうるそれまでの社会に比して、出版文化はより広範な人々が同時に同種の知を共有することを可能とする社会を生みだした。出版が江戸時代の文化や社会、さらには政治に与えた影響は計り知れない。

それは地図も同じである。出版された地図に当時最先鋭の情報が必ずしも含まれているわけではなかった。むしろ、そのような地図は手描き図としてのみ流布している場合が多い。極端な場合、江戸時代に出版された地図の情報は一〇〇年以上も前のものであることもあった。このような視点でみれば、出版された地図の内容は検討するに値しないものとなる。しかし、重要なのはその地図が出版文化のなかで社会に流布し、人々がそれを手に取ったということである。現在の目でみれば古い情報や誤った情報を含む地図であっても、当時の市井の人々には有意義な地図であったものも多く、そのなかにはベストセラーとなるものもある。もちろん、それほど売れた形跡がない——すなわち現存する枚数が少ない——地図のなかにも、重要な位置を与えるべき地図は多数あるが、出版文化の特性を考慮した人々への影響力という点からみれば、各時期にどのような地図が「売れ筋」であったのかをみておくことが肝要である。それらは時流をとらえた内容を備えていたからこそ社会に受け入れられたのであり、逆にいえば、売れた地図、売れなかった地図の特徴を検討することで当時の社会や文化の様相を浮かび上がらせることができる。

刊行都市図についてはすでにⅣで述べた。ここでは刊行日本図を題材として、社会や文化の様相と刊行図の関係をとらえていくことにしたい。その関連性のなかで手描き図にもふれることになるだろう。

なお、刊行日本図の歴史については、以前論じたことがある（上杉・二〇〇七）。詳細については、そちらも参照願いたい。

行基の影響力　江戸時代刊行の日本図として、その最初を飾るのは、一枚図ではなく、慶長年間（一五九六〜一六一五）に刊行された『拾芥抄』掲載の「大日本国図」であった。この図には、「行基菩薩所図也」という記載があり、中世に広まっていた「行基図」系統に属すものであることがわかる。この「大日本国図」に限らず、江戸時代に入っておよそ五〇年間に出版されたすべての日本図は、基本的に行基図であり、中世の名残をとどめるものであった。この間を第一期とするのであれば、それは中世から近世への転換がゆるやかにはかられた時期として特徴づけられる。

この時期、日本を表す地図に行基図しかなかったかといえば、そうではない。たとえば世界図と日本図が一双の屏風として表現された浄得寺蔵「世界図・日本図屏風」(後述)は、世界図に文禄の役にかかわる肥前名護屋が表現されるなど、そのころの作と考えられているが、そこに表現される日本図は行基図とは異なる図様をもつ(海野・二〇〇三)。また、Ⅲで示したように、江戸幕府による国絵図作製事業も始まっており、寛永期(一六二四〜四四)には日本総図が二度作られてもいる。しかし、刊行日本図としては浄得寺タイプの図は採用されず、また江戸幕府撰日本図もリアルタイムには影響を与えない。

第一期に属す地図のうち、一枚刷りで刊行された図として刊行年がもっとも古い図は寛永元年の刊記をもつ『大日本国地震之図』である(図1)。日本を取り囲んでいる――より正確には日本の「下」で取り囲んでいる――龍。元寇直後の日本図には日本を守護するかのように表現されていた龍であるが、ここで表現されている龍は、地震を起こす存在である。「ゆるぐとも　よもやぬけじのかなめ石　かしまの神の　あらんかぎりは」という地震が起きた時のまじない歌が添えられており、また、龍の一二枚のひれには、たとえば「正月　火神とう　大風　天下のわつらい　下十五日あめしけし」といったように、各月ごとの地震占いとでもいった内容が記されている。

『大日本国地震之図』はその名も示すように地震に関する主題図であったが、一般図(ないし「日本」そのものを表現しようとした図）としては、寛永期とされている『南瞻部洲大日本国正統図』が古い。また、刊行年が明示されている最古の図となれば、「慶安四歳辛卯孟秋良日」（一六五一年七月）の刊記をもつ『日本国之図』となる（図2）。『日本国之図』は、『大日本国地震之図』と同じく長辺を縦、短辺を横にし、上部に題額を備える構図をとる。このような縦長の構図は初期の刊行世界図や刊行京都図などとも共通する。初期刊行図のすべてがそうというわけではないが、長辺（縦）が短辺（横）の二倍を越えるような縦長の構図は、この時期にみられる大きな特徴となっている。

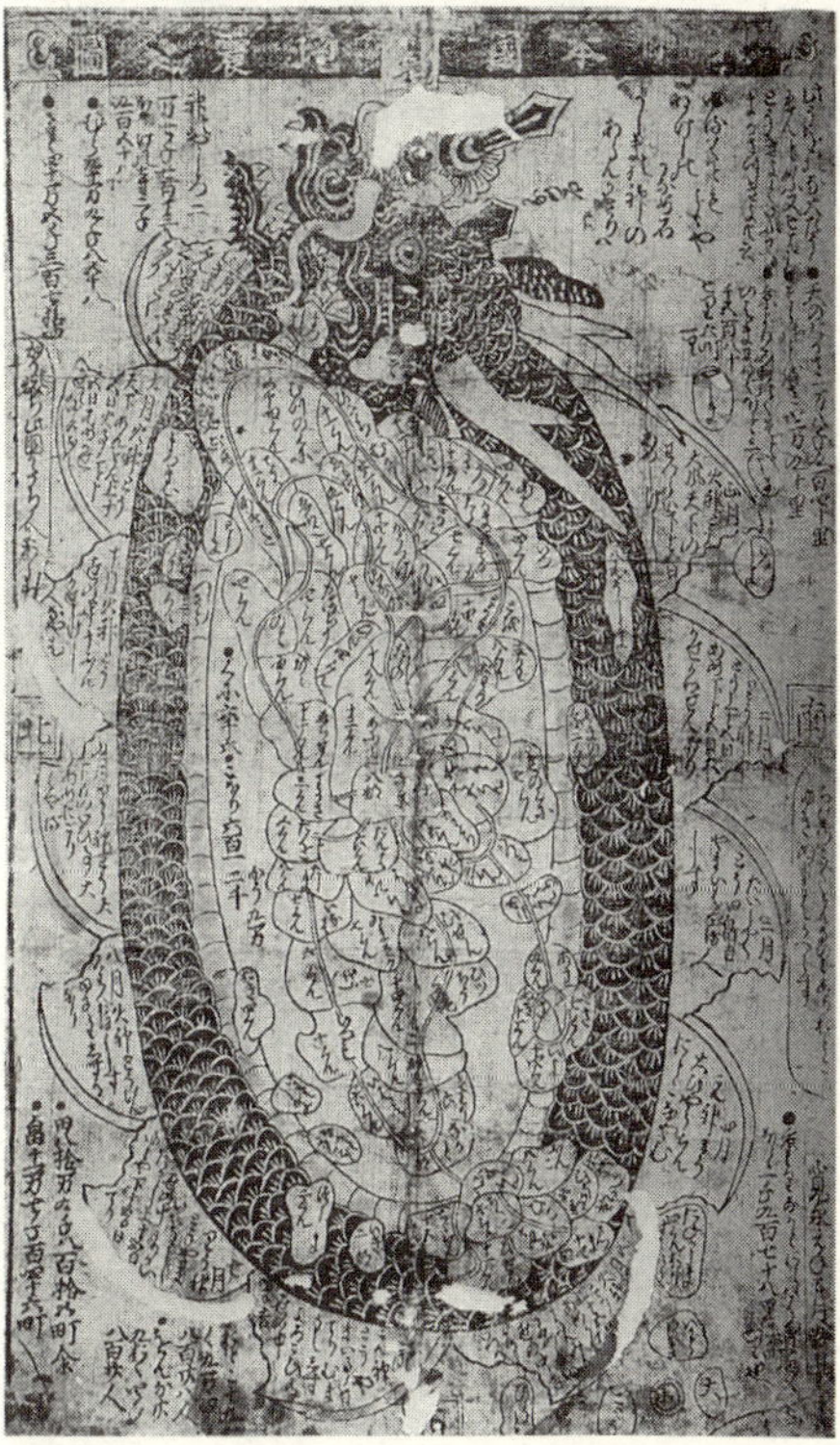

図1 『大日本国地震之図』 寛永元年(1624)刊

『日本国之図』の内容の最大の特徴は、各国に一つないしそれ以上の「城」の図像と城下名が表現されている点である。国全体の表現としては、中世から引き継いだ行基図形式を踏襲しているとはいえ、その表現内容には明確な「近世化」が認められる。さらにうがった見方をするならば、その「城」がすべて同じ三層の天守閣によって表現されている点は、慶安四年七月の刊行であるという時

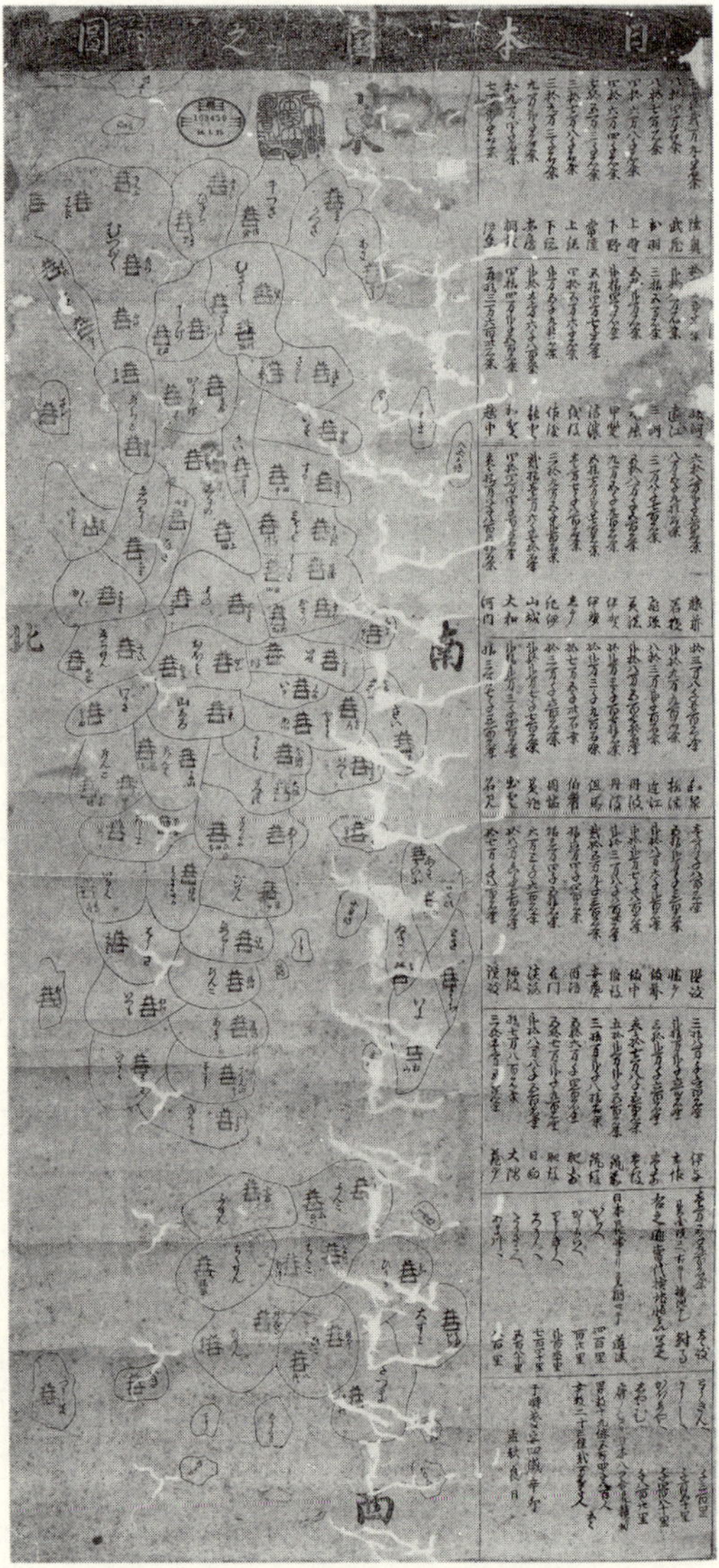

図2 『日本国之図』 慶安4年(1651)刊

期からしても面白い。本図が刊行された七月には、いわゆる「慶安の変」と呼ばれる由井正雪らによる倒幕計画事件が起きている。この年の四月には徳川家光が死去しているが、計画はその期を狙ってのものだった。それまでの減封や転封、または改易といった政策のなかで主を失い、浪人となった者たちのなかにたまった江戸幕府への反感が爆発したのである。すなわち、この時期には「江戸」の権威はいまだ確固たるものとなっていないととらえる者も多かったのである。そのような政治背景をふまえてこの図をみると、なるほど本図は江戸城もその他の城と同一表現であり、いわば「群雄割拠」を示しているようにもみえる（上杉・二〇〇七）。図像表現の稚拙さ・未熟さにその理由を求めることは簡単であるが、たとえそうだとしても、江戸を特別な表現にするという意識が板元側になかったことに変わりはないであろう。

絵図の世界　一七世紀も後半になり、刊行日本図も第二期に入ってくると、ようやく行基図からの脱却がはかられる日本図が登場してくる。その過渡期を示し、かつ次の時代の特徴も十二分に備えた地図として、寛文二年（一六六二）に伏見屋から刊行された『扶桑国之図』（図3）がある。

『扶桑国之図』の場合、下辺に添えられた文章にあいかわらず「行基菩薩所図也」とあり、これをもってすれば、やはり行基図系統に属す図となる。しかし、図そのものには、もはや行基図の特徴はみえず、幕府撰日本図の影響を感じさせる「かたち」をもつ。行基の残像を完全に払拭できていないものの、確実に次のステップを踏み出しているのである。

ほかに、『扶桑国之図』のもつ特徴としては、横長の構図で表現されるようになること、そして船

図3　『扶桑国之図』　伏見屋版　寛文2年(1662)刊

船等の図像挿入や彩色による美しさが追求されていることをあげることができる。行基図からの脱却という点を含め、これらの特徴はこの時期の刊行日本図にほぼ共通した特徴となる。

図像という点でいけば、第一期の『日本国之図』においても「城」が表現されていた。しかし、その描写は平面的でかつ画一的なものにとどまっていた。政治的な意味を「深読み」するとこの表現は興味深い点を先に記したが、絵画的な観点からすれば、やはり稚拙であるといわねばならない。それに対し、『扶桑国之図』の場合は天守の二面がみえるような立体的な表現へと変わっており、さらに江戸城のみは他と比べて圧倒的なボリュームをもつ城郭として描かれている。ただ、たとえば「臼杵」と「竹田」、「仙台」と「南部」がそれぞれ反対に表現されるなど、その内容は心もとないが。

『扶桑国之図』には、国名を除けば、この城の図

図4　『新撰大日本図鑑』　延宝8年(1680)再板

像と城下町名、そして街道くらいしか記載がない。例外として富士山と琵琶湖があるのみで、そのほかの山や湖はみえない。地図の内容としてはいたってシンプルである。ただ、この時期の日本図は、いくつもの試みがなされていくなかでさまざまな情報が図内に付加されるようになっていく。その一つが武鑑的要素であり、その先駆けが延宝六年（一六七八）に刊行された『新撰大日本図鑑』（図4）である。この図は識語等の配置からみて「南を上」とする図となっていることでも知られており、またそちらに目が奪われがちであるが、武鑑的要素が各国にびっしりと書き込まれた点のほかにも、航路の記入なども刊行日本図としては最初であり、みるべき点は多い。また、『扶桑国之図』と同じく、城の図像が表現されているが、その図像は、①江戸、②駿府・大坂、③京都、④水戸・館林・甲府・尾張・和歌山、⑤その他、という五つで描き分けられている。城の図像そのものは、こののちの日本図にも描かれていくが、これほどまでに政治的な階層差を図像で表現した図はきわめて珍しい。

『扶桑国之図』と『新撰大日本図鑑』はそれぞれ数年後にも再板されており、それぞれの図のもつ新たな試みが社会にある程度受け入れられたことがわかる。出版文化が社会のなかに完全に定着し、人々がさまざまな趣向を出版物に求めるようになったことも、背景にあるのだろう。このような人々のニーズを的確にとらえることが、販売戦略のうえでは不可欠になっていくのだが、第二期においてそれにもっとも成功した日本図は、なんといっても「流宣日本図《りゅうせんにほんず》」（もしくは単に「流宣図」）と総称されている図である。

「流宣日本図」は、菱川師宣の弟子であった浮世絵師で、かつ浮世草子作家としても活躍した石川《いしかわ》流宣《とものぶ》（一六六一ごろ〜一七二一ごろ）の手による日本図をさす。浮世絵師の作だけあって、その内容はきわめて美しい。貞享四年（一六八七）に『本朝図鑑綱目』を、そして元禄四年（一六九一）にはひと回り大きな『日本海山潮陸図』を、それぞれ江戸の板元、相模屋太兵衛から刊行した。後者をとくにさす場合には「流宣大型日本図」と呼ぶこともある。「流宣大型日本図」は、その後、板元が変わっていきつつも、わかっているだけで安永二年（一七七三）までの計二九回の改版が確認されている。つまり、石川流宣の名が付された日本図は、ほぼ一世紀の間、社会に受け入れられ続けたのである（図5）。

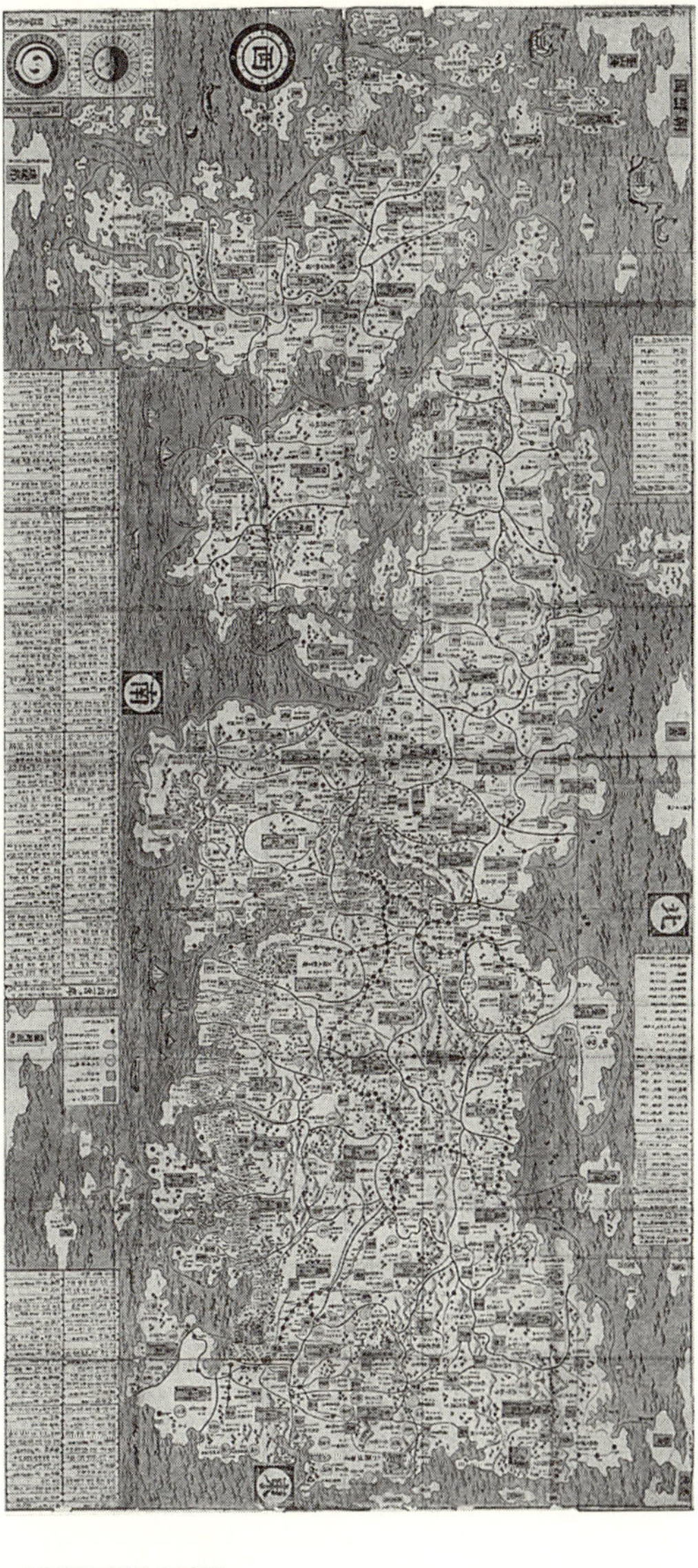

図5『日本海山潮陸図』 石川流宣作・相模屋太兵衛版 元禄4年(1691)刊

「流宣日本図」が新たに付加した情報とは何だったのか。たとえば武鑑的情報が「流宣日本図」に記載されているが、これは『新撰大日本図鑑』にすでにあった趣向であり、新たな試みではない。また相模屋太兵衛が板元であった宝永三年（一七〇六）までは大坂城代の名前が変化せず、最新情報を正確に掲載しようという意識は低い（三好・一九八九、上杉・二〇〇七）。「流宣日本図」の場合、力が入れられたのは、むしろ街道や宿場、そして名所といった旅行ないし観光にかかわる情報であった。もう少し厳密にいえば、江戸の読者に必要であろう旅の情報であった。というのも、名所表現を含めた地名表現が明らかに「東高西低」を示すからである（上杉・二〇〇七）。

ただ、観光地表現についていえば、同じく元禄四年には『新板日本絵図幷名所入』といった全国各地の名所がふんだんに描き込まれた図も刊行されており、「流宣日本図」だけの専売特許ではない。「流宣日本図」がそこまで売れた理由は別にあったはずである。そして、その理由の一翼を担ったのが「石川流宣」という名前である。実は、「流宣日本図」は刊行日本図として初めて作者（厳密には図工）名が明示された図である。先にふれたように、石川流宣は元禄文化を代表する浮世絵・浮世草子の両方で名の知れた存在であった。彼の活動地は江戸であり、また板元も江戸であった。当然、想定される読者は江戸の人々となる。江戸の人たちにとってはおなじみの石川流宣。流宣が描いた日本図なのであれば買っておこうか、このような心理でつい手に取ってしまった読者もいたに違いない。ネームバリューによる販売戦略とでもいおうか。先の「行基図」も、もしかしたらそのような側面があったのかもしれないが、そちらは「伝説」の御仁。かたや流宣は当代の売れっ子作家・絵師である。

流行の勢いは俄然、「流宣図」にあったとみてよい。その勢いに任せて流宣・相模屋太兵衛コンビは、日本図のほかに江戸図や世界図も刊行している。

だからこそ、流宣というネームバリューが通用しなくなると、板元は販売戦略の変更を考えねばならなくなった。そのころ、板元が変更しているのも、もしかすると相模屋太兵衛は、その変更に対応できなかったからなのかもしれない。新しく板元となった山口屋権兵衛は、武鑑の刊行で知られた板元であった。山口屋権兵衛にとって「流宣日本図」の武鑑的情報を常に最新に保つことは容易であったし、また板元の沽券にかかわる問題でもあった。美しさや実用性に加えて、最新情報をもつ日本図という新しい側面が加えられたことで「流宣日本図」は延命した。その後、板元は二転するが、そのうちの出雲寺和泉掾も同じく武鑑の板元である。

「流宣日本図」の裏側で　一七世紀末から一八世紀後半にかけて、大局的にみれば「流宣の時代」が続くのだが、「流宣日本図」の方向性とは異なるような動きもすでに萌芽しており、次の時代の準備を始めていた。

たとえば、刊行年がなく、その詳細は不明ながら、元禄末ごろの刊行で、その後三〇年ほど改版が重ねられたと推定されている『改正大日本備図全』およびその系統図は、「流宣日本図」とまったく異なる趣向を備えている(図6)。その作製は「馬淵自藁庵図、岡田自省軒書」とある。馬淵自藁庵《まぶちじこうあん》についてはよくわからないが、岡田自省軒《おかだじせいけん》は元禄一四年(一七〇一)に『摂陽群談』という専門的な内容を備えた地誌書を刊行した人物として知られる。ここでは、「流宣日本図」にならって、『改正大

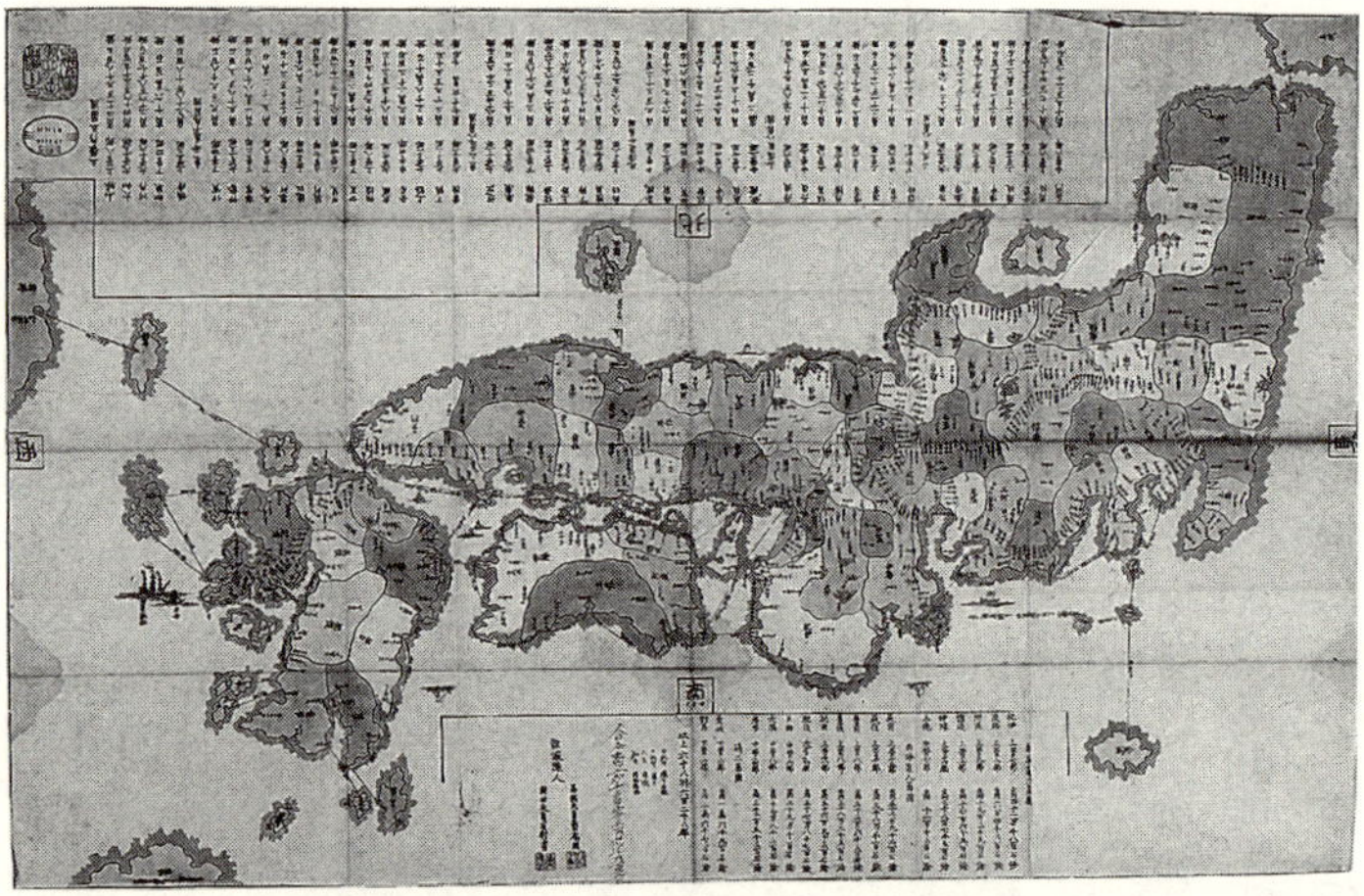

図6　『改正大日本備図全』　馬淵自蕘庵図・岡田自省軒書　元禄末ごろ刊

日本備図全』とその系統図を「自蕘庵日本図」（ないし「自蕘庵図」）と表現することにしたい。

「自蕘庵日本図」には「城下屋敷」、「宿々」、「国境」、「陸路航路」といった移動にかかわる情報が豊富に掲載されている一方、いわゆる名所についての情報はほとんどない。「東高西低」を示した「流宣大型日本図」に対して、「自蕘庵日本図」は全国まんべんなく情報を載せており、より客観的に情報を提供しようという意思がみられる。また、日本の「かたち」についても、「流宣日本図」よりもはるかに正しい姿で表現されている。

「流宣日本図」が「浮世」文化を享受していた一般庶民層を対象とした販売戦略であったのに対し、「自蕘庵日本図」はより客観的な情報、詳細な知識を求める人々に向けて売り出されたものとみることができる。

客観的な情報、詳細な知識を求める人々とは、知的読者層と言い換えることもできる。知的読者層たちはさまざまな分野の知識を幅広く求めていったが、そのなかの一つが地理的知識であった。そのような欲求を満たすのが、より正しい「かたち」や豊富な内容を備えた地図であり、また地誌書であった。「自藁庵日本図」にあった専門的地誌書の作者である岡田自省軒の名前は、そのような人たちにアピールすることになっただろう。

正しさの表明　狭義の意味での知識人は古来より存在したであろうが、庄屋層や町人層を含み込んだより広義の知的読者層が活発な文化的活動を展開しはじめるのは、ちょうど「自藁庵日本図」などが刊行されるころからではないだろうか。その意味で「自藁庵日本図」は時代の先端をいっているのだが、やや先取りしすぎた感もある。というのも、この当時の主流はやはり美しさが重視される「絵図」であり、絵師流宣が主役となるような時代だったからである。

ただ、地図に「正しさ」を求めるような流れは次第に力強いものとなっていった。安永年間（一七七二～八一）初期に、「流宣日本図」は刊行が終わっている。それを待っていたかのようなタイミングで刊行された日本図がある。安永八年（一七七九）に浅野弥兵衛から刊行された長久保赤水《ながくぼせきすい》（一七一七～一八〇一）による『改正日本輿地路程全図』である。この図とその系統図は一般に「赤水日本図」と呼ばれている（図7）。それは、経緯線が記載された初めての日本図であった。

「流宣日本図」の終焉と「赤水日本図」の刊行開始との間に直接的な因果関係はないが、それでも、この両者の交代劇は歴史の転換をきわめて明瞭に示している。絵師による美しい「絵図」が出版地図文化の中心にあり、正しさを求める動きは手描き図として広まるだけであったのが、経緯線を備え、

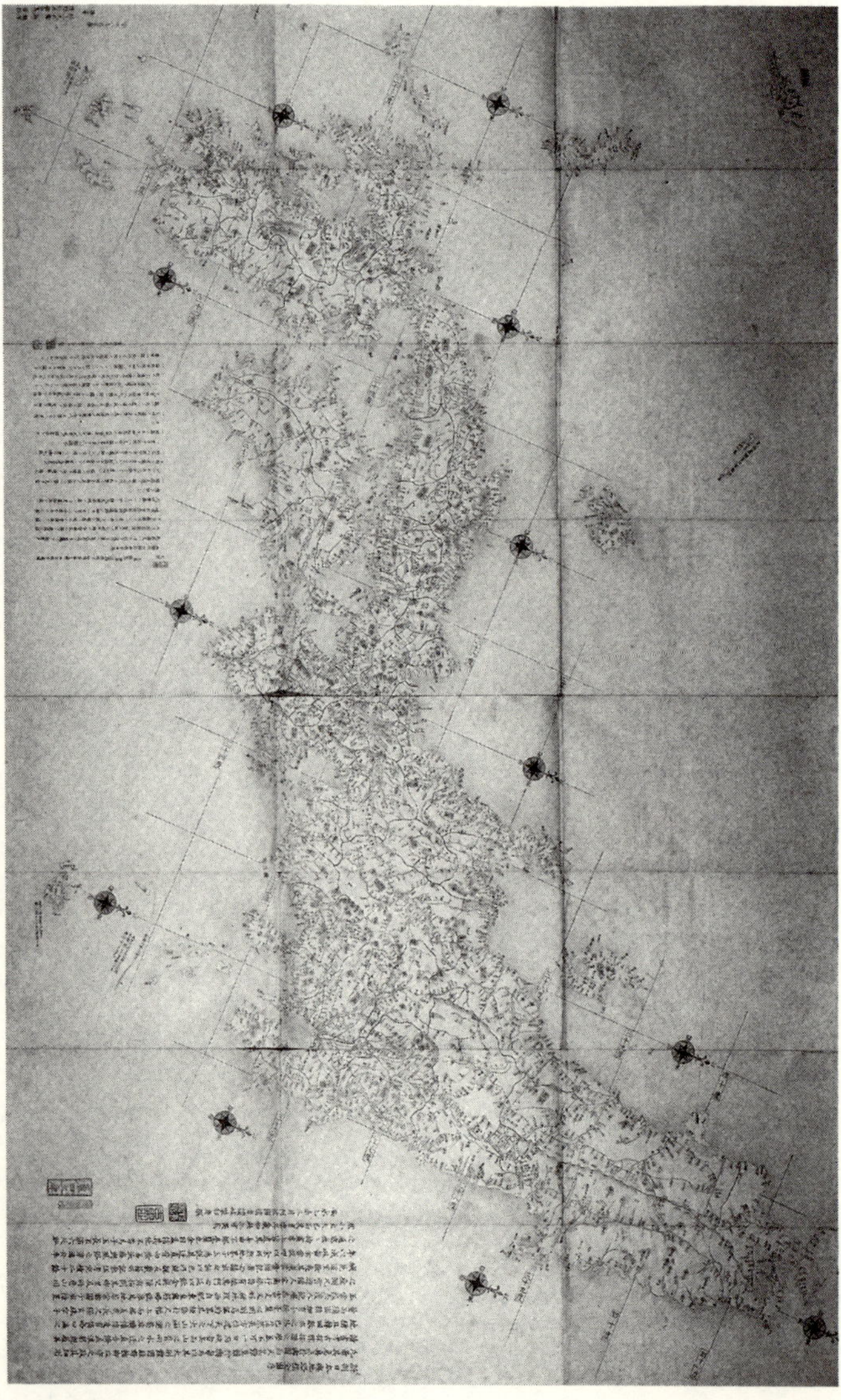

図7『改正日本輿地路程全図』 長久保赤水作・浅野弥兵衛版 安永8年(1779)刊

図8　『日本名所の絵』　鍬形蕙斎作

正しさを追求した地図が出版文化に現れ、不特定多数の人たちの手に届けられるようになったのである。しかも、「赤水日本図」は何度も改版が重ねられ（馬場・二〇〇一）、また海賊版や類版も多数登場するなど、社会から圧倒的な支持を受けるに至り、その状況が幕末まで続いた。すなわち、一八世紀後半になると、一般読者層にも正しい「地図」を受け入れることのできる知的土壌が涵養されていたのである。

刊行日本図の時期区分でいえば、この「赤水日本図」の登場をもって第三期が始まる。そして、この「赤水日本図」の時代は幕末まで続くことになる。江戸時代後半の日本図といえば、先に論じた伊能忠敬による「伊能図」を想起する人も多いと思われるが、伊能図は江戸幕府の官庫に収納されたため、社会への流布は限られ、刊行図の基図として使われるようになるのは幕末の慶応二年

（一八六六）になってからであった。出版文化史という観点でみれば、「伊能図」よりも「赤水日本図」なのである。

ただ、忘れてはならないことがある。第三期は確かに「赤水日本図」が君臨する時代ではあるが、だからといって、「絵図」的な日本図が失われたわけではない。その代表となる一つは鍬形蕙斎《くわがたけいさい》（一七六四～一八二四）による鳥瞰図『日本名所の絵』だろう（図8）。この図には七〇〇を超える地名表記があり、その情報は実に詳細である（小野田・二〇〇六）。蕙斎はそのような詳細さと「美しさ」、そして奇抜さを掛け合わせたような図を仕立てあげている。このような流れは葛飾北斎（一七六〇～一八四九）や五雲亭貞秀（一八〇七～七七ごろ）といった鳥瞰図にも引き継がれていく。このような俯瞰図・鳥瞰図の流れについては後述することにし、次節は目線をいったんマクロからミクロへと移して、地域図を概観することにしたい。

コラム3　経緯線が入った日本図

一八世紀の知的読者層は、より詳細な知識を求める動きをするなかで、ありきたりの刊行書・刊行図では満足しなくなっていた。知的読者層を対象として刊行された「自寶庵日本図」は一定の評価を得たかもしれないが、さらにそれよりも詳細で正しい地図を求めていく、そのような動きが一八世紀中葉には確実にみられる。筆者は、一八世紀に成熟していった、地図を含めた多様な「モノ」の収集によって知識を享受しようとする知的読者層たちの活動を「収集文化」と呼んでいるが

（上杉・二〇一〇）、この「収集文化」のなかで、たとえば出版文化には乗っていない手描き図の知識も、知的読者層の間に模写を通じて広まっていくことになった。

たとえば、京都に生まれ香具屋に従事した町人であった森幸安《もりゆきやす》（一七〇一～没年不詳）という人物は、職を辞し、大坂で隠居生活に入ったのちに四〇〇枚以上の手描き図を作製している（辻垣・森・二〇〇三、上杉・二〇一〇）。そのような活動を支えた背景には、大坂で多くの人物と交流して、彼らの所有する地図を恩借し、模写をさせてもらうという営為があった。また、幸安の描いた地図も多くの人物に貸与されている。幸安はそのような知的ネットワークの一員なのであり、決して特異な位置にいたわけではない。

森幸安は世に出回る刊行図は不正確な「絵図」でしかないと明言し、自ら作製しているのは「絵図」ではなく正確な「地図」なのだと述べている。その一つの表れが宝暦四年（一七五四）に作製した「日本分野図」である（図9）。そこに示された識語によれば、この元図は大坂の絵師、橘《たちばな》守国《もりくに》が所持していた図であるが、それは大和国や信濃国のかたちが悪く、土地の広狭が正しく示されていないために、それらを修正し、さらに経緯線を加えて作ったものだという。この図は、日本図として初めて経緯線が記された図として著名であるが、森幸安の「地図」へのこだわりがそれを生み出したといえるだろう。

「日本分野図」そのものは刊行されることがなかったが、知的ネットワークのなかで別の者の目にふれることになり、経緯線挿入のアイデアが刊行日本図にも活かされることになった。それが本

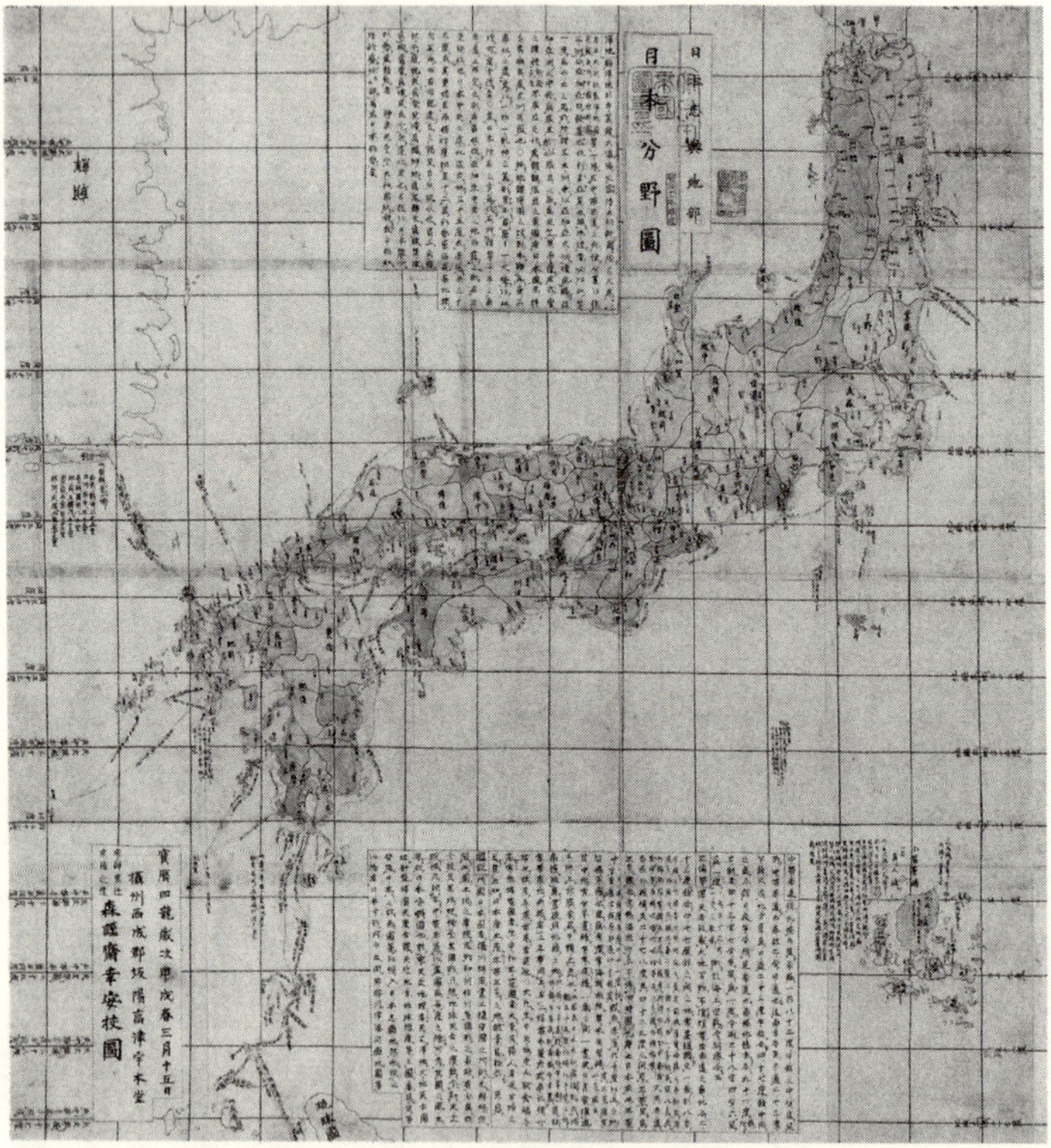

図9　「日本分野図」　森幸安作　宝暦4年(1754)作製

文でもふれた常陸国の長久保赤水であり、彼の作として安永八年（一七七九）に浅野弥兵衛から刊行された『改正日本輿地路程全図』であった。先述のようにこの図は刊行日本図としては初めて経緯線が記載された図となっている。

赤水はこの日本図を作るために多くの地図を収集、模写しており、その一部が現在も子孫宅に残されている。そのなかに一枚の日本図の模写図がある。「橘守国図」という名前だが、明らかに「日本分野図」の模写である。活動時期を考えれば赤水と幸安が直接対面した可能性は少ないが、赤水は大坂に行った経験をもっており、幸安の地図を直接みた可能性もある。また、そうでなくとも知的ネットワークのなかで地図が模写を重ねられつつ、常陸国まで移動したことも十分に考えられる。いずれにしても、赤水は幸安から日本図に経緯線を引くというアイデアを享受し、それをみずからの地図に活かしたことになる。知的ネットワークは手描き図と刊行図とを結ぶ装置ともなっていたのである。

2 地域の地図の諸相

村絵図・地方絵図　村落域をさす地図の名称としては、「村絵図」という呼称が一般的に使用されてきた。村絵図について精力的に研究を進めてきた木村東一郎（一九七九）は、村絵図をその作製目的から「検地等」「領地替等」「境界設定等」「請願等」「その他」の五つに分類している。同じく作製目的に基づくかたちで、上原秀明（二〇〇一）は「a 検地など年貢徴収に関するもの」、「b 知行地を明確にし確認するためのもの」、「c 境界設定などの争論に関わるもの」、「d 災害に関するもの」、「e 領主・代官の調査に関するもの」の五分類を設定している。

一方、松尾容孝（二〇〇五）は、作製目的に描写範囲を加味する分類試案を提示し、一村ないし一村内を対象とする地図と、複数の村々にまたがって描写されるものを区分し、前者のなかでもっとも一般的であった「一村を対象とし、全体的な景観を概観的に表現した絵図、村内各地の小字地名、生産高や開発・荒廃の様子などを地図情報として示した絵図を、「村絵図」に分類」している。また、後者の複数の村にまたがって広域が表現される地図を「広域絵図」としている。そして、これらを含むもっとも高次の名称として、「地方絵図《じかたえず》」を提案している。

確かに、従来の村絵図には松尾のいう「広域絵図」も含む広義の意味をもつ場合があり、「村」絵図という名称が「広域絵図」の位置づけを曖昧にする要因にもなりうるものであった。その点、松尾の設定した分類案はより明確であり、また空間の実態に即した「村絵図」を示すこともできる。

松尾の議論は自治体史のなかでの分類試案であり、日本全体を見渡したものではないため、さらなる改良の余地はあるだろう。たとえば、「地方絵図」という呼称は、すでに川村博忠（一九八八）が使用している。それは藩政に利用された「地方」に関する絵図という意味であり、基本資料としての郡図、村図、小村図（耕地絵図）が含まれている。川村は明確にはしていないが、この想定には行政的な利用以外のために作製された絵図は含まれないことになる。地域の地図のほとんどは行政に何らかのかたちでかかわっているという事実はあるが、その定義からいけば、川村と松尾の「地方絵図」の定義はそれぞれ異なる。

これらの分類指標とは別に、白井哲也（一九八八）はその作製時期に着目した分類をおこなっている。それは、領域の確定がなされる時期の「Ⅰ 裁許絵図（領域の確定）」、領域が把握されていく元禄期ころの「Ⅱ 村絵図」、そしてその後の変化をとらえていく享保期ころの「Ⅲ 耕地絵図などの部分絵図」というもので、村絵図の編年がめざされている。

このように地域を表現した地図については、漠然とした枠組みしかないのが現状である。それはたとえばそれらの地図を使った多角的な地域史研究が進展しているのに比べ（木村礎編・一九八八）、地図そのものの分類をめぐる議論は上記のように必ずしも成熟ないし昇華されていかない点からもうかがえる。もちろん、分類作業がその分類指標に応じて異なる結果となるのは当然である。また実際のところ、地域を表現した近世地図についていえば、どのような分類が適切であるか判断するのは、時期尚早であろう。というのも、自治体史を中心として、個々の地域に関する事例研究は蓄積が進んできたが、それを総体的にとらえて論じるような視角を備えた議論は、結局のところ、木村東一郎の一連の研究（一九六二・一九六七・一九七九）から大きな進展はみられないからである。地域を表現した地図群については、残されている課題があまりにも多い。本書は日本地図史をめぐる研究成果を示すものだが、今後の進展を願ううえでも、このような現状と課題についてあえてふれておく。

このような問題意識もふまえつつ、以下では、地域を表現した地図をいくつか例示していくことにしたい。

検地による土地把握　江戸時代の村落支配の根幹をなすのは田畑の把握であった。その土地は誰の所領で、誰が耕作し、どれくらいの収量があるのか。江戸時代の石高制を支えるためには、これらの情報の把握が不可欠であり、そのための検地が実施された。検地に際しては、その情報が検地帳と検地図に記された。ただし、部分的な検地に関する地図は比較的みつかるものの、領内全体にわたって統一的に一筆単位の地図が作られることは少なかったようである。たとえば、萩藩の場合は宝暦年間（一七五一～六四）に領内の総検地が実施され、領内全域の「小村帳」（検地帳・耕地台帳）と「小村絵図」（検地図・耕地絵図）が作製されたことが知られるが、それ以前に実施された慶長・寛永・貞享の検地では耕地絵図は作られておらず、またこれ以降も領内統一的な耕地絵図はみられない（川村・一九八八）。そのほか、領域全体にわたって統一的な一筆耕地図を作製した例として確認されるのは鳥取藩・佐賀藩など少数である（松尾・二〇〇五）。

現在、各地に残されている検地図ないしその関連資料は、村に残された控であったものが多い。それらは為政者側に提出されると同時に、村内部でも控が大切に保管された。それは時にみずからの由緒と権利を主張する資料となったからである。検地による土地把握は、為政者側にとって必要不可欠なことであったが、農民にとってもみずからの権利を主張するための基礎となるものであった。そのため、村には検地帳や検地図の控が保管されていたし、また争論などの際に検地帳や検地図は資料として利用されていた（木村東一郎・一九七九）。

このような地図は各地に残されているが、木村東一郎（一九六七）によれば、その初期のものとしては近江国東浅井郡下八木村の「慶長七年御検地之節写」（慶長七年〔一六〇二〕）があり、検地帳とセットで残るものとして武蔵国多摩郡油平村の「寛永拾八年九月二日油平村絵図」（寛永一八年〔一六四一〕）などがある。ただ、木村が指摘した一九六〇年代以降、現在に至るまで、自治体史の編纂などを契機とした古地図資料の発掘は各地で進展している。近年は絵図編ないし地図編などと題した別冊が刊行されることも多く、そのなかには一七世紀代のものも含む江戸時代全般の検地図やそれに関連する地図資料が掲載されていることも少なくない。

そのような地域に残された史料のなかには、村人の検地のとらえ方をうかがい知ることのできる史料も見受けられる。たとえば『藤井寺市史　第一〇巻　史料編八上』（一九九一）に掲載された宝永二年（一七〇五）の年紀のある「河州丹北郡小山村領内碁盤絵図」はその一例となる（図10）。図には

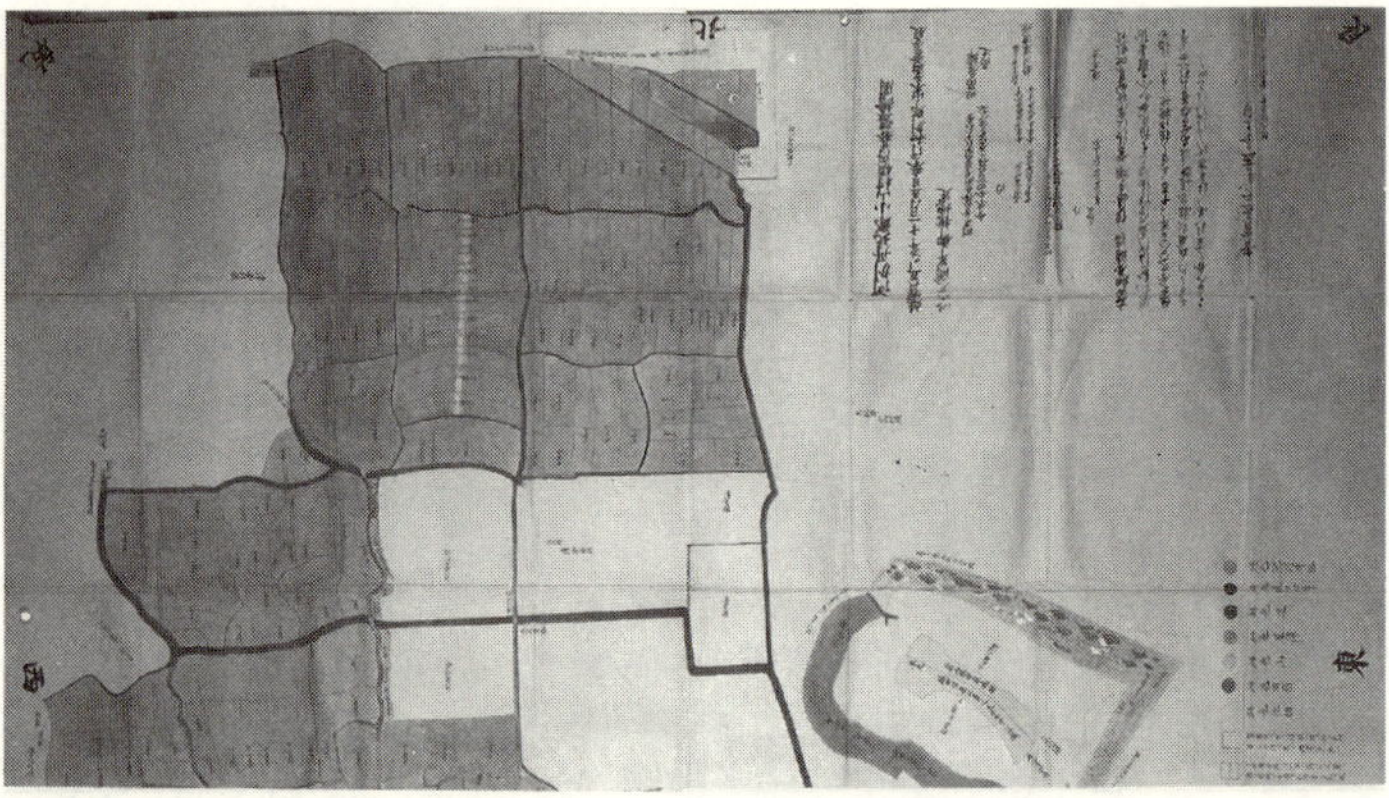

（部分図 1 ）

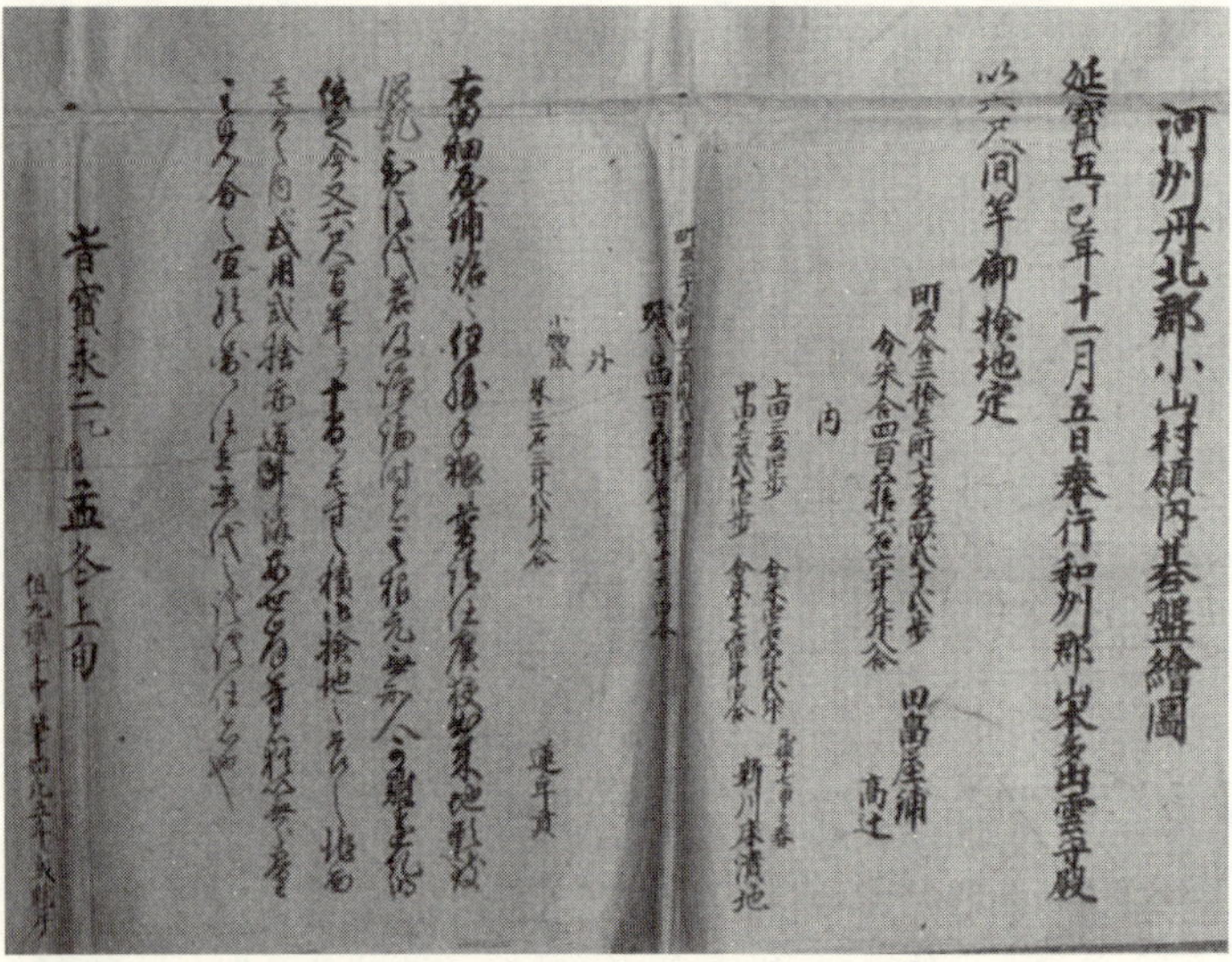

（部分図 2 ）

図10　「河州丹北郡小山村領内碁盤絵図」
宝永 3 年（1706）年紀

「延宝五丁巳年十一月五日奉行和州郡山本多出雲守殿以六尺間竿御検地定」とあり、延宝五年（一六七七）に検地が実施されたことが示されている。興味深いのは添書きに、延宝五年の検地から三〇年が経過し、人々がそれぞれ勝手に土地に手を加えた結果、検地時とは異なる状況となっており、これではもし争論が起こった時に誰も「根元」がわからないから、検地時の状況との異同を明らかにする図を新たに作製し、「末代之証拠」とすると記されている点である。本図が新たに奉行等に提出された形跡はなく、また実際に証拠として機能するかは別問題として、支配側の実施した検地が耕作を中心とする村の生活にとっても「根元」となっていたこと、その「根元」を確かめる資料として「絵図」が仕立てられていたことがわかる。

凡例をみると、「池川井路」・「堤アゼ岸」・「道」・「屋鋪」・「山」・「田畠」・「他領」の区分がなされている。そのうえで、検地時には「アゼ」で区分されていたが現在は一区画となっている部分、また検地時には一筆であったがのちに「アゼ」による区画がなされた部分について、それぞれ異なる線分で表現されている。一筆ごとの注記は基本的には番号が付されているのみであるが、一部で「下畠十一歩壱升一合　作兵衛」といった記述がある。この違いについては、凡例のあとに一つ書きとして「番付之事、御検地帳之以順々書付者也、御検地新開ニハ無書付」とあって、検地帳との対応、そして役割分担がはかられており、検地後の新開地のみ図内に記されていることがわかる。

このほか、集落内では寺社地に建物が表現され、また墓地には墓石や塚と思われる表現があり、絵画的描写もなされている。とりわけ美しく特徴的なのは、東部の古墳の環濠部の「蓮」表現である。

ここには「小物成　米三石三斗弐升五合　蓮年貢」という注記があり、この地の蓮が小物成用《こものなり》に栽培されていたものであることがわかる。環濠部のもう半分は「蓮池床　下田六反弐十歩　分米三石六斗四升　新開」とあって検地後に開発されたようである。

なお、この環濠に囲まれた場所は、現在、津堂城山古墳と呼ばれる古墳であり、国の史跡であると同時に、後円部の頂部は宮内庁の「藤井寺陵墓参考地」となっている。この二重指定は珍しいが、そのような現状になる原因の一つは、中世の山城建設によって墳丘の一部が破壊されたことにある。この古墳は古市古墳群の一角にあるが、周囲の古墳が同時代の村絵図に「山稜」と記述されているのに対し、この古墳は「三好山城守殿城跡」と表記されている。なお、小山村に関するほかの古地図にもこの古墳を「山稜」と記載するものはない。さらに言えば、この図には「本丸」という記述や「織田信長公責之天正年中落城」といった税体系には関係のない由緒の説明が付されており、この地が古墳（山陵）ではなく中世の城として認識され、ある種の顕彰がなされていたことがわかる。

さて、この図は宝永二年の年紀があると記したが、「但元禄年中に筆始凡五年ニ成就畢」という但し書きがある。これによれば元禄一三年（一七〇〇）ごろより作業が開始されたようである。この時期、河内国低地部では洪水被害が続いていたが、それにしても五年は長すぎである。正式な検地ではなかったことがこの期間の長さからもうかがえる。そして、この間、この地域には景観を大規模に改変する事態が起きていた。元禄一七年の大和川の付け替え工事である。本図にも北端に新たな流路となった「大和川」が通過している。この流路変更により、丹北郡小山村では「上田三反四歩」、「中田壱反弐十四歩」が「新川床潰地」となっている。このような景観上の変化が記録化に対する意識を強くさせたと推測される。

地域の新田開発　「河州丹北郡小山村領内碁盤絵図」は検地結果を再確認し、新開地をそこに付加することでその異同を明確にするために作製された図であったが、検地図のなかには新たに開発された新田地を示すことに特化した記載をもつ図もある。このような例として、たとえば元禄期に開かれた河内国大野新田に関する「大野惣絵図」をみてみよう。

河内国大野新田は、大野芝と呼ばれていた河内・和泉国境付近に広がる芝地のうちの河内国部分であり、関茶屋・草尾・大野・山本・丈六・西野・高松・岩室・西山・今熊の一〇ヵ所の新田の総称である。これらは元禄年間（一六八八〜一七〇四）に江戸の太田新蔵および浅田喜兵衛によって開かれ、元禄一〇年に検地がなされたのち、両人へ引き渡されたが、両人は地代銀支払いのために同一二年九月以降、次々と予定地を転売していった。そして、このような動向が一段落した同一五年には代官が万年長十郎となり、五月に万年および小野朝之丞を検地奉行とした検地が実施された。この時点で太田新蔵は「大野新田」のみを所持していたが、その後、一〇月には岩室村の住人に譲り渡し、この地域から撤退している（「大野新田譲り渡し証文」）。享保一八年（一七三三）にこれら一連の経緯を綴った「［草尾新田由来幷年々聞書］」には、「右十ヶ所之新開場所、大野惣絵図に相見へ候事」として、新開場所が「大野惣絵図」に記されていると述べられている。

この「大野惣絵図」にあたると思われる地図が現在、帝塚山学院大学に所蔵されている。八三×三

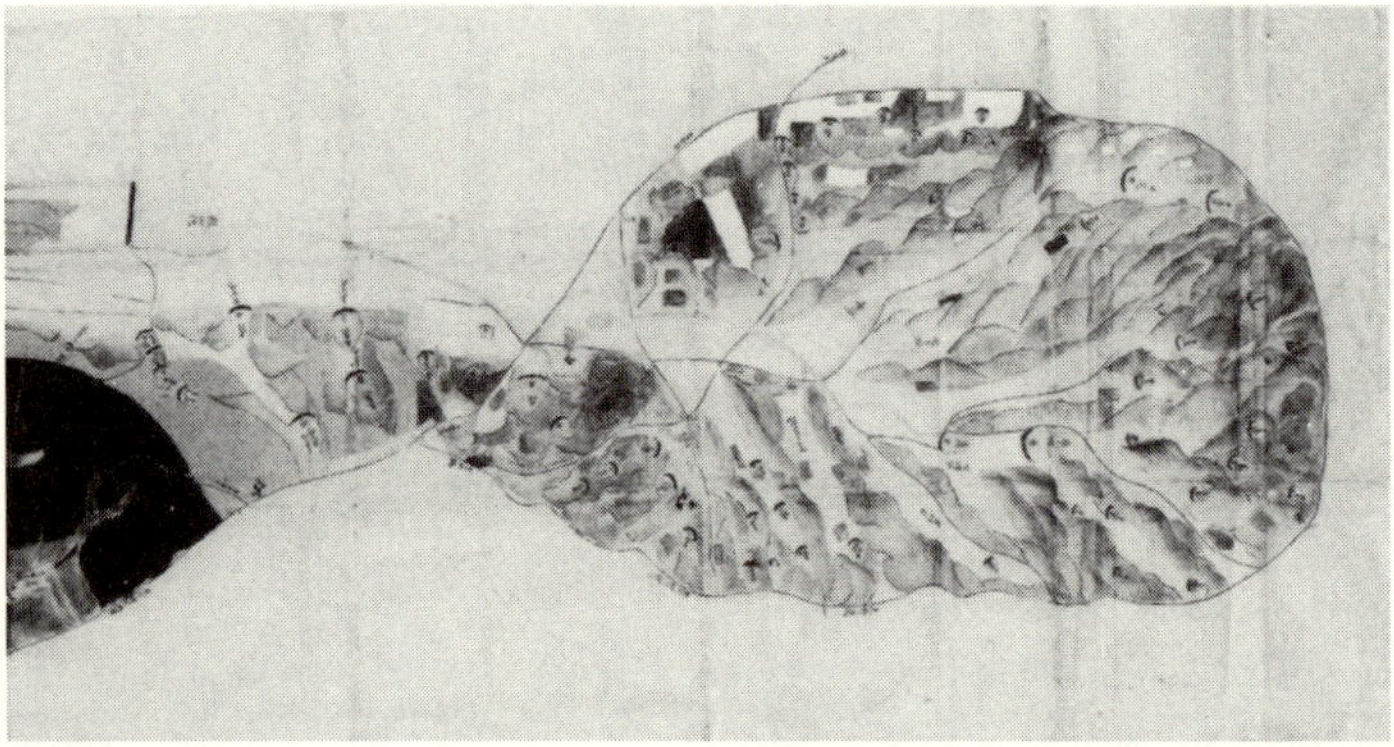

絵図

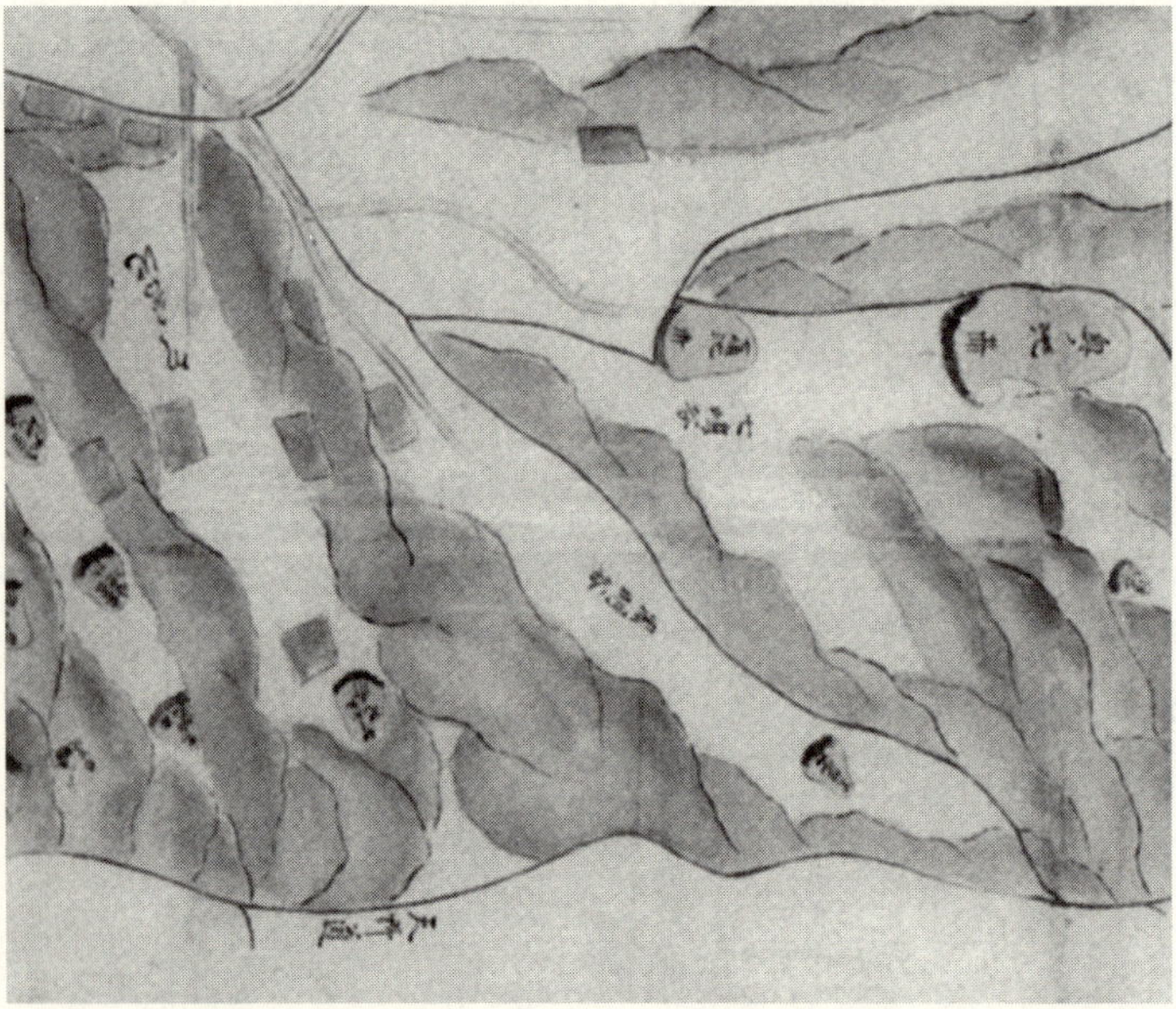

部分図ｂ　大野惣絵図　ため池部

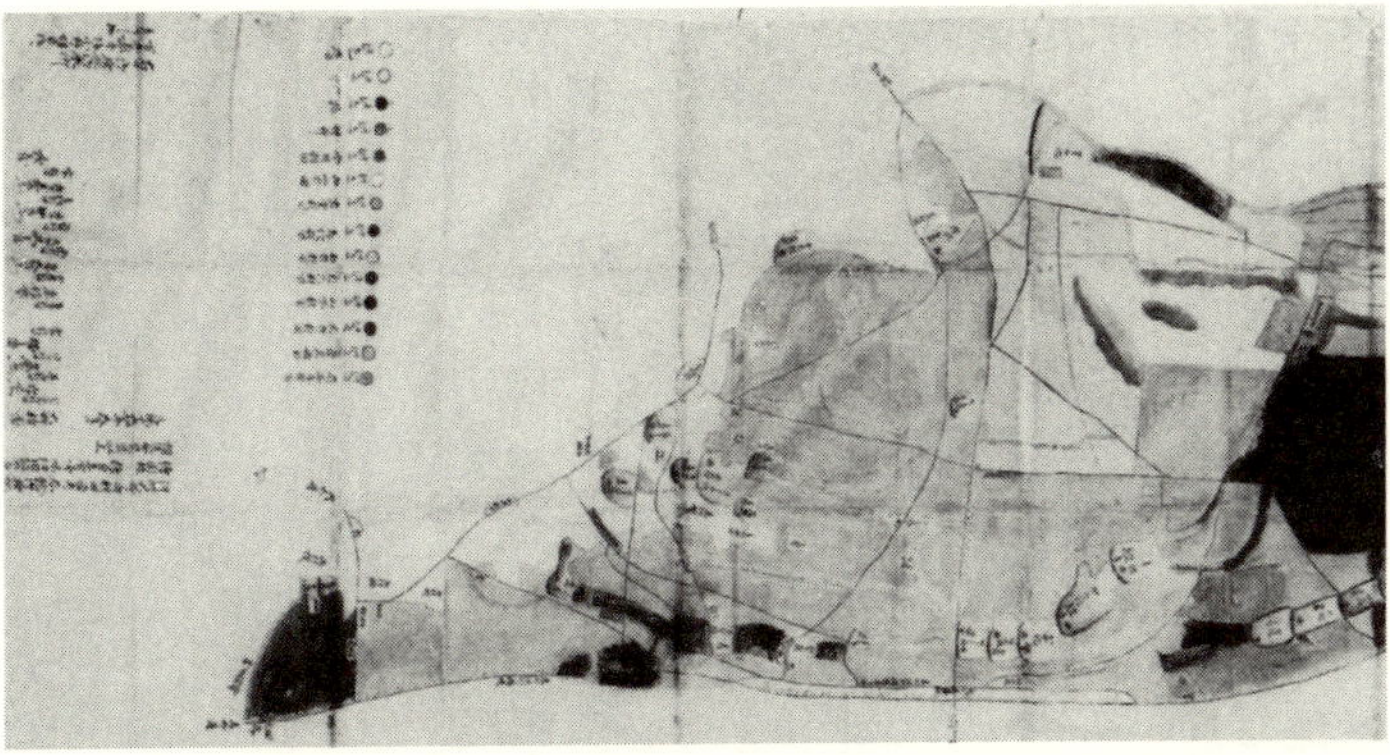

図11　大野惣

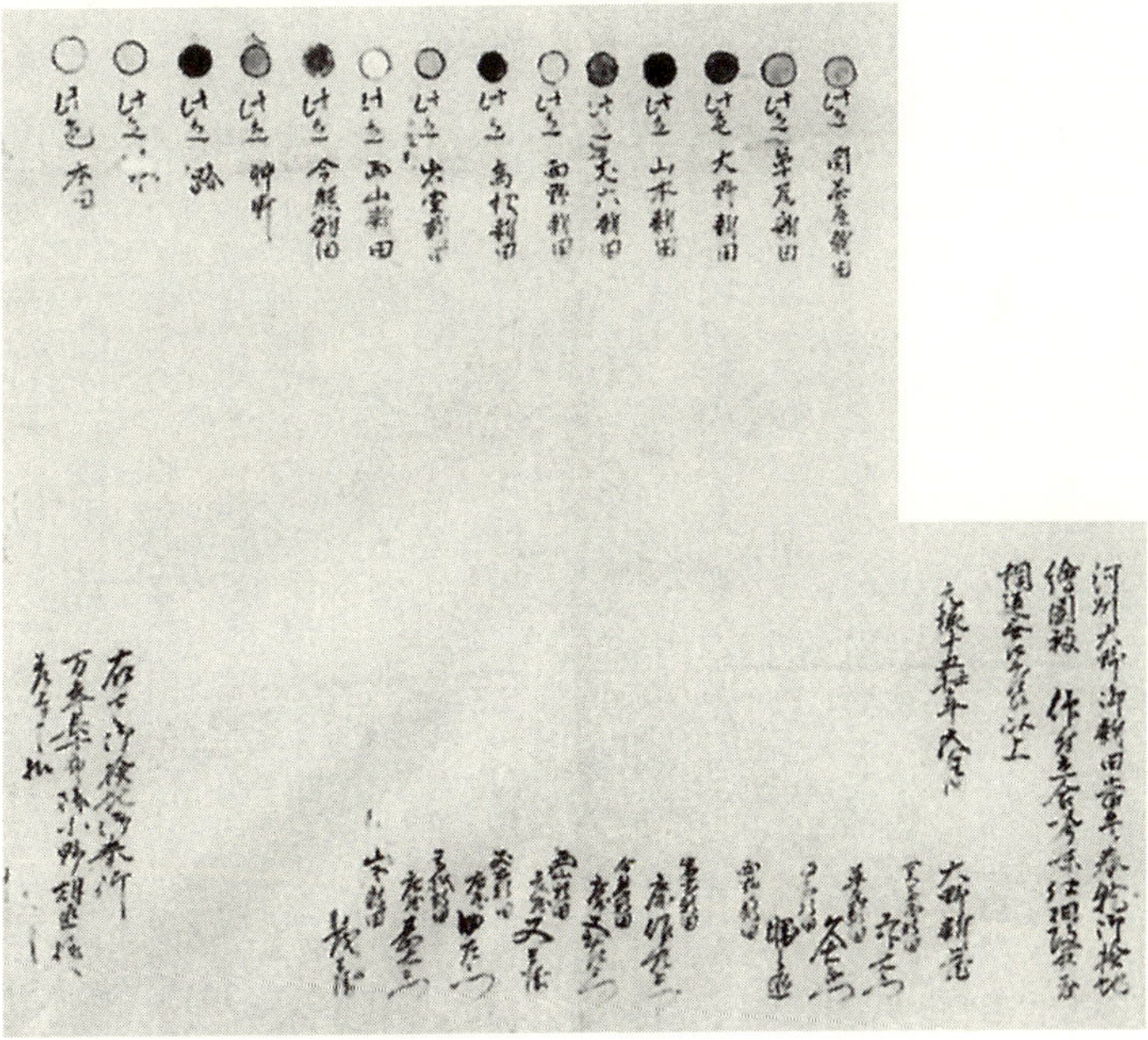

部分図a　大野惣絵図　凡例部

一六センチの法量をもち、江戸時代の絵図のなかでも大型の部類に属すものである（図11）。凡例ではまず「関茶屋新田」・「草尾新田」といった一〇ヵ所の新田が示され、そのあとに「草野」・「路」・「水」・「本田」が並んでいる。これより、この図の主題が既存の田（本田）や未開発の部分と新田を区別し、かつ新田内の一〇ヵ所の区別も明瞭に表現することにあるのは明らかだろう。また、識語には「河州大野御新田当午ノ春就御検地絵図被　仰付立合吟味仕相改小茂相違無御座候以上元禄一五壬午五月　大野〔太田〕新蔵」という記述のあとに、関茶屋以下一〇ヵ所の新田名と庄屋名が記され、さらに「右者御検地御奉行　万年長十郎様小野朝丞様へ差上ケ申候控」と書かれてあることから、この図が元禄一五年の検地にかかわって検地奉行に提出された図の控図、もしくはその写図であることがわかる。

大野新田の元禄一五年検地にかかわる古地図資料としては、ほかにたとえば「元禄十五年新開検地今熊村茱萸木村控絵図」などが知られ、このような古地図資料の相互比較や、先に示した文書群との突き合わせをおこなうことで、地域の歴史的動態の一断面を浮かび上がらせることができる。

さらに、古地図の場合は主題以外の地物も描写されていることが多く、それらを地域史研究に活用することも可能である。たとえば「大野惣絵図」の場合、主要街道沿いには「一里塚」や「御制札」がみえ、街道と支配との関連性が景観内に立ち現われていたことを示している。また、ため池が名称とともに詳細に表現されており、新田開発とのかかわりを物語ると同時に、現在はその多くが失われていることから、当時の景観を復原するうえできわめて貴重な資料となる。さらに現在残されているため池であっても名称は異なるものがあり、その古称を知ることのできる重要な資料となる。

山論絵図と廻り検地　地図は土地をめぐる訴訟のなかで作製されることも多かった。鳴海邦匡（二〇〇二a・二〇〇七）による『旧幕（府）裁許絵図目録』を用いた全国的な動向の検討によれば、江戸時代の論所の内容のうち、もっとも多数を占めるものは山論にかかわるものであり、約三割を占めている。このような山論にかかわって作製された山論絵図は、論所絵図のなかでも、もっとも数多く作られた、それゆえもっとも一般的な絵図であったということになる。

鳴海（二〇〇七）は山論絵図を題材として、その作製過程を丹念に追いかけ、畿内においては一八世紀の中ごろには村役人層によって「廻り検地」と呼ばれる地図測量技術が用いられながら山論絵図が作製されていたことを明らかにしている。

たとえば鳴海（二〇〇二b・二〇〇七）が事例の一つとした天明七年（一七八七）一二月作製の「[字本庄裏山論所立会絵図]」の場合、裏書に「摂州豊嶋郡畑村領字本庄裏山争論ニ付、立会絵図被為　仰付、双方場所相改、分間百間四寸之積を以絵図仕立申候」とあり、本庄裏山をめぐる争論に際し、双方が立ち会いのもとで場所を改め、「分間百間四寸之積」すなわち一五〇〇分の一の縮尺で絵図を仕立てたという。この絵図作製の前段階として、天明三年から二年間にわたって測量が実施されており、それらの経緯と計測値を日記や測量帳によって知ることができる。鳴海はその測量データから測量方法が「廻り検地」であったことを確認し、そして測量データを図化して、天明七年の図がそれらのデータをもとに作られていることを明らかにしている（図12）。

さらに鳴海は、ほぼ同時期に京都代官所によって実施された豊島郡の小物成地に対する検地の際にも、幕府方の地方《じかた》役人層が同じく「廻り検地」を用いて検地をおこなっており、在地レベルのみならず幕府側にとっても土地測量の技術として信頼されるものであったと論じている。この時の測量をもとに作製された「御小物成場絵図」は、当時の地方測量や地図史を考えるうえで重要な資料として位置づけられるものである（鳴海・二〇〇七）。

鳴海の詳細な検討により、たとえば木村東一郎（一九七九）が概説のなかで述べてきた「非科学的な図」としての村絵図像といったものは、大きな見直しが必要であることが明らかとなった。測量術

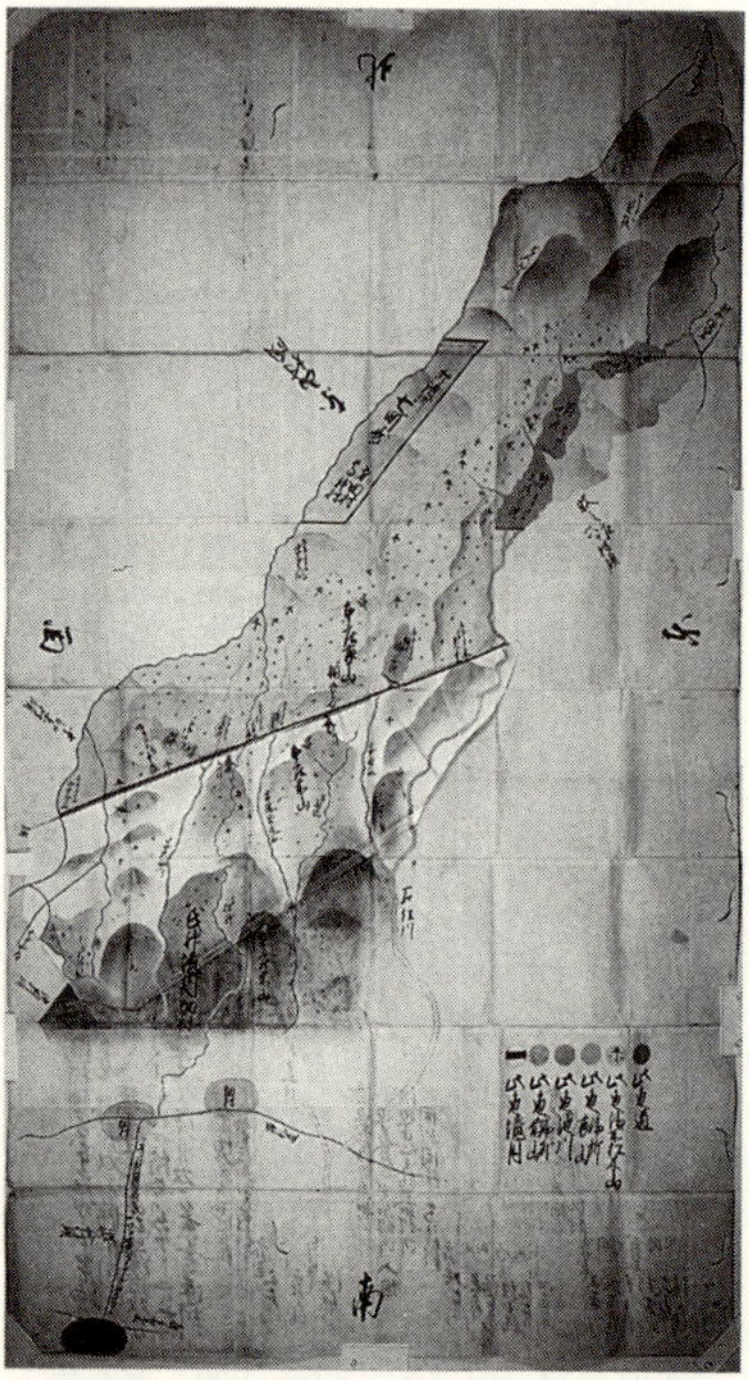

図12 「[字本庄裏山論所立会絵図]」天明7年(1787)作製

そのものについては、たとえば川村（一九九二）による優れた概説書も記されているが、鳴海（二〇〇七）が述べるように、基本的に幕府や藩といった権力者側の視点からの議論が多く、地方《じかた》の側からのまなざしは乏しかった。鳴海の成果を経て、このような状況がようやく打開されようとしつつある。

村絵図の史料学的検討　これまでに紹介した以外にも、地域を表現する多種多様な古地図は、地域の景観復原やその構造、また測量技術の把握といった資料として活用され、分析が進められてきた。しかしながら、それらの多くは地図を道具に地域をとらえるという姿勢であり、地図そのものを研究対象に据える研究は、十分な蓄積がなされてきたとはいいがたい状況にある。このような点をふまえ、近年、礒永和貴・鳴海邦匡（二〇〇九）が村絵図に対する史料学的検討の重要性を提唱した。

礒永らは大阪商業大学商業史博物館所蔵の「河内国茨田郡藤田村文書」に含まれる四三点の村絵図のうち、明治の地租改正事業前に作られたとみられる四一点を取り上げている。同地域を描いた四〇点を超える村絵図が関連文書と一括で現存しているのは珍しい。ただ、それらのうち、年代が明示された村絵図は一三点のみであり、年代のないものが二八点を占める。一般的に村絵図のなかに年代不詳の図は多いが、これまでの研究の多くは、たとえば「江戸中期の図」といったように漠然とした利用しかされてこなかった。しかし、礒永らは記載された内容はもちろん、着色の有無やその色遣い、記載の丁寧さ、さらに紙質などといった点について、徹底的に資料と向き合い、また関連資料との対照や比較をも通じて、年代不詳の図を含めてすべての図の作製経緯や図相互の関連性を読み解くことに成功している。このような作業を経て、四一点の地図資料は、関連する地図が地図群としてまとめられ、目録化されている。

礒永らは、このような絵図そのもののもつ情報を客観的かつ体系的に調査すること、そしてその成果を整理し、説明することが必要であると論じている。礒永らの手法は、これまでの地図研究のなかになかったわけではない。しかし、それはぼんやりと蓄積されてきただけであり、徹底されてきたわけではなかった。村絵図に関する史料学的調査の重要性を顕在化させ昇華させた礒永らの指摘は、やはり重要であろう。そのような地図研究者のもつ調査技能――礒永らは「鑑識眼」と呼んでいる――を明確に提示することで、他分野の研究者との対話もみえてくる。実際、この藤田村文書の地図群については、地図研究者のみならず、紙や顔料の専門家と共同で蛍光X線分析などによる科学的調査も始まっている。

村絵図の研究は、今後さらに展開する可能性があり、またその必要性もあるだろう。

3　地図を見る目

古地図にみる空間認識　古地図は当時の景観を復原する資料となるほか、作製に携わった人々の空間認識を知る手掛かりにもなる。その場合、文字の記載方向は着目点の一つである。

江戸時代の古地図、特に大型の地図の場合、その作製・利用の主な舞台は「畳」の上であった。畳に広げられた地図は、時には上からみおろされ、時には周囲に座って眺められたのであり、現在のように「北を上」とする地図の上下に関する意識は希薄であった。そのため、文字の向きもどちらかの方向にすべて統一されているということは少ない。にもかかわらず、地図のなかには文字の方向にある程度の法則性をもつものがある。その法則は地図ごとに異なるが、そこには地図作製にかかわった人たちの、地図の主題にもかかわるかたちでの、空間認識に基づく意識（ないし無意識）の一部が表出されているとみてよいだろう。

たとえば、先に掲げた「大野惣絵図」の場合、文字の方向には二つの法則がある。一つは識語や凡例のように南を上に配置するように地図を置いたときに読める方向である（図11部分図a）。この方向で仮に上下をいうならば、凡例や識語の位置は図の一番「下」に位置することになるが、もしこれらの文字を読める方向に座ったとすると、図の上ははるか三メートル先になり、到底読み取ることはできない。

「大野惣絵図」には図外の余白部分はほかにもあり、たとえば図の中央部、「高野道」と「天野道」が交差する付近は、地図表現が細くなっていて余白も十分にあるため、そこに凡例や識語を記せば、それらの文字を読みつつ、全体もある程度見渡すことができたはずである。しかし、そのようなみやすさは採用されず、わざわざ長辺が縦になるように識語・凡例が記されている。

このような文字の方向性が採用された背景には、人々のもっているこの地域の空間構成に関する認識があると考えられる。表現された地域は大きく南側が丘陵部、北側が平地部という地形になっており、南から北に河川や水路が流れている。また、この図のなかには付されていないが、この地域では北側の平地部を「口大野」と、そして南側の丘陵部を「奥大野」と呼んでいる。つまり、地形を活かして生活してきた人々のなかには、この地域を「口—奥」としてとらえる空間認識があったのである。「高野道」と「天野道」についての注記や街道沿いの村の名称といった表現範囲の空間の枠組みに関する文字表記の方向は、文字を記す余白の広さによる制限のために一部例外はあるものの、基本的に南を上とする方向で記されていることからみても、「口—奥」の空間認識が地図内の文字の方向性、ないし全体としての図の上下感覚に影響を与えていると考えてよいだろう。

また、この「口—奥」に準じると思われるのが谷の名称の記載方向であり、これはすべて谷の奥部を「上」にするかたちで表現されている。これも、谷口と谷奥を意識した表現である。全体としては南北方向の傾斜の地形のため、「口—奥」の方向に準じた記載となっているが、個別の谷はそれぞれ独特の方向をもつため、名称の方向もそれに規制されていくことになる。

そして、この谷名称の記し方を遷移的表現としつつ、さらに小規模な景観構成要素に関する名称の記し方が文字方向に関する二つ目の法則として浮かび上がる。たとえば、「大野惣絵図」に記載されたため池の多くは、谷地形を利用したいわゆる谷池であり、丘陵に囲まれた谷に堤防を築いてできたものである。地図内では堤防が緑色を使って明瞭に示され、さらに堤防に設けられた「井堰」も記号化されて表現されている。そして、ため池の名称は、この堤防ないし井堰を「下」に配置するような方向で読むと適切に読めるようにすべて表記されている。これは井堰から流れ出る水の方向に一致しているともいえるが、むしろ堤防ないし井堰に立ってため池をみたときの方向、すなわちため池を眺める普段の感覚が反映した記載であろう（図11部分図b）。

また、主要街道に立つ「御制札」や「一里塚」などの地物名称の記載は、街道から眺めた方向に一致するように文字が記されている。これも現地における目線方向を意識した描写である。いずれにしても「口—奥」という全体的な空間認識とは異なる個別の空間認識がそこには反映されているといえるだろう。

図像の解読　もちろん地図の分析対象は、何も文字の方向だけではない。むしろ、その分析の主役となるのは景観構成要素の地物の描写——図像——である。地図を図像という記号に満たされたテクストとみなして、記号論の概念も導入しつつ、景観の情報が図像化され地図化される際の基準（コード）や、さらには地域像や世界観に接近しようという試みは、一九八〇年代の葛川絵図研究会の一連の活動・研究によって著しく進展し、その成果は『絵図のコスモロジー』にまとめられた。この研究会の発端は中世に描かれた「葛川絵図《かつらがわえず》」であったが、そこで議論された内容と成果の射程範囲は古地図全般に及ぶ画期的なものであった。もちろん、江戸時代の古地図においても十分に応用可能であり、実際、同書のなかで五十嵐勉（一九八九）が村絵図を扱っている。また、五十嵐はそれ以前にも同一地域を描いた村絵図の空間表現の変化を論じている（五十嵐・一九八五）。

地図分析にあまり慣れていない人からすれば、図像や記号論などという単語からは、それが難しいような印象を受けるかもしれない。しかし、地図に表現された道路を示す一本線ないし二本線、絵画的に示された木の表現、これらはすべて図像である。たとえば神社を示す「鳥居」の表現は、現在の地図記号でも採用されており、きわめてよく知られた地図の図像の典型である。しかし、この「鳥居」表現は日本の文化・歴史を知らない人には通じない。地図に描かれた図像は、そのようなコンテクストを共有する人たちの間での暗黙の意味が含まれている。

当然、時代ごと、地域ごとに特有のコンテクストが存在し、それらに依拠した図像が存在する。逆にいえば、異なる時代、異なる地域で作製された地図の表現内容を読み解くことが難しく、時にそれを誤解したり、見落としたりする。古地図と向き合う時には、目の前にある描写表現（テクスト）だけではなく、その背景（コンテクスト）をも知る必要がある。

川の描写　村絵図に並び、地図に示された空間認識の検討が進んでいるのが河川水路図であり、それは小野寺淳の一連の研究によって推進されてきた。

小野寺（一九九一）は全国の河川絵図を網羅的に調査した結果をもとに、作製目的からそれらを、

（一）「護岸堤を示した治水に関する河川絵図」、（二）「堤外地の開発や所有を示した河川絵図」、（三）「農業用水や上水に関する河川絵図」、（四）「河川交通に関する河川絵図」、（五）「地誌的な性格を持つ河川絵図」という五種に分類している。このうち（四）「河川交通に関する河川絵図」は、さらに①「通船水路を描き、特に難所を詳細に描いた絵図」（＝「河川水路図」）、②「難所は描かれていないが、川船の水路に関する絵図」、③「旅人案内用として両岸の景観や河岸の位置・道法《みちのり》を描いた絵図」、④「筏流しに関する絵図」、の四つに細分にできるという。

小野寺が空間認識の分析に用いたのは（四）①にあたる河川水路図であり、地図作製の依頼者がもつ作製目的に加えて、案内者である船頭の空間認識、そして作製者である絵師の絵画的認識や技法が合わさることで河川水路図ができあがっていることをいくつもの事例を積み上げるなかで明らかにしている。たとえば、阿武隈川の河川水路図を用いた研究（小野寺・一九九〇・一九九二）では、「阿武隈川舟運図」（図13）など五点の河川水路図を用いている。まず、その作製経緯を関連文書や伝来状況などから明らかにしたうえで、地図内の表現を作製目的がより強く反映した主題ランドマークと空間認識がより強く反映した基本ランドマークによって分類している。さらに基本ランドマークのなかに含まれる難所表現に着目し、表現された距離と実際の距離を比較するなどの分析をおこない、船頭の危険度の認識に基づいて難所の取り上げ方が決まっており、さらに難所の集中区間は誇張されることにより、結果的に実際よりも長く表現されることとなる傾向を見出している。文字史料には残されていないことが多い船頭の空間認識を客観的に描き出した点で、古地図の資料的価値を高めた研究で

図13　「阿武隈川舟運図」猿羽根瀧付近

ある。

河川と山地　河川は国を越えて流れる集水域の広大な大河川から、そのような河川に注ぎ込む小さな河川まで、その大小はさまざまである。大河川の場合であれば、小野寺の論じたような水運交通に不可欠な河川水路図が作製される一方、小地域を流れる河川ないし人工水路は、水運という観点からとらえられることはあまりなく、むしろ利水や治水といった観点から地図内で焦点が当てられることが多い。とりわけ水利の要でもあった井堰の管理をめぐる地図は全国に残されている。

また、治水という点でいえば、江戸時代に特に問題となったのは、土砂の堆積による河床面の上昇にともなって洪水被害をもたらす事態の急増であった。それは川の景観もさることながら、山の景観に関連して引き起こされた問題であり、草肥確保のために樹木を伐採して草山化した山から土砂が流れ出し、中・下流域への水害へとつながった。この点について、水本邦彦は地域社会の日常生活とのかかわりのなかで生み出されていく草山・柴山と水害、争論との関係を文書・地図・絵画といったさまざまな史資料を渉猟するなかで描き出している（水本・一九九三・二〇〇二・二〇〇三）。たとえば、水本（二〇〇三）も引用している『山城町史』本文編所収の山城国相楽郡平尾村に関する貞享元年（一六八四）の絵図には、集落後方の山地が草山とはげ山の卓越する景観となっており、そこから流れ出す「北山川」および「なるこ川」は絵図内に「但砂川」と注記されている。しかも、北山川の場合、河床が田地面よりも一〇間も高くなっているという状況であった。一〇間という数値自体の正否はおいておくとしても、天井川化が深刻な状況であったことがみてとれる。

山の描写　また、近年は地図を含む絵画資料による山地景観の検討が進められてきた。なかでも小椋純一（一九九二）は、江戸時代における京都近郊の山地がどのような景観をしていたのかについて、多数の絵画資料・地図資料を駆使して論じている。たとえば文化五年（一八〇八）に刊行された『花洛一覧図』や、文化六年・同一三年に刊行された『帝都雅景一覧』（前編・後編）を比較検討することを通じて、当時、京都近郊の山地には低い植生の部分やまったく植生のないような部分があり、高木からなる林は孤立的なものであったことを明らかにしている（図14）。

小椋の眼目が当時の景観復原にあるとするならば、一方で「山」をめぐる認識についての議論も可能である。米家泰作（二〇〇〇・二〇〇二）は、大和国吉野川上流域に位置する川上郷井戸村に関する古地図のうち、一八世紀・一九世紀に村全体を描いた一六枚の村絵図に周囲の山々がどのように描

図14 『花洛一覧図』 文化6年(1809)刊

かれているのかに注目している。江戸時代の村絵図において、山は鉢や笠を伏せたような定型的な輪郭線と濃淡で表現されることが多い。測量をともなわない場合は特にそうである。米家はこれを「山形」と表現し、実際の地形や景観と村絵図の「山形」を比較している。そのうえで、すべての村絵図に一致するわけではないが、「村絵図作成の関係者が感じ取っていたであろう山塊の存在感やヴォリューム感、そして集落に近接しているのか、あるいは村の領域の外縁部に位置しているのかといった判断が反映」（米家・二〇〇二）するなかで「山形」の描き分けがなされていた可能性を指摘している。

Ⅵ　東西交流の隆盛と世界観

1　多様化する世界図

東西交流　一六世紀半ば、商人やイエズス会宣教師たちが日本を訪れるようになった。それまでも禅僧や商人などによる東アジア中心の交流はあったものの、それとは性格を異にする新たな交流が中世と近世の転換期に始まったのである。

この東西交流は、江戸時代に入り一七世紀前半のうちには海外との交易・交通が厳格に規制されるにともない、その展開がひとまず終息する。ただ、この一世紀弱の間に日本にもたらされた地理的な知識ないしそのインパクトはきわめて大きなものとなり、これまでの仏教的世界観や、それを展開した独自の三国世界観のなかで生きてきた中世の日本人の世界像とは、まったく異なる世界像が日本にもたらされることになり、日本人の世界認識を大きく展開させた。川村（二〇〇三）は、この期間を「南蛮の世紀」と呼び、その影響の大きさを表現している。

ただし、この「南蛮の世紀」の期間には、中国や朝鮮半島からもそれまでの日本にはなかった新たな地理的知識ないし世界観が導入されている。この時期の日本は、旧大陸の西端と東端の両方から知的刺激を受け、世界に関する視野を大きく広げた時代であるといえるだろう。ここでは、江戸幕府による海外交流の著しい規制が確立する以前までの東西交流華やかなりし時期において、日本に招来した地図、ないしその影響のもとにある地図をみていくことにしたい。

対になる日本と世界　福井市の浄得寺には、国の重要文化財に指定されている六曲一双の「世界図・日本図屏風」がある（図1）。この屏風は、名前のとおり、世界図と日本図によって一双が構成されており、世界図にはイスパニア・ポルトガルと世界を結ぶ航路があり、その東の終着点に日本が描かれている。また日本図の表現のなかには、九州名護屋（名越と表記）から朝鮮までの航路が示され、豊臣秀吉による朝鮮出兵（文禄の役）の関連を示す内容がある。このような表現から、名護屋城の完成した文禄元年（一五九二）以降の作であることは間違いない（海野・二〇〇四）。ただ、世界図・日本図が一双となった屏風はほかにいくつか知られているが、浄得寺蔵の屏風はそのなかでも最古の部類に入る作品であり、日本図の作風は桃山時代（秋岡・一九五五）もしくは戦国時代（中村・一九五七）とされている。

当たり前のことだが、一双の屏風はそれぞれの隻《せき》が独立してあるのではなく、関連性のもとに描写・表現される。たとえばⅣで登場させた洛中洛外図屏風の場合、その多くが両隻の図柄が連続することはないものの、明らかに両隻がセットになってはじめて京都が表現される構成である。となれば、世界図・日本図屏風では、世界と日本が「対」としてとらえられていたということになる。

世界図屏風の場合、民族図やヨーロッパ都市図などが「対」となることもある。その場合は「世界」、より正確にいうならば、一六世紀後半になって新たに日本人の目の前に登場した南蛮人たちによってもたらされた知識への好奇心が顕在化されたものといってよいだろう。

（浄得寺本）

一方、浄得寺蔵の「世界図・日本図屛風」のような場合、新たな「世界」と同時に「日本」が意識されたことになる。しかも、世界と日本が対となる屛風のほうが成立は古いと考えられ、浄得寺蔵のものを含め、それらのなかには戦国期の作として認められているものもある。このような対関係に、たとえば織田信長や豊臣秀吉といった戦国武将たちが夢みた「天下」を重ねることは可能であろうか。史料からはこの点を確かめることはできないため、憶測を重ねることは慎むが、ただ信長が手元に地球儀や世界地図を備えていたことは史料から確認されることであり、秀吉もオルテリウス『世界の舞台』を目にしただろうとされている（海野・二〇〇六）。みずからの当面の課題としてある国内統一が「世界」規模ではどのくらいのことであるのか、彼らは明確にわかっていたことになる。「世界図・日本図屛風」の場合、二つの画面から、相対的に「日本」を位置づけることもできただろう。

いずれにしても、ここでの「世界」は神仏を巧みに重ね合わせて紡ぎあげられた中世日本の三国世界観にもとづく「世界」とは（まさに）別の世界である。そして、そこにおける日本の位置づけも、

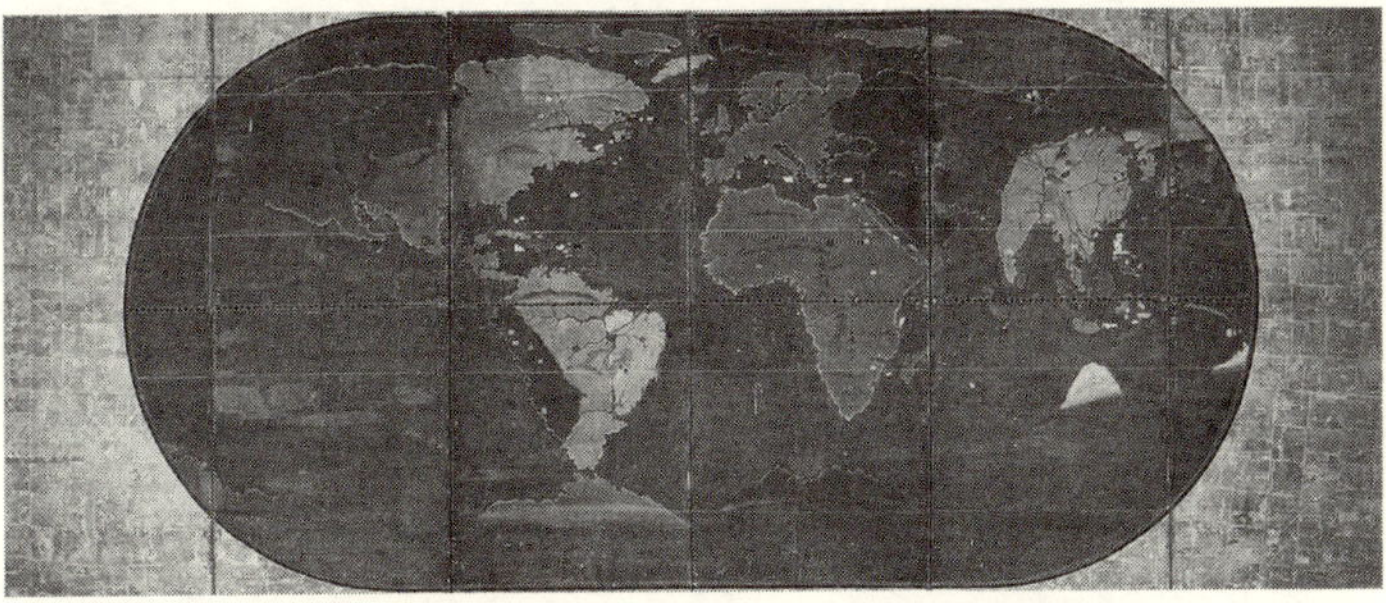
図１　「世界図・日本図屏風」

やはり違う論理ないし観念が必要であった。戦国を生きた武将たちは新旧二つの世界観をどのように処理していったのか。「世界図・日本図屏風」の存在は、のちの宗教政策や外交政策ともかかわる問題を提起させるものである。洛中洛外図屏風については政治史との関連での検討がなされているが（黒田・一九九六）、「世界図・日本図屏風」については今後の課題であろう。

日本図の方に目線を移せば、浄得寺蔵の屏風の「日本」は海岸線の描写に力点が置かれて描写されており、明らかに海側からの目線が取り込まれたものとなっている。淀川を遡ると都にたどりつけることが明示されるのも同じ観点からの眺めである。概して西日本の海岸線の描写が細かく、とりわけ九州は半島表現が詳しい。

このような表現は、国を重ねていくことで日本を作り上げていた、いわゆる「行基図」とはまったく異なるものである。海からみた日本は海岸線が続く「島」がいくつか集まってできたものであり、そのなかが分割されて国がある。「個」から「全体」ではなく、「全体」から「個」へという、真逆の発想で表現されているのが浄得寺蔵の日本図屏風ということになる。海野（二〇〇三）は西洋の資料が使用されたことを提示して「浄得寺型日本図は、西洋人来航時に生まれた日欧合作の新型日本図」と評価しているが、まさに海側からもたらされた視点が取り入れられたことを示しているといえよう。

南蛮系世界図の分類　「南蛮の世紀」に西洋からもたらされた世界図を南蛮系世界図と呼ぶ。南蛮系世界図の全体像については、秋岡（一九五八）、中村（一九六四）、室賀（一九八三）などの先行研究をふまえつつ海野（一九九三・二〇〇三）が、その種類を作図方式によって、大きく①卵形図法系、②ポルトラーノ系、③方眼図法系、④メルカトル図法系の四種に区分し、さらに①を二類、③を四種六類に細分する案を提示している。また川村（二〇〇三）は、海野の分類の大枠を踏襲しつつも、南蛮系世界図を屛風に表現されたものと、屛風装もあるが折本形式で残されていることも多い「旧大陸図」（海野分類では方眼図法系丁種一・二類が該当する）とを区別して扱い、「旧大陸図」については海野と異なる見解を提示している（表1）。

なお、川村は、海野分類による方眼図法系甲種を採用していない点でも海野と異なる。方眼図法系甲種はモディ氏旧蔵図と神宮文庫図が知られているが（海野・一九八九・二〇〇三）、モディ氏旧蔵図は戦災で焼失、神宮文庫図は未完成で折畳み図となっている。川村がこの種を採用しなかった理由は提示されていないが、現存する世界図屛風を扱っているために、この種に含まれる二作品が該当しないと判断されたものと思われる。

海野による分類のうち、①卵形図法系は、先に紹介した浄得寺蔵の世界図屛風に代表される図である。陸上競技のトラック・コースのような外枠を持ち、中央経線と赤道の長さがおおよそ一対二の比

表1 現存する主な南蛮世界図屏風（川村・二〇〇三の表に、海野・一九九三の分類を対照させた）

時期	系統分類		所蔵先	中央経線	西洋製原図	対の屏風	海野の分類	
前期	①卵形図法系		個人蔵（山本氏）	大西洋	未詳	なし	卵形図法系	一類
			個人蔵（小林氏） 浄得寺 個人蔵（河村氏）			日本図 日本図 日本図		二類
	②ポルトラーノ系		発心寺 池永氏旧蔵	太平洋	未詳	日本図 南蛮人渡来図	ポルトラーノ系	
後期	③方眼図法系		（川村は分類に採用しない）				方眼図法系甲種	
		A類	東京国立博物館 南蛮文化館	太平洋	一五九二刊プランシウス世界図	日本図 日本図	方眼図法系乙種	一類
			個人蔵（福島氏） 個人蔵（南波氏）			日本図 日本図		二類
		B類	下郷共済文庫 個人蔵（益田氏）	大西洋	一五九八ころ刊ラングレン改訂プランシウス世界図	日本図 日本図	方眼図法系丙種	
			（川村は別分類—表2のB類）				方眼図法系丁種	一類
			（川村は別分類—表2のA類）					二類
	④メルカトル図法系		神戸市立博物館（池永氏旧蔵） 宮内庁 香雪美術館（村山氏旧蔵） 出光美術館（松見氏旧蔵）	大西洋	一六〇九刊カエリウス世界図	西洋都市図 西洋都市図 レパント海戦図 世界図の半分	メルカトル図法系	

率となる。図の中心は大西洋であり、先述のようにイスパニア・ポルトガルを起点とする東洋航路が描かれていることも特徴である。

②のポルトラーノ系は、図の左右両端に等間隔の緯度目盛を持ち、また縮尺物差が描かれる点が最大の特徴である。「ポルトラーノ」とは、ヨーロッパ人たちが当時用いていた航海用の平面海図のことであり、緯度目盛や梯尺の存在がポルトラーノ海図との関係を物語る。ポルトラーノ海図自体も日本にもたらされており、「カルタ」と呼ばれていた（海野・二〇〇三）。それらは大きく東南アジア方面を含む南洋カルタと、日本列島を内容とする日本カルタがあり、江戸時代にはいくつかの系譜のもとで模写が繰り返されていたことが海野（二〇〇三）によって明らかにされている。たとえば、一八世紀後半に日本図作製で著名となった長久保赤水もこの両種の「カルタ」を模写して所持していた。

さて、ポルトラーノ海図を原図として作製された南蛮系世界図屏風は、発心寺蔵図（図2）と池長孟氏旧蔵図の二点が確認されているが、これらは①卵形図法系とは異なり、いずれも太平洋を中心としている。①卵形図法系と②ポルトラーノ系は、その作製の原図となった西洋製地図については明らかとなっていない。一方、③方眼図法系と④メルカトル図法系は、その原図となる可能性のある作品が明らかとなっている。③方眼図法系については、一五九二年刊行のプランシウス（Petrus Plancius）の世界図、および一五九八年ごろから一六〇〇年ごろにプランシウス図をラングレン（Henricus A. Langren）が改訂刊行した図を主な原図とするものが知られている。③方眼図法系は、屏風の縁がそのまま世界図の輪郭となるもので、一五九二年刊行プランシウス図を原図とするものには太平洋が中心になるものと大西洋が中心となるものの両者が知られ（ただし後者の完成品は存在せず）、一五九八年ごろ刊行ラングレン改訂図を原図とするものはすべて大西洋が中心の構図となっている。

④メルカトル図法系については、その原図は現存していないものの、一六〇九年に刊行されたカエリウス（Petrus Kaerius, Pieter van den Keere）によるメルカトル図法世界図であったことがほぼ確実だとされている（高橋・一九八八）。この図法系による世界図屛風は図の輪郭が四角形と卵形の両方がある。図3で示した神戸市立博物館蔵（池長氏旧蔵）本は後者の例である。また、この図法系の世界図屛風の場合、日本図が対になっているものは確認されておらず、神戸市立博物館蔵本のように西洋都市図や王侯騎馬図などが対となっていることも特徴である。

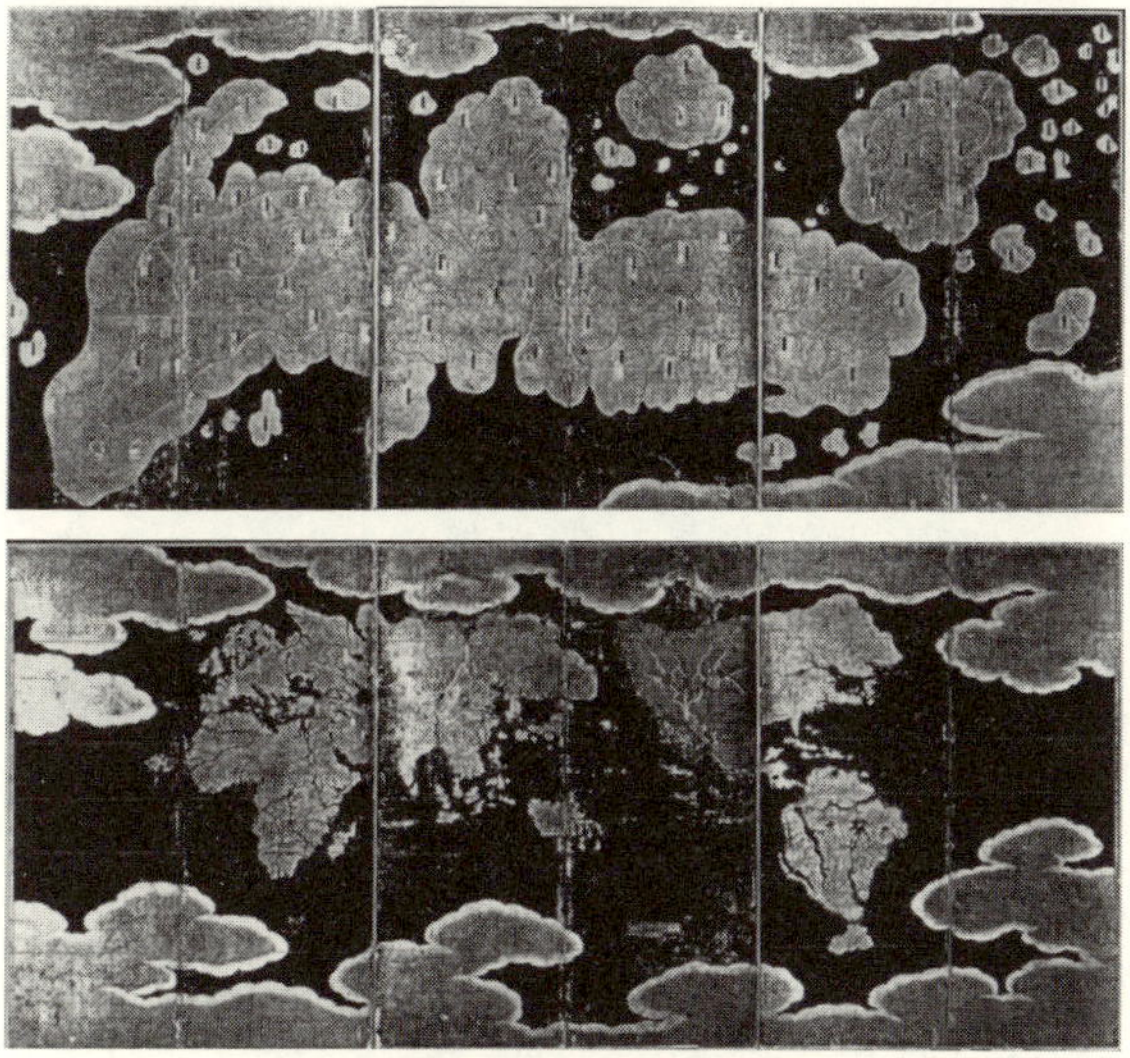

図2　「南蛮地図屛風」（発心寺本）

左右の問題　一双の屛風に仕立てられる場合、二つの隻は右隻・左隻（ここでは鑑賞者からみて向かって右を右隻、左を左隻とする）として、つまりどちらかを右に、どちらかを左に置くと

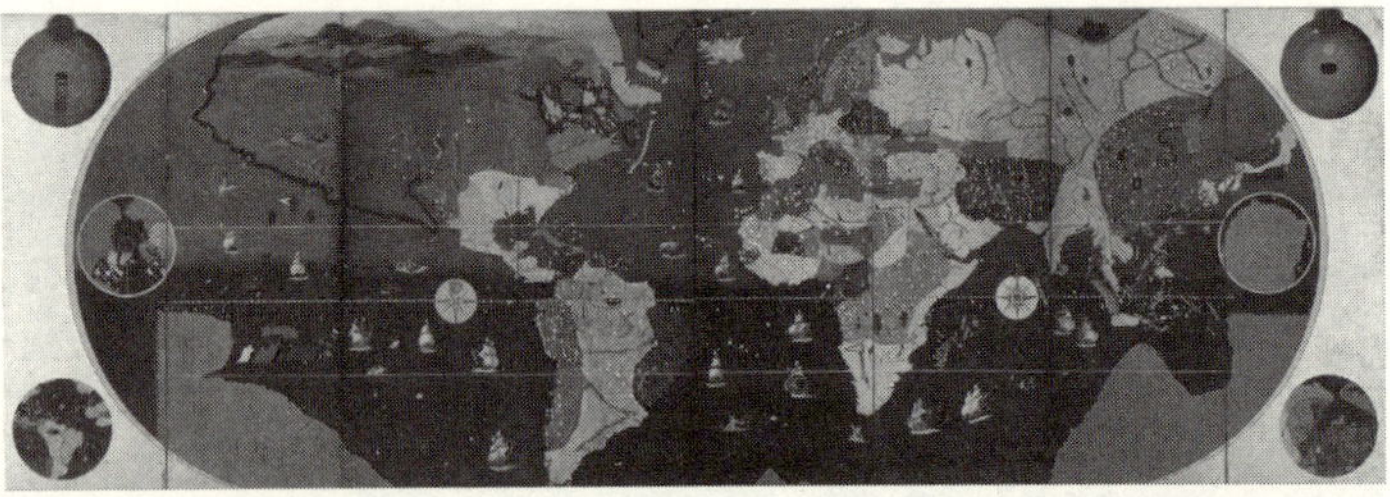

図3　「世界図屏風」（神戸市博本）

いう作法が生じることになる。ただ、初期洛中洛外図屏風は、そのように併置するというよりもみる者を中心として両側に対置させるように置いて眺められたこともあったようであるし、尾形光琳の「燕子花図屏風」は対置とまではいかないが、両隻を急角度に置くことで奥行感が表現される。とはいえ、よって、左右というのはあくまでも便宜的なものにすぎない。とはいえ、世界図と日本図が対になるような屏風の場合、どちらを右、どちらを左に置くのかは実際上の問題として浮かび上がるだろう。

この点について、海野（二〇〇三）は次のように述べている。浄得寺本は日本図隻の右下部、世界図隻の左下部に、それぞれ狩野永徳の壺印があるため、浄得寺本については日本図が右隻、世界図が左隻になることは明らかだが、南蛮文化館本は屏風に貼付された民族図像にある注記をみると世界図が右隻、日本図が左隻として考えられていたことになる。また、南蛮文化館本と同系統に属すカリフォルニア大学本は、屏風の背面にある東海道中図のつながりからみれば、日本図が右隻、世界図が左隻となる。よって「特に統一の規格ないしは固定した慣習」はなく、「一双の屏風の場合、世界図を右にするか、それとも左にするかは、企画立案者の判断に任されていたのであろう」。

企画立案者の判断。かなりあいまいではあるが、確かに複数の類例のある実情からみれば、そのような判断しかできない。やや大胆に推測すれば、たとえば浄得寺本の場合、世界図の画面中央にあるヨーロッパから画面右端の日本に至る航路が描かれている。そのような画面構成の場合、世界図を左隻におき、その右側に日本図を置くことが視線の流れとして自然であると考えたのではないか。一方、南蛮文化館本やカリフォルニア大学本は一五九二年プランシウス図を原図とする方眼図法系に属すが、いずれも太平洋を中心とした構図が採用されている。この場合、日本図をどちらに置けば自然であるのかを画面構成からは判断がより難しくなる。そのために二つの様相が現れたとすることができる。

坤輿万国全図　海野（一九九三・二〇〇三）は、近世日本における西洋系世界図として、「安土桃山時代から江戸時代にかけて舶載された西洋製地図を資料とするいわゆる南蛮系（南蛮屏風世界図ともいう）、イエズス会士マテオ・リッチ（利瑪竇）の漢字表記世界図を源流とするリッチ系、蘭学勃興後のオランダ版地図に端を発する蘭学系の三系統」を指摘している。このうち、近世初期にもたらされたのが「南蛮系」とこれから述べる「リッチ系」の世界図である。

マテオ・リッチ（一五五二〜一六一〇）はイタリア人イエズス会宣教師であり、中国への伝道を担う中心人物の一人であった。一五八三年に中国に足を踏み入れたのち、各地で布教活動をおこなっていったが、その過程でヨーロッパ製の世界図の地名を漢字に音訳表記した世界図を作ることとなった。『坤輿《こんよ》万国《ばんこく》全図《ぜんず》』がつとに著名であるが、それ以前にも彼は漢字の音訳表記による地図を作製している。『マッテオ・リッチ伝』（平川・一九六五）などによれば、当初、地図作製は偶然的なものであったようであるが、それが中国人の評判を呼んだことから、その後もヨーロッパ製の地図をもとに、地名を漢字に音訳表記した地図を作るようになったという。そして、一六〇〇年には南京で『山海輿地全図』を刊行したが、この『山海輿地全図』をさらに大判にし、内容を詳細にしたものが『坤輿万国全図』である（図4）。

『坤輿万国全図』は一六〇二年に北京で刊行された。その後も改訂版が出ているが、大きな改定ではなかったことを考えれば、『坤輿万国全図』こそ、マテオ・リッチの地図作製の集大成といった位置づけにある世界図といえよう。

『坤輿万国全図』は一六〇二年に刊行されたのち、慶長八年（一六〇三）から同一一年までという早い段階で日本にもたらされていたようである（船越・一九七〇）。また一六〇〇年刊行の『山海輿地全図』も早くにもたらされていた。そして、マテオ・リッチの手による地図は、その後の日本人の地理的知識に大きな影響を与えることになる。川村（二〇〇三）は、その影響を「第一に地球の形を球体とみる地球球体説の提示、第二に大地は五大州から成るという広い世界像の提示、第三には外国地名および地理学用語の漢字表記」という三点にまとめている。このうち、もっとも衝撃的であったのは第三に掲げられる漢字表記ではなかったか。というのも、地球球体説や五大州については、南蛮貿易等によって漠然とではありながらもその知識に接しており、世界図屏風が作製されていた。そのような予備知識のあるところに、常に日本が文化を吸収してきた「中国」から漢字表記で示された世界図がもたらされたのである。南蛮貿易での直接交渉においては、地図を入手したとしても地名を苦労

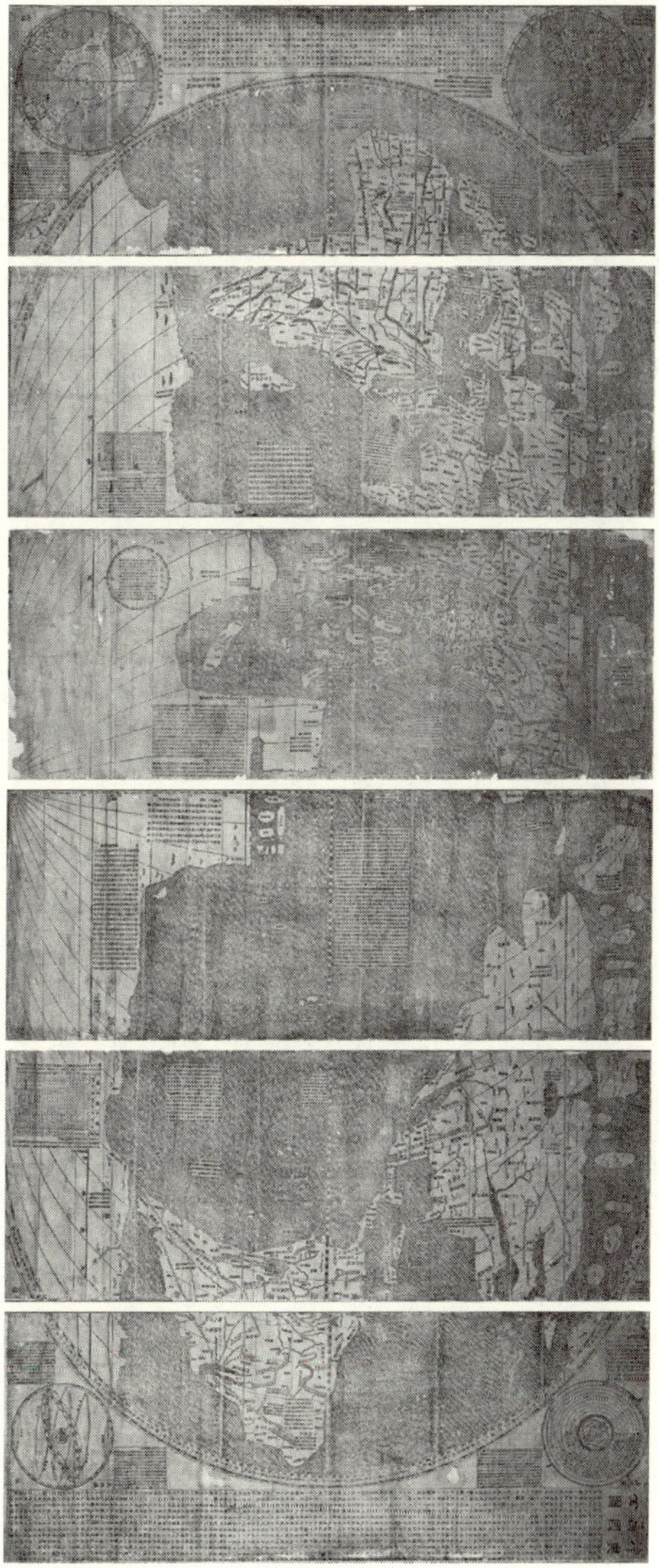

図4 『坤輿万国全図』（京大本） マテオ・リッチ作 1602年刊

して解読する必要があった。しかし、このたび中国からもたらされた地図は、簡単に地名が判読できるのである。しかもその数は一一〇〇余という圧倒的な数である（船越・一九七〇）。日本人の新たな世界地理に対するアプローチとして、『坤輿万国全図』はきわめて有効な道具となった。

現在、『坤輿万国全図』は世界で六点が確認されているが、中国ではその存在が確認されておらず、すべて中国以外での所蔵である。このうち一六〇二年初版本は四点残されており、バチカン教皇庁図書館、宮城県図書館、京都大学附属図書館、国立公文書館（ただし一部欠損）に所蔵される。すなわち、初版の四点中三点が日本にあるのである。日本では『坤輿万国全図』の模写図も大名家の文庫などを中心に各地で確認されており、現在のところ二二点が知られている（土浦市立博物館・一九九六）。そのほか、たとえば地名記載はないものの地形部分の模写図を本居宣長が旧蔵していること、さらに宣長は「かの図、今時誰か見ざる者あらん」（『呵刈葭』）と述べ、リッチ系の図が世間に流布した図であると認識していたことも指摘されており（上杉・二〇一〇）、大名家以外でも江戸時代の知識人に広く知られていたようである。

『坤輿万国全図』の基礎となっている世界図はヨーロッパ製世界図であり、一五七〇年刊行のオルテリウス図、一五八七年刊行のメルカトル図、一五九〇年刊行のプランシウス図などが参考にされたのではないかと推測されている（鮎澤・一九八〇）。これらヨーロッパ製の地図をイエズス会士がもたらしている点では、いわゆる南蛮系世界図と変わらない。異なるのは、「ヨーロッパ発日本行き」という経路で日本に直接もたらされたか、「ヨーロッパ発中国経由日本行き」という経路で中国での改変を受けたのちに日本に伝わったのか、という点である。しかし、この「中国経由」が意味するところは、上記のようにきわめて大きいものがあった。海野が南蛮系とリッチ系をあえて区分しているのもそのためであり、また、その後の日本の影響度からもこの区分は妥当であるといえる。

ただ、南蛮系世界図とリッチ系世界図は、前者がやや先行するものの、ほぼ同時に「海外」からもたらされた地図であったことには変わりない。また、『坤輿万国全図』には「欧邏巴人利瑪竇」と記されており、この図がヨーロッパ人の手によるものであることは明示されていた。すなわち、当時の日本人がこの両者を明確に区分してとらえていたかは、地図学史的な理解とはまた別の問題である。研究者は系譜や分類を好み、その精緻化をめざす傾向にある。しかし一方で、実際の社会では異なる「分類」とされたものが渾然となっている場合も少なくない。そのような状況であったことを少しでも表現するために、本書では、あえてこの位置に「リッチ系」世界図を配置することにした。

研究者の分類がうまくいかない例として、正保二年（一六四五）刊行の『万国総図』をあげておく（図5）。この図は日本で最初の出版世界図として著名であり、また世界民族図と一対になる図としてもよく知られた存在である。この世界図は、明で一六一二年に刊行された『方輿勝略』に掲載されたマテオ・リッチ作の東西半球図が原図の一つとなった可能性が指摘されている（青木・一九九一、海野・二〇〇三）。しかし、『万国総図』では形を卵形図法に偏向しているほか、ポルトラーノ海図を用いて図形を改描し、地名も「南蛮系」世界図と共通する部分が多い。そのため、海野は「準南蛮系ないしはリッチ南蛮混合型とでも呼ぶべきもの」（海野・二〇〇四）と、みずから設定した分類の折衷案

図5　『万国総図・人物図』（長府博物館本）　正保2年(1645)刊

を提示している。

くり返すが、地図史研究という点において海野の分類は有効だと思われるし、『万国総図』に与える折衷的な分類も認めうるものである。しかし、それが当時の人々の意識と共通するかどうかは別問題であろう。

なお、『方輿勝略』掲載の東西半球図は、享保四年（一七一九）に平住専庵《ひらずみせんあん》選・橘守国《たちばなもりくに》画として刊行された『唐土訓蒙図彙《もろこしきんもうずい》』に採用され、さらにその図をもとに平賀源内が「源内焼」の図案として利用していることでも知られている（後出図14）。

旧大陸に焦点を当てた図　さて、「南蛮系」世界図に話を戻す。南蛮系世界図のうち、③方眼図法系の世界図をもとにして、日本との交易がある旧大陸範囲に限定して描画し直された図もある。このような図をその描写範囲から「旧大陸図」と呼んでいるが、図の余白部分には貿易相手国と交易品が記され、交易に関する主題図として作製されていることがわかる。旧大陸図のなかには屏風形式のものと、折図形式のものがある。先に海野（一九九三・二〇〇三）が南蛮系世界図を「南蛮屏風世界図ともいう」としていることにふれたが、この記述は旧大陸図のありようからみて、問題がある。

旧大陸図は、大きく二種に区分され、海野（一九九三・二〇〇三）と川村（二〇〇三）がそれぞれ案を提示している。両者ともにその分類は同じであるが、前後関係についての見解が正反対となっている。補助的な史料に乏しいこともあり、その判断は困難であるが、現時点では川村の理解の方がより妥当であると思われるので、本書ではそれに従うことにしたい。ただ、前著のなかで川村は海野の分

表2　現存する旧大陸図の事例

	所　蔵　先	主　な　特　徴
A類	古河歴史博物館(鷹見泉石模写) 横浜市立大学図書館(鮎澤文庫) 山口大学附属図書館(棲息堂文庫) 神戸市立博物館(南波コレクション)	作成年と作成目的の奥書があり，詞書に朱印船渡海の記事がある．地図に赤道の帯線が記入されていて，図形では海岸線の描写が粗略である．
B類	臼杵市立図書館 佐賀県立図書館（蓮池文庫） 岡山県立博物館（妙覚寺寄託） 総持寺（横浜市） 個人像（河盛氏）	作成年と作成目的の記載はなく，詞書に朱印船渡海の記事がない．地図に赤道の記入はない．海岸線の描写は繊細で，沿岸の島々の記入も多い．

類を一部誤って表記しており、混乱がみられるため、ここで整理して改めて提示しておく（表2）。

川村が「A類」として提示したのは、海野が「二類」としたものである。その一例である山口大学図書館（棲息堂文庫）蔵「万国物図」（図6）は、画面の上部四分の三程度が旧大陸を示す地図部分、下部四分の一には「日本長崎より異国え渡海之湊口迄船積」が記される。詞書のなかには、長崎から交易国までの海上距離と交易品目が列挙され、「此所先年亥ノ年より初て御朱印船参申候」（多加佐古）といったように、朱印船渡海の記事がある。

そして、詞書の末尾には「此絵図寛永十四年丁丑八月於長崎書之、但公方様へ上り候下書」とあり、寛永一四年（一六三七）八月に長崎で将軍上呈用として作製された図の下書図をもとにしたもの、という明確な履歴をもつ。ちなみに川村（二〇〇三）は、寛永一二年より幕府で実施された対外政策や寛永一二年一〇月に起こった島原の乱といった当時の状況を概観し、幕府が「さし迫った対外的状況のもとで世界の地理的情報を必要とし」たことが、本図の作製の背景にあったことを指摘している。

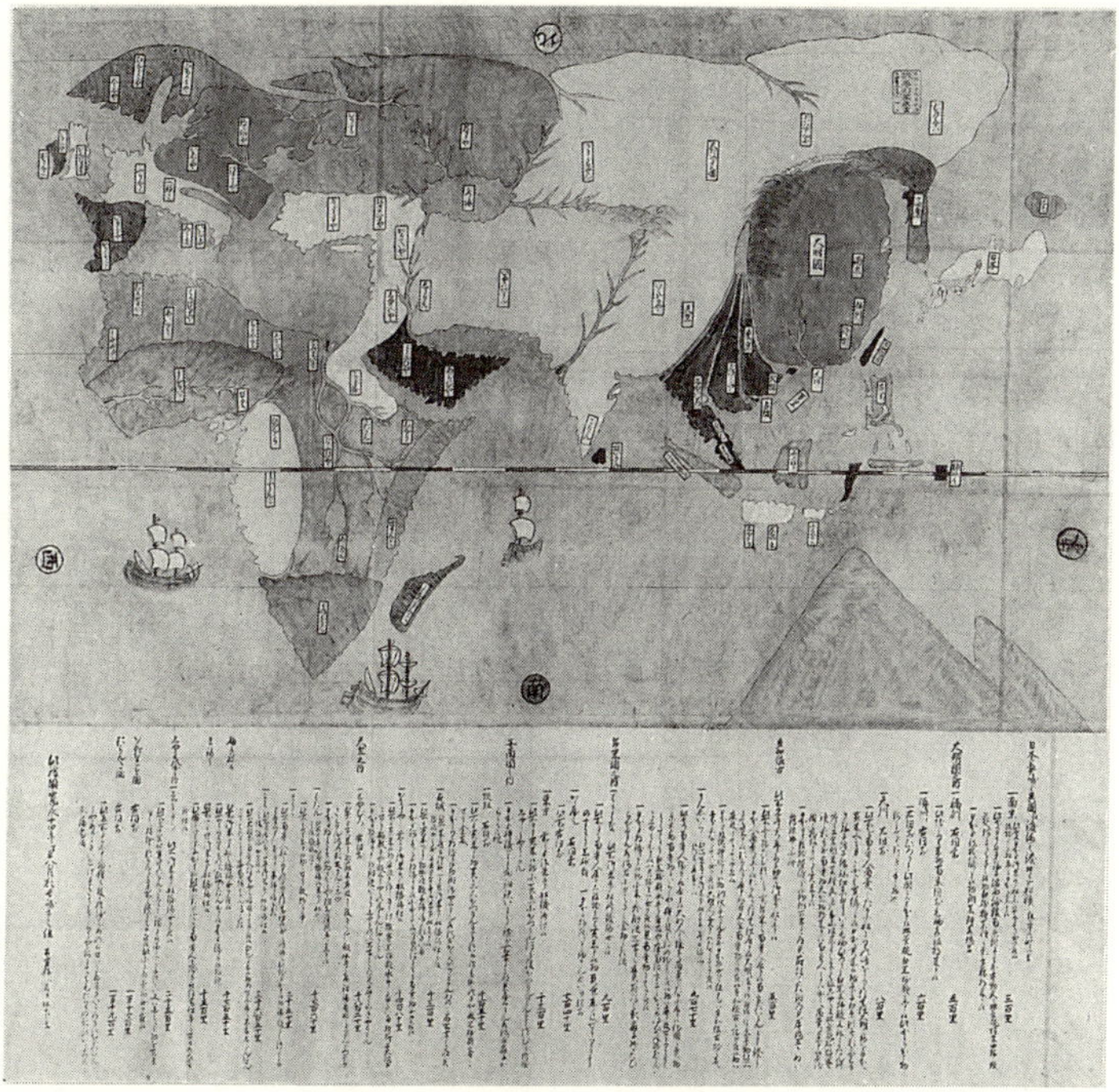

図6　「万国惣図」（山口大学本）

一方、川村が「B類」としたのは、海野が「一類」としたものである。B類では朱印船渡海の記事がなく、また寛永一四年作製の詞書も記されていない。一方地図内の描写については、海岸線や水系、政治区分など、いずれもA類と比べるとはるかに複雑かつ詳細である。

B類は、一五九八年ごろ刊行ラングレン改訂図を原図にもつ方眼図法系の南蛮系世界図から旧大陸部分のみを抜き写したものであることが指摘されている（織田ほか・一九七五）。このラングレン改訂図系統の世界図のなかでも下郷共済文庫蔵本や、益田氏所蔵本は、ともに承応年間（一六五二〜五五）の作であることが知られている（海野ほか・一九七二）。そして、B類に属す旧大陸図は、下郷共済文庫蔵本と「図形ばかりでなく色分けによる政治区画までも」一致することが確認されている（川村・二〇〇三）。

川村は、これらの点を確認したうえで、A類がB類に先行するとし、A類が成立した寛永一四年から年次を経てB類が作製されるに際して、地図については新たな情報によって改訂し、もはや「朱印船の渡海は昔話」（川村・二〇〇三）であり、情報価値が薄れていたために詞書から抹消されたとしている。

アフロ・ユーラシア全図としての「混一疆理歴代国都之図」　一六世紀には、南蛮系世界図以外に、アフロ・ユーラシアを描いた図が朝鮮半島より日本に渡っている。それが「混《こん》一《いつ》疆《きょう》理《り》歴《れき》代《だい》国《こく》都《と》之《の》図《ず》」と称される図であり、龍谷大学附属図書館と長崎県本光寺に所蔵されている（図7）。本光寺本は「混一疆理歴代国都地図」と呼ばれたこともあったが、実際は龍谷大学本と同じく「混一疆理歴代国都之図」が正しい。また、同系統の地図として「大明国地図」と題されるものが熊本県本妙寺に、「大明国図」と題されるものが天理大学附属図書館にそれぞれ所蔵されている。

「混一疆理歴代国都之図」は、建文四年（一四〇二）に朝鮮王朝で作られたものである。その跋文によれば、基礎に使われたのはモンゴル時代の中国で作られた「混一疆理図」と「声教広被図」であり、さらに朝鮮と日本については資料を付け加えて作製されたものという。「混一疆理図」は一三六〇年、「声教広被図」はその後に作製されたものであるが、ともに一三二〇〜三〇年代の地図を参考

図7　「混一疆理歴代国都之図」（龍谷大学本）　1402年

として作られていることがわかっている（宮・二〇〇七）。

　これらの地図を合成して描かれた「混一疆理歴代国都之図」には、東は朝鮮半島、西はヨーロッパ・アフリカまでが描かれており、北極海部分を除けば、いわゆる旧大陸たるアフロ・ユーラシアがすべて表現されている。これまでも何度も指摘されてきているが、このうち、アフリカが大陸として表現されている点が地図史上きわめて重要であり、当時のヨーロッパがいまだアフリカの南端の状況を知らなかったのに対し、一四世紀のモンゴル帝国ではすでにそのような知識が流布していたことがわかる。

「混一疆理歴代国都之図」の新展開　龍谷大学本については、京都帝国大学の地理学教室ができて間もない明治四三年（一九一〇）に、初代教授であった小川琢治《おがわたくじ》によって模写本が作られており、それが現在も京都大学総合博物館に収蔵されている。そのためもあって早くから存在が知られ、これまで非常に多くの研究がなされてきた。

ただ、それらの分厚い研究蓄積をふまえ、さらにそれらを大きく塗り替えるような成果が宮紀子（二〇〇六・二〇〇七）によって発表された。「混一疆理歴代国都之図」研究史における宮の成果は、中国や朝鮮の資料公開が進んだことによる研究状況の改善によってもたらされたという点もあるが、むしろ、地図を地図だけで理解するのではなく、文字資料を丹念に探し政治的動向や「知」のありようといったなかに地図を位置づけていくことを徹底したことによって生み出されたものである。地図をこのような視点からとらえる研究姿勢は、たとえば先にふれた近年の国絵図研究や古代荘園図研究などにもみられるものであり、古地図研究の大きな流れの一つとなっている。

「混一疆理歴代国都之図」研究の最前線の詳細については、宮の諸研究を手に取ってもらうことにし、ここでは「混一疆理歴代国都之図」が朝鮮半島から日本にもたらされた経緯の一端とその影響の二点について、宮（二〇〇七）の議論を紹介しておくことにしたい。

熊本県本妙寺の「大明国地図」については、加藤清正の菩提寺であることから、文禄・慶長の役との関連が指摘されてきたが（秋岡・一九五五）、それは寺伝などによるもので、その根拠は示されていなかった。このような状況に対し、宮（二〇〇七）は朝鮮王朝の『宣宗実録』一五九三年五月の記事に、これにかかわる記述を見出し、その内容から「本光寺〔「本妙寺」の誤記と思われる〕の地図は、一五九二年の七月中旬、咸鏡道の戦いに敗れ、清正の軍に降り、娘ふたりを差し出した咸鏡北道兵使韓克誠の子、すなわち韓格が抄写して献上した「中国・朝鮮地図」そのものである可能性がきわめて高い」ことを明らかにしている。これまで半ば都市伝説のように浮遊していた本妙寺本と文禄・慶長の役との関係だが、資料的根拠にもとづいて、両者の関係が密接であることが確定したことになる。

江戸時代における「混一疆理歴代国都之図」の影響について、たとえば川村（二〇〇三）は「この混一疆理系世界図が日本人の世界地理認識に積極的な影響を与えた痕跡はみられない」とし、その理由を、同時期にヨーロッパ製の世界図をみており新規性は薄く、結果として「寺院の宝物となってしまった」がゆえに流布しなかったからである、と推測している。これはこれまでの研究史の総括的な見解といえるものだが、これに対して、宮（二〇〇七）は、江戸時代の知識人が「混一疆理歴代国都之図」を目撃していたことを明らかにしている。その知識人とは宝永六年（一七〇九）から幕府の儒官も務めた深見玄岱（一六四九～一七二二）であり、彼の『正徳和韓集』に「建文四年秋八月四日」に書かれた縦横六尺ほどの「皇明一統輿地図および歴代沿革」を目撃したと記されている。この建文四年（一四〇二）という年号は、龍谷大学本・本光寺本にもあるが、八月四日という日付は両者ともになく、玄岱のいうことに誤りがなければ、これまでに知られていない別系統の「混一疆理歴代国都之図」であったことになるという。

宮（二〇〇七）は、大阪府観心寺の所蔵する世界図屛風を例にしつつ、江戸時代の日本の知識人たちにとっての「混一疆理歴代国都之図」の実際的な価値とは、由緒正しき舶来品であるというほかには、地図の「朝鮮の部分にこそあった」と述べている。それは、朝鮮の事情に通じていた玄岱が、彼のみた「混一疆理歴代国都之図」に対して「寓意は深いものがあった」と述べて、その内容を高く評価していたことにも通じる。それ以外の地域については、川村（二〇〇三）のまとめにもあった点を肯定し、「そこに描かれた世界像は、ほぼ同時にヨーロッパ製世界図〔南蛮系世界図〕をみてしまった日本人にとっては、もはや驚きの対象とはならなかっただろう」と論じている。

宮の紹介した観心寺の世界図屛風は、中国・朝鮮半島に由来する「混一疆理歴代国都之図」系のうち、中東・ヨーロッパ・アフリカなどを描かない「混一歴代国都疆理之図」と、南蛮系世界図のうち一五九二年刊行プランシウス世界図に由来する方眼図法系の図、さらには南蛮屛風が組み合わさって作られている。本節の眼目とした近世初期の「東西交流の隆盛と世界観」を象徴する作品としてふさわしい内容を備えているといえるだろう。

このような東西からの幅広い知識の吸収によって、世界についての関心と認識が飛躍的に増大した。ただ、周知のごとく、江戸幕府による外交政策の転換は、「外」からの知的刺激を著しく制限することになった。その結果、全体的にみれば、次の一七世紀後半から一八世紀前半ごろまでは、みるべき世界図は極端に少なく、それも新たな地図というよりも既存の地図を活用したものである。地理認識が大きく広がり、また新たな展開を生み出すのは、やはり「交流」が盛んな時期であるのだろう。

ただし、付け加えておくならば、そのようななかにあっても世界像の変化は起きていた。その変化を読み解くポイントは、既存の知識をいかに活用したかである。これについては、2で改めてふれることにしたい。

コラム4　地図の上下

地図を畳や床面に敷いてみるとき、地図は周囲から眺められることになる。このとき、図の天地は重要な問題にはならない。しかし、地図を屏風に仕立てるとなると、当然、図の上下が固定されることになる。この点、川村（二〇〇三）が日本人のマップ・オリエンテーション（地図の向き）に関する重要な指摘をおこなっている。

川村が事例として紹介したのは福井県小浜市発心寺蔵の「南蛮地図屏風」（図2）である。世界図と日本図によって一双となるこの屏風は、海野の区分でいえば、②ポルトラーノ系となる。海野自身は、南蛮系世界図の新旧について明確には論じていないが、秋岡（一九五八）や川村（二〇〇三）は、①卵形図法系と②ポルトラーノ系を一六世紀代の様相をもつ前期の世界図屏風としており、秋岡との分類の差異を紹介するなかで海野もそのように考えていたと思われる。川村が問題にしたのは、前期に属する発心寺蔵屏風の世界図が「北」を、日本図が「南」を上にした構図で表現されている点である。

発心寺蔵の日本図は、いわゆる行基図（行基式日本図）である。すでに本書内でも紹介したように、中世には行基式日本図が支配的であった。そして、年代が明確となっている最古の日本図である京都市仁和寺蔵日本図は南を上にした構図であり、またほぼ同時期とされる横浜市称名寺蔵日本図もまた南が上である。その後、西を上とする日本図や東を上とする日本図なども表現されており、中世において日本図に関するマップ・オリエンテーションは日本人のなかに固定されてはいなかったが、現存図からみる限り、南を上とするものが多いようである。

川村はこの事実をふまえ、発心寺蔵屏風について、「日本古来の地図と西洋伝来の地図がまさにドッキングしたばかりの揺らん期の状態を印象づける」と述べている。マップ・オリエンテーションがあまりにも固定してしまった現代の我々からみると、ともすれば奇異にも思える発心寺蔵屏風であるが、逆に東西交渉の最先端で起こったせめぎ合いが刻まれたものとしてみれば、きわめて興味深い事例となる。

さて、川村は南蛮系世界図屏風のなかで日本図が「南を上向きにしているのはただ一つ、発心寺蔵屏風のみである」としている。確かに、いわゆる南蛮系世界図屏風のなかでは発心寺蔵屏風が唯一の事例である。ただ、南蛮系世界図屏風からもう少し視野を広げて探すと、世界図は北、日本図は南をそれぞれ上とする構図で表現された屏風をほかにもみつけることができる。京都大学総合博物館に収蔵される「世界之図・日本之図屏風」(図8)がそれであるが、これまで学界に紹介された形跡がなく、川村をはじめとする諸先学もおそらくその存在を知らずにいた資料である。

この屏風の日本図は、いわゆる行基図系の図様をしており、南を上にして置くように文字が表記されている。一方、世界図はマテオ・リッチの『坤《こん》輿《よ》万《ばん》国《こく》全《ぜん》図《ず》』の系統に属すものと思われる図様をもち、北を上に置くような文字表記である。

発心寺蔵屏風よりも明らかにのちの作である本屏風にもマップ・オリエンテーションの不統一がみえるということは、川村が述べた「日本古来の地図と西洋伝来の地図がまさにドッキングしたばかりの揺らん期の状態」が、日本のなかで意外に長く続いた可能性を示すことになる。実際、本文でも述べたように、一七世紀代に出版された世界図には東を上とする図があり、また出版日本図も一七世紀代には南を上とする図がある。どうやら、日本社会のなかで「地図の上」と「方位」とを結びつける感覚自体、きわめて緩慢に形成されていったようである。

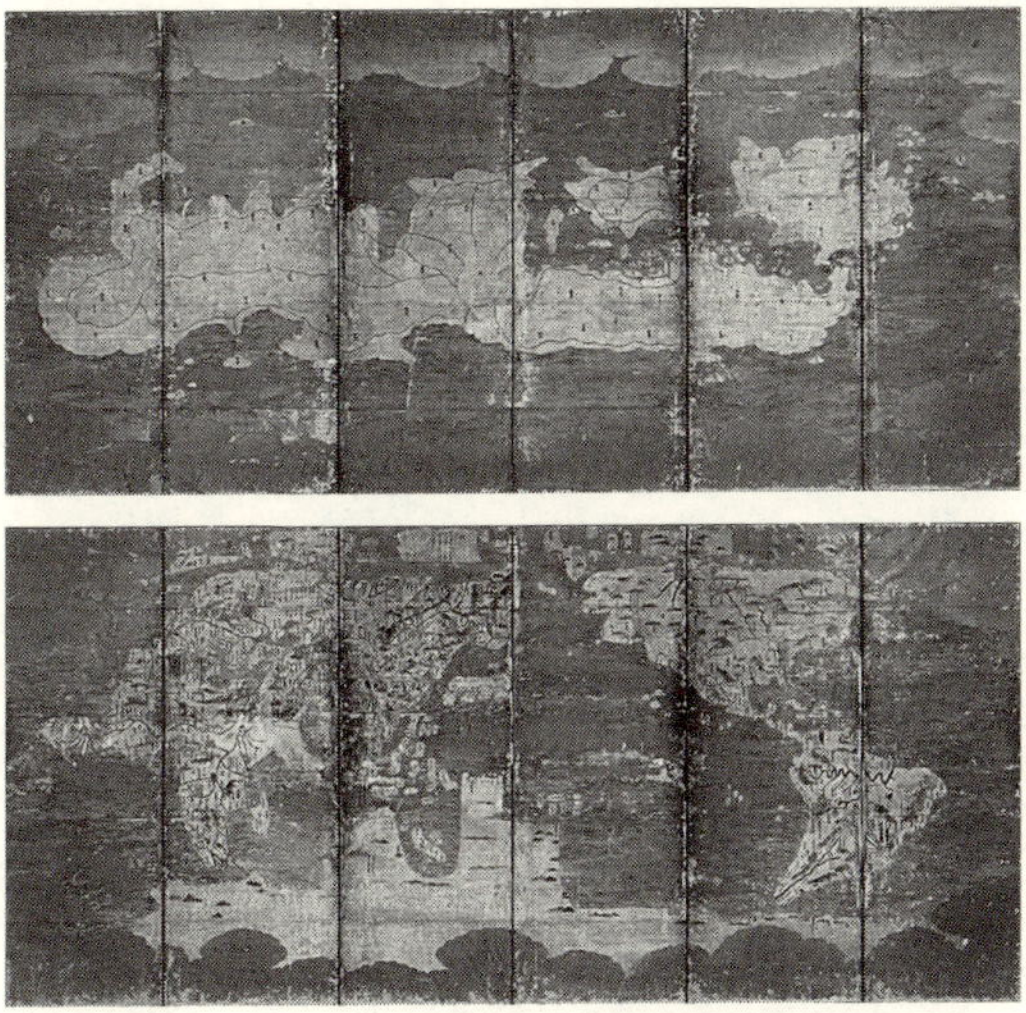

図 8　「世界之図・日本之図屏風」(京大本)

② 世界に関する知識の広がり

刊行世界図の系統　江戸時代に刊行された刊行世界図は、原図となった地図の「出自」および原図の日本への到来時期から大きく三つないし四つに系統分類することができる。一つは中世以前に日本にもたらされていた「仏教系世界図」、一つは一八世紀後半にオランダから出島を通じてもたらされた「蘭学系世界図」である。残り二つは、前節で述べたマテオ・リッチの世界図の影響を受けた地図であり、大きくは「リッチ系世界図」とこれまで総称されてきているが、このうち、南蛮系世界図の影響も色濃く受けている世界図は「リッチ・南蛮混合型」ないし「準南蛮系」として「わが刊行世界図史の上に判然と位置づける必要がある」という意見もある（海野・二〇〇三）。

いたずらに分類作業をくり返しても意味はないが、海野のいう「準南蛮系」と「リッチ系」の間には地図の内容のうえで大きな差異が認められることは間違いなく、また両者は時期差をともなって出現する。その意味で、三系統よりも四系統として考えた方が刊行世界図の通史的な展開をよりスムースに理解でき、また明確になる。そこで、ここでは海野の提唱をふまえつつ、四系統の分類を採用することにしたい。

仏教系世界図　日本でもっとも早く刊行された世界図は、仏教系世界図であり、それは刊行日本図と同様、『拾芥抄《しゅうがいしょう》』の中の挿図（「天竺国図」）としてであった。ただし、日本図の場合は慶長古活字本に掲載がみえるが、世界図の場合は寛永一九年（一六四二）版がその初出となる。現在模写本として伝わる『拾芥抄』には、これら日本図・世界図のほか京都図や宮城図が含まれているが、収載される地図の種類は写本によって差異が認められる。そのため、刊本とする際にどの写本を原本とするかによって、このような差が生じたと考えられる。海野（二〇〇五）は、『拾芥抄』成立当初からこの図が収載されていたことを議論している。検討材料が少なく、この見解の妥当性については議論できないが、可能性としては成立しえよう。

『拾芥抄』所収「天竺国図」は小型の簡略な表現であったが、日本には大型の南瞻部洲図《なんせんぶしゅうず》も古くからもたらされており、貞治三年（一三六四）の書写年が記される法隆寺所蔵「五天竺図」（Ⅱ―図1）をはじめ、いくつかの手描き図が知られ、その系統関係については室賀・海野（一九五七・一九六二）による詳細な検討がある。これらの手描き図、なかでも「うちわ型仏教系世界図」（南瞻部洲図）（図9）と呼ばれている仏教系世界図に密接に関係する図が、宝永七年（一七一〇）に文台軒宇平から刊行された。それが、『南瞻部洲万国掌菓之図』（図10）であり、作者は現在、鈴虫寺としても著名な京都・華厳寺を再興した鳳潭（浪華子）であった。大きさは一一七×一四五チセンで、それ以前に刊行されていた世界図（後述）よりもはるかに大きな法量を備える。一枚ものの地図としては、この『南瞻部洲万国掌菓之図』が最初の刊行仏教系世界図となる。

『南瞻部洲万国掌菓之図』の最大の特徴は、仏教の世界観における人間の居住域である「南瞻部洲」

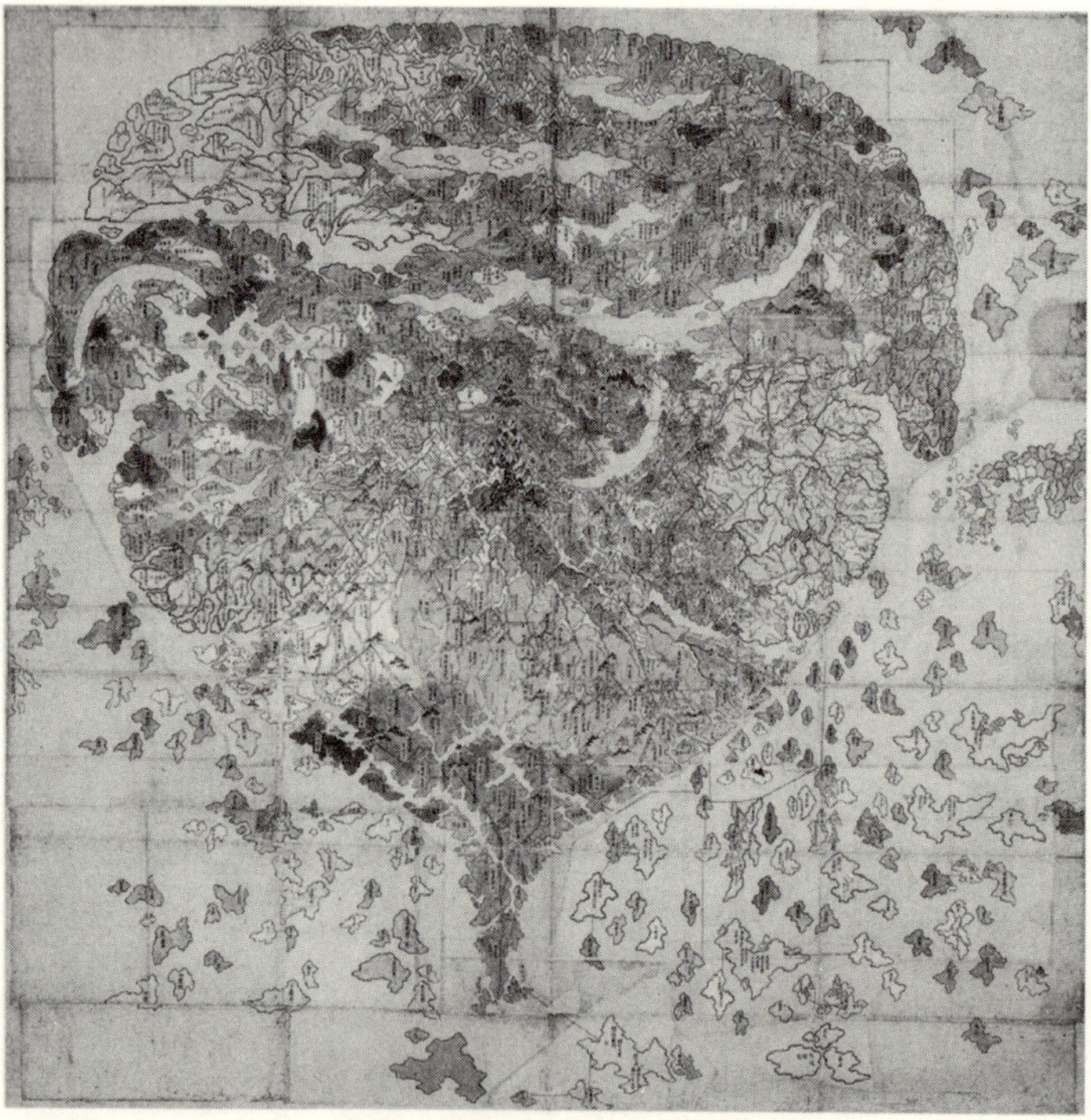

図9　「うちわ型仏教系世界図（南瞻部洲図）」

を基本としながらも、ヨーロッパなど、「南瞻部洲」では本来想定されていなかった地域についての知識を取り込んでいるところにある。一八世紀初頭を生きた鳳潭にとっては、ヨーロッパの存在をまったく否定することはできず、かといってみずからの依拠する仏教的世界観を守る必要もあった。その折衷案がこのようなきわめて興味深い世界図の刊行となったわけだが、このような構図は鳳潭の完全なオリジナルであったわけではない。ヨーロッパの記載や全体の「かたち」が「うちわ型仏教系世界図（南瞻部洲図）」に大きく

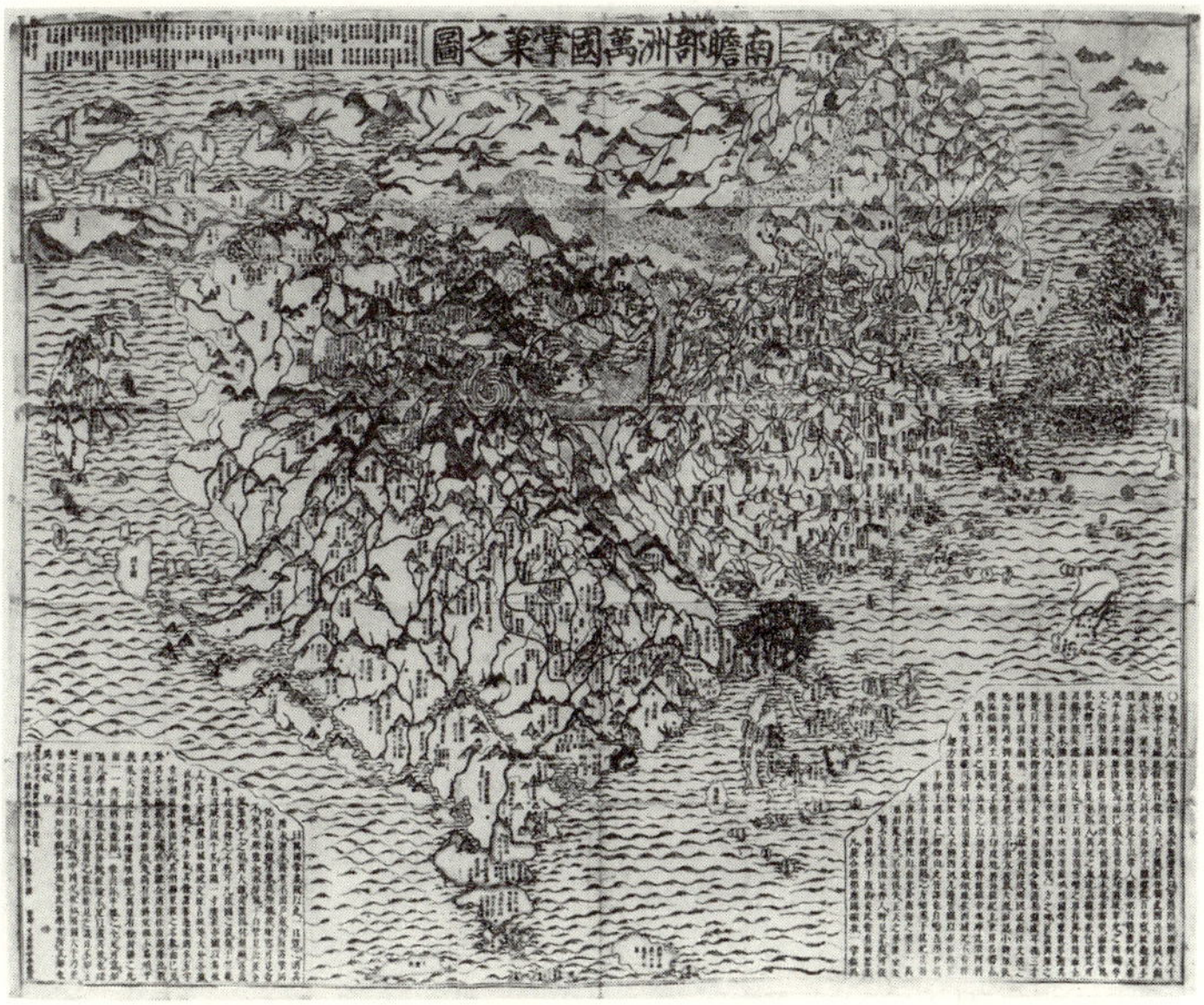

図10 『南瞻部洲万国掌菓之図』 鳳潭（浪華子）作・文台軒宇平版
宝永７年(1710)刊

依拠したものであることは明らかである。この点に関して、海野（二〇〇五）は、「うちわ型仏教系世界図（南瞻部洲図）」の作者が河内国久修園院住職の宗覚（一六三九〜一七二〇）であった可能性が高いことを明らかにし、宗覚と鳳潭の間に密接な交流があったと推定している。

いずれにせよ、『南瞻部洲万国掌菓之図』は一枚ものの仏教系世界図として初めての刊行図であったこともあり、以後の刊行世界図に一定の影響を及ぼしている。たとえば、花坊兵蔵作・本屋彦右衛門版の『南閻《なんえん》浮提《ぶだい》諸国集覧之図』（図11）がある。この図は延享元年（一七四四）に刊行された図で、五二×七一センチと、『南瞻部洲万国掌菓之図』よりもかなり小さな版であり、その内容は『南瞻部洲

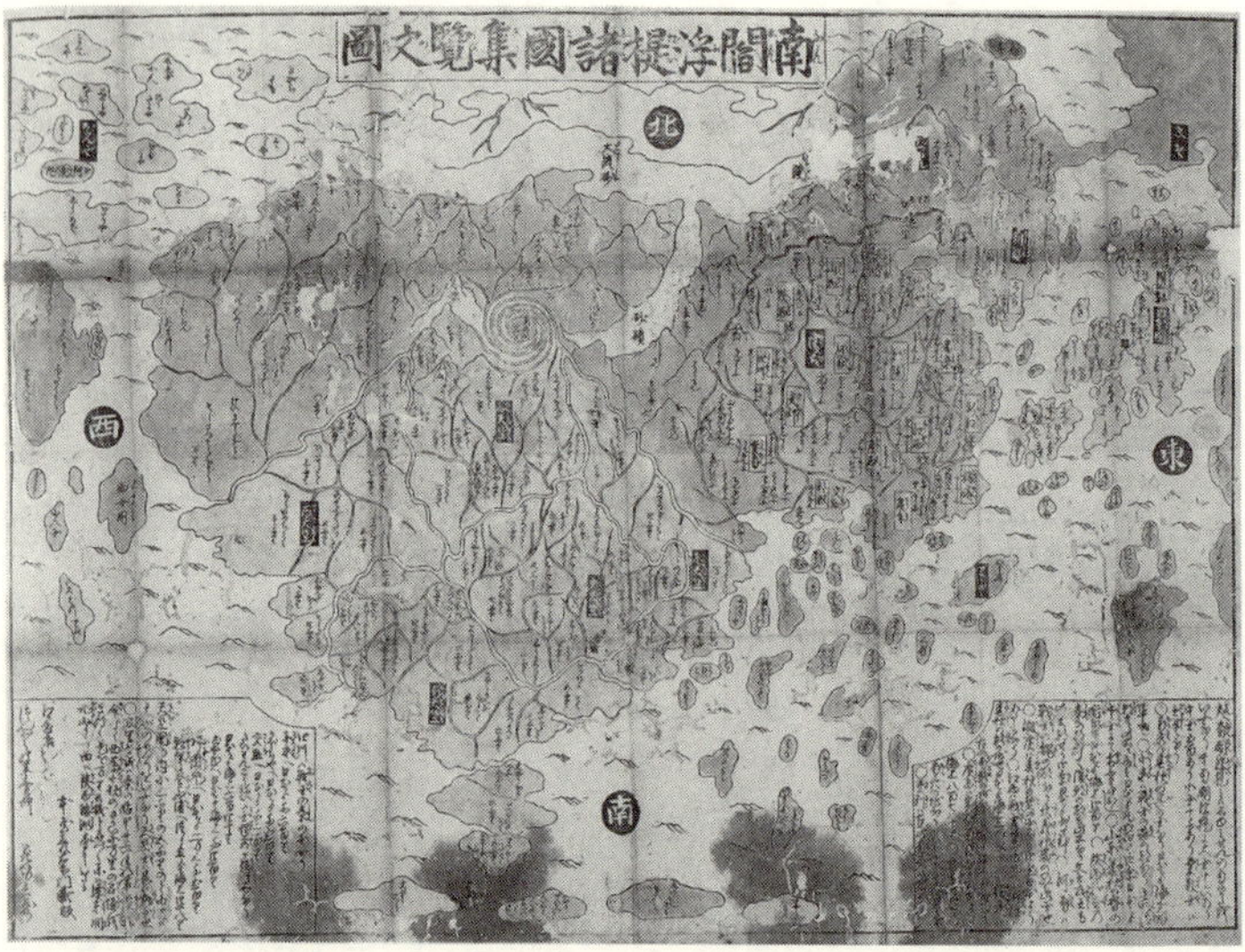

図11　『南閻浮提諸国集覧之図』　花坊兵蔵作・本屋彦右衛門版
延享元年(1744)

万国掌菓之図』をごく簡単に記載したものである。この図の特徴は、多くの地名表記にかな書きが採用されている点であり、漢字を使用している場合にはルビが付されている。その大きさといい、このような表記といい、『南閻浮提諸国集覧之図』が一般向けの通俗版として刊行されたことは明らかであり、同じ仏教系世界図でありながら、その親版にあたる『南瞻部洲万国掌菓之図』が知識人向けであったのとは対照的な販売戦略をとっている。言い換えるならば、知識人のみならず、一般庶民層のなかにも仏教系世界図を求めるような傾向があったことになる。

この傾向は一八世紀のみならず、それ以降にもみられる。江戸後期から幕末ごろの刊行とされる『万国掌菓之図』の場合、多色刷で異国船を海に浮かべるなど、庶民の目を意識した工夫がなされているほかは、『南閻浮提諸国集覧之図』の内容をほぼ踏襲した内容となっている。ただ、仏教系世界図が庶民の間で本当に「世界図」として受け入れられていたかは、若干の疑問もある。そのような地図が『南閻浮提諸国集覧之図』と同じ本屋彦右衛門から刊行されているのである。この点は後述したい。

とはいえ、江戸時代には西洋からの知識が断続的に流入し、世界図にも新たな系統が加えられていく。そのなかにあって、中世以来の「伝統的」な世界観は圧倒的な支持を受け続けたわけではなかったが、新たな世界観が入ってきてもなお江戸時代を通じて連綿と受け継がれていった点は、日本の世界観の変遷を考えるうえで忘れるべきではないだろう。もちろん、その内容は「伝統」に固執していたわけではなく、外部の刺激を受けて変化していった。しかし、仏教系世界図ないし世界観は、まったく失われたのではなく、庶民向けの刊行世界図というレベルにおいても生き残っている。また、仏僧のなかにも自己批判的に世界観を検討する動きは、宗覚や鳳潭以降も続いている。この点は、ともすれば看過されることもあったが、海野（二〇〇六）や岡田正彦（二〇一〇）によって、この点を強く意識した検討がおこなわれている。

「南蛮」の影響　前に示したように、戦国末期から江戸時代の初期にかけて、海外から多くの地理的知識が流入し、とりわけ「南蛮」から渡来した図については、それらをもとにした世界図屏風が仕立てられるなど、ある種の流行をみた。西洋の知識を屏風に仕立てる。それは地図における東西交流華やかなりしころを象徴する設《しつら》えであったともいえる。

一方、書物の挿図ではなく、一枚ものとして世界図が刊行されるようになるのは、江戸幕府の海禁政策が確立したのちのことであり、その嚆矢となったのは長崎で刊行された『万国総図』と題された図であった。『万国総図』は民族図譜とセットになった刊行であり、その民族図譜に「正保　西季春吉辰」とあることから、正保二年（一六四五）に刊行されたことがうかがえる（図5）。

『万国総図』およびその系統図は、マテオ・リッチの『坤輿万国全図《こんよばんこくぜんず》』や『両儀玄覧図』と同じ卵型をしており、また太平洋を中央においた構図となっていることから、漠然とリッチ系世界図ととらえられてきた。しかし青木千枝子（一九九二）が、その図形は同じマテオ・リッチの作ながら、東西半球図である『方輿勝略』所収図をもとにしたものであると論じ、また海野が南蛮系世界図の一つ、ポルトラーノ海図の影響を指摘するなど、単純にリッチ系世界図の一類型とすることは難しくなってきた。それが海野（二〇〇三）をして、「準南蛮系」ないし「リッチ・南蛮混合型」という新たな提示につながっているわけである。少なくとも、後述するリッチ系世界図で念頭におかれる『坤輿万国全図』とは一定の距離にある作品群であることだけは間違いなく、また、日本での刊行をみれば、明らかに『万国総図』およびその系統図の方が先行するので、現時点では同列に扱うことは避けた方がよいだろう。

海野（二〇〇三）は、『万国総図』は地名の一部が手書きとなっており、未完成品で刊行されていたことに注目している。そして、この図は「多数の地名を学習者が記入して、初めて実用に耐える地図として完成することが、企画の段階からすでに予想されていた」とし、その学習者とは、「洋式測量術の開祖で長崎在住の樋口謙貞《ひぐちけんてい》（小林義信《こばやしよしのぶ》）について測量術を学んだ門人たちであり、世界図・民族図譜双方への着彩を含めて、それは卒業制作として師から課せられたものであっただろう」としている。掛け軸装を念頭においた形状も、そのためであるという。卒業制作であったかどうかは別として、本図が樋口謙貞と何らかの関係のもとで作製されていたという想定は、周囲の状況からみれば、十分に首肯できる。

樋口謙貞との関係でいえば、謙貞の弟子であった稲垣光朗による『世界万国地球図』をあげる必要がある。この図は宝永五年（一七〇八）に大坂の池田屋新四郎らによって刊行されたもので、『坤輿万国全図』の副図である南北両半球図をもとにして作られている。この題言には「此図標崎陽小林謙貞師所製也」とあり、その原図が小林謙貞の手によるものであったことが判明する。そのうえで図内の地名をみると、『坤輿万国全図』にはない一六の民族図譜が上部に添えられていることもあり、『坤輿万国全図』だけではなく、南蛮系世界図の影響もみえる。海野（二〇〇四）は、この図をリッチ系の刊行世界図の端緒と位置づけているが、南蛮系世界図に付随することの多かった民族図譜が図内に表現されている点をふまえれば、形式的には「リッチ・南蛮混合型」とするべきであろう。

さて、前にマップ・オリエンテーションの話題にふれたが、南蛮系世界図屏風はすべて「北」を上にして仕立てられていた。また仏教系世界図も「北」が上である。しかし、『万国総図』は事情が異なる。本図は一三二×五八チセンという縦長の様式で、掛け軸装を念頭においた仕立てられ方をしているが、その図面に合わせるための工夫なのであろうか、「東」を上とした構図となっている。これは、京都図や大坂図、また日本図といった当時の刊行図の多くが縦長の様式を採用していたことに合わせたものとみることができるが、ここからも地図の「上」をめぐる概念が当時の日本人には希薄であったことが読みとれる。ただ、そのほかの刊行地図が一七世紀後半には縦長の様式を採用しなくなるのに対して、世界図の場合は、一部で縦長の様式が踏襲されていくことになる。たとえば寛文八年（一六六八）以前の刊行であることが知られる絵屋庄兵衛版『万国総図』（世界図のみ）や、貞享五年（一六八八）刊行の石川流宣作・相模屋太兵衛版『万国総界図』（世界図のみ）などがそうである。これらの図は赤道が中央経線の二倍だが、たとえば慶安五年（一六五二）刊『万国総図』や、寛文一一年（一六七一）刊『万国総図』など、それが一・四倍ないしそれ以下となる構図のものも現れる。

このうち、『万国総界図』については、刊行日本図における石川・相模屋コンビの活動のなかで考える必要がある。『万国総界図』刊行の前年、このコンビは日本図『本朝図鑑綱目』を世に送り出している。『万国総界図』は、日本図に続く第二弾として刊行されているわけである。この後、このコンビは江戸図を刊行するほか、日本図で一世を風靡することになるのは周知のとおりである。ただ、江戸図と日本図は、何度も改版されていくことが確認される一方で、『万国総界図』については一点しか現存が確認されておらず、改版された形跡がない。もっとも、宝永五年（一七〇八）に須原屋茂兵衛による『万国総界図』の刊行があり、これは相模屋版を求版して、刊記部分を埋木したものである。宝永四年には日本図の刊行も別の板元に代わっており、このころ、相模屋は没落ないし廃業したものと思われる。いずれにしても、石川・相模屋コンビにおいては、世界図を出したものの、そこにあまり力を入れなかった。それは、日本図が新たな潮流を形成する特徴を備えた図であったのに対し、世界図はそれまでの図を踏襲し、やや絵画的な要素を高めたにすぎない内容で、新たな潮流どころか、それまでの潮流の火消し役になっているところからもうかがえる。

また、寛文一一年刊『万国総図』は、世界図と民族図譜が一枚の紙面に刷られている。民族図譜にはそれまでの「長崎津開板」という文字をそのまま踏襲しているが、世界図側には「寺町三条上ル林次左衛門開板」とあり、京都の林次左衛門、すなわちのちに京都図をはじめとした都市図で名をなす林吉永の版であることがわかる。この図は、漢字にルビがふられており、通俗向けに作られたものである。林吉永自体は世界図刊行にその後、力を入れた形跡はないが、このような通俗向け世界図の販売戦略は、その図柄もともに節用集のなかに引き継がれていった。そのもっとも遅い段階のものとしては、海野（二〇〇三）が宝暦一一年（一七六一）刊行の『大福節用集大蔵宝鑑』のなかに、この系統の図を確認している。そして、図形の退化や改変をともなったものも加えるならば、一九世紀に入って刊行された節用集のなかにも、『万国総図』に由来するような世界図が含まれているのである（海野・二〇〇三）。

「南蛮」の影響を受けた世界図は、当初は一枚ものの刊行世界図の主流として、そしてその後は通俗向けの節用集の挿図として、その系譜は連綿と継がれていっていたことになる。

リッチ系世界図　マテオ・リッチの『坤輿万国全図』をもとに作製された刊行図、ないしその簡略版をリッチ系世界図と総称する。『坤輿万国全図』そのものは、一六〇二年に中国で刊行されてからほどなくして日本にもたらされていた。そしてその卵形のかたちや太平洋を中央におく構図は、刊行世界図に早くから取り込まれていった。しかしながら、『坤輿万国全図』の影響を色濃く受けた世界図が出版文化のなかで具体的に登場するのは一八世紀になってからである。リッチ系世界図については、鮎澤（一九四二）の先駆的でかつきわめて詳細な研究がある。なお、そこには先にふれた「準南蛮系」ないし「リッチ・南蛮混合型」も含まれている。

リッチ系世界図として、日本でもっとも早くに刊行されたのは、原目貞清《はらめさだきよ》による『輿地図』である。これは享保五年（一七二〇）の刊行で、板元は江戸の出雲寺和泉掾および出雲寺佐七郎である。出雲寺和泉掾は、幕府御用書肆で江戸時代を代表する板元であるが、一八世紀中葉以降の流宣日本図の板元としても知られている。地図にも少なからず関心を示していた板元の一つといえるだろう。

『輿地図』には題言が付されているが、そのなかに「往昔有泉州一官某者、携図来肥州、自以珍蔵焉、当時人固請写之、伝来于江府」という記述がみえ、原図が泉州（福建省）から肥州（肥前）にもたらされたものであることがわかる。また、長崎で「珍蔵」されていたが、固く請うことで写図が作られ、江戸に持ち込まれたことが出版の契機となっていたこともわかる。実際、日本には『坤輿万国全図』の模写が二〇点以上も確認されている（土浦市立博物館・一九九六）。原本そのものは「珍蔵」されていたのであろうが、このような模写を通じて、『坤輿万国全図』の知識は徐々に拡散していき、それが最終的に刊行図としても取り上げられたのが、一八世紀前半ということになろう。

ただ鮎澤（一九五三）も指摘するように、『輿地図』の内容は『坤輿万国全図』と完全に一致するわけではない。この点、海野（二〇〇四）は「当時流布していた模写本『坤輿万国全図』のなかでも、かなり改訂の進んでいた図に基づいて」作製されたと推定している。模写での流布には、このような改訂や修正、もしくは誤写がおきることはよくあることであり、一〇〇年以上も前に中国で刊行された原図が、模写を経て使用される場合、変更されていることの方がむしろ普通であろう。

さらに、この『輿地図』をベースの一つとして世界図を刊行した者も現れた。それが長久保赤水である。実は、長久保赤水旧蔵の『輿地図』が現存しており、そこには赤水による「勉強」の跡が朱で記されている。そして、そのような勉強の成果を『地球万国山海輿地全図説』として寛政七年（一七九五）ごろに刊行した（図12）。当初は無刊記版で発行されたが、その後、大坂の浅野弥兵衛の一軒版や、浅野弥兵衛を含む五軒版などが知られている。浅野弥兵衛は赤水日本図と同じ板元である。無刊記版の板元が不明なため、即断はできないが、のちの展開をみても、浅野弥兵衛が深くかかわる出版であった可能性は高い。

いずれにしても、日本図のあとに世界図を刊行するという販売戦略は、石川流宣・相模屋太兵衛のコンビと同じにおいを感じる。そして、日本図がきわめて特色ある図であったのに対し、世界図は従来品の延長にすぎない点も、また同じである。長久保赤水の場合、確かに『輿地図』に「勉強」の跡はみえるが、二〇年余りも検討を重ねて作り上げた日本図とは比べものにならない程度の些細なものである。なお、赤水は天明五年（一七八五）には『大清広輿図』を江戸の須原屋茂兵衛・須原屋伊八から刊行し、また寛政元年（一七八九）には『唐土歴代州郡沿革地図』といった歴史アトラスを刊行す

図12　『地球万国山海輿地全図説』　長久保赤水作・浅野弥兵衛版
寛政７年(1795)ごろ

るなど、アジアへの関心は高く、アジアに関するさまざまな下図や資料は「長久保赤水資料」(高萩市指定文化財)に残されている。しかし、それ以外の地域の資料は「長久保赤水資料」に含まれておらず、現在確認できるのは『輿地図』のみであり、『輿地図』への加筆もその多くはアジアに偏る。

このようにみた時、『地球万国山海輿地全図説』がはたして赤水の主導のもとで作られた図であるのか、という疑問が生じる。むしろ、板元側が持ちかけた話ではなかったかと。そして、その板元とはやはり浅野弥兵衛ではなかったかと。両者の書簡などが残っていないため、これ以上の検討は不可能だが、後述の『喎蘭《オランダ》新訳地球全図』の解説の際に、この憶測をもう少し重ねることにしたい。

どちらの思惑であったのかは不問に付すと

して、日本図と世界図の刊行を試みた点が共通するのは石川流宣・相模屋太兵衛コンビと、長久保赤水・浅野弥兵衛コンビとでは変わらない。日本図においては両コンビとも名声を博したわけだが、世界図についての社会への影響度は長久保赤水・浅野弥兵衛コンビに軍配が上がる。長久保赤水の『地球万国山海輿地全図説』は、先述のように無刊記版、一軒版、五軒版などが出たほか、その後江戸時代後期には、同名の小型版がいくつかのバージョンをともなって出版されている。大型図よりもこの小型図が社会には受け入れられたようで、この影響が幕末まで続く。その典型が嘉永三年（一八五〇）に「水戸　長赤水先生原稿、江戸　山崎美成補著」として刊行された『地球万国山海輿地全図』である。赤水が他界して半世紀後においても、そのネームバリューは生き続けていたことになる。

さらに、海外への関心が高まった幕末には、赤水小型世界図に依拠した海賊版も刊行されている。そこには、もはや赤水の名前はなく、代わって庶民の関心を引くような人物図譜が復活している。

改めて振り返ると、赤水の世界図は原目貞清の『輿地図』などを用いた図であり、その起源は『坤輿万国全図』にある。一六〇二年刊行の地図に記載された地理的知識は、実に長い間、その命脈を保ったことになる。もちろん、その間に新たな知識は流入しており、たとえばリッチ系世界図に特徴的な世界の南部三分の一に横たわる「墨瓦臘泥加《メガラニカ》」は、その存在が後述の蘭学系世界図の登場で完全に否定されたにもかかわらず、幕末に至るまで庶民レベルの世界像のなかには、はっきりとした残像として描き続けられた。

リッチ系世界図としては、どうしてもあと二つの世界図にふれないわけにはいかない。一つは享和二年（一八〇二）刊行の『坤輿全図』である。この図は稲垣子戩《しせん》によるもので、『坤輿万国全図』を縮小模刻したものである。縮小しているので、当然『坤輿万国全図』に記載された地名をすべて収載することができなくなるのだが、その不備を補うために、地名を含めた図内の記事をすべて収めた『坤輿全図説』を添えている。

もう一つは、やや時代が遡るが、延享元年（一七四四）に刊行されている『万国図』（図13）である。きわめて簡略な世界図であるが、南北回帰線を「昼短線」、「昼長線」とするなど、『坤輿万国全図』を源流にもつことは明らかである。この図にふれなければならないのは、この図のアジア部分にきわめて興味深い内容が表現されているからにほかならない。そこには渦巻き状の「いけ」が表現されている。これは仏教系世界観における南瞻部洲を潤す大河の源流「無熱悩池（阿耨達池）」そのものである。すなわち、この図は、仏教系世界図においては「世界そのもの」を示したはずの「南瞻部洲」が、アジアとして解釈され、リッチ系世界図のなかに組み込まれているのである。

この『万国図』を刊行したのは、通俗版仏教系世界図も刊行していた本屋彦右衛門である。まったく異なる世界観のもとに作られた二つの世界図を融合させてしまえたのは、通俗版ならではのことだったのかもしれない。しかし、異なる二つの世界観を表出した世界図が、互いに幕末まで刊行され続けていたことをみた時、当時の人々がそれらをどのように認識し、みずからの内側でどのように共存させていたのかは重要な問題である。その点において、『万国図』はきわめて有益な示唆を与えてくれる史料となっている。

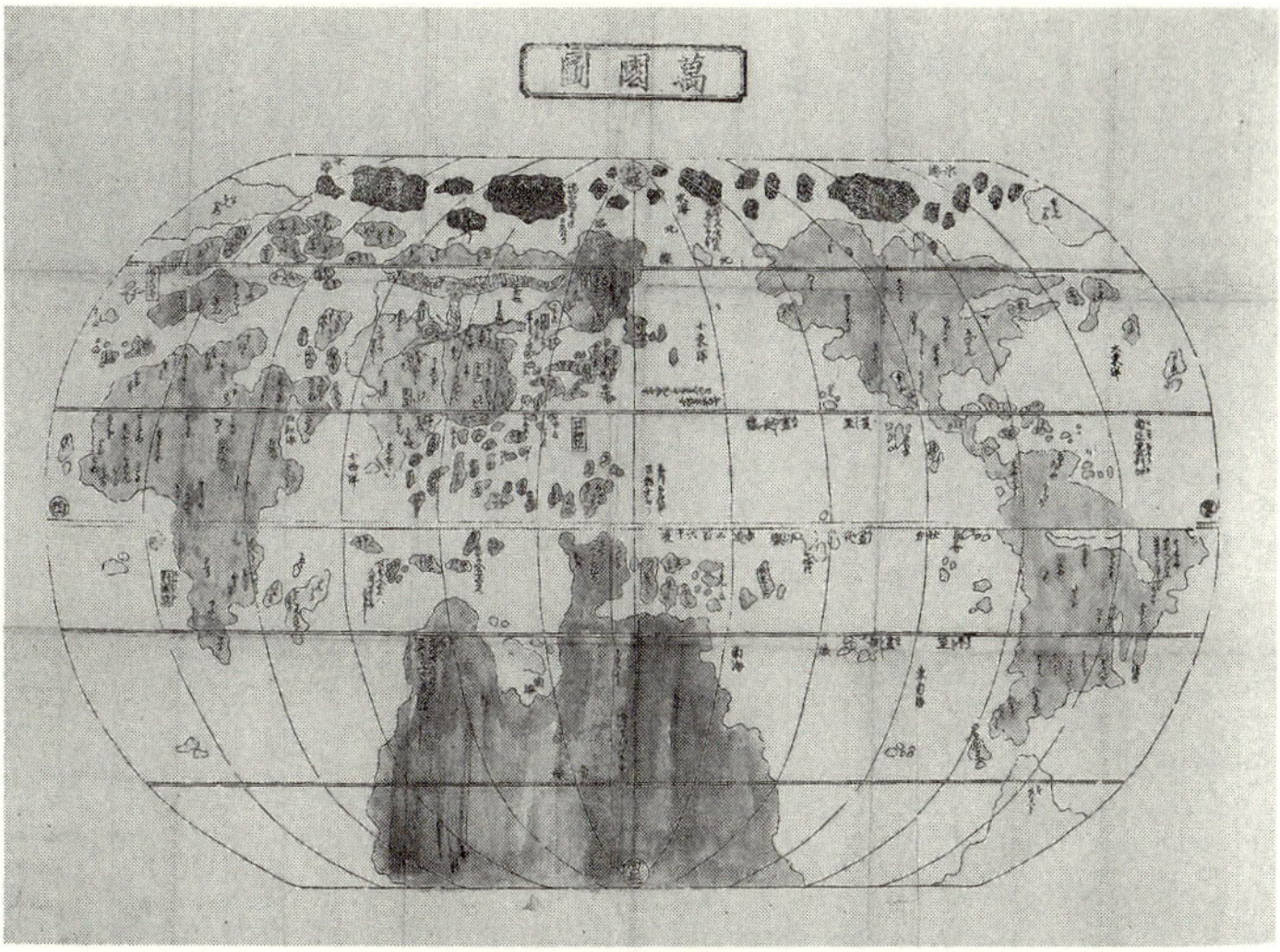

図13　『万国図』　延享元年(1744)刊

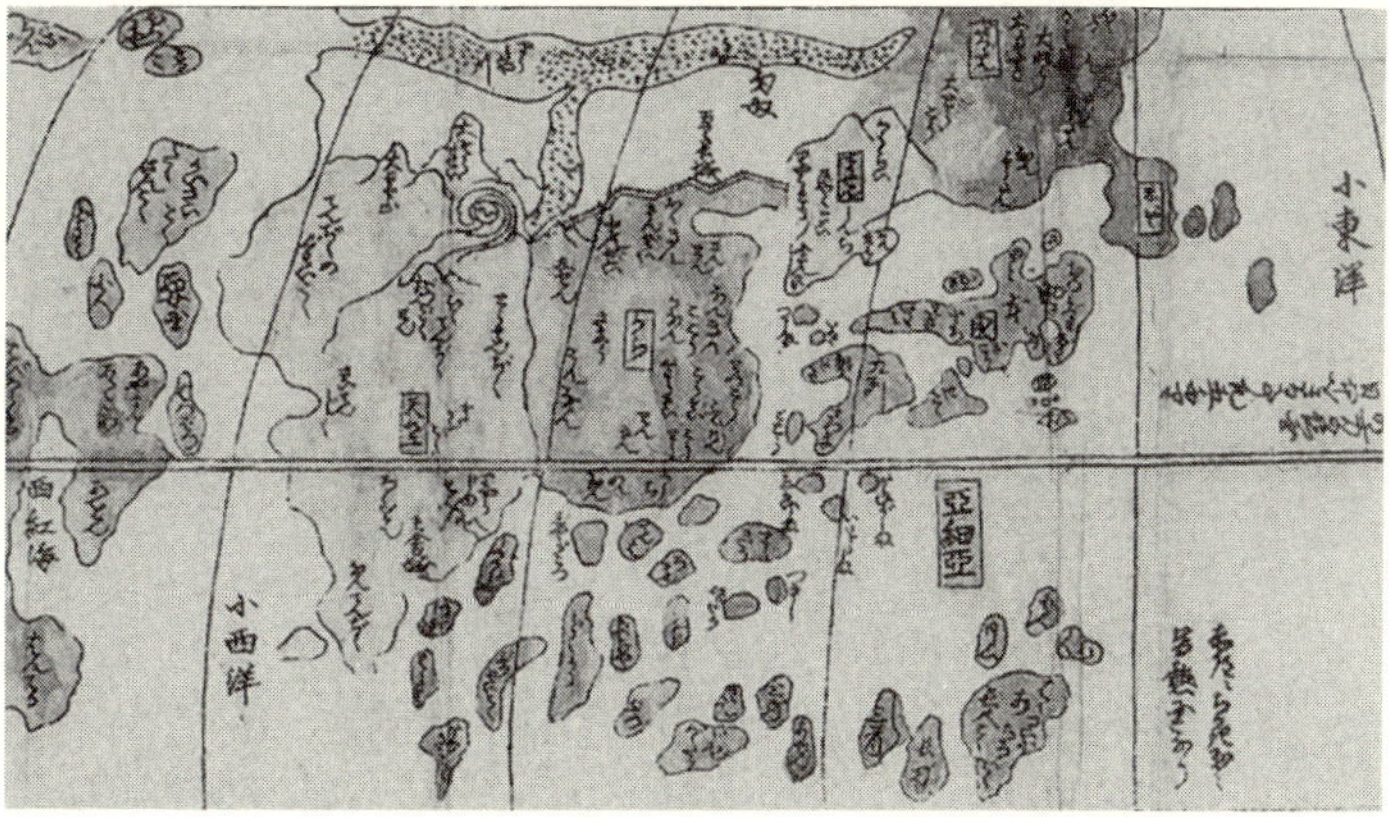

(部分図)

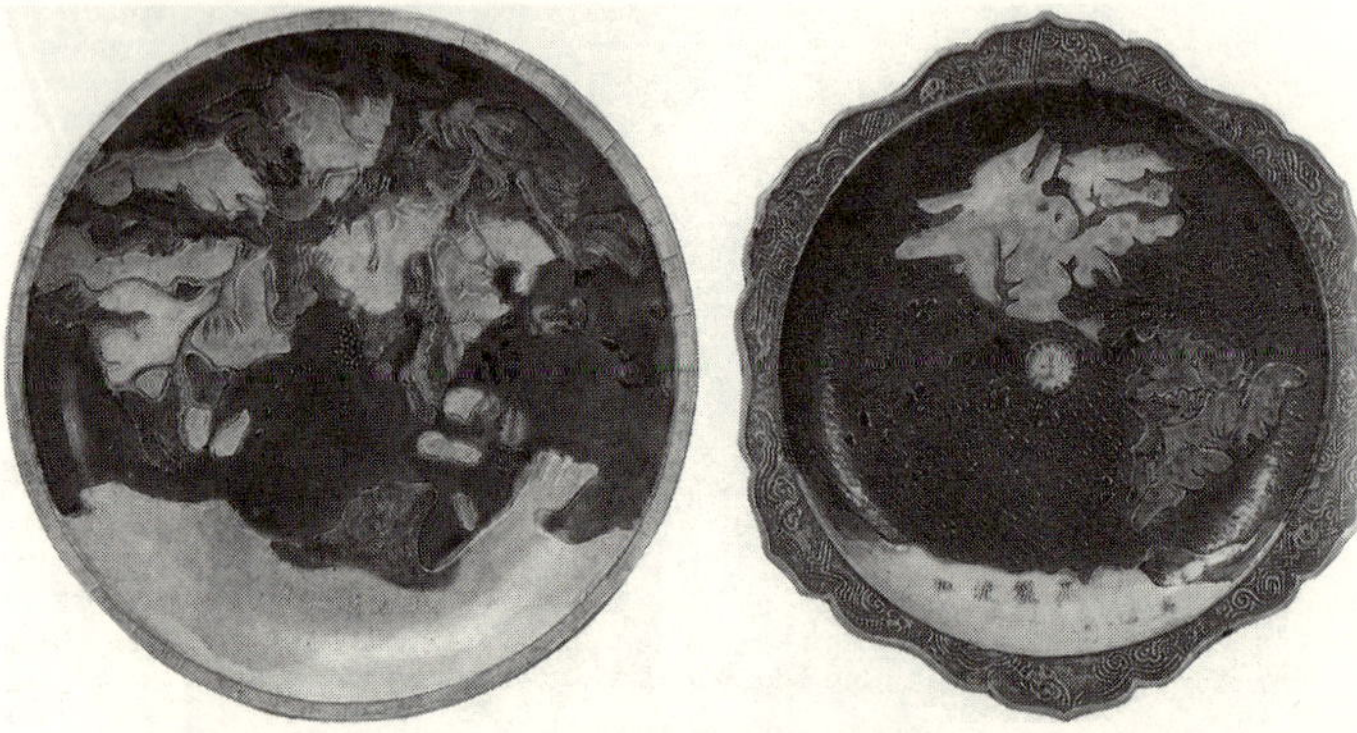

図14　源内焼世界図皿

蘭学系世界図　長崎出島の完成以後、ヨーロッパとの知的交流はきわめて限定的なものとなったが、それでも長崎通詞らを通じて、また朝鮮通信使らの来訪を機に、知識人たちは積極的に知識を取り入れていった。それは一八世紀になるとより活発になっていくが、その背景には、知識人層を政治機構に位置づけていく政治改革や、対外政策の修正、また出版文化の成熟による庶民層の知識レベルの向上とその対抗策としての知識人の知的欲求の増加など、いくつもの要因が考えられる。そして、そのなかで、地理的知識はさまざまな知識を支える基礎的かつ不可欠な知識として認識され、地誌書や地図が収集されていったことが明らかになってきている（上杉・二〇一〇）。

　世界図の場合、たとえば、平賀源内（一七二八〜八〇）の動きが典型的である。源内は宝暦五年（一七五五）に軟質施釉陶器――いわゆる源内焼――の指導を始めたが、採用された主文様の一つが地図であった（図14）。日本図皿と世界図皿（アメリカ図皿とユーラシア皿）が知られ、世界図は平住専庵著・橘守国画『唐土訓蒙図彙』（享保四年〈一七一九〉刊行）に掲載される「山川輿地全図」がもとになっている。「山川輿地全図」はマテオ・リッチの東西両半球図に由来するものである（三好・二〇〇三）。ただ、「山川輿地全図」には記載がなかった緯度や方位についての記載を記入するなど、その他の情報もつけ加えて、新たな地図を作り出している。

一方で、源内は明和五年（一七六八）三月に、一七五九年に刊行された『ゼイアットラス　ニウエアットラス（Zee-atlas, Nieuwe atlas）』（図15）をオランダ商館長の江戸参府一行から入手しているが、これはI・ブルックネル（一六八六〜一七六二）が一七四九年にフランスで刊行した地図の蘭訳版であることが近年明らかとなった（芳賀監修・二〇〇三）。この図は刊行直前に確認されたベーリング海峡など、最新の地理情報が含まれていた。源内自身、この図について「是ハ世界ノ図委相分申候古今之珍書、阿蘭陀之新板物九年前ニ出来候書、去年八年ぶりにて一万三千里の所より手に入候古今之珍物に御座候」（『物産書目』）と、きわめて珍しい地図を入手できた喜びを述べている。

このように、源内はそれまでの世界図を活用すると同時に、ヨーロッパから新たな知識を積極的に入手しようとしていた。これは、源内に特異な行動であったわけではなく、当時の蘭学に関心を寄せた人たちの間に、多かれ少なかれ確認できることであり、そして、そのなかから出版文化へ展開していくような営みも現れた。そのような蘭学の知識をもとにして刊行された世界図を蘭学系世界図と呼んでいる。

蘭学系世界図の出版を最初に試みたのは桂川《かつらがわ》甫周《ほしゅう》（一七五一〜一八〇九）であったが、実際の刊行

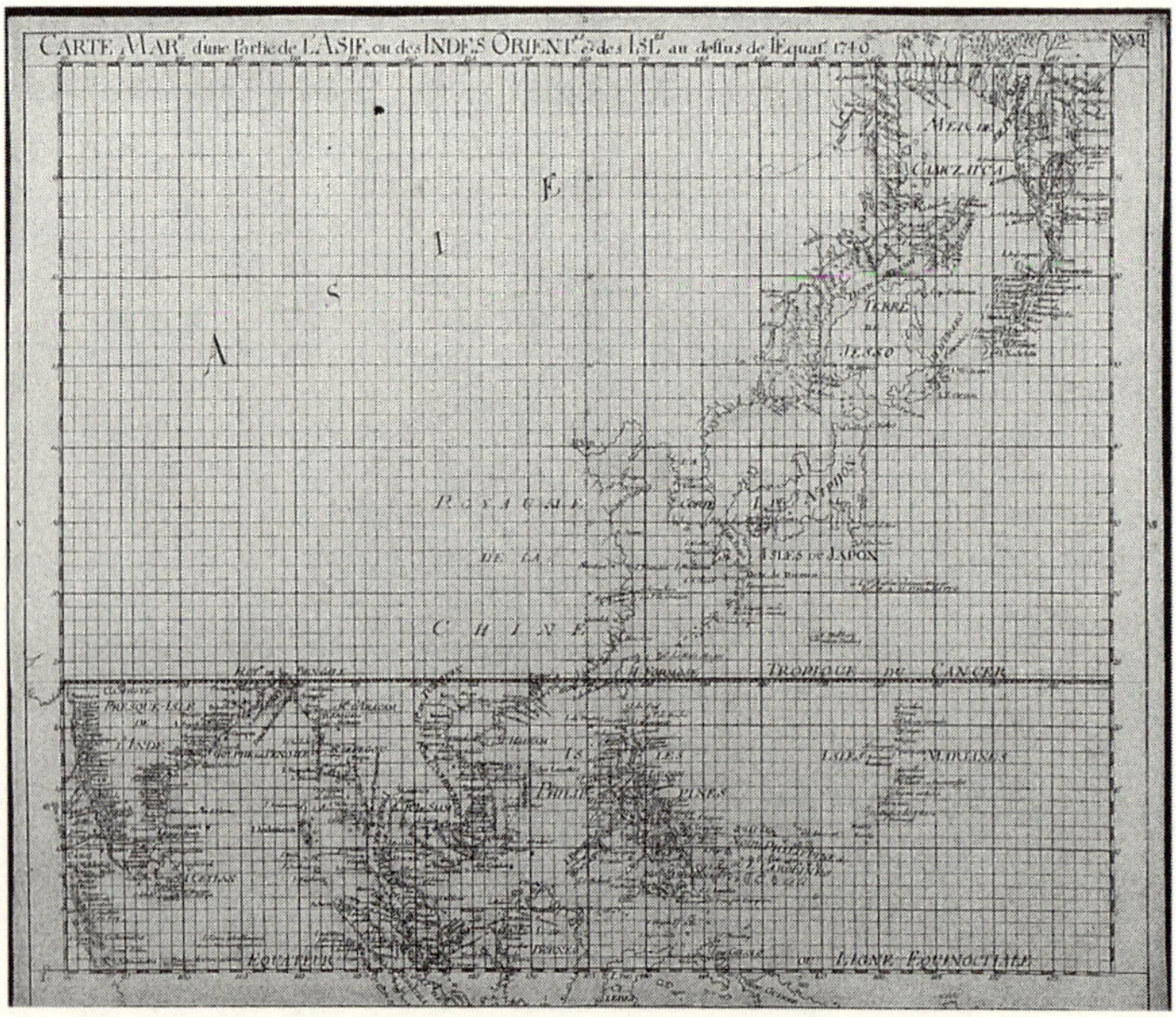

図15 『新海洋世界図（Zee-atlas, Nieuwe atlas)』

となると、司馬江漢（一七四七～一八一八）の手による寛政四年（一七九二）の『輿地全図』、そして後版である『地球図』（図16）が早い。これらは『輿地略説』ないし『地球全図略説』といった地誌的記述とセットになっていた。『地球図』はいくつかの版が確認され、また江漢はその後に別の世界図も作っている（海野・二〇〇三）。

『輿地全図』・『地球図』のもとになったのは、一七二〇年ころにアムステルダムで刊行されたアトラスに収載されたH・ジャイヨのフランス語版大型世界地図であった。すなわち、日本で刊行された当時、すでに七〇年ほど前の情報となっていたのである。これは、たとえば平賀源内の入手したブルックネル世界図が

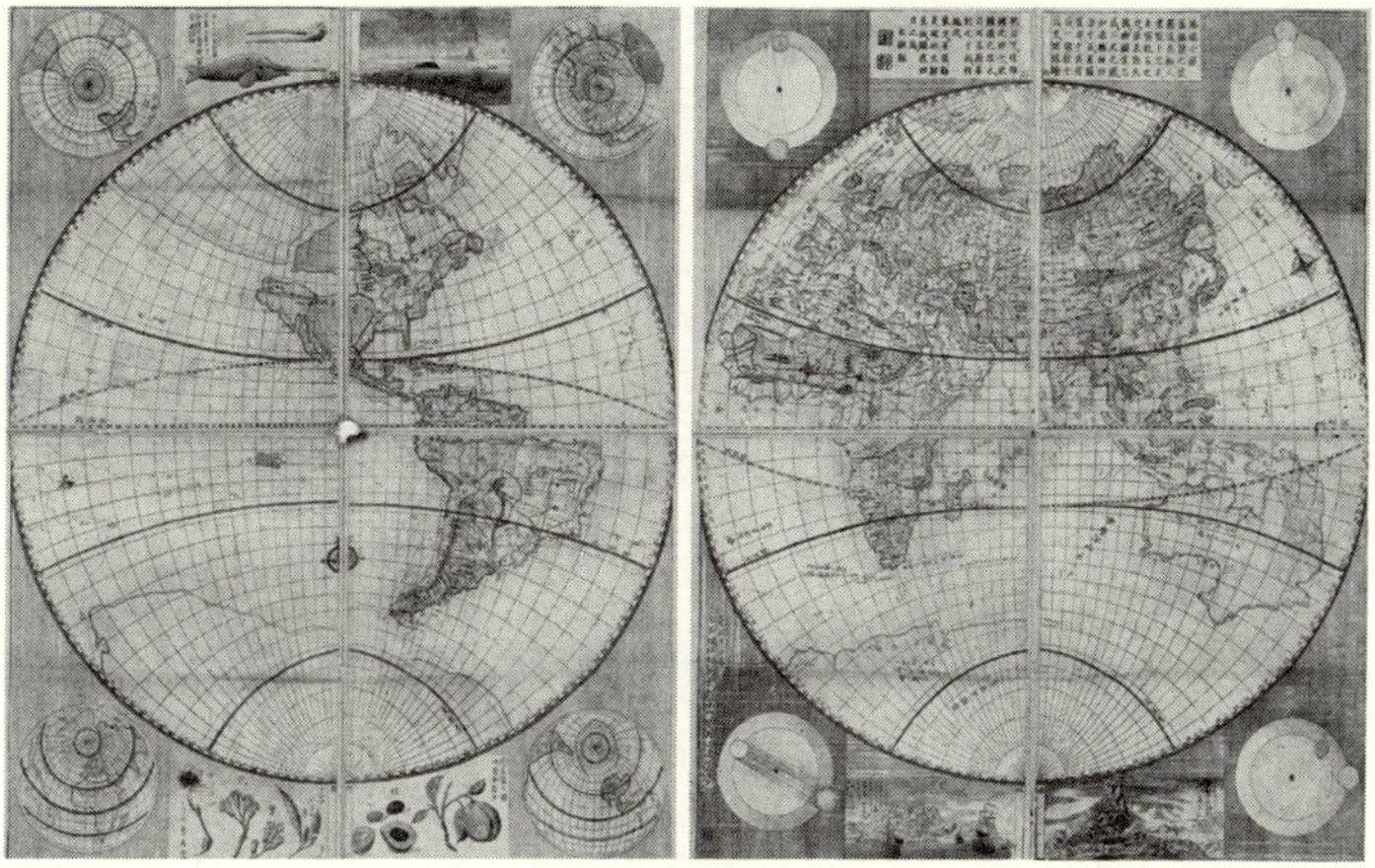

図16 『地球図』 司馬江漢作 寛政4年(1792)

一七五九年、また、桂川甫周が木版の試し刷りまでおこなっていた未完世界図の原図の一つとなったJ・ヒュブネルの地理書に所収された世界図は一七六八年の作であったことを思えば、かなり古い情報に依拠していたことになる。なお、桂川甫周はヒュブネル図以外にもさまざまな地図を利用したことが海野(二〇〇三)によって推定されている。海野は指摘していないが、ニュージーランドの形などをみれば、その一つにブルックネル世界図があった可能性がある。桂川甫周は地図作製に大槻玄沢や杉田玄白の協力を得ており、また甫周自身、『ターヘル・アナトミア』の翻訳事業に参加していた。このような事業や人物の背景に平賀源内がいることは周知のことであり、甫周が源内所蔵の地図を使うこともまた可能であっただろう。

いずれにしても司馬江漢の世界図は、内容からみれば日本にある最新の蘭学の知識が掲載された図とはいえないものであった。しかしながら、それまでに刊行されていたリッチ系世界図などに記載された情報に比べれば、きわめて新しい情報であったことは間違いない。さらに、司馬江漢図は、はじめての銅版印刷図という、それまでにない新奇性を備えた図としても出版業界に登場したものであった。もちろん、この銅版技術もオランダからもたらされた新たな知識によるものであった。

司馬江漢図以降、蘭学系世界図は次々と刊行され、また銅版による刊行図も数多く登場していくことになった。そのうち、ここでは社会への影響という面で重要であったと思われる二点を紹介しておくことにしたい。いずれも再版や改版が確認され、社会に広く流布したと思われるからである。

一つは、司馬江漢図の刊行からほどくして刊行された木版世界図『喎蘭《オランダ》新訳地球全図』である。これは、大坂の蘭学を牽引していた橋本宗吉（一七六三〜一八三六）が「製」した作品で、いくつかの板元から出されているが、その中心は浅野弥兵衛であった。この図にはあと二人の名前がみえ、一人が「閲」者の長久保赤水、そして序文を寄せた儒者曾谷応聖である。また、初版の板元には浅野弥兵衛から曾谷応聖の養子となった曾谷林蔵も名を連ねている。この図は刊記が同じで板元記載が異なるものが少なくとも五種確認されており、さらには模倣版や海賊版も数多く知られ、私家版であった司馬江漢図と比べて、その社会に与えた影響はきわめて大きい（海野・一九八五）。

この図は、同時代の山村昌永（才助、一七七〇〜一八〇七）によって「橋本生ハ蓋シ和蘭ノ書ヲ読ミタル人ニハ非ズトミユ」と、その内容が陳腐であることが痛烈に批判されている（鮎澤・一九四三・一九五九）。確かに、蘭学系世界図の一種であることは間違いないが、その内容は蘭学の造詣深い橋本宗吉らしからぬ仕上がりである。この理由について、地図の内容を詳細に分析した海野（二〇〇三）は、この図における宗吉の関与は「オランダ版地図の中の地名を読んでやった程度」であり、「真の作者」は序文を寄せた曾谷応聖であったことを明らかにした。そして、「応聖がその序文で宗吉の英才ぶりを賞賛し、すでに高名であった長久保赤水の名が校閲者として掲げられているのも、一は、蘭学の素養のない応聖の作品であることを覆いかくす手段であり、一は、浅野弥兵衛の売らんかなの逞しい商魂のあらわれであろう」と推定している。海野は、宗吉自身が『喎蘭新訳地球全図』に愛着をもっていなかったと述べている。また、赤水の日本図に比べて世界図に対する意識が低かった点は先に指摘したとおりであり、赤水が責任感をもって「閲」したことははなはだ疑わしい。

模倣版や海賊版の数をみる限り、結果的には『喎蘭新訳地球全図』は蘭学系世界図の代表としてのちのちまで影響を与えることになったが、その出版の背景には、地図作製や地図出版に絡むさまざまな思惑があった点は感じておいてよいだろう。

さて、蘭学系世界図として、もう一つ必ずふれねばならない作品がある。高橋景保による銅版世界図、『新訂万国全図』である（口絵4）。この図の識語には文化七年（一八一〇）春三月と記されているが、幕府上呈がそのころであり、刊行はそのあとであった。この図がいかなる図にもとづいて作製されたのかについては古くから議論があったが、そこに一定の統一的見解を与えたのは船越（一九七九・一九八六）である。船越は『新訂万国全図』には、康熙帝治世においてイエズス会士によって測量された一連の「康熙図」（「皇輿全覧図」）が一部で使われたほか、主要な図としてはA・アロースミス（一七五〇～一八二三）による世界図のうち、一七九九年前後に刊行された方図をもとにしていたこと、パリの国立図書館にそれと同種の図が保存されていることを明らかにした。このアロースミス方図については、二宮（二〇〇七）が一七九七年以降一八〇四年以前の改訂版を日本で発見し、内容を調査したうえで、『新訂万国全図』の主たる底本であったと論じている。

これらの発見と議論によって、『新訂万国全図』とアロースミス図との関係はゆるぎないものとなったといえる。ただ、両者の著書に添えられた図版による限り、オーストラリア南東部の表記が異なっているようにもみえるので、船越の発見したパリ国立図書館本と二宮家蔵本が同一種であるかは改めて検討する必要がある。この点について、金田（二〇〇七）はアロースミス図の編纂過程を検討し、「アロースミス図自体が、多様な情報によって複雑に構成されて」いること、そして「景保もまた、必ずしもこのアロースミス図に全体を依存していたわけではない」ことに注意を喚起している。全体としてはアロースミス図に依拠しながら、日本およびその北方や、ロシア東部付近、北アメリカ北部および北方一帯、カーペンタリア湾など、細部については別の情報も含んでいるのである。

金田によれば、このように多様な資料を駆使して作られた『新訂万国全図』を、ほかの蘭学系世界図と比較すると、その独自の特徴として次の四点があるという。

①京都中心の半球図を添えていること
②一七九九年版という最新のヨーロッパ新図を主要資料としていること
③日本および日本北方に独自で最新の情報を盛り込んでいること

④天地一一四センチ、左右一九八センチという大きな版で、きわめて詳細な世界図であること

このうち、①の京都中心の半球図については、伊能忠敬《いのうただたか》が京都を中央経線設定の基準としていることや、それ以前の長久保赤水、森幸安《もりゆきやす》の日本図についても同様であることを考慮しておくべきだろう。また、景保自身が『新訂万国全図』の準備段階に作製した『日本辺界略図』も、同じく京都を経線の中心軸に据えている。また、③については伊能図のほか、間宮林蔵の北方探検の成果など、日本国内における地理的知識の精度が深化していた点をふまえる必要がある。高橋景保は天文方の役職にあり、これらの成果を自由に活用できる立場にあった。ヨーロッパ世界にとって日本近海は航海距離が長く、南極大陸をのぞけば、オーストラリア南東部と並んで最後まで地理的知識が不足していた地域であった。その部分を独自の成果で補訂し、かつ④にあるような詳細な内容をも備えた『新訂万国全図』は、結果的に当時の世界にあったあらゆる世界図のなかでも屈指の内容を誇る図となったのである。

その後、『新訂万国全図』は、安政二年（一八五五）にK・ソールとF・ハントケによるドイツ製世界地図帳を用いて改訂を施した改訂版、『重訂万国全図』が刊行されており、さらに明治四年（一八七一）にもその再版が出されている。このように、『新訂万国全図』の影響は明治期に至るまで続くものとなっており、名実ともに蘭学系世界図の代表であり、かつ江戸時代末期を代表する世界図であるといえる。

もちろん、この時期にはその他の知識人――端的に地理学者ないし地図学者と呼べる者たち――によっても世界図は刊行されている。両半球図としては、たとえば箕作省吾《みつくりしょうご》による『新製輿地全図』

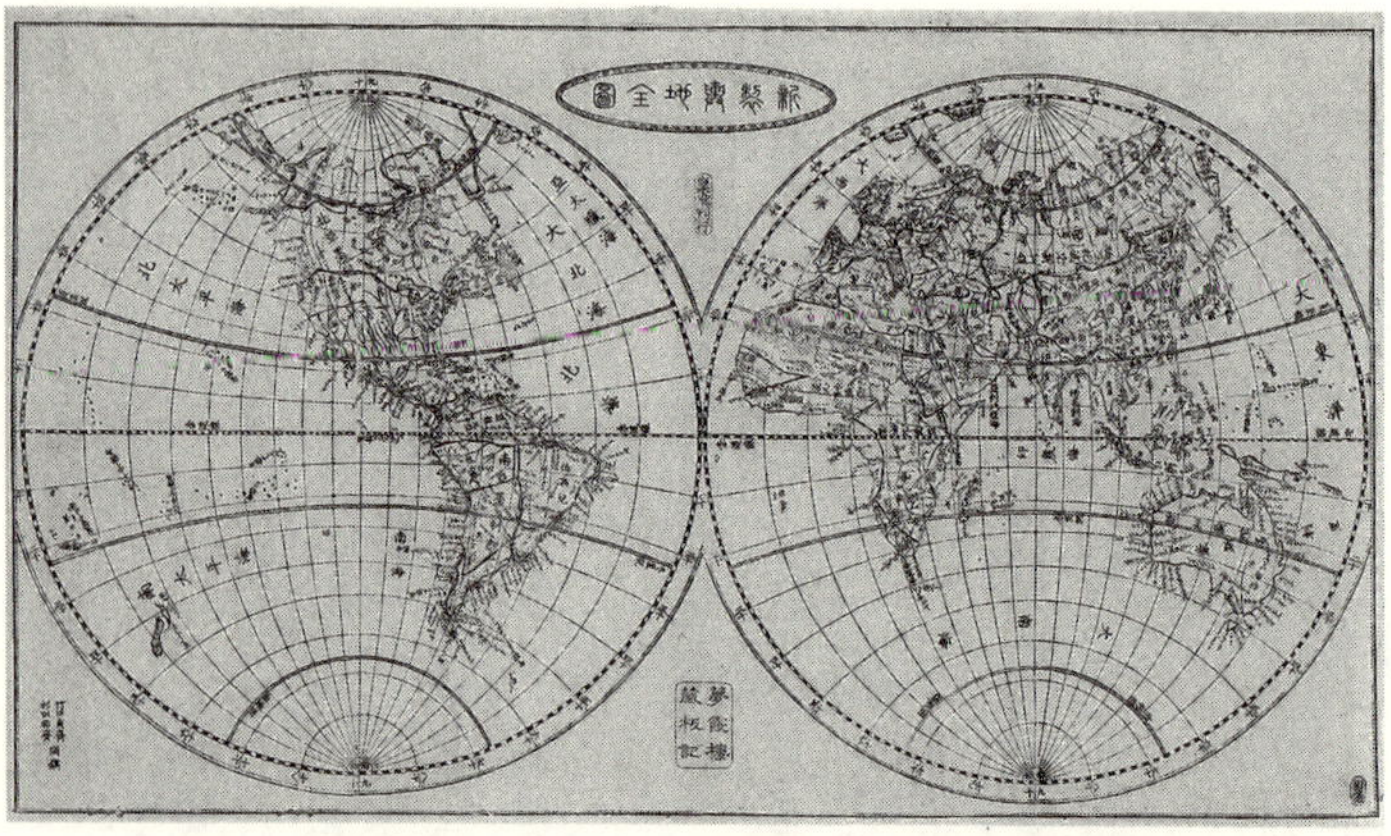

図17 『新製輿地全図』 箕作省吾作 弘化元年(1844)刊

が弘化元年（一八四四）に刊行されている（図17）。箕作家には上記のドイツ製世界地図帳が伝来しており、箕作家が天文方に出仕していたことから『重訂万国全図』作製時に使用された原本と目され（鮎澤・一九五三）、また省吾自身も活用した可能性がある。また、卵形図としては、嘉永五年（一八五二）に刊行された新発田収蔵による『新訂坤輿略全図』がある。新発田《しばた》収蔵《しゅうぞう》は同七年に『蝦夷接壌全図』を刊行し、さらに『重訂万国全図』の校訂者にもなった人物である。

江戸時代後期になると、このような専門家による世界図作製が相次いでおこなわれ、詳細さや正しさを追求した世界図が出版文化のなかに浸透していく。船越（一九八六）は、このような動向が世界図作製に表れていく一八〇〇年代初頭に「近代地理学の草創」を求めている。世界図という枠を外せば、知識人による新たな「地図」作製の「草創」はもう少し早い時期に求めてもよいように思うが（上杉・二〇一〇）、江戸時代後期に新しい動きが目にみえるかたちで拡がっていたことは間違いない。

ただし、忘れてはならないのは、優れた内容を備えた世界図が刊行されるような状況となったのちにおいても、先述のように、リッチ系世界図や仏教系世界図が刊行され続けていたことである。この時期、これらは通俗版というかたちで流布していた。大きくみれば、知識人向けには蘭学系が、庶民向けにはリッチ系・仏教系が、それぞれ世界認識の提供に寄与していたことになる。

もちろん、このような二分法は、知識人と庶民という区分が単純にすぎているのと同様、適当ではない。世界図を含め、江戸時代に作製された地図についての検討は、基本的に系譜関係や作製過程に重点がおかれた検討が進んできた。いわば、作製者側の視点に立った検討ばかりが先行していたのであり、地図が社会や文化に与えた影響、ないし読者側の視点に立った検討というのは、まだほとんどなされていない（上杉・二〇一〇）。作製をめぐる問題についての検討を進めることと同時に、受容をめぐる問題の検討についても、今後の地図史研究の一つの論点としていくべきである。

Ⅶ　近現代の地図

1 近代の地図整備

日本の地図史において近世と近代の境界をどこに設けるか、これは実はきわめて難しい問題である。Ⅵの末尾でふれたように、たとえば船越昭生（一九八六）は地理ないし地図についての専門家集団が世界図を作製していく一八〇〇年代初頭に、「近代地理学の草創」を求めている。この区分は世界図を念頭に置いたものだが、ちょうど伊能忠敬《いのうただたか》が活動しはじめる時期でもあり、日本図の展開期とも重なっている。

ただ、一八〇〇年代初頭に近世と近代を区分する画期となるような地図作製の変化があったかといえば、そうでもない。銅版印刷図が技術的な側面での変化といえば変化だが、それは地図の技術というわけではないだろう。伊能忠敬の海岸測量の業績も、その業績自体、輝かしいものであることは事実だが、それまでになかった画期的な測量が使われたわけではない。それ以前から測量はなされていたし、程度の差はあれ、それが村のなかに浸透していたことも、前に指摘したとおりである。

結局は、区分論そのものに取り組むという姿勢でもない限り、何を指標とするか、という点によって区分は変わるという穏便な収束点に落ち着くしかない。技術や作製者の点では明確な時期区分が難しいのであれば、そして、時の政治権力によって特色ある地図が作られ、それが各時期の特徴としてとらえられることが一般に認められうるというのであれば、一応の画期は、政治権力の交代時期に求めておいてさしつかえないように思われる。もちろん、明治政府成立と同時に何もかもが新しくなることなどありえない。漠然とした変転期をはさんで、徐々に地図史の近代がかたちづくられるということになろう。

以下、近代の地図を概観していくが、まずは明治政府による政策に深くかかわって成立した地籍図から話を始めたい。

(1) 地籍図

地籍図研究の展開　地籍図を広い意味にとらえれば、土地の一筆ごとの区画、地種・地目、面積、所在場所の名前と地番、所有者などを示した大縮尺の地図となる（佐藤甚次郎・一九八六）。このような広義の意味においては、たとえば古代荘園図も地籍図に含まれることになるが、一般に地籍図といえば、近代以降に作られたものをさす。そして、それらは大きく明治期の各種法令等に準じて作られたものと、昭和二六年（一九五二）に施行された「国土調査法」にもとづいて調査された地籍を示す図という二つに区分することができる。本書で扱うのは、前者、すなわち明治期の地籍図である。

地籍図は古くから地理学調査の基本資料として利用されてきた。とくに歴史地理学においては景観復原をはじめとするさまざまな研究に活用されている。地籍図を用いた歴史地理学研究の事例は枚挙にいとまがないが、たとえば桑原公徳の『地籍図』(一九七六)や桑原編著の『歴史地理学と地籍図』(一九九九)は、ともに書名に「地籍図」と付し、その資料的価値を前面に出すかたちでまとめられている。もちろん、地籍図はそのほかの分野でも積極的に活用されている状況にあり、山村亜希(二〇〇六)がいうように、「地籍図はもはや「歴史地理学固有の」資料ではな」く、地籍図のもつ史料としての限界をふまえたうえで、学問領域を越えた新たな「共同利用」も模索されはじめている。

このような研究の資料としての活用が進む一方で、地籍図そのものを対象とした研究については、その豊富な資料数に比べると十分に進んでいるとはいいがたい状況にある。そのようななかで、地籍図研究の基礎を提供したのは佐藤(一九八六)であり、異なる目的で実施された明治期の数度の地籍図編纂のそれぞれについて検討し、全体の系譜関係についての見通しを提示した(図1)。

この成果は、それ以後の地籍図研究の基礎として利用され続けているが、地籍図作製は各地で大きな差異があるにもかかわらず、明治政府の政策実施を中心として全国一括の図として提示したために、作製過程の地域差を十分には表現していない図となっている。近年は、この点が強く意識されるようになり、地域ごとの地籍図の成立過程を丹念に検討する必要性が論じられている。

このような調査は、現在、滋賀県を事例とした成果がもっとも蓄積されていると思われる。それは岩間一水(一九九九)や古関大樹(二〇〇四・二〇〇八a)などによって具体的な事項が検討されてきたことに加え、自治体史や史料集の刊行によって地籍図が網羅的に調査された結果が提示され、滋賀県内各地の具体相が明らかになってきたからでもある。このうち、彦根市および旧高月町(現長浜

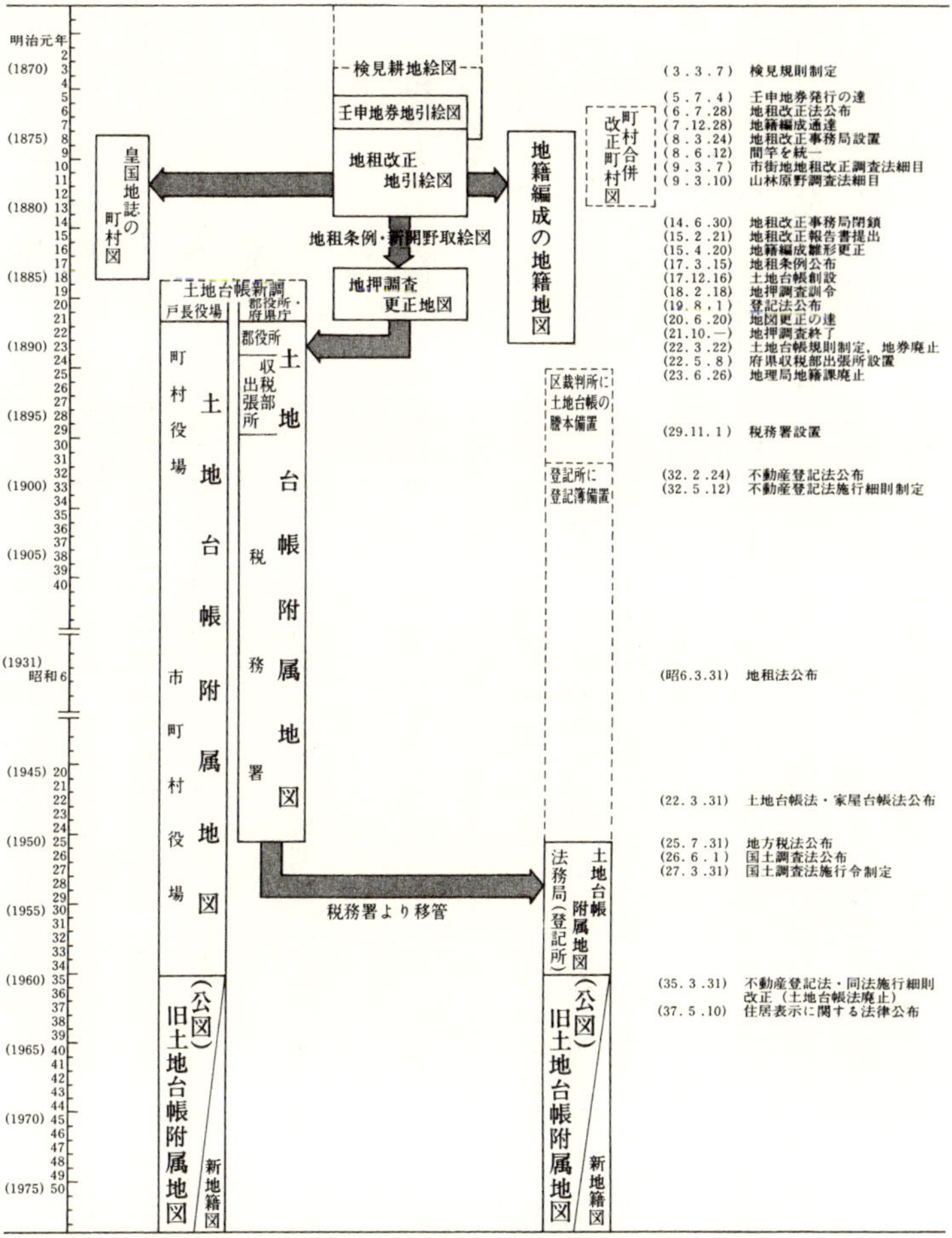

図1　明治前期作成の地籍図類とその系譜および備置場所

作成の終了時期はその事業の完了年月で示したが，現存する地図をみると，調整年月がそれより少し遅れたものもみられる．それは土地台帳や地籍帳の附属地図として浄写・調製された時点と思われる．なお，沖縄県と北海道との場合は地籍図調製の経緯や事情が異なっているので，この図表では除いている．

市）の自治体史作成についても、筆者らもかかわっている（金田・二〇〇一、上杉・二〇〇六）。これらの個別調査の結果をふまえ、古関（二〇〇九）が滋賀県における地籍図の作製時期や機能の変化を論じ、佐藤（一九八六）の研究が中央政府の政策実施過程を示したにすぎず、地域においては中央の政策とは異なる動きで展開することを明確に示した（図2）。このような精緻な研究を全国各地でおこなっていくことは、これからの重要な課題であろう。

以下では、佐藤（一九八六）にみえる事例や滋賀県の事例をもとに、明治期に作製された地籍図を概観していきたい。

壬申地券地引絵図　明治政府は、近代的な国家体制の確立の一つとして、それまでの物納を中心とした税制から、地価課税による金納方式の税制への転換をはかった。そのためには、まず土地の私有を認め、さらに土地所有を国家として証明することが必要であった。そこで明治政府は、明治五年（一八七二）に土地の証書としての地券の発行を指示した。この地券を明治五年の干支を用いて「壬《じん》申地券《しんちけん》」と呼んでいる。壬申地券には郡村地券と市街地券の二種があるが、これはそれまでの租税の違いに由来するものである。

地券発行には地籍図の作製が不可欠であった。この際に作製されたのが、壬申地券地引《じびき》絵図である。地引絵図の作製に関しては、愛知県や宇都宮県、茨城県などでは雛型を提示し、統一をはかろうとしていたことが史料からわかるが（佐藤・一九八六）、たとえば現時点で滋賀県にはそのような雛型はみつかっていない。ただ、滋賀県の壬申地券地引絵図は縮尺がおおよそ六〇〇分一程度で統一され、一

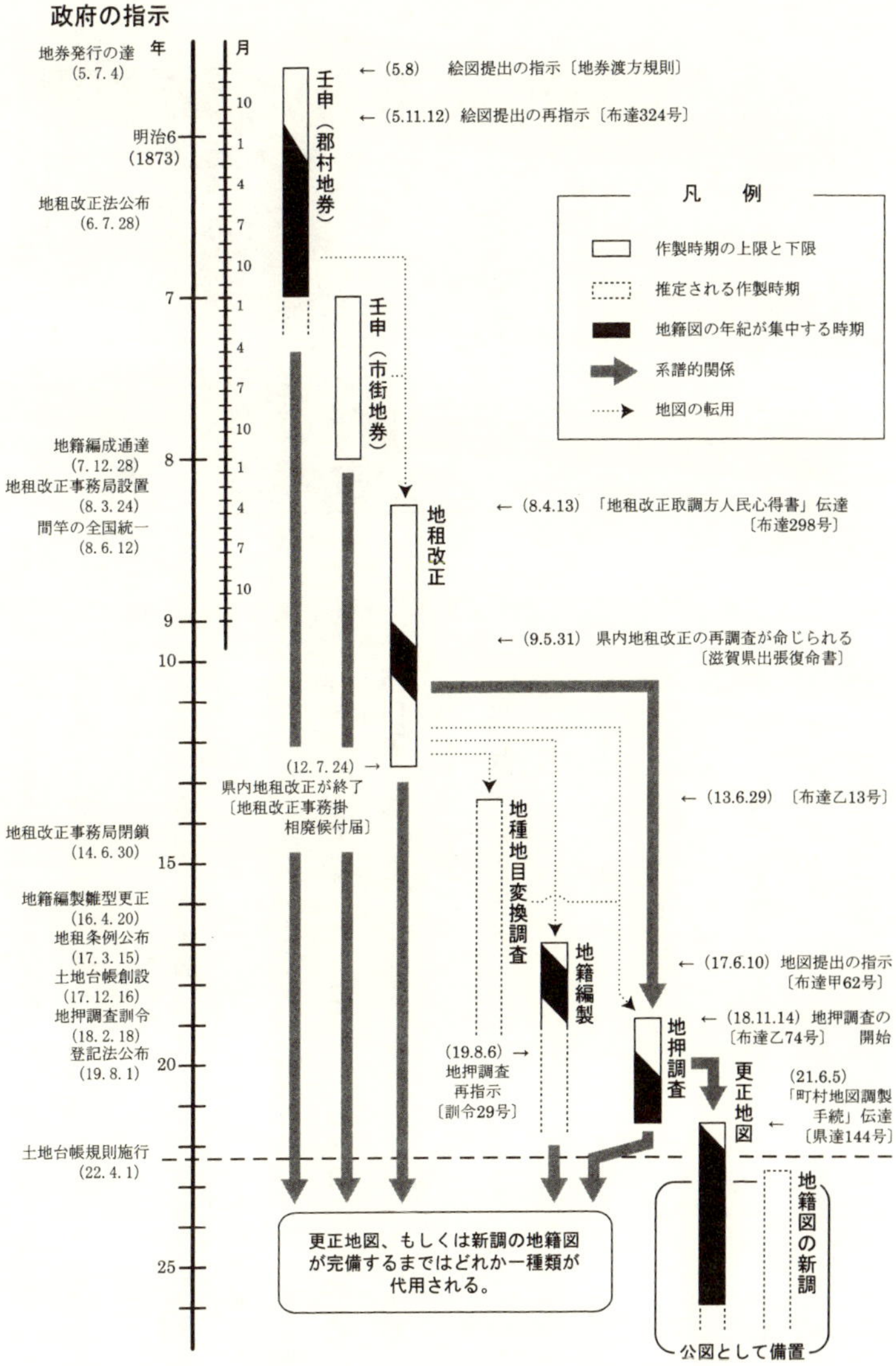
政府の指示
年
月
地券発行の達
(5.7.4)
明治6
(1873)
地租改正法公布
(6.7.28)
地籍編成通達
(7.12.28)
地租改正事務局設置
(8.3.24)
間竿の全国統一
(8.6.12)
地租改正事務局閉鎖
(14.6.30)
地籍編製雛型更正
(16.4.20)
地租条例公布
(17.3.15)
土地台帳創設
(17.12.16)
地押調査訓令
(18.2.18)
登記法公布
(19.8.1)
土地台帳規則施行
(22.4.1)
壬申(郡村地券)
壬申(市街地券)
地租改正
地種地目変換調査
地籍編製
地押調査
更正地図
地籍図の新調
← (5.8) 絵図提出の指示〔地券渡方規則〕
← (5.11.12) 絵図提出の再指示〔布達324号〕
凡 例
作製時期の上限と下限
推定される作製時期
地籍図の年紀が集中する時期
系譜的関係
地図の転用
← (8.4.13) 「地租改正取調方人民心得書」伝達〔布達298号〕
← (9.5.31) 県内地租改正の再調査が命じられる〔滋賀県出張復命書〕
(12.7.24) → 県内地租改正が終了〔地租改正事務掛相廃候付届〕
← (13.6.29) 〔布達乙13号〕
← (17.6.10) 地図提出の指示〔布達甲62号〕
← (18.11.14) 地押調査の開始〔布達乙74号〕
(19.8.6) → 地押調査再指示〔訓令29号〕
(21.6.5) 「町村地図調製手続」伝達〔県達144号〕
更正地図、もしくは新調の地籍図が完備するまではどれか一種類が代用される。
公図として備置

図2　滋賀県下における明治前期地籍図の成立過程

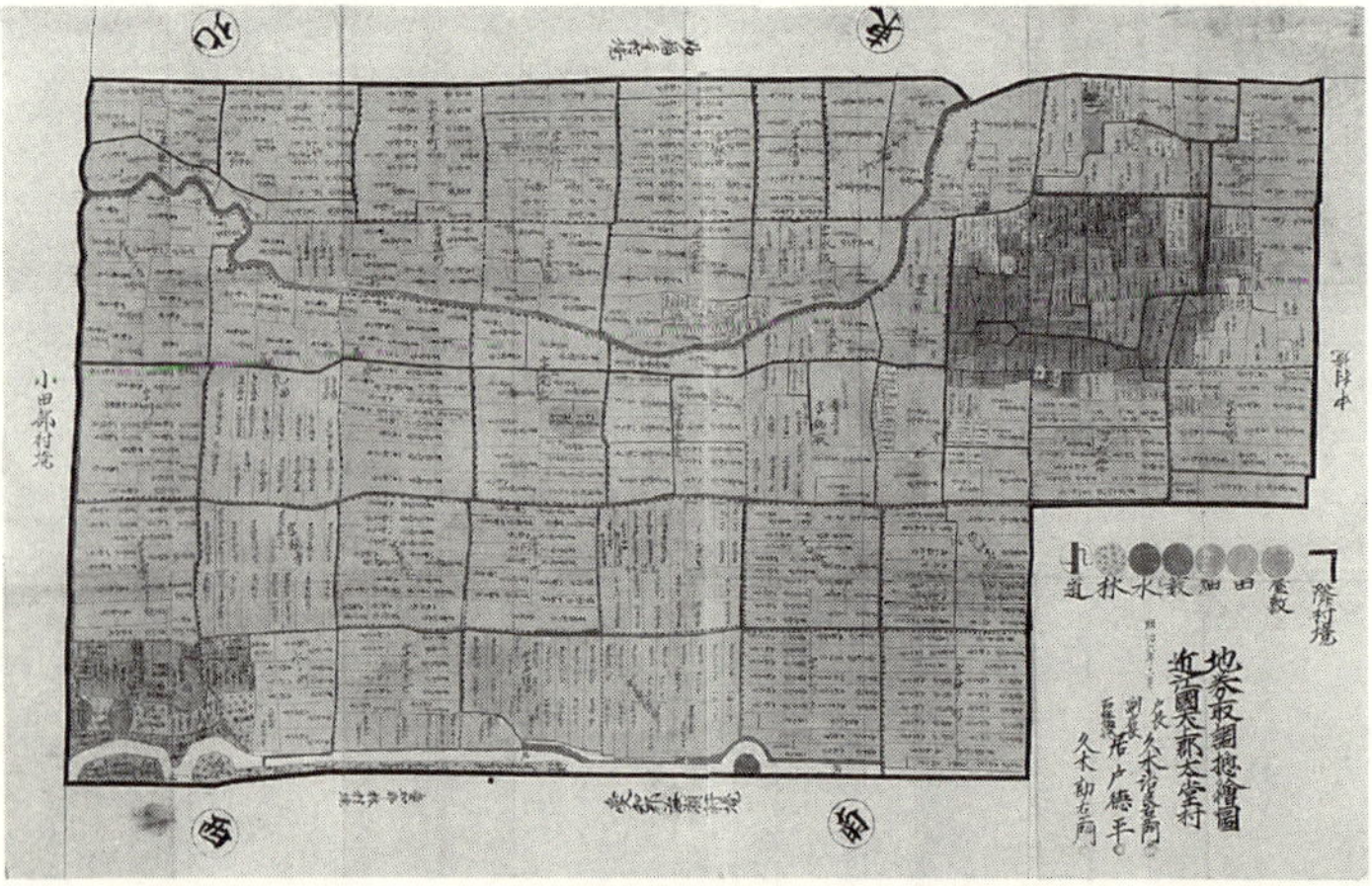

図3　「近江国犬上郡太堂村地券取調総絵図」　明治6年(1880)11月

筆に地番と反別のみが記されるなどの共通点があり、地籍図作製に際して何らかの指示があったと思われる（図3）。

なお、愛知県の雛型には「一村全図」と「字図《あざず》」（字限図《あざきりず》）が示されており、二種の作製が要請されていることがうかがえるが、滋賀県についてはこの時期の字限図は確認されておらず、原則的に一村全図のみの作製であった。このように作製する地図の種類にも地域ごとの差異があったことになる。

地租改正地引絵図　地券発行の指示を出した翌年の明治六年（一八七三）、明治政府は地租改正法を公布し、本格的な租税制度の改革に乗り出した。明治一四年六月に地租改正事務局が閉鎖され、翌年二月に「地租改正報告書」が提出されていることから、このころまでに全国の地租改正事業が完了されたことがわかる。

この事業のなかで、土地一筆ごとの地価が決められ、それを基準とした地租が土地所有者に課せられることになった。この地租改正事業にともなうかたちで作製された地籍図を地租改正地引絵図と呼んでいる。「地租改正報告書」には「一筆毎ノ形状ヲ見取図ニ製シ、之レヲ連合シテ一字限リ及ヒ一村限リ図ヲ製シ」とあり、一筆限図、字限図、村限図の三種の作製が指示された。一筆限図は、地租改正の眼目である土地所有者の把握と地目・面積等による地価の決定にとって根本となるものであり、測量と求積にもとづいた縦横の間数や地目、反別、所有者などが記入された。字限図は各筆の位置を明確にするために字単位に作られた地図で、各筆の区画、地番、反別、間数などが記入された。村限図は村の概観を示すことに主眼が置かれており、明治一九年の『地租便覧』によれば、「一町村全図トハ一村内ノ重《おも》ナル道路溝渠堤塘ヲ画キ、字ノ境界線ヲ引キ、以テ一村ノ大体ヲ明ニ」するとある。しかし、実際に字限図と村限図については、いずれかのみの作製としている府県もあった（佐藤・一九八六）。

滋賀県の場合には、現時点まで村限図のみの作製しか確認されておらず、字限図は作製されなかったと考えられている（古関・二〇〇八a）。村限図には、字レベルではなく一筆まで明確に示されており、各筆の地番、反別、等級が記されている。余白には提出責任者として戸長、副戸長、地主総代の署名捺印がある（図4）。滋賀県では、地租改正法が公布された際、壬申地検地引絵図の作製が途中であったため、引き続きこの事業をおこなっており、地租改正地引絵図の作製が実際に始まったのは、明治八年（一八七五）になってからと考えられている。終了は明治一二年である。

地籍編製地籍地図　壬申地券地引絵図や地租改正地引絵図、また後述する地押《じおし》調査・更正地図は、すべて徴税にかかわる事業整備の過程で作られた地図であり、大蔵省が主導となって実施された。そ

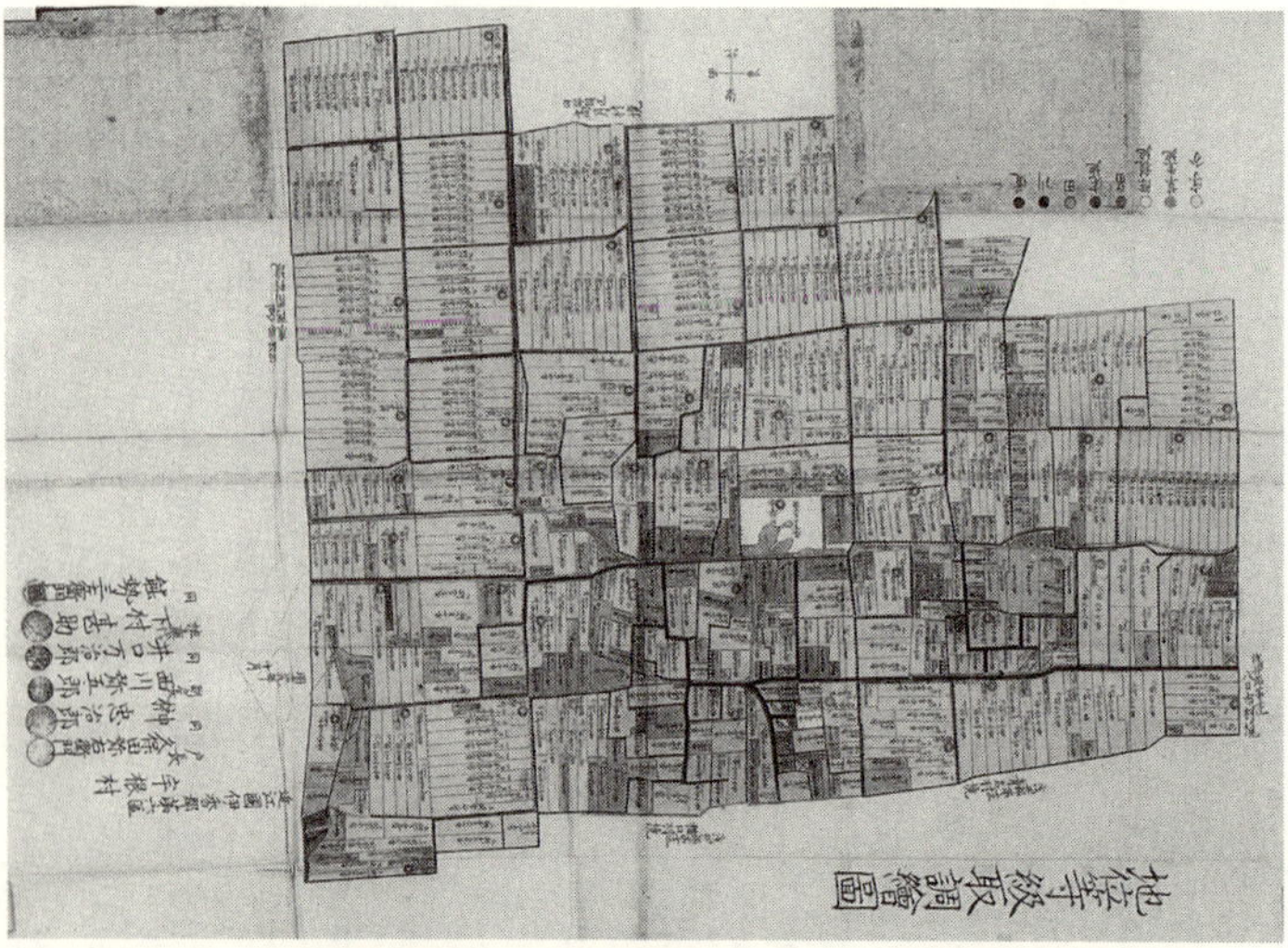

図４　「近江国伊香郡第六区宇根村地位等級取調絵図」（北が上）

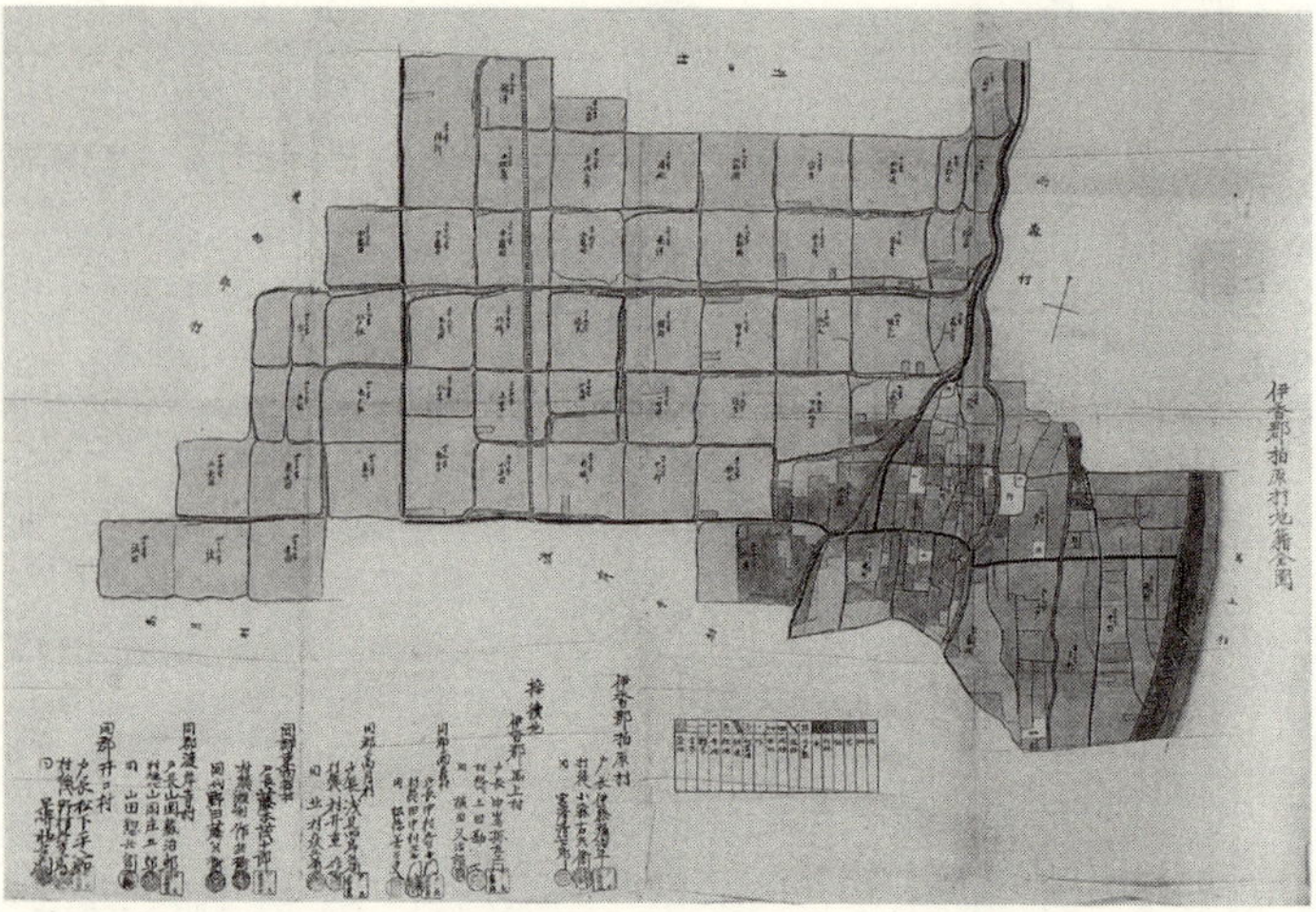

図５　「伊香郡柏原村地籍全図」（北が上）

れに対して、ほぼ同時期に内務省地理寮（のちの地理局）によって、官有地と民有地を包括して地種に区分して地籍を編製する事業も実施された。その事業においても地籍図が作られており、これを地籍編製地籍地図と呼んでいる（図5）。

地籍編纂の実施に関する内務省からの通達は明治七年（一八七四）一二月二八日付が最初であるが、地租改正事業とも重なっていたことや西南戦争勃発による歳費削減などの影響もあり、ほとんど進展のないまま明治一〇年には一度、中止されている。多くの府県で実際に地籍編製地籍地図が作製されたのは、明治一三年に事業が再出発したのちのことである。以後、明治二三年の内務省地理局地籍課および地誌課の廃止にともなって事業自体が取りやめとなるまで、各地で地籍図作製は続いていたと思われるが、その詳細についてはよくわかっていない。滋賀県に関していえば、明治一七・一八年ごろの作製が多いという（古関・二〇〇九）。

内務省による地籍編製の基本的な目的を示す資料として、たとえば内務省の指令にもとづいて明治九年六月二〇日付で滋賀県が各区戸長に頒布した『地籍編製ニ付区戸長心得書』がある（佐藤・一九八六）。

地籍ハ国郡村ノ地境ヲ正シ、方積ヲ明ニシ、地積所有ヲ詳別シテ、全国土地尺壊寸土モ漏スコトナク、之ヲ図面ニ明記シ、外ハ以万国ニ対シ国城ヲ守リ邦境ヲ固フスルノ具ト為シ、内ハ以施政百般ノ基本ト為シ、官民ヲ問ハス各箇所属地ノ境界ヲ明ニシ、人民ヲシテ遂ニ訴ナカラシムルヲ要領トス島津俊之（一九九七）は、地籍編製事業という国家的プロジェクトに、内務省が同時期に進めていた皇国地誌編纂事業と「ミクロスケールでの国土空間情報を余さず掌握したいという同じ欲望」を認めているが、確かにこの心得書をみる限り、地籍編製事業にいわゆるナショナリズムを看取しないという方が難しい。そして国家のそのような思惑ないし意思が府県に、そして府県から地域に触れられていたことがわかる。また、同心得書では、地籍には村地籍、郡地籍、国地籍、使府藩県地籍、全国地籍の五種があり、それぞれ地図を併備することが述べられている。村・郡で編製された地籍データは毎年、内務省に送られ、全国地籍が作製・更新されるよう設計されていた。

さらに、この心得書では「外ハ以万国ニ対シ国城ヲ守リ邦境ヲ固フスルノ具」としての地籍図の役割も説かれており、「ミクロスケールでの国土空間情報」が村地籍や郡地籍によって掌握されるならば、このような対外的な関係における「国」を示すものとして国地籍・国地籍図が想定されていたのであろう。そしてたとえば、後述する明治六年（一八七三）に内務省地理局が作製した「大日本国全図」や、明治一三年（一八八〇）に同局によって刊行された『大日本国全図』などが、その一つの顕現形態であったとも考えられる。

さて、村レベルでの地籍図作製においては字限図と村限図の作製が求められ、その雛型が配布された。ただ、それらを作製するには一筆限図が必要であり、実際は三種が作製されることになった。ただし、先行していた大蔵省主導の地租改正事業による地籍図作製がすでにあった地域については、その結果を利用する場合もあった。しかしながら、地租改正事業では官有地や無税地については対象外であったため、それらの場所については新たな調査が必要であった。また、地租改正時とは異なり、境界線を明確にすることが強く要求されている。

地押調査と更正地図　地租改正事業は明治一四年（一八八一）に終了し、新たな税制が始まったが、作られた地籍図（地租改正地引絵図）には、基準の不統一や意図的な誤謬が含まれるなど、いまだ多くの問題を抱えていた。さらに、土地私有が認められたことによる土地売買などが盛んにおこなわれるようになり、帳簿や地図の大幅な修正が求められる状況となっていた。

また、明治一四年（一八八一）には国会開設の勅諭により明治二三年の帝国議会開催が決まり、それにともなって、大日本帝国憲法をはじめとした法整備や、市制・町村制などのさまざまな制度が開始ないし改正されていった。

このような背景のなか、明治一七年三月一五日には地租条例が公布され、法定地価が定められ、税率が定率となった。そして同年一二月には地租賦課の基本資料として、府県庁・郡役所・町村戸長役場に備えるべき帳簿・地図が定められた。ここに、地券を課税台帳とするシステムから土地台帳を基本とするシステムへの変更がめざされたのである。

土地台帳の調製にあたっては地券台帳と地籍図（地租改正地引絵図）が基本となったが、先述のようにそれらは不備が目立ったため、「所管する大蔵省（主税局）は、誤謬と不備を訂正・補足し、地図および帳簿と実地との食い違いを是正することの必要に迫られ」（佐藤・一九八六）ることになった。

そこで出されたのが「地押調査ノ件」という訓令であり、明治一八年二月二八日付で各府県の知事・

県令に伝達された。

この地押調査は、いわば新たな土地台帳作製の基礎調査であり、地租改正事業の帳簿・地図を実地と対照させ、相違する土地についてだけは実測による調査がなされていった。ただ、この際に相違のある一筆ごとの実測調査結果を示す帳面ないし地図については作製が指示されているが、村限図や字限図については新たな作製指示は出されていない。滋賀県の事例においても、地押調査にかかわる図は地租改正地引絵図の修正図もしくは模写図である（古関・二〇〇九）。この時点において、新たに作製されつつあった土地台帳に対応する地籍図（字限図・村限図）は、基本的に既存の地図の修正等で間に合うと考えられていたのかもしれない（佐藤・一九八六）。

しかしその後、明治二〇年六月二〇日に「地図更正ノ件」と題された次のような大蔵大臣内訓（第三八九〇号）が通達される。やや長文となるが、重要と思われるので引用しておきたい。

地租改正ノ際調製セシ町村地図ハ、各地方ノ便宜ニ任セ、技術不熟練ナル人民ノ手ニナリシモノナルカ故ニ、概《おおむ》ネ一筆ノ広狭状況等実地ニ適合セス、或ハ脱漏重複又ハ位置ヲ転倒スル等不完備ヲ免カレサルモノ多キニ居ル。加之《しかのみならず》、地租改正以後十余年間頻繁地目ノ異動アルモ、地図ハ改正ヲ加ヘサルカ為メニ、目今ニ至テハ頗《すこぶ》ル錯雑《さくざつ》ヲ極メ、実地ト齟齬《そご》スルモノ夥《か》多ニシテ、到底地図ノ用ヲナス能ハサルヨリ、往々地図更正ニ着手ノ地方アリ。一体地図トハ各町村ノ実況ヲ詳カナラシムルモノニシテ、地租ノ調査上ハ勿論、土地百般ノ徴証ニ欠クヘカラサルモノトス。依テ今後地図ヲ更正スルモノハ、別冊準則ニ憑拠《ひょうきょ》スルモノトス。

但、目下地図更正ニ着手セサル地方ト雖モ、到底更正ヲ必要トスル町村ハ漸次更正ニ着手スルヲ要トス。尤従来ノ地図、別冊準例ノ旨趣ニ齟齬セサルモノハ、更ニ調製スルヲ要セス。

右内訓候也。

（引用は、佐藤（一九八六）にもとづく。ただし読点、よみがなを適宜加えた）

この訓令によって、地籍図は「地租ノ調査上」のみならず「土地百般ノ徴証ニ欠クヘカラサルモノ」――まさに「地籍」の図――として明確に位置づけられ、これ以降は準則によって定められた地図調製の方式や製図法に準拠して作製することが求められた。

土地台帳の創設が指示されて数年経ってようやく地図の更正基準が示された点について、佐藤（一九八六）は、「当局が土地台帳における地図の重要な役割について認識を深め、姿勢を大きく変えたことにほかならない。（中略）つまり、地図に関しては、発足および前半では補訂のことが課題であり、さほど重要視されなかったのに、後期においては新基準による調整がこの事業の重要な課題となった」と述べている。

いずれにしても、この訓令によって指示された新たな地籍図が、明治二二年（一八八九）四月一日に施行された土地台帳規則に準じた公図として利用されていくことになる。この系譜は現在の土地台帳・公図にまでつながっており、現在の土地把握システムの直接の起源として位置づけられるものである。地押調査以降に作られた地図は「地押調査更正地図」と総称され、また「地押調査図」と呼ばれることもあるが、佐藤（一九八六）や古関（二〇〇九）は、この明治二〇年の訓令・準則の前後で

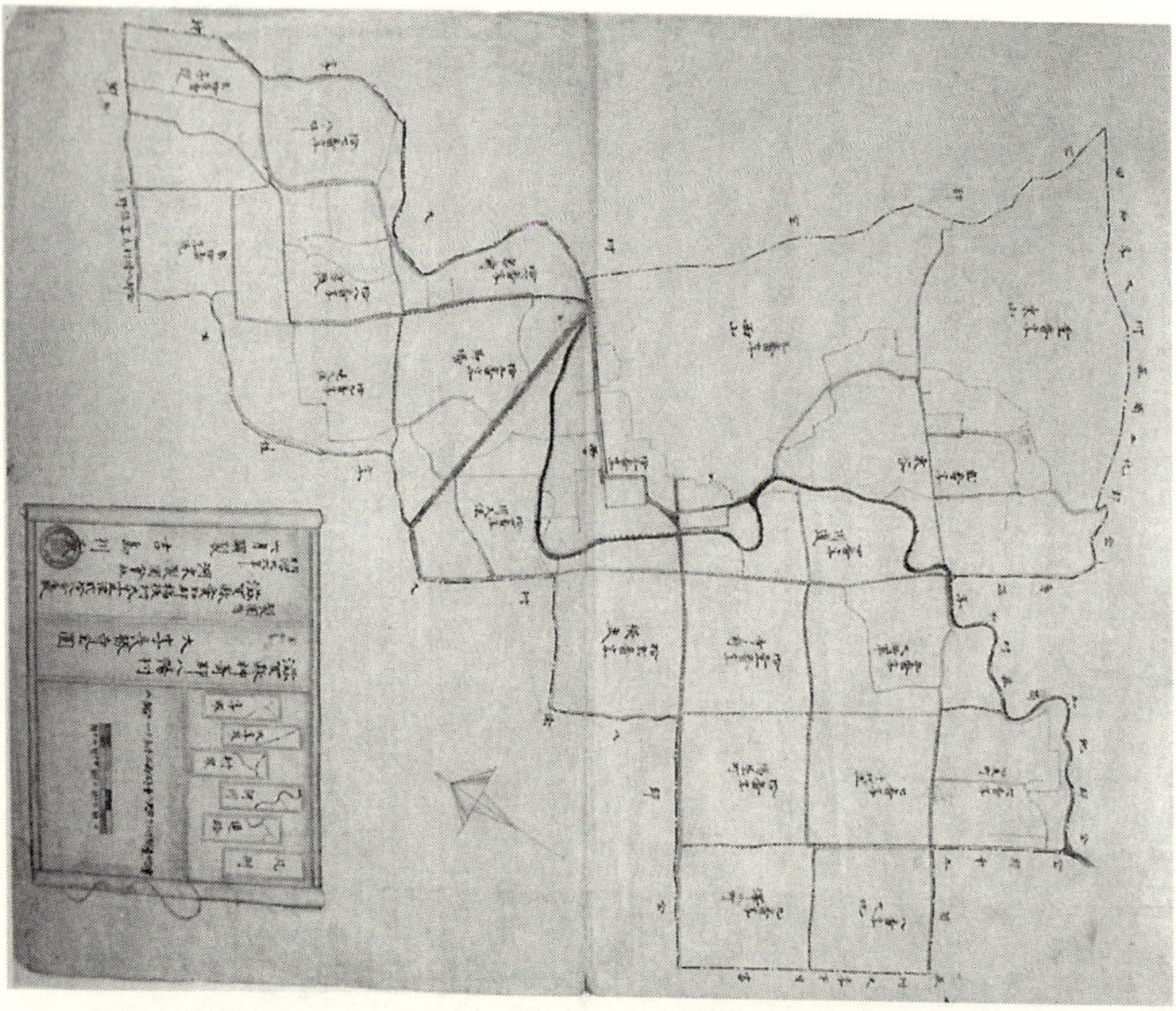

図6　「長勝寺村更正地図」（一村全図）　明治21年（1888）

地籍図に与えられた性格が著しく異なることを重視し、訓令・準則以降のものについては「更正地図」と呼ぶべきであると説いている。地券台帳制から土地台帳制への変化は、近代史全体からみても大きな変化であり、地券台帳制に関する地籍図と明確に区別するために「更正地図」という枠組みを設定しておくことは有意義だろう。

たとえば、古関（二〇〇八b）は、滋賀県では明治二一年六月に「地押完了ニ次キ左ノ手続ニ拠リ町村地図ヲ調製スヘシ」という文言をもつ県達が出されていることを明らかにし、それに関する地図を確認している（図6）。その布達の内容は、「地図更正ノ件」訓令の準則と酷似しており、ここにいう「町村地図」がいわゆる更正地図であることは間違いない。

ただし、滋賀県のように新たに更正地図が調製される府県ばかりではなかった。先の訓令においても、「従来ノ地図、別冊準例ノ旨趣ニ齟齬セサルモノハ、更ニ調製スルヲ要セス」とあったように、地租改正地引絵図その他の既存地籍図の補訂のみで、それを更正地図に充てた府県もあった。佐藤(一九八六)は東京都や千葉県、福井県を例に、そのような点にもふれている。

何度も述べているが、もう一度再論しておこう。全国的な制度のなかで作られていった地籍図であるが、その作製過程や内容は地域差が非常に大きい。そして、地域ごとの詳細な検討がまだまだ不十分な段階にあり、その差異が生まれた理由や背景などを議論するには至っていない。地籍図が歴史地理学をはじめとした多様な研究分野で基本資料として活用され、豊かな成果が示されるようになって久しいにもかかわらず、その資料自体の分析の精緻化はこれからの課題として残されたままである。

民間地籍図　これまでに述べてきたのは、大蔵省にせよ内務省にせよ、中央官庁が作製を主導した官製地籍図であった。これに対して、個人や出版社が官製地籍図やそれ以降の土地台帳・公図をもとに編集して地図帳として売り出したものも明治期から存在しており、これらについては民間地籍図とでも総称することができる(木村・二〇一〇)。民間地籍図についての通史的な概観をおこなったのは大羅陽一(一九八七)で、大羅は「土地宝典」という名称でそれらが売り出されている場合が多いことから、それを総称名として使っている。

大羅によれば、民間地籍図の刊行時期は大きく四時期に区分され、それぞれ、私的土地所有権の確立にともなう地主層の必要から作製された明治前期、郡部編入・市域拡張などの行政区画の変更が契機となった明治末〜大正前期、小作争議や土地所有の移動とともに関東大震災による土地状況の紊乱により刊行された昭和初期〜戦中、農地改革および大都市周辺の開発などによって作製された戦後、というようにまとめられるという。

このような民間地籍図は、一部が復刻版として刊行されていることもあり、近年は近代研究における地図資料として活用されている。ただ、民間地籍図そのものに対する研究は、まだ十分にはなされていない。近年、木村大輔（二〇一〇）が京都地籍図編纂所発行『京都地籍図』・『京都市及接続町村地籍図附録』についての史料吟味をおこない、大正元年（一九一二）の刊記をもつものの、表現される軌道路線などは前後二五年ほどの幅をもつものとなっており、一時点の景観が地図化されたものではないことを明らかにした。すなわち、この場合においては、単純に大正元年の資料として利用することはきわめて危険である、ということになる。

木村も指摘するように、これをもって資料的価値が全面的に否定されるわけではない。民間地籍図を利用するに際しては史料批判が不可欠であり、そのうえで特性に応じた利用をすべきということだろう。そして、これは民間地籍図のみならず、官製地籍図にも等しく当てはまるものであり、さらにいえば、地図全般にいえることである。

(2) 地形図――近代地図測量――

伊能図の影響 日本の測量事業史において、伊能図が燦然と輝く業績であることは疑いない。しかし、Vでもふれたように、幕府の官庫に留め置かれたため、江戸時代における伊能図の社会への影響は、その成果に比してきわめて限られたものとなった。日本で伊能図をもとにした最初の刊行図は、幕府開成所の手による『官板実測日本地図』であり、それはまさに幕末の慶応二年(一八六六)であった。この図は伊能小図を基礎として、蝦夷地部分については間宮林蔵らの資料で補足されており、「北蝦夷」・「蝦夷諸島」・「畿内 東海 東山 北陸」・「山陰 山陽 南海 西海」の四分割のかたちで刊行された。明治二年(一八六九)には、幕府開成所を引き継いだ大学南校から再版されている(図7)。

結局、この図が江戸時代に出版された唯一の伊能図系日本図であったが、明治に入ると上記『官板実測日本地図』再版のみならず、伊能図をもとにした日本図が次々と作られるようになる。その代表が、明治一〇年(一八七七)に陸軍参謀局によって刊行された『大日本全図』であり、また明治一三年に内務省地理局によって刊行された『大日本国全図』である。

これらの図では、明治八年にロシアとの間で締結したいわゆる千島・樺太交換条約(サンクトペテルブルグ条約)にもとづき、『官板実測日本地図』では全体が表現されていた樺太が消去もしくは一部

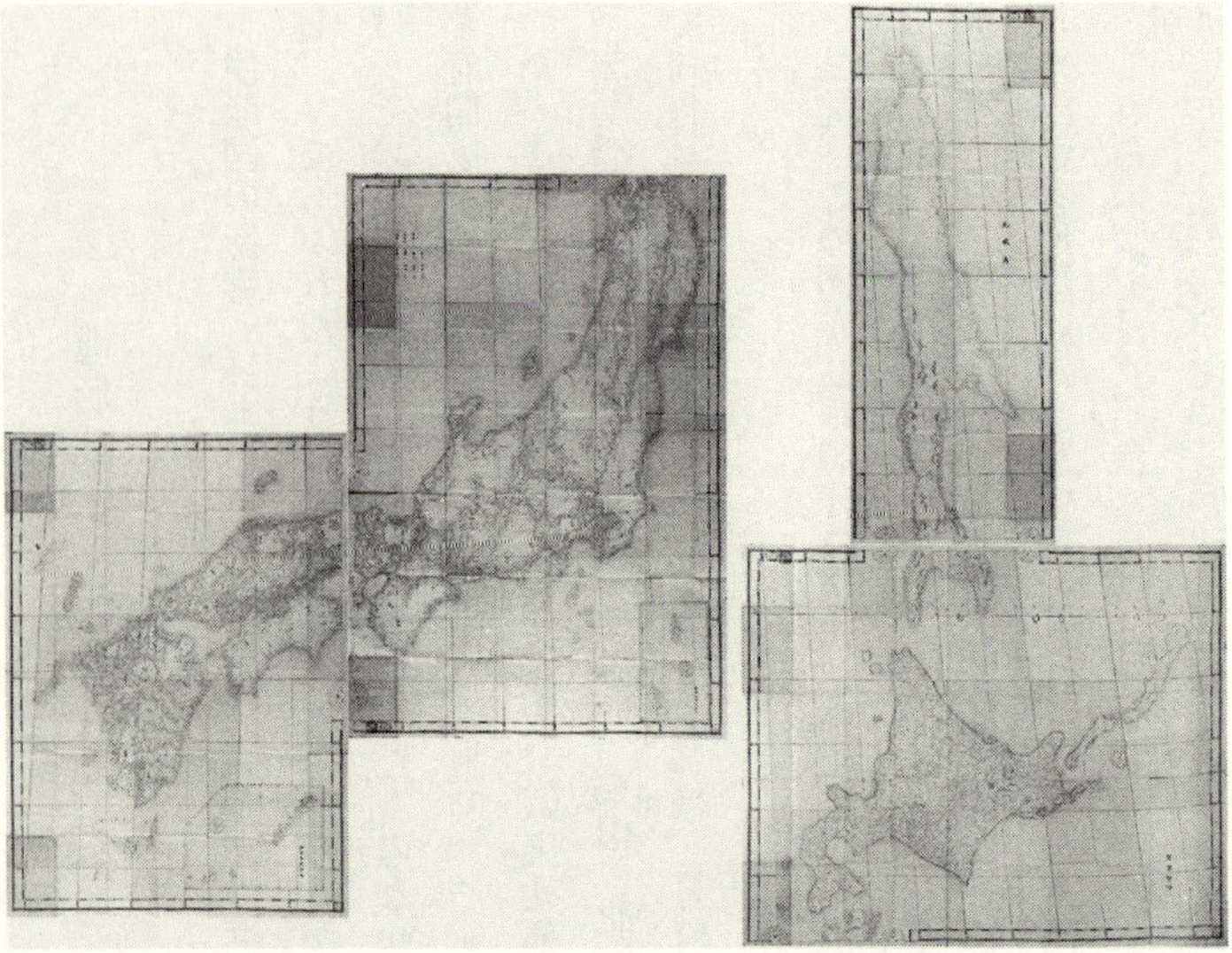

図7　『官板実測日本地図』　明治2年(1869)版

となり、代わって千島列島が表現されるようになっている。一方でこの時期はいわゆる琉球処分の時期でもあり、明治一二年（一八七九）に沖縄県が設置されている。この動きに呼応し、伊能図では表現されていなかった琉球域が、これらの図では明記されることになる。琉球域については何を参考にしたのかは不明ながら、天保国絵図が使われた可能性があるだろう。

なお、これらの図の直接の原図となったのは、おそらくウィーン万国博覧会に出品するべく明治六年（一八七三）に作製された「大日本国全図」かと推測される。島津（二〇〇二）によれば、この図は設立まもない内務省地誌課が陸軍省から人を雇い、伊能図その他を用いて作られたという。

その後、明治一七年には内務省地理局の測

図8　輯製二〇万分一図「京都及大阪」　明治19年(1886)輯製
大正3年(1914)改版

量・測地部門が参謀本部に併合され、測量業務が測量局（のちの陸地測量部）に一本化された。その時から始められたのが縮尺二〇万分一の集成図の作製であった。これは「輯製二〇万分一図」（図8）と称されている。明治二〇年に作られた図式のなかに、「新旧各種ノ地図ヲ蒐輯シ取捨折衷シテ製スル」とあり、その依拠した資料の一つに「伊能忠敬ノ測図」があがっている。

この図は明治一九年に刊行が始まり、明治二六年には全国の一五三図幅の作製がひと通り終わっているが、修正図や鉄道補入図も出されている。その後、全国での測量事業の進展にともない、その成果にもとづいた新たな集成図（二〇万分一帝国図）が作られるようになると、輯製二〇万分一図は廃版となっていった。しかしながら、大正末〜昭和初期ごろまでは伊能図をもとにした図が確実に使われていたことになる。出版日本図の歴史をみた時、江戸時代前期が「行基図」の時代、江戸時代中期が「流宣図」の時代、江戸時代後期が「赤水図」の時代であった。やや誇張にすぎる感もあるが、このような流れに続く近代は「伊能図」の時代ということになるのかもしれない。

なお、輯製二〇万分一図のうち、鹿児島県に位置する「黒島」図幅と「中之島」図幅は、二〇万分一帝国図が作られることなく戦後を迎え、前者は昭和三四年（一九五九）、後者は昭和三九年に現行の二〇万分一地勢図の初版が出るまで使われている。

最初の地形図　近代地形図の作製の歴史は、建設省国土地理院によって監修された『測量・地図百年史』（一九七〇）に、基本事項については詳細にまとめられている。また、清水靖夫（一九七〇・二〇〇一）による要を得た概論も出されている。ここでは、特に断らない限り、これらにもとづいて記述していきたい。

伊能図の影響ということで、先に二〇万分一の集成図を紹介したが、近代日本の測量事業において、国土の基本図として整備されたのは二万分の一の縮尺の地形図であり、その端緒は明治一三年（一八八〇）から明治一九年にかけて関東平野一帯を対象になされた測量にもとづいて作られた「第一軍管地方二万分一迅速測図《じんそくそくず》」（後に「第一師管地方二万分一迅速測図」）であった（図9）。迅速測図はそのほかにも作製されているが、一般に「迅速測図」ないし「迅速図」と略称する場合は、この事業による図をさす。ここではほかの迅速測図との区別をよりわかりやすくするため迅速図と呼んでおく。

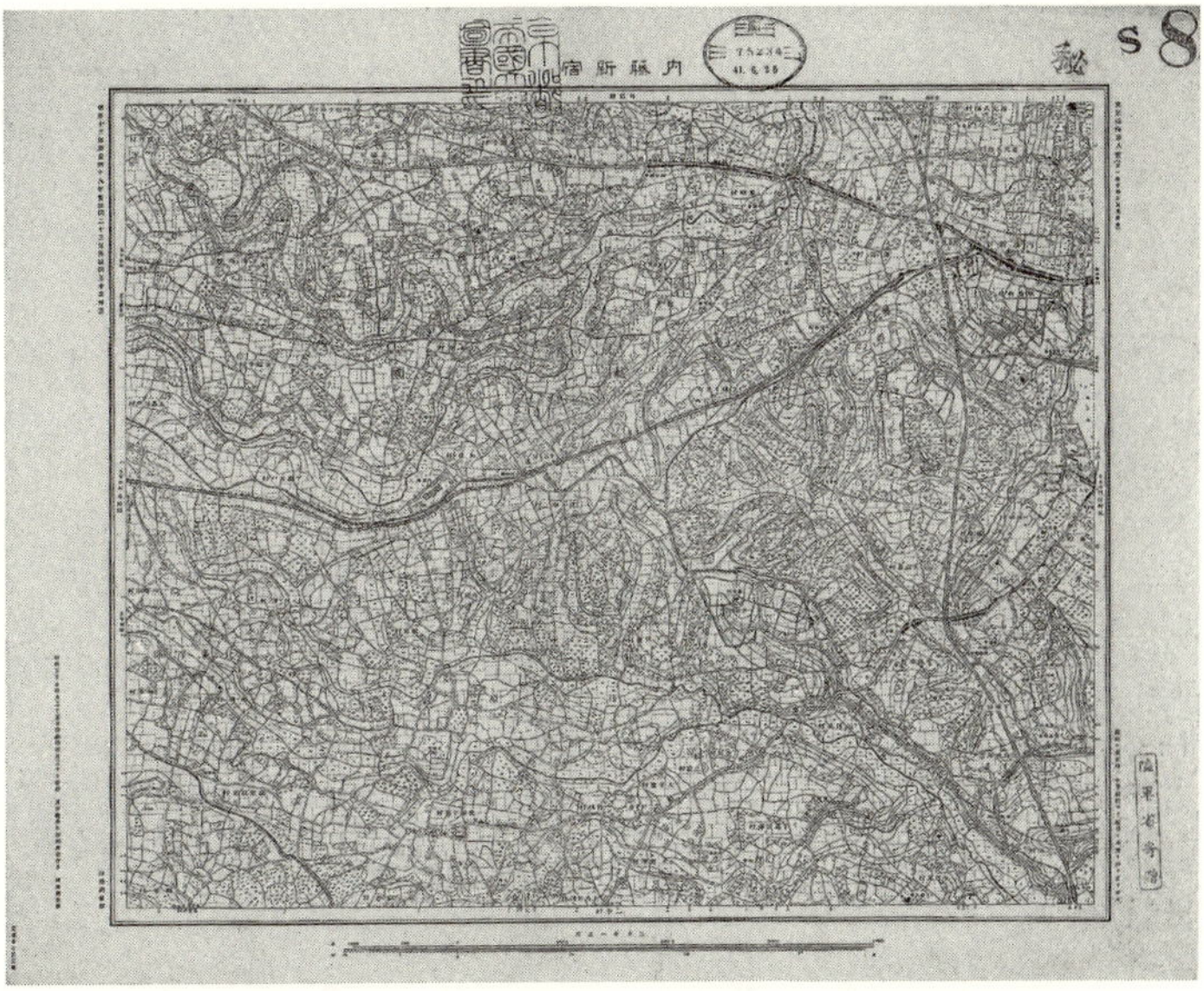

図9　第一軍管地方二万分一迅速測図「内藤新宿」 明治13年(1880)測量・30年(1897)修正

測量事業開始時期であった迅速図時代は、三角測量および水準測量をおこなったうえでの基準点が未整備であり、三角測量にもとづく測図をおこなうことが困難であった。そのために、小地域を測量して、それを順次つなげていくという方法による測図がなされた。このような方法は明治一〇年（一八七七）の西南の役に陸軍が軍用として急遽おこなった地図測量に準拠したものである。

迅速図の作製にあたって、明治一三年一月に「測地概則小地測量ノ部」が制定されているが、その第一章に「測地ノ目的」として、次の二条が掲げられている。

第一条　凡ソ土地ヲ測量スルニ一定ノ方法ヲ固守シ務メテ速ニ全国図ヲ完成ス

第二条　凡ソ軍事ニ関スル緊要ノ事物ヲ実査シテ国土ノ保護ヲ確実ニス

これをみると、全国を一定方法で速やかにという全体的な視野と、国土防衛のための軍事上の重要事物の調査という具体的な視野の両者を併せもって作られていったことがわかる。作製にあたったのは参謀本部測量課であり、また西南の役の余韻を保つかたちでの計画実施であったことからも、軍事的な目的が掲げられることは十分にうなずける。

迅速図が開始されたころの図式については、同年に編纂された『測量軌典』内の「第三篇製図」などに規定がみえ、「明治一三年式図式」ないし「フランス式図式」などと呼ばれている。後者の呼称は、この図式が陸軍の依拠していたフランスの地図図式に影響を受けて成立したものであることに由来する。

迅速図の特徴を二点あげておきたい。一つは用紙の利用方向である。近代の地形図は、柾判（四六〇×五六〇ミリ）用紙を横長に用いるものが主流である。迅速図のうち、東京およびその周辺はこの横長で描図されているが、それ以外の地域では、用紙が縦長に利用されている（図10）。

もう一つの特徴は、初期の原図がきわめて美麗な点である。フランス式に範をとっていた迅速図は、多彩な色が用いられ、まるで絵画のような美麗な仕上がりになっている。もちろん、『測量軌典』「第三篇製図」にある「画線法」項に「描画ノ体裁ヲ美麗ニ為スモ図形ニ於テ多少ノ不正ヲ生ス」るために雲形定規の使用は禁止するとあるなど、あくまでも図形の正しさが第一に求められているが、「原色」項には「洋紅、藍、黄、大赭、烏賊墨、及黒」の六種の顔料の原色が示され、さらに「適宜ニ調

図10　第一軍管地方二万分一迅速測図「岩槻町」
明治14年(1881)測量

和シ諸種ノ顔料ヲ作テ之ヲ用」いるよう指示があるなど、多彩な仕上がりが意図されていることがわかる。ただ、印刷複製されるにあたっては一〜三色に減色されたため、市井に出回ったものは、その特徴がいかんなく発揮されているとはいいがたい。

また、迅速図が作製されていた明治一五年（一八八二）には、ドイツに留学していた陸軍少尉田坂虎之助が帰国し、それまでの陸軍のフランス式測量方式がドイツ式に改められることになり、翌年には『測量軌典』および『測地概則』の改訂がなされた。それにより、原図を含めて多彩色を利用した図式から、一色のみの図式へと変更された。これがその後の迅速図の図式とされたため、多色を用いた美麗な地図は基本的に作られなくなった。なお、ドイツ式の測量方式は以後の日本の地図測量の基礎となっており、この転換は地図史において画期的なものであった。

関東地方で迅速図が作られはじめてから四年後の明治一七年には、京阪神地域における測図が開始された。この際に作られた地形図が「京阪神地方仮製二万分一地形図」であるが、この図も迅速図と同じく、三角測量の成果が未整備な状態での「仮製」の図であったため、一般には「仮製図」と略称されることが多い（図11）。仮製図は明治二三年に測図が完了しており、全部で九四面が作製されている。

迅速図（ドイツ式）の図式では一四〇種であった地図記号は、仮製図の図式では二九三種となっており、地図記号の充実がはかられている。当然ながら、そのなかには初めて地図記号化されたものがあるが、それらをみるとたとえば「温泉」のように現在の記号の原型となる図案が採用されている場

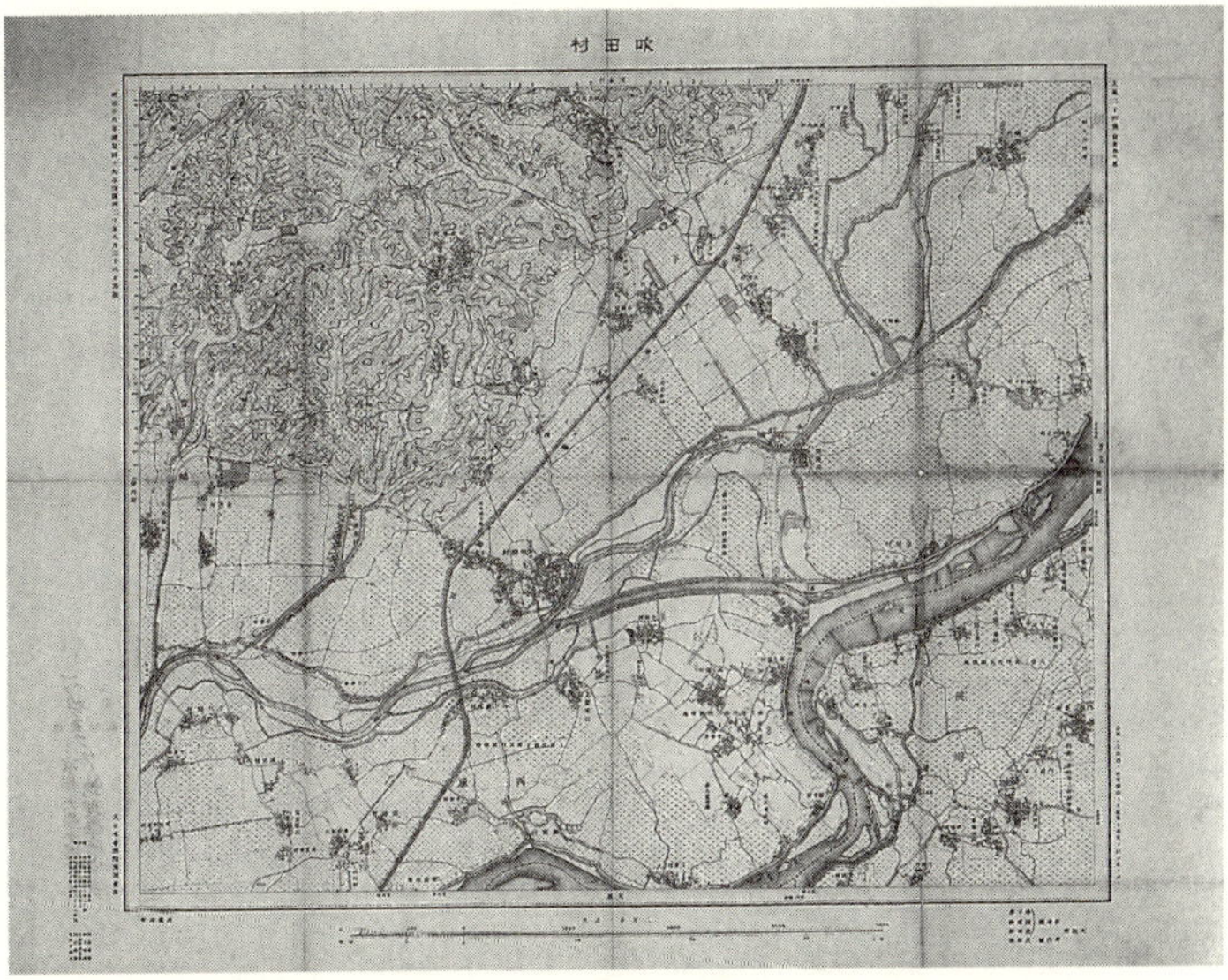

図11　京阪神地方仮製二万分一地形図「吹田」　明治18年(1885)測量

合も多い一方で、「学校」のように現在とはまったく違う図案で表現されているものもある。

迅速図も仮製図も、三角測量以前の、まさに「仮製」の地形図であったが、次に示す三角測量にもとづく地形図作製は、これらの地形図が未整備な地域から進められていったため、二〇～三〇年あまりにわたって使用され続け、修正版なども作製されている。最終的にその役目を終え、廃版となったのは、大正一〇年（一九二一）であった。

国土の基本図の整備　迅速図や仮製図が測量中であった明治一八年（一八八五）には、三角測量・水準測量の成果に基づいた全国規模の地形測量が開始され、翌一九年よりその成果が二万分一地形図として登場した。グリニッジ天文台を基準とした経緯度を利用した多面体投影図法によって図化されている。この地形図が「正式二万分一地形図」であり、単に「正式図」とも通称される（図12）。

正式図は東北北部や北海道、沖縄などでは作製されなかったが、それ以外の地域をほぼ網羅する一二三五面が作られている。まず、迅速図の範囲に隣接する箱根付近から西進するかたちで進められ、仮製図整備地域と接続がはかられた。そして、近畿北部を測図したのちに、基本的には再び西進、鹿児島に達するという方針で整備されていった。鹿児島近傍が完了した明治三五年以降は関東の迅速図地域、そしてその次に関西の仮製図地域の改測が進められ、大正元年に終了した。

ただ、基本図として作製されはじめた正式図であったが、明治二三年には基本図の縮尺が五万分一へと変更されることが決定され、同二五年から実施されることになった。実際は、日清戦争の影響で遅れたが、その後は五万分一地形図が基本図として整備されはじめ、二万分一地形図は補助的な役割を担い、平野部や軍事的要地といった特設地区のみで作製されるようになった。正式図が全国を網羅することなく終わったのはこのような事情がある。

明治二三年の基本図の縮尺の変更は、それまでの整備計画にあった「二万分一・一〇万分一」という縮尺系列を、「五万分一・二〇万分一」という系列に変更するものであった。そして、五万分一地形図の補助図として、二万分一という縮尺は整合性に欠けるものであり、明治四三年には特設地区の地形図の縮尺は二万五千分一へと変更され、「二万五千分一・五万分一（基本図）・二〇万分一」という縮尺系列ができあがった。現在もこの縮尺系列が利用されていることは周知のとおりであるが、基

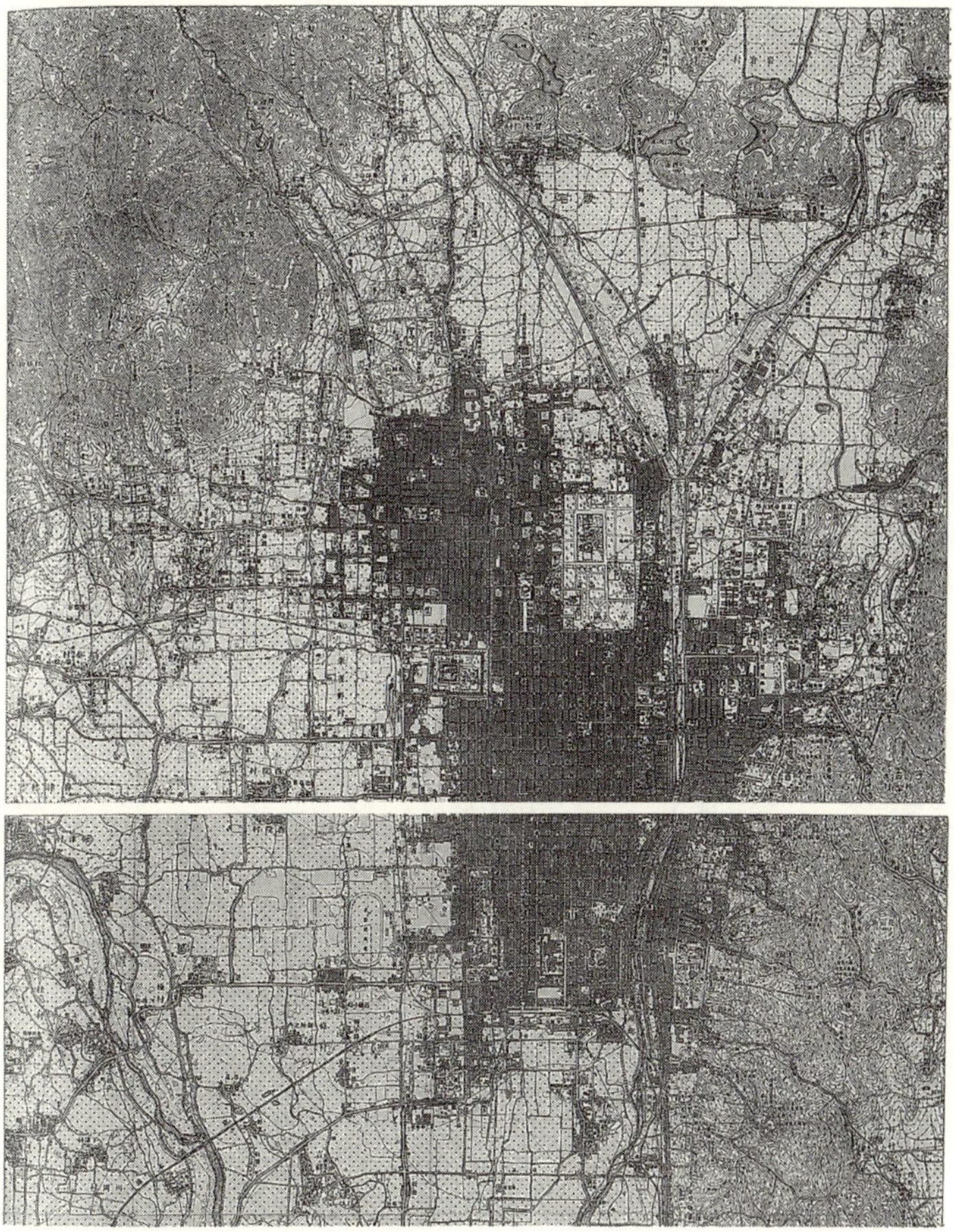

図12　正式二万分一地形図「京都北部」「京都南部」（部分）
明治42年（1909）測量

本図については、戦後になり、二万五千分一の縮尺で作るように変更された。実際にその計画が動きはじめたのは、昭和三九年（一九六四）になってからである。

外邦図　近代日本の地形図作製として、外邦図にふれないわけにはいかない。現在、外邦図は昭和二〇年（一九四五）のアジア・太平洋戦争の終了まで、日本が国外地域を対象として作ってきた地図の総称として使用されている。清水靖夫（二〇〇九）によれば、外邦図という名称の初出は、明治一七年（一八八四）の参謀本部測量局成立時の「測量局服務概則」であるという。そこでは「内国図」との対比で「外邦図」が使われている。たとえば台湾の場合、日清戦争後に日本に割譲され、台湾総督府の統治下に置かれた。そのため、その時期に作られた地図は、「外地」図であっても外邦図としては認識されていなかったことになる。ただし、現在は、旧植民地域の地図も含めて、外邦図として一括している。また、海軍省水路部による海図・航空図についても、広い意味では外邦図として扱うことが多い。

外邦図はその作製が帝国主義的まなざしに彩られ、かつ実際の戦地で利用されることもあった軍用図であったこともあり、戦後、顧みられることは少なく、建設省国土地理院（一九七〇）にその概要がふれられたものの、その後も調査は清水（一九八二・一九八三・一九八六）や長岡正利（一九九三）など、ごくわずかであった。しかしながら、近年は、地理学・地図学における貴重な学術資料として改めて位置づけられるようになり、外邦図についての所在調査や戦後の移転経緯の調査、地図作製過程に関する検討、利用法をめぐって議論が取り交わされるようになった。その大きな役割を果たしているのが「外邦図研究会」であり、平成一四年（二〇〇二）より精力的な調査・検討がなされている。その第一段の成果は、小林茂編『近代日本の地図作製とアジア太平洋地域――「外邦図」へのアプローチ――』（二〇〇九）としてまとめられ、さらに小林（二〇一一）がより一般向けに外邦図を紹介している。

小林編（二〇〇九）には、それまでの外邦図に関する研究の推移が地域ごとに簡潔にまとめられており、また清水や長岡の先行研究についても、加筆のうえで同書におさめられている。さらに当事者へのインタビュー記録や外国の所蔵調査報告など、外邦図に関する基本的な事項も含まれており、本書が今後の外邦図研究の基本文献となることは間違いない。また外邦図研究会の調査の一環として、東北大学・京都大学・お茶の水女子大学が所蔵する外邦図の調査が実施され、その目録も刊行された。そして、三大学と岐阜県図書館、国立国会図書館の所蔵状況も提示した「外邦図デジタルアーカイブ」をウェブ上で公開している。

軍事と地図　清水（二〇〇九）は、外邦図を第二次世界大戦参戦以前と以後とで大きく二区分しており、前者を外邦図Ⅰ類、後者を外邦図Ⅱ類と呼称している。さらに外邦図Ⅰ類については、内邦化された地域の図（Ⅰ類―1）と、軍事目的で作製された図（Ⅰ類―2）とに細分している。

清水によれば、これらのうち、もっとも早くに作られたのは外邦図Ⅰ類―2である。明治八年（一八七五）には早くも参謀局が中国北京や朝鮮半島についての既存図を編集して、地図を作製・刊行している。さらに、海外での測量は明治一〇年ごろには一部で始まっており（佐藤侊・一九九二）、朝鮮半島での諜報活動による地図測量も確認されている（南・二〇〇九）。ただ、組織的な測量調査は明治二一年の陸地測量部設立以後であり、本格的な端緒は日清戦争時における朝鮮半島・「満州」地方の測図であった（長岡・二〇〇九）。

朝鮮半島や中国大陸での軍用地図作製にあたっては、臨時測図部が編成されたが、臨時測図部の作業に対して現地での強い排斥があったことが『外邦測量沿革史　草稿』（小林茂解説・二〇〇八）にある。その一例として、明治二九年（一八九六）の韓国方面における記事を引いておきたい。

臨時測図部韓国方面ノ作業ハ一月以来断髪令ノ騒擾《そうじょう》ニ次キ国王ノ露国公使館竄入《ざんにゅう》ノ変アリ人心漸次不穏ニシテ邦人ヲ嫌悪シ暴民蜂起我事業ヲ妨害シ測図手中其ノ毒手ニ罹リ死者五名傷者三名ヲ出スニ及ビ一般ノ情況到底作業ヲ継続スヘカラサルヲ以テ作業ヲ中止シ五月二十日全員ヲ挙ケテ帰朝シタリ（後略）

この時期、社会不安の増大による排斥運動の激化によって臨時測図部側に死傷者も出る状況となり、作業を中止するに至ったという。ただ、このあとの記事には「臨時測図部解散ノ残業ヲ招キ連続シテ韓国各地ノ秘密測図ニ従事」とあるので、それ以降も「秘密測図」事業は継続されていたことがわかる。

台湾や朝鮮半島、樺太など、日清戦争などの戦争を経て内邦化された地域については、順次基本図が作製されていった（外邦図Ⅰ類―2）。これらの地域における地図作製については、いずれも小林編（二〇〇九）内で清水が詳論しており、その全貌が明らかになりつつある。

図13　外邦図（インド：54M/NE「UNITED PROVINCES」）（部分）

外邦図Ⅱ類については、東南アジア、南アジア、太平洋諸島、オーストラリア、北アメリカ（一部）など広範な地域で作製された。これらは現地の既存図から編集したものである。当時、アジアの大部分はイギリスやフランス、オランダなどの植民地となっており、宗主国による地図作製がなされていた。これらの地図を活用して外邦図が編まれたが、戦時体制下であったこともあり、時代がさがるほど、その編集はゆっくりと時間をかけることができなくなった。地名がカタカナ表記に変更されている地図はまだ時間がとれたものなのだろう。なかには、地図欄外にある凡例を翻訳したにすぎないものなども見受けられる（図13）。

軍事機密　国内図にしても外邦図にしても、戦前の日本において地図作製の中心は陸軍陸地測量部や海軍水路部といった軍隊の機関が担っていた。それは、地図の作製目的の一つに軍事的側面での利用があったからにほかならない。そしてそのために、軍事上、機密扱いとなる場所については、地図の刊行にあたって該当部分が削除される場合もあった。たとえば、大正一四年（一九二五）修正測量の五万分一地形図「呉」図幅（図14）では、海軍鎮守府ならびに海軍関連施設のある場所がみごとなまでに「空白」で表現されている（平岡・一九九九）。呉以外の軍港都市においても、また陸軍の師団等が置かれた軍都においても、このような状況は確認できる。

また、外邦図は軍事用に作製されたものであり、そのなかには軍事機密にかかわって管理が厳しく制限されたものもあった。海軍水路部が作製した海図の場合、秘密海図として「軍機海図」「軍極秘海図」「秘海図」があり、当時水路部に勤務していた坂戸（二〇〇九）が、特に軍機海図や軍極秘海図については、海図番号と小番号によって管理され、現在どの海図がどこ（艦船・水路部など）にあるのかが厳重に記録されていたと述懐している。

現在の日本では、国土地理院の発行する地図類が一般販売されており、誰でも自由に購入することができる。しかし、現在も一部の国・地域において地図は厳重に管理されており、外国人の購入が禁止されていたり、一般販売がおこなわれていない場合もある。土地を把握するという地図の本来的な機能には、軍事的側面に直結する要素を含むことは確かである。地図史を追究するには、この点の理解が必須であろう。

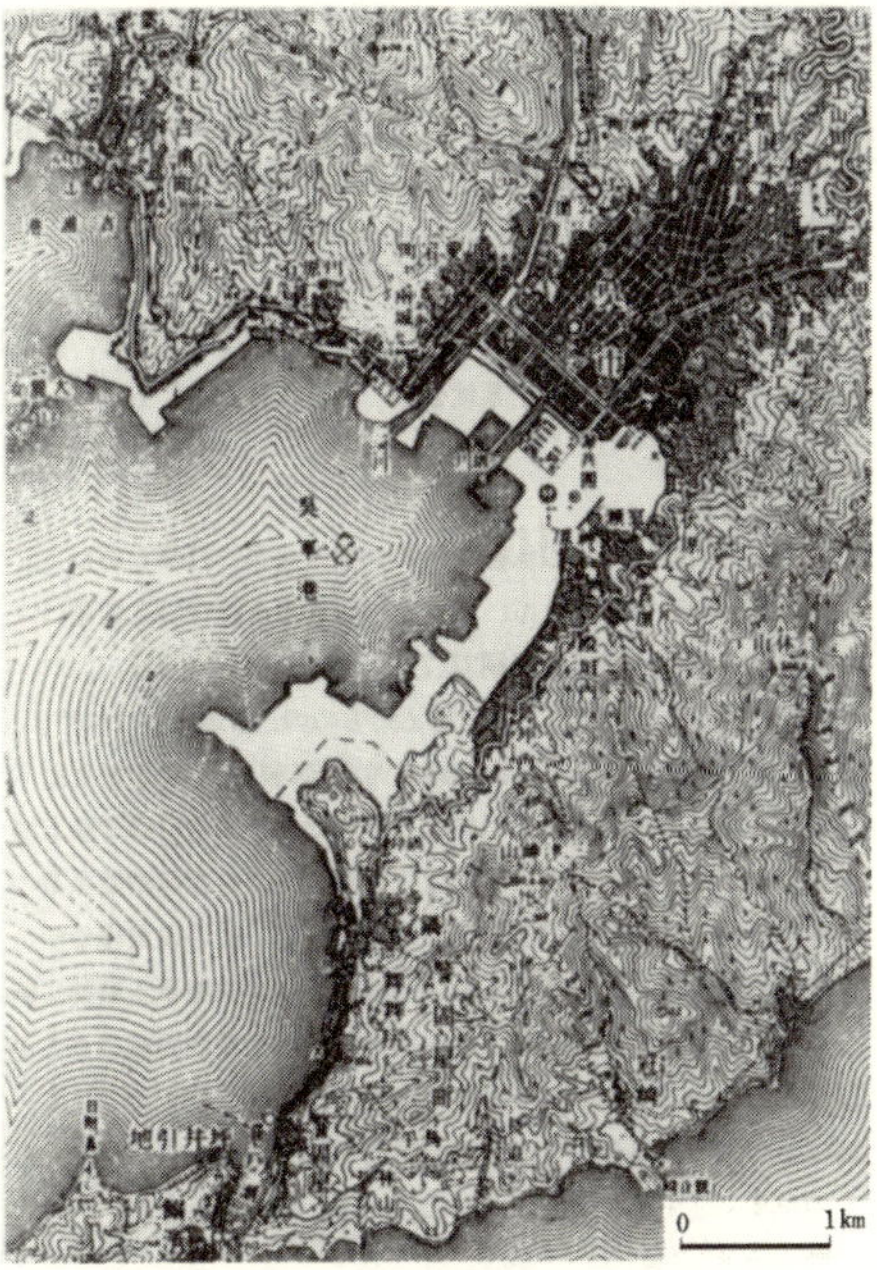

図14　五万分一地形図「呉」（部分）
大正14年（1925）修正測量

空中写真の利用　写真を地図作製に利用する試みは、地上写真・空中写真ともに陸軍陸地測量部で始まった。地上写真の端緒は大正三年（一九一四）に鹿児島県の桜島において実施されたものである。空中写真は、当初気球を利用しての試みがなされていたが、フィルムの感度等の問題もあって実用化には至らなかった。飛行機を用いての空中写真測量が実質的に開始されたのは、大正八年にフランスのフルリエ少佐が来日し、下志津飛行学校で教育をおこなうようになってからである。

空中写真撮影の歴史にとっても、大正一二年の関東大震災は大きな出来事であった。というのも、被災状況確認と復興計画のためにはじめて組織的な空中写真撮影がなされたからである。最初は東京市全域が、次いで名古屋や大阪などについても、順次撮影がなされ、都市計画等の利用に供されていった。その後、空中写真利用の流れは加速し、国内外の各地で空中写真が活用されるようになると同時に、外邦図作製も含めた地図作製にも利用されていくようになった（木全・一九九七）。

ただし、これらはあくまでも個別の地域における撮影であり、日本全体を視野に入れたものではなかった。日本において空中写真が国土全体にわたって撮影されはじめるのは、昭和三五年（一九六〇）以降であり、それ以前のまとまった空中写真は、昭和二一年～二三年にかけて米軍によって撮影されたものしかない。

とはいえ、上記に示したように、戦前の空中写真が撮影された場所もあり、そのような場合、空中写真は当地の景観を知るための重要な資料ともなる。たとえば、京都大学人間・環境学研究科総合人間学部図書館や同理学研究科鉱物学研究室などが所蔵する京都市街地を撮影した空中写真がある。従来、この空中写真は撮影年について昭和二年という説と昭和三年という説があったが、近年、今西ら（二〇一一）がその内容を詳細に検討し、撮影時期が昭和二年八月下旬から九月上旬であることを明らかにした。このような研究が盛んになることで、空中写真の歴史的価値は今後さらに高まるだろう。

2 多様化する地図

(1) 鳥瞰図・観光図

絵師による地図　明治以降の地図となると、測量を施した正確な地図が頭に浮かびがちであるが、絵師によって美しい地図の作製もおこなわれていた。

そもそも江戸時代においては、絵師と地図の関係はきわめて密接であった。出版図の場合は、石川《いしかわ》流宣《とものぶ》をはじめとした多くの浮世絵師が活躍したし、銅版図を始めた司馬江漢も絵師という顔を合わせもつ者であったことなど、その関係はすぐに思いつく。ただ、江戸時代は出版図に限らず、幕府撰国絵図は御用絵師の狩野派がその清書にあたっていたし、各藩で作る地図も各地の御用絵師が携わっている場合が多い。また村で作られた地図のなかでも、たとえば境争論にかかわるような図では双方の村の了承した絵師がその任にあたった。その意味で、江戸時代に作られた地図の多くは「絵図」と呼ぶにふさわしい内容を備えていた。史料用語として「絵図」という言葉が多数登場することから、近世の地図については「絵図」と表現すべきという見解もある（杉本史子・二〇一一）。

この点をふまえるならば、やはり明治以降の地図は「絵図」ではなく「地図」が主流となる。地形図作製に際して、美麗なフランス式からドイツ式へ変更された時が、その一つの画期であったのかもしれない。いずれにせよ、政府（陸軍省）の作る地図からは絵師の存在が消えていった。また、地籍図についても、当初は江戸時代の村絵図と同じく、地物を絵画風に描写するようなこともみられたが、次第にそのような地物描写がなくなり、純粋の平面図へとなっていった。

そのようななかにあっても、一部では絵師と地図の関係が続いていた。この点は地図史の連続性や展開を考える際に、重要な意味をもつ。ここでは、幕末から明治初期に活躍した五雲亭貞秀《ごうんていさだひで》を出発点に、この点を考えていきたい。

五雲亭貞秀　五雲亭貞秀（一八〇七〜七八ごろ）は、歌川国貞門下の絵師である。地図史のなかでは「橋本玉蘭斎」の名前の方がよく知られているかもしれないが、地理学から彼を論じた矢守一彦（一九八四・一九九二）や三好唯義（一九九九・二〇一〇）はいずれも「貞秀」と呼んでおり、本書もそれに従っている。

Ⅳでもふれたように、貞秀は鳥瞰図を得意とした絵師として知られている。鍬形蕙斎《くわがたけいさい》や黄（横山）崋山、また葛飾北斎などによって一九世紀初頭から培われていった画風の継承者であり、「貞秀は浮世絵師の描いてきた地図的作品のアンカー」（三好・一九九九）と評されている。もちろん、単なる継承者ではなく、矢守（一九九二）のいうように「パースペクティブ（遠近法）を自家薬籠中のものにしつつ、しかもこれにとらわれず独自の一覧図を確立」するに至る。

そのような独自の視点を生み出すことに成功した背景の一つには、一八五〇年前後ころの富士山登山であったとされている（矢守・一九九二）。富士山登頂の経験は、「高所から俯瞰した眺めと、その場所の地図や地誌に対する知的関心が合わさり、正確で詳しくそして美しい景観描写の手法を獲得」（三好・二〇一〇）することにつながった。そして、このころから鳥瞰的視点をもつ一覧図が作製されるようになり、やがてそれらが貞秀の代名詞となっていく。

貞秀の一覧図としての代表作は、横浜・京都・大坂を描いた一覧図である。たとえば、貞秀の『京都一覧図画』（図15）と黄（横山）崋山の『花洛一覧図』（V—図14）とを比較すると、基本的な構図は同じで、貞秀が崋山に範を求めていることは明らかである。また、画面中央やや奥の左右に横たわる鴨川付近で道路が曲げられる技法なども等有している。しかしながら、崋山にはパースペクティブの配慮はまったくなく、洛中の道路も蛇行するように描かれる。一方、『京都一覧図画』は画面中央奥に消失点がある一点透視法を意識した構成となっていることがわかる。もちろん、そこに前述の鴨川付近の屈曲——矢守（一九八四）は「例の〈地殻変動〉の軸」と呼ぶ——などの演出があるために完全なパースペクティブとはなっていないのだが、このようなパースペクティブを意識したうえでなお、そのような演出にこだわる美意識こそ、「独自の一覧図」と称される独自性が発揮されているのである。

もう一つ、『花洛一覧図』にはなく『京都一覧図画』にある特徴として、おびただしいまでの地名表記がある。しかも、それらは赤く塗られた枠に記入されており、目立たせようとしている。このような点に貞秀の「地図」的関心を求めることができるが、ちょうどこのような関心が作品にあらわれ

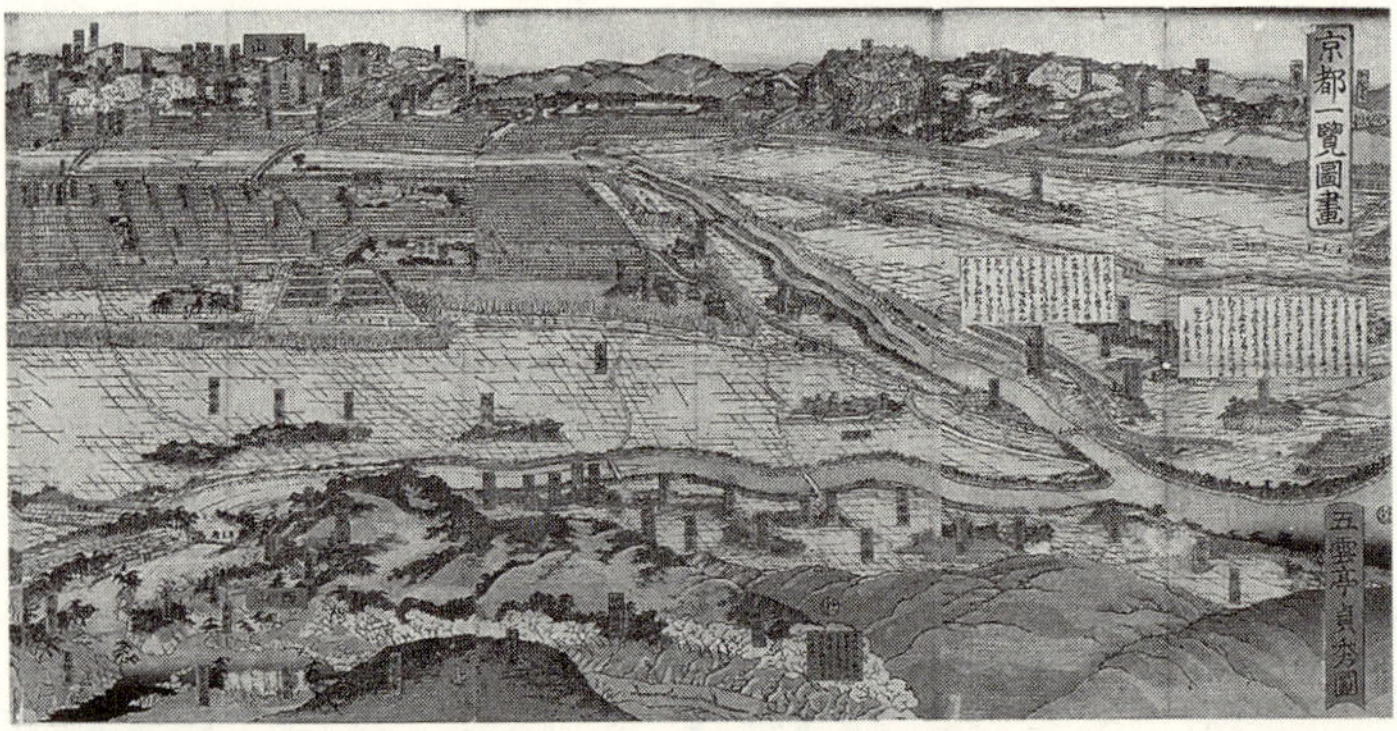

元治元年(1864)

てくる嘉永～安政初期には、水戸藩士で地理学・測量術に長じた蘭学者、鶴峰彦一郎と共同で武蔵・常陸・甲斐などの国絵図を板行しており、このような経験が大きな影響を与えているのではないかと推測されている（矢守・一九九二）。

このような国絵図を描く場合、貞秀は「橋本玉蘭」ないし「橋本玉蘭斎」という名前を用いている。これらの国絵図は、まさに江戸時代の一般的な「絵図」の範疇に入るものだが、「貞秀＝浮世絵／一覧図」、「玉蘭斎＝絵図」という使い分けは、貞秀（ないし玉蘭斎）のなかでのある種の葛藤であったのかもしれず、もしくは自分なりの線引きであったのかもしれない。

ただ、貞秀による一覧図にしても、玉蘭斎による国絵図にしても、これらはⅣでふれてきた「絵図」や俯瞰図の系譜に属す内容であり、三好が述べたように近世の「アンカー」として取り上げればよいだけである。しかし、玉蘭斎名で刊行した地図のなかには、近世の「アンカー」がどのように近代を生きようとしたのかをうかがわせる作品もある。ある意味、近代の「スターター」としての方向性の開示ともみえるものであり、やは

図15 『京都一覧図画』 五雲亭貞秀画

り、本章においても取り上げるにふさわしいと考えている。

玉蘭斎名で刊行した地図のなかで、代表作といえるできと内容を備えているのではないかと思われるものに、明治四年（一八七二）刊行の『官許 大日本四神全図』（図16）がある。この作品は「橋本玉蘭斎謙誌／竝図製」とあり、玉蘭斎（貞秀）が誌と図の両方を担当していることがわかるが、その凡例部分に玉蘭斎（貞秀）の「地図」と「絵図」をめぐる理解が記されている。やや長いが引用してみたい。

画図ハ其昔、虞舜之御時、山岳ヨリ落来ル水高レハ、農業害深ク、然レバ此故ニ即チ禹王ニ命有テ、天下ノ水道ヲ作リ、正シテ洪水ヲ治メシメ給フ時、禹王諸国ノ地図ヲ製スト雖モ、水道往道ヲ分ンガ為ニ、水道ノ筋ヲ青色ヲ用ヒ、往道ニハ丹色ヲ用ユ、是禹王之丹青ニ従テ国ノ地図ノ初メトス、亦其後ノ世ニ至テ、絵ヲ用ヒ、大山小山ノ高低大河小川池堤田畠樹木芦原神社仏閣人家其外諸形ヲ悉ク写スニ従テ自然ト絵ヲ用ユ、是ヲ絵図ト云、五色ノ彩ヲ用ユ、今普ク地図ニ五色ヲ用ユル事、専ラ万国トモニ同事也（以下

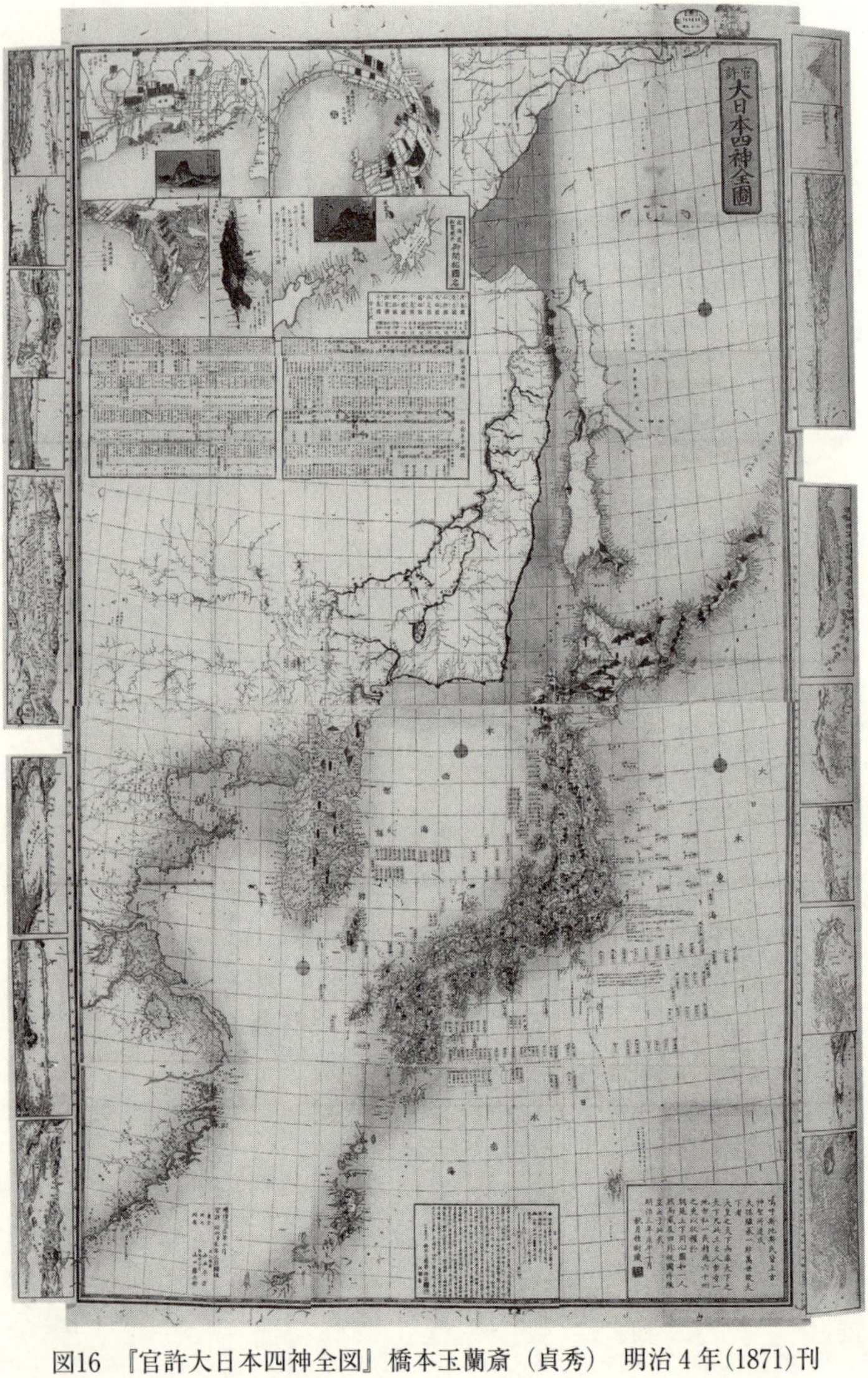

図16　『官許大日本四神全図』橋本玉蘭斎（貞秀）　明治４年(1871)刊

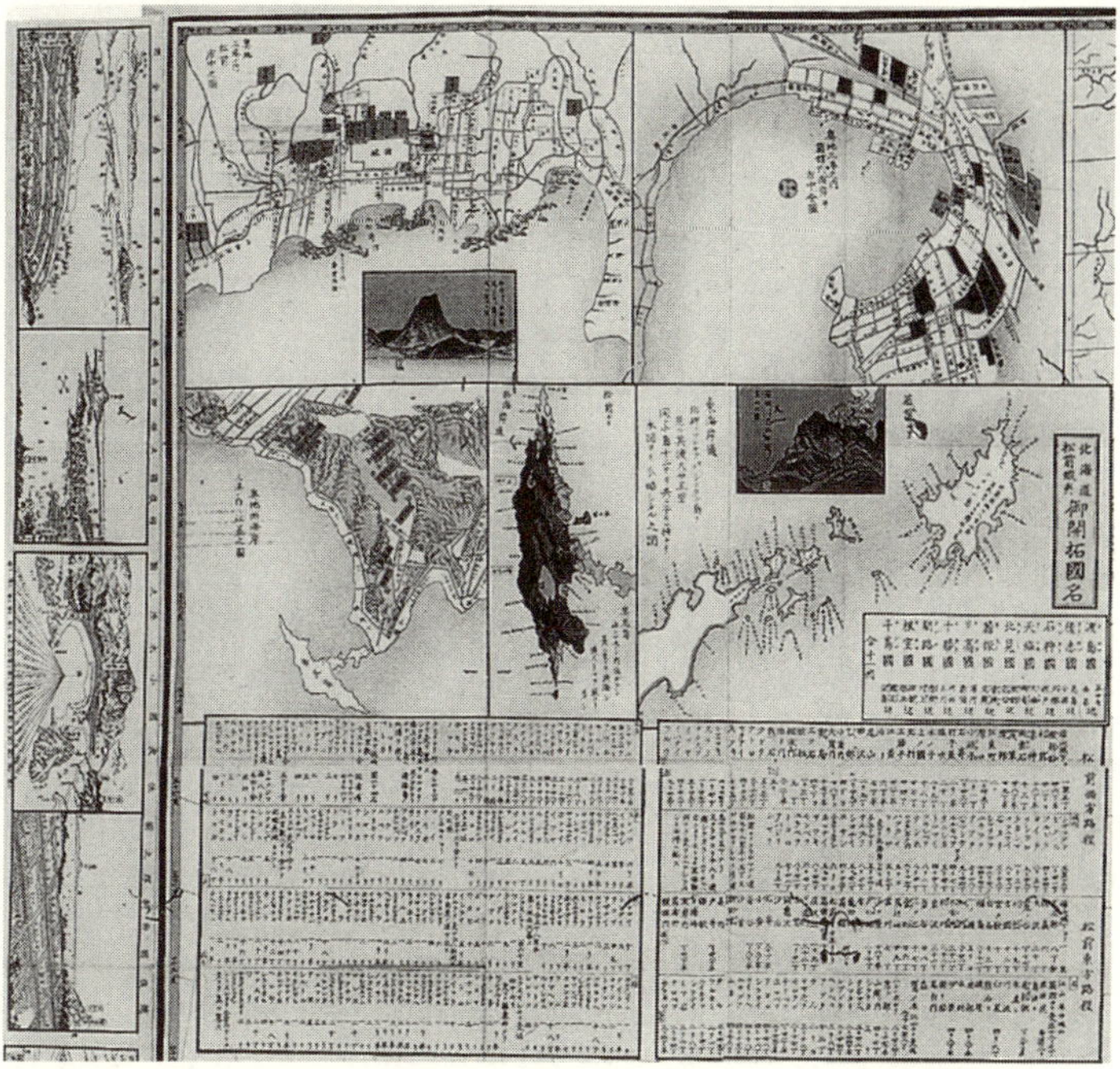

（部分図）

略）

　この時点で、玉蘭斎（貞秀）は地図と絵図を明確に使い分けており、かつその間には歴史的変遷をともなうものと理解されていた。それに従えば、まず現れたのは「諸国ノ地図」であり、その時点で水系と道路網の色分けによって表現されていた。その後、次第にさまざまな地物を「絵ヲ用ヒ」て「悉ク写ス」ようになり、かつ「五色ノ彩」によって表わされるようになった。これが「絵図」である。そして、「今」は「地図」にも「五色」を用いるのは万国共通となっており、その意味で「今」の「地図」には「絵図」の要素が取り込まれている。ただし、とであろうか。

「絵図」と「地図」は明確に区分されるものであり、「今」は「地図」である。およそ、このようなこ

ここにいう「地図」と「絵図」でいけば、貞秀の代名詞でもある各種の一覧図は、「絵図」に入ることになる。そして、このような弁明をみれば、「貞秀」名と「玉蘭斎」名とは、考えられているよりも深い意味をもって使い分けられていたと考える必要があるのかもしれない。浮世絵界のトップとして君臨した「貞秀」として「地図」に手を染めることを潔しとしなかったのか、それとも絵師「貞秀」では「地図」として正当な評価を得られないと判断したからなのか。真相は知りがたいが、このような「地図」と「絵図」の区分論を当代きっての絵師が出版文化のなかで明確に論じ、また名前を使い分けて両者の区分を体現しようとした（もしくはせざるをえなかった）点に、筆者などは近代を感じとるのである。

実は、「地図」と「絵図」の区分論そのものは、少なくとも一八世紀半ばに、森幸安《もりゆきやす》によって説かれている。幸安は当時の世に流布するものは「絵図」であり、自らが描こうとするのは距離や形が正確な「地図」であると断言するのである（辻垣晃一・森洋久・二〇〇三、上杉・二〇一〇）。ある意味で、近代の萌芽はこのころまで遡らせうるのかもしれないが、幸安は出版文化と縁を求めず、手描き図のみの作製に終始した。幸安自身、知識人の幅広いネットワークの一翼にいたため、必ずしも「絵図」と「地図」をめぐる理解が幸安自身のなかだけに留まるものではなかったが、それでも、不特定多数の人たちに開陳されるような状況ではなかった。その点、貞秀は出版文化の中心付近に身をゆだねっ

つ、そのなかで「地図」と「絵図」を区分する態度を明確にしたのである。名前まで使い分けたという点も考慮するならば、貞秀の生きた時代になると、このような区分が出版文化を支えた一般民衆の間にも了解されていたということになろう。

ただし、『官許　大日本四神全図』（図16）を作製した玉蘭斎（貞秀）が、完全に「絵図」を放棄していたかといえば、そうではない。先に引用した「凡例」部分の後半には「細字混雑シテ、城地其外有名ノ大湊ハ見易カラズ、是ヲ分図シテ外ニ置」という文章がある。確かに図内には「細字」でびっしりと地名が記される。それは知っていることを書きたくてたまらない貞秀の性格がみごとに表出している部分である（三好・一九九九）。そして、そのみにくさを補うように「分図」を作っているのだが、そこに絵師貞秀が顔を出しているのである。「分図」は地図内の割図として例示される五図と、周囲の余白部に紙を継ぎ足して描かれる一七図とに分けることができる（図16部分図）。割図のほうは平面図的な表現が多いが、山並みのカット図などが挿入されており、彩色も含めその表現は浮世絵そのものである。また余白に付された一七枚は、彩色はないものの貞秀一覧図の見本集かのごとき華やかさである。

以前、この図に対して「絵師「貞秀」と図師「橋本玉蘭斎」の共同製作」と述べたことがあるが（上杉・二〇〇七）、その評価は今でも変わっていない。そして、森幸安のように「絵図」と「地図」を相反するものとして対置させたのではなく、「地図」と「絵図」の影響関係をふまえたうえで両者を定義して、かつ図師「橋本玉蘭斎」と絵師「貞秀」とが縁を切らなかった（もしくは切れなかった）点は、近代地図史のその後の流れにおいて重要であったと考えたい。だからこそ、貞秀をして近世地図史の「アンカー」の一人であり、かつ近代地図史の「スターター」の一人として位置づけておきたいのである。

鳥瞰図研究の展開　鳥瞰図の歴史といえば、貞秀のあとに続くのは「大正の広重」こと吉田初三郎（一八八四〜一九五五）であると一般的に理解されているように思われる。後述のように、初三郎は確かに一時代を築いた人物であり、重要な位置にいることは間違いない。しかしながら、貞秀と初三郎の活動時期には時間的な距離があり、またこの両者以外の者の手による作品も近代には数多く作られている。この点については従来、看過されてきた。

そのようななかで、近年、中西僚太郎・関戸明子編『近代日本の視覚的経験』（二〇〇八）では、九本の論考と七本のコラムによって、近代の視覚的経験について、多様な角度から議論がなされ、そのなかで鳥瞰図のみならず真景図や風景写真など多様なメディアが題材として取り上げられた。吉田初三郎を本論ではなくコラムで取り上げるところに、本書の目指す方向性の一端がうかがえよう。また、関戸（二〇〇七）や三木理史（二〇〇七）、島津俊之（二〇〇七）なども、近代の視覚的経験にかかわる問題を具体的なメディア資料や人物を題材に扱ったものであり、このような側面からの研究成果が急速に増えてきている。

たとえば、中西・関戸（二〇〇八）では、関戸が熱海温泉を、中西が松島をそれぞれ事例地としているが、そのなかで熱海では明治一三年（一八八〇）ごろより昭和七年（一九三二）に至るまでに三

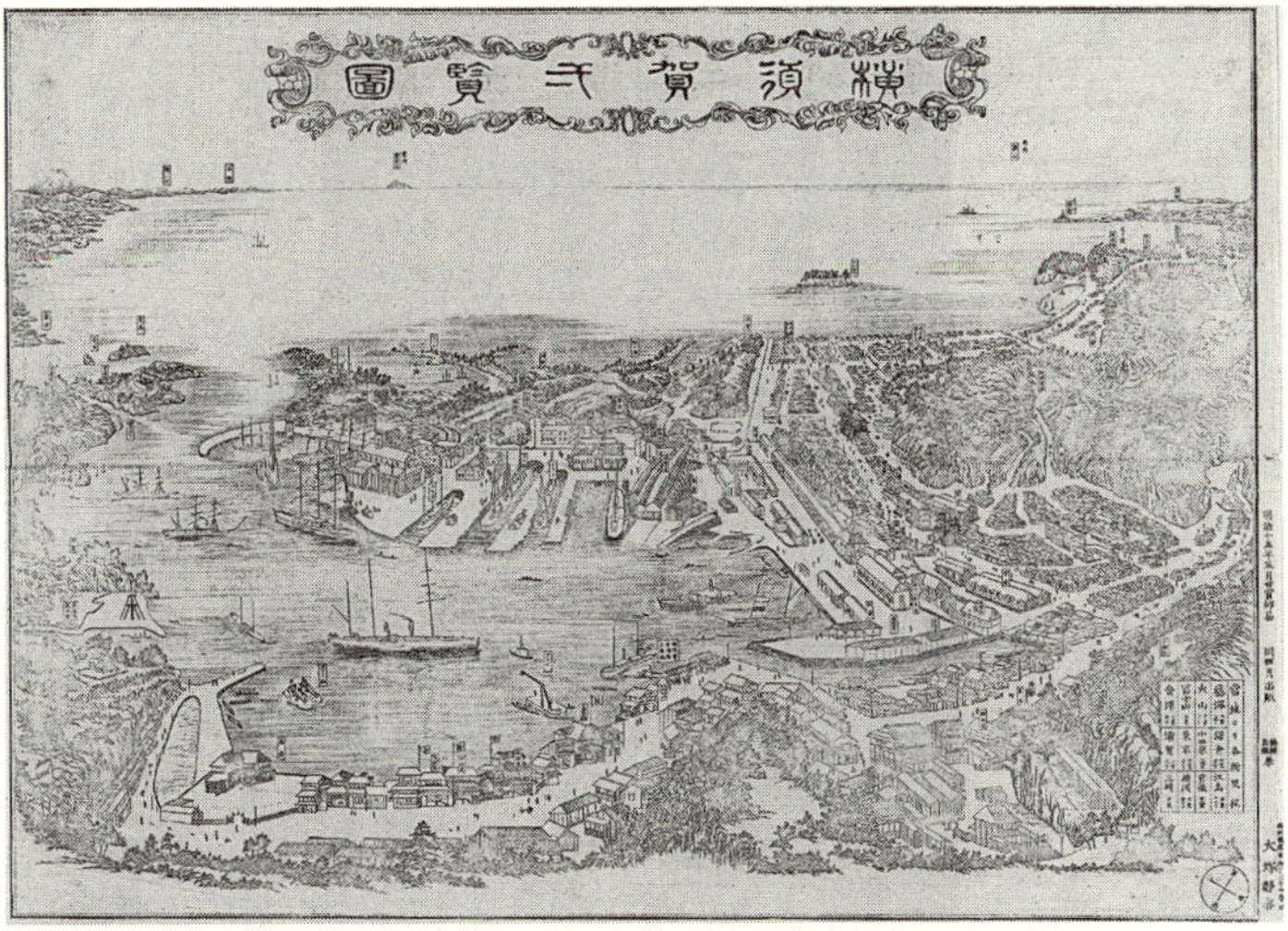

図17　『横須賀一覧図』　明治15年(1882)刊

五点、松島では明治二一年（一八八八）から大正一三年（一九二四）に至るまでに二九点の鳥瞰図が確認されている。これはいずれも二、三年おきに、時には年に数種もの鳥瞰図が刊行されていたことを示す。それらを作製していた主体は、いずれも地元の業者であり、土産物や広告として作製されていたという。また中西の場合は、松島を扱うなかで、仙台や千葉県などを活動場所としていた鳥瞰図絵師、松井天山（一八六八〜一九四七）についても取り上げている。

　このような鳥瞰図は、日本各地で作製された。たとえば、横須賀では製鉄・造船の町から軍港都市として発展しはじめる前後に、さまざまな鳥瞰図が作製されている。その一つに明治一五年（一八八二）四月発行という刊記をもつ『横須賀一覧図』（図17）がある。この図の編集・出版は横須賀旭町の大塚静喜となっている。彼は当時、横須賀の代表的な事業者であった。地元業者によるという点は、熱海や松島と共通する。横須賀造船所（旧製鉄所）を中心に展開した横須賀の町が俯瞰されている。画面中央やや左にドッグが三本あるが、中央にある最長のドッグはこの時点ではまだ建設中であり、完成したのは明治一七年であった。景観年代と刊記とのずれが生じることになる。ただ、明治一二年に刊行され、『横須賀一覧図』の範となっていると思われる『横須賀港一覧絵図』にもすでにドッグが三本描かれており、建設中の段階から、このように描く「作法」があったのだろう。

基本的な視点場は造船所の対岸、方向にすると南西にある標高五〇メートル程度の丘陵地にある。確かにこの位置が造船所部分と、東部の町並みを最大限見渡せる場所となるのだが、実際には山影に隠れてみえないような場所も多く描かれている。また、画面左端に表現される海岸線をたどると「横ハマ」や「本牧」にたどり着くが、「横ハマ」の左には富士山らしき山影がみえる。水平線上には「常州筑波山」と「房州鋸山」という注記があるが、後者は山影がない。明治一二年版にははっきりとした山並みが大きく描かれていることを思えば、あるいは『横須賀一覧図』の作者が山容を描き忘れたのかもしれない。

横須賀に関する都市図のうち、「一覧図」という名称が付される図は、その後も、明治期であれば、明治一八年版や明治二五年版が確認される。このほかにも、探せば出てくる可能性もある。いずれにしても、近代鳥瞰図の歴史を追うためには、このような各地域で作製された鳥瞰図——もしくは地図全体——の描写の差異や発行主体の変遷などを追っていく作業が不可欠である。

大正の広重　吉田初三郎の鳥瞰図の実質的な処女作は、大正二年（一九一三）に京阪電鉄の依頼で描いた『京阪電車御案内』である。それが翌年に男山八幡行啓をおこなっていた皇太子（昭和天皇）の目にとまり、わかりやすさと美しさを讃えられたという吉報が初三郎の耳に入ったことが、生涯の発奮材料となったというのは有名な話であろう。その後、画風を一新し、みずから「初三郎式鳥瞰図」と呼ぶような作品を生みだすことになる。師橋（二〇〇二）も紹介しているが、初三郎自身の手による小文「如何にして初三郎式鳥瞰図は生れたか?」（『旅と名所』観光改題二二号、一九二八。宇治市歴史資料館〔二〇〇七〕に翻刻がある）には、次のようにある。

私の作り出さんとする名所図絵は単なる一枚のスケッチではなく、幾十枚幾百枚のスケッチが集つて其所に一個の鳥瞰的図絵を構成せんとするのである。即ち部分々々に就いては飽くまで忠実な自然描写であるが、一度これを綜合する時に於いて、極めて人為的となり初三郎式となる。

この部分的には忠実であるという点は、実際に神戸に関する鳥瞰図を古写真・絵葉書と比較した三好（二〇〇八）によって、確かに丁寧な調査のもとで鳥瞰図作製がなされていることが確認されている。

「大正の広重」を自認した初三郎が念頭においた名所図絵とは、当然「広重の名所図絵」であった。ただ、広重は既存の絵図を利用して風景浮世絵を描きだすこともあったのに対し（大久保・二〇〇七）、初三郎はみずから現地に赴いてスケッチをすることで鳥瞰図を作り上げることを徹底していた点は大きく異なる。初三郎の現地主義の態度は広重よりも貞秀に近い。

『サンデー毎日』付録　昭和3年(1928)刊

現地でのスケッチをもとにするという方針以外で、初三郎は名所図絵に何を求めたか。究極の目標が「日本全国名所図絵の完成」にあると述べている以上、この点は重要である。

> 私の考へでは、名所図絵の生命は飽まで自然を巧みに捕へて、自家薬籠中のものとなし、一目してその美しさ山容水態を髣髴せしむところにあり

ここには、志賀重昂の『日本風景論』（一八九四）を代表とする、「自然」の美しさにさまざまな意趣を看取する近代的風景観が如実に表れている。「日本全国名所図絵」が目標とされることで、自然美とナショナル・アイデンティティが根底で結びついていたことも明らかだろう。このような自然美を抱く名所を雄大な構図で描く趣向は『日本ライン御案内　日本八景木曽川』（一九二八）や『奇勝耶馬　全渓谷遊覧交通図』（一九三一）など、いくつも確認することができる。

とはいえ、自然美だけが初三郎の眼目にあるのではなかった。それは、たとえば京都や姫路、大連といった都市を主題にした鳥瞰図も数多く刊行され、また『八幡市』（一九三三）のように製

図18 「歴代御陵巡拝図絵」 吉田初三郎画

鉄所がメインとなる産業図も少なくない。さらに『歴代御陵巡拝図絵』（一九二八）のような旧跡や史跡を扱ったもの（図18）、そして博覧会を表現したものなど、そのテーマは多岐にわたる。初三郎の仕事は依頼によってなされる部分が多く、必ずしもみずからの意思のみで作品の場所を決定できたわけではないが、それでも、これらの作品をみていくと、自然美のみを「名所」の枠に入れていたとは思えない。初三郎の「名所」観とは、言明しているよりはずっと曖昧で「俗世」的なものであったとした方がよい。そして、それは実際に行くことができるという「旅行者」のまなざしでの「名所」であった。

> 蓋し現代に於ては名所と交通の関係を示して旅行者の便益に資し、併せて交通の発達と改善を促しつつ……（以下略）

初三郎にとって「交通」は「名所」とともに不可欠なテーマであった。主要陸路ないし航路が記載されていない初三郎図は、筆者の知る限り原爆投下直後を描いた『HIROSHIMA』（一九四六）しかない。もちろんほかにもあるかもしれないが、いずれにしても少数だと思われる。逆に、船舶会社の依頼に応えた『瀬戸内海航

昭和３年（1928）10月刊

路絵図』（一九二五）や『大連汽船航路案内』（一九二九）など、航路がきわめて象徴的に表現される図や、鉄道会社の依頼に応じた『目黒蒲田電鉄東京横浜電鉄沿線名所案内』（一九二六）や『長野電鉄沿線御案内』（一九三〇）など、交通図ともいえる鳥瞰図であれば、数多く確認できる。

当時、日本では鉄道やバスの陸路、そして海上航路の整備が急速に進む時代であった。そして、軍国主義のもと大陸への進出もなされていたころであった。つまり、植民地も含めた国土は「大きく」なる一方で、時間距離はどんどんと短縮され、その意味での国土は「小さく」なっていったのである。国土に対するこの相反する——実のところ一致しているのだが——動きを、同時にとらえる効果的な手法の一つが「初三郎式鳥瞰図」であったように思われる。たとえば、『京都名所大鳥瞰図』（一九二八）には、路面電車が網目のように走る京都市街が大きく表現されると同時に、その南（画面中央下部）にある京都駅からは四方に路線が伸びている（図19）。画面左上方向には山陰線が表現され、米子や松江がある。画面左下方向には大阪から

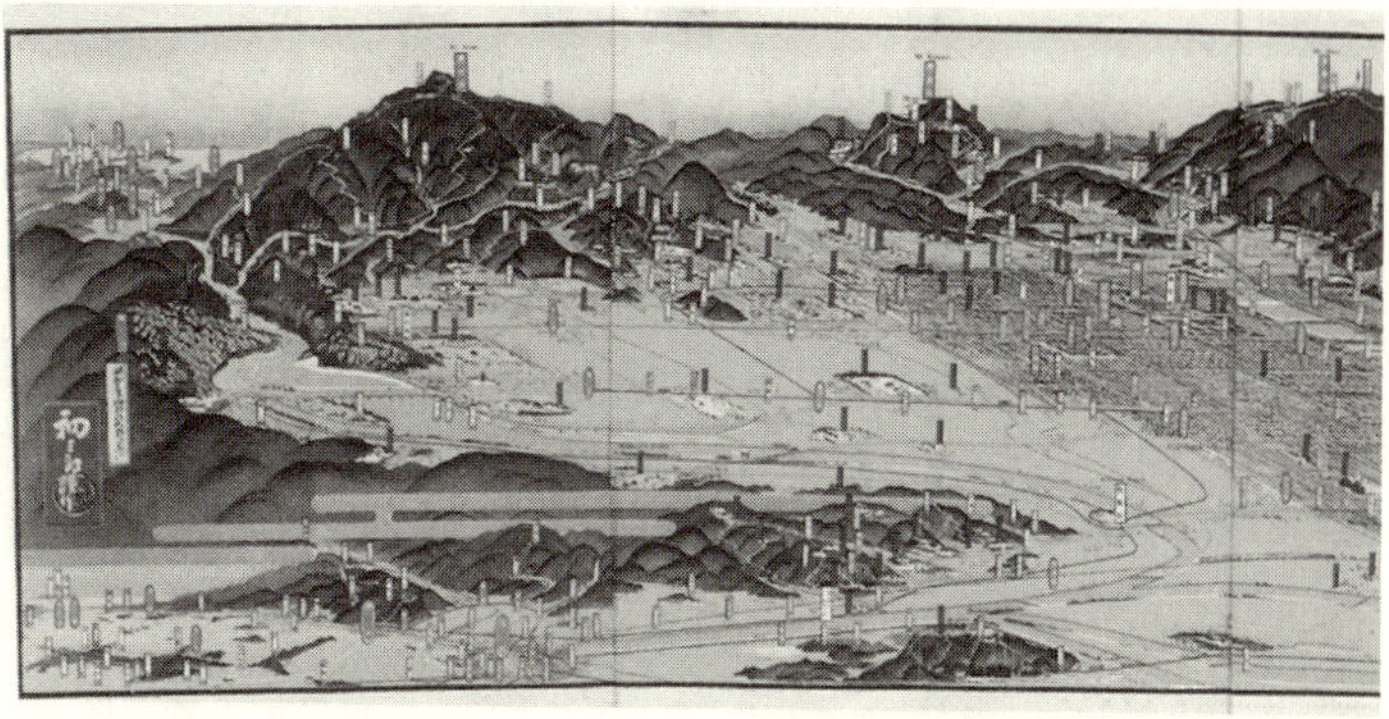

図19 「京都名所大鳥瞰図」 吉田初三郎画

下関に通じる山陽線と瀬戸内海航路によって結ばれた四国が描かれる。その奥には九州も顔をのぞかせ、さらに後方には朝鮮半島の釜山や金剛山も描写されている。画面右下方向には伏見を通過したあとに上方に上がり宇治・奈良へと続く路線がある。画面右上方向には東海道線が表現され、富士山や東京が出迎える。そして、東海道線から分岐して北陸線が表現され、その線路は青森まで続き、さらに北海道・樺太までもが描写されるのである。

以前、この図についてはごく簡単に紹介したことがあったのだが（上杉・二〇〇七）、その後、京都府立大学に異動した際、その附属図書館内の一角にこの肉筆絹地原画（下図《したず》）が掲げられているのを知った。一一五×五〇〇センチで、印刷図の約五倍の法量をもつ。その大きさは圧倒的で、コンパクトに収められた印刷図とはまったく異なる印象を受ける。藤本一美（二〇〇二）は「印刷折本鳥瞰図にない、印刷技術に頼らない手描き描法の凄さ、作画者の図絵に取り組むまなざし・熱意を直に知ったような気になる」としているが、筆者もまったく同感である。

細部にわたるより忠実な描写と同時に、それらをダイナミックにつなぎ合わせて一つの完成された構図にするその技術は「凄い」としかいいようがない。

藤本（二〇〇二）によれば、現在一五〇点あまりの原画が知られているが、印刷図は一六〇〇点ともいわれるので、まだみつかる可能性があるのだという。いずれにしても、あれだけの「凄み」を備えた作品を世に送り続けた初三郎は、やはり大正・昭和の鳥瞰図の代表的存在であることを改めて確認するのである。

(2)　現代地図事情

地形図作製の変化　現在、国内の地形図の基本図となっているのは、二万五千分一地形図である。二万五千分一地形図の作製は明治四三年（一九一〇）に始まったが、昭和一四年（一九三九）以降、外邦図作製に専念することになり、国内図作製は中断した。その作製が再開されたのは、昭和二四年になってからである。その後の展開は、いわば戦後の地形図作製を代表するものであるため、『測量・地図百年史』（一九七〇）および『国土地理院時報』一〇〇号（二〇〇三）にもとづいて、簡単にふりかえっておきたい。

昭和二八年度には第一次基本測量長期計画がたてられ、戦後初の地形図整備の長期方針が策定された。そこでは、平板測量から写真測量へと測量方法を切り替えること、また外注請負作業を導入することなど、戦前とは大きく異なる地形図作製の新たな方針が示された。また、平地部については、それまでの五万分一地形図に代わって、二万五千分一地形図によって全国整備することが決められた。

さらに一〇年後の昭和三八年度からは第二次基本測量長期計画が始まったが、この計画において、国土全体を覆う基本図が五万分一地形図から二万五千分一地形図へと変更されるという大きな転換がなされた。これにより、平地部のみならず山地部等も含めた全体で二万五千分一地形図の整備が進められることになり、平板測量ですでに測量されていた図幅も改めて写真測量によって再測量するなど、統一的な基準・精度をもつ二万五千分一地形図が整備されていった。この事業は、その後の第三次基本測量長期計画においても引き継がれ、最終的には昭和五八年に至って、北方領土と竹島を除いたすべての地域での整備が完了した。

地形図は一度作製したら終わりというものではなく、定期的に修正がなされる。第二次基本測量長期計画では、その修正周期についても定められ、地域によって三・五・一〇年の三種類に区分して実施されることになった。なお、第二次基本測量長期計画が策定されたころは、いわゆる高度経済成長期にあたり、日本各地での景観上の変化が大きい時期であったことがこのような修正時期設定につながっていたと考えられる。経済成長が鈍化した第四次基本測量長期計画（昭和五九〜平成五年度〔一九九三〕）には、修正の周期の見直しがなされ、五・一〇・一五年となっている。

さらに、定期的な修正測量では重要な地域の変化に対応できない場合もあり、その場合は修正周期にかかわらず地形図単位で修正がおこなわれる。これを「部分修正測量」と呼んでいる。部分修正測量は昭和六二年から本格的に取り入れられた。

そして、既成図の表現内容や位置に関する精度が大きくはずれ、定期修正測量ないし部分修正測量では補うことができないような場合、もしくは修正・改版回数が多くなった場合などについては、改測がなされ、基本図としての精度維持がなされてきている。

地理空間情報の整備　このように国土の基本図の整備は、戦後、一貫してはかられてきた。そして、その方向性は現在でも基本的に維持されているといってよい。ただし、一九九〇年代後半以降、地形図を取り巻く環境は大きく変化した。それはGIS（Geographic Information System 地理情報システム）技術の進展、およびその世界的な利用の急速な展開である。国土把握ないし土地把握がデジタル化されていくにともない、そのベースマップとなる基本図についても、デジタル化が強く求められることになった。この流れは、平成七年（一九九五）一月一七日に発生した阪神・淡路大震災によって防災対策の情報整備の脆弱さが露呈したことによって加速され、GISの基盤情報整備がきわめて重要な課題として認識されるようになった。

このようななかで、国土地理院は平成六年度から始まった第五次基本測量長期計画に基づきつつ、電子基準点網の整備やGIS基盤情報の整備を実施し、二千五百分一（都市計画区域）ないし二万五千分一（全国）の空間データ基盤を中心に、数値地図の刊行や、インターネットによる測量成果の提供を開始した（矢野・二〇〇六）。従来の紙ベースの地形図についても、世界測地系への移行をおこない、グローバルな状況に対応できる環境を整えていった。

平成一六年度より平成二五年度までの計画とされた第六次基本測量長期計画においても、GIS基盤情報の整備を中心とする流れが踏襲され、①位置情報基盤の整備と利活用の推進、②電子国土基幹情報の整備と利活用の推進、③防災・減災のための地理情報の整備と利活用の推進、が基本目標に定められた。ただし、この計画は、その後の測量法改正（平成一九年）や地理空間情報活用推進基本法の制定（平成一九年）、宇宙基本法の制定（平成二〇年）、地理空間情報活用推進基本計画の閣議決定（平成二〇年四月）といった社会的環境の変化を受けて、改めて練り直されることになり、平成二一年六月に、「測量成果をはじめとする地理空間情報が社会において一層有効に活用される地理空間情報高度活用社会の実現に向け」た「基本測量に関する長期計画」が策定された（国土交通省国土地理院・二〇〇九）。そこでは、①基盤となる地理空間情報の整備、②地理空間情報活用のための環境整備、③地理空間情報の活用推進に向けた連携と研究開発の推進、といった基本施策が掲げられている。

デジタル・マップ　デジタル・マップの社会への浸透という点でみれば、国土地理院の施策もさることながら、やはり民間レベルでのデジタル・マップ作製および、その提供方法や機能の拡充の果たしている役割が大きい。

現在、日常のなかで普及しているデジタル・マップの一つに、自動車などの運転時に利用する「カー・ナビゲーション・システム」（カーナビ）がある。その出現は一九八〇年代に遡るが、その普及は一九九〇年代以降であろう。

カーナビの最大の特徴はGPS（Global Positioning System）を用いて現在地を捕捉し、地図上にその地点を表示させる機能である。GPSはアメリカで軍事目的に開発されてきた経緯もあり、当初は利用可能なGPSの精度が制限されていたために、現在地を適切に表示させることが難しかった。しかし、アメリカが民間利用の制限を解除して以降、その精度は飛躍的に向上している。誤差の修正方法はいくつかあるものの、いずれも搭載されているデジタル地図とのマッチングをおこなう場合がほとんどで、見た目上、現在地は道路上に表示されることになる。

カーナビには現在地表示と同時に、行き先を入力することで道路案内を画面や音声で表示する機能がある。近年は、道路交通情報通信システム（VICS：Vehicle Information and Communication System）を利用した渋滞や事故・道路工事といった情報の受信と表示もあわせて利用されることが多く、有用な運転支援ツールとなっている。道路案内を設定する場合、たいてい有料道路の利用の有無といったルート選択が可能だが、これらはカーナビに搭載されているデジタル地図に、国道であるのか有料道路であるのかといった道路ごとの情報が所収されていて初めて可能となる。たとえば、カーナビ利用者のなかで、新しく道が開通しているにもかかわらず旧道を指示されてしまった、という経験をもつ人もいるだろう。それは搭載されたデジタル地図に新しく開通した道の情報がなかったためである。指示を無視して新しい道を走ると、画面上ではしばらく何もないところに表示されるが、走行するに従って画面がスクロールされていき、近くに既存の道――これも通過している新しい道とは別の道なのだが――が表示されると、マッチング機能が働いて現在地がその道上に「瞬間移動」することになる。

すなわち、カーナビの場合、GPSやVICSによって「現在」の状況についてのさまざまな情報を入手し、それを地図上に表現することが可能であるが、その基礎となるデジタル地図はDVD（Digital Versatile Disc）やHDD（Hard Disk Drive）などを用いて製品内に保管されているものが利用されることが大半であるため、どうしても「過去」の情報となってしまう。できた直後から古くなるというのは、地図のいわば宿命であり、あらゆる地図に共通する特徴なのだが、カーナビの場合、「現在」がつねに地図の上に表示されてしまうため、その宿命が露見しやすい。

このような地図情報の鮮度の劣化という問題をある程度解決しているのが、パソコンや携帯端末などで利用されている地図配信ソフトである。代表的ソフトとしては、たとえば「Google Maps™」や「Yahoo! ロコ　地図」があり、世界レベルから街区レベルまで、さまざまな縮尺で世界中の地図や空中写真画像をみることができる。さらに宇宙規模も視界に入ってくる地図配信ソフトとしては「Google Earth™」もある。これらは、地図情報を利用者側のパソコンないし携帯端末にあらかじめ蓄積しておくのではなく、そのつど地図情報を配信する方式であり、配信側が地図情報を更新することで、利用者側は常に最新の情報を入手することができる。カーナビや紙ベースの地図の場合、地図情報の「現在」性を保つためには、利用者側が能動的に情報に接触——すなわち新規購入や更新手続き——をする必要があったが、ウェブを通じた地図配信の場合、「現在」性の担保は基本的に配信側に委ねられることになる。たとえば、「Yahoo! ロコ　地図」の場合、「地図の更新情報」ページが作成されており（http://maps.loco.yahoo.co.jp/information 二〇一一年七月一三日確認）、行政・施設・鉄道・道路といった地理情報の個別の更新状況が表示されている。その更新履歴をみる限り、主要な地理情報についてては、リアルタイムの更新・提示が、かなりの程度進んでいることがわかる。

このようなデジタル・マップの技術革新は、これまでの地図が有していた限界を乗り越える側面がいくつもある。「現在」性の確保に加え、たとえば先にふれた世界規模から街区規模をシームレスに行き来できる点もスケール概念の超越として画期的であり、また紙ベースの場合、用紙サイズに地図が制限されていたのに対して、同一スケールで世界中どこでもみることができるというシームレスな空間移動もまた画期的であった。さらに、地図配信ソフトの場合、利用者は閲覧するだけでなく、登録作業などをおこなうことで、みずからの情報を付け加え、それを公開することもできる。たとえば、店舗を開設した際や、何らかの集まりがある際の会場提示など、現在ではさまざまな場面でデジタル・マップが活用されている。

一方で、デジタル・マップにも限界がある。たとえば、紙ベースの地図が用紙サイズに規制されていたのと同様に、デジタル・マップは閲覧する画面サイズに表現範囲が規制されてしまう点である。もちろん画面をスクロールすればみえるのだが、ある程度離れたA地点とB地点を詳細な縮尺で一度にみたいという欲求には、なかなか応えてくれない。単なるルート検索であれば、このような不都合はあまり問題にはならないが、現地を徒歩で巡見する場合は、このような欲求がたびたび噴出する。さらに現地での利用の場合、閲覧機器の重さといった問題も加わることになる。近年、軽量で薄い携帯端末も登場しているが、たとえば国土地理院の地形図や民間会社の発行している地図と比べると、一度に表現できる地図の範囲——すなわち画面サイズ——の小ささは歴然としている。紙ベースの地図は、ノリとハサミでつなぎ合わせれば、大きなサイズにすることもでき、さらに折り畳んでしまえば、持ち運ぶのにも支障にならないという利点がある。

もちろん、GPS機能のついたデジタル・マップの場合、現在地の特定がきわめて容易であり、これはフィールド・ワークでも活躍する。結局、デジタル・マップと紙ベースの地図とは、その特徴を相互に補う関係にあるのだろう。

三次元・四次元のバーチャル・マップ　デジタル・マップは、二次元のみならず、三次元での表示についても可能であり、紙ベースの地図で発達してきた鳥瞰図に似たような世界が画面のなかで構築される。たとえば、先にあげたカーナビの場合、車窓からみえる建物を三次元的に表示できる機能がついたものがある。

また、GISには標高データを用いて土地の起伏を表現する機能が付されており、さらに近年は建物の高さや形状、また外装などの情報を取り込み、都市内部についても三次元で表示されるようにもなっている。そのような作業によって地域を表示する事例は少しずつ増えていっているが、その代表的なプロジェクトとして、立命館大学が中心となって実施している「バーチャル京都」がある（矢野・二〇〇六、矢野ほか・二〇〇七・二〇一一）。バーチャル京都では、航空機からのレーザー測量データを用いて計測した地表面の高さならびに建物一軒ごとの高さを精度の高い住宅地図とあわせた三次元の都市地図を基本図として利用している。空中写真をそこにあわせることで立体的な景観をつくっているが、リアリティをより高めるために、一部の地域についてはデジタルカメラなどで撮影した建物等の外装画像をその地図にマッピングし、また個別の景観構成要素を追記している。その成果はウェブで公開されており（http://www.geo.lt.ritsumei.ac.jp/webgis/ritscoe.html 二〇一一年七月一六日閲覧）、鳥瞰的な視点で京都を眺められるほか、一部地域については歩行しているような視点でバーチャルな京都を散策することが可能となっている。

さらに「バーチャル京都」では、過去の京都の姿や未来予想についてもなされている。過去については、たとえば平安時代の京都（平安京）について、発掘調査成果に基づいて平安時代の地形を復原し、さらに史料や発掘成果に基づいた土地利用復原や街区復原をもとにしたバーチャル平安京を作製している（河角・二〇〇七）。主要建物については、遷都一二〇〇年記念に作製された平安京模型の建物設計図を基礎として三次元のコンピュータ・グラフィックを作成、邸宅等の建物についてはいくつかのモデルを作成し、それを配置していくという方法がとられている。このような三次元での復原は、たとえば主要建物や背後の山並みが平安京の各所からどのようにみえたのかといった検討を可能にしている。河角は長岡京についてもバーチャル長岡京を設定し、宮都の中軸線と周囲の山並みの関係について議論している（河角・二〇一一）。このような歴史時代の京都のバーチャル・マップとしては、ほかにも江戸時代の測量図のゆがみを補正した図をベースマップとした江戸時代のバーチャル京都もある（塚本・磯田・二〇〇七、田中・磯田・二〇一一）。三次元都市モデルの作成にあたっては、特徴的な景観構成要素は個別にモデリングをおこない、一方、町家などの一般的な景観構成要素については洛中洛外図屏風の画像情報などをもとにして自動生成するプログラムを用いてモデル化されている。

このような歴史的空間の復原を加えたバーチャル・マップは、いずれも現在との表示の切り替えが可能であり、その意味で、空間的な三次元に加え、時間というもう一つの次元を加えた四次元のバーチャル・マップになっている。そして、この時間軸は過去にのみならず、未来にも伸びており、特定の景観構成要素を変化させて描画することにより、景観そのものや眺望範囲の変化についてのシミュレーションをおこない、ある種の「未来予想図」を作り上げることも可能である。それは都市計画や防災計画に大きく貢献するものとなる（矢野ほか・二〇〇七）。

このほか、地図配信ソフトによるバーチャル・マップとしては、「Google Earth™」がその代表例となるだろう。「Google Earth™」（version 6）ではほぼ全世界の建物や樹木が三次元で表示される。バーチャル京都などの個別の地域に特化して作られたバーチャル・マップと比べれば、その精度は劣るが、世界の仮想現実を体感するにはきわめて有用だろう。

また「Google Earth™」にも時間軸の設定が可能であり、表示可能な空中写真・衛星画像を撮影年ごとに画面のベース図にすることができる。日本国内の画像については、現時点ではそれほど古い画像は利用されていないようだが、たとえばヨーロッパ主要都市では一九四三年の空中写真にすることも可能である。

さらに面白いのは画面上で一日の時間変化をも示すことができる点だろう。太陽運行が入力されており、一日のある時間を設定するとその時の太陽位置をもとに明暗が表示される仕組みであり、三次元表示の場合は、建物の壁面と太陽との位置関係によって各壁面で太陽光線の当たる位置が異なることも表現される。

このように、現在は一般的な地図配信ソフトにおいても、多機能なバーチャル・マップの作成・公開が進んでいる。この分野の技術革新は日進月歩であり、今後、さらに新しい「見せ方／魅せ方」が登場するに違いない。

今どんな地図がもとめられているか　織田武雄は地図史の概説の冒頭で「地図の歴史は文字の歴史よりも古い」という言葉を使いつつ、非常に古い時代から地図が人々の生活に密接な存在であったことを説いてみせた（織田・一九七三）。確かに、人間が文字をもたなかった時代においても、衣食住に不可欠な要素・材料が獲得・生産される範囲についての認識は生きていくうえで必須であり、生活を維持するためには何らかの地理的知識が不可欠であった。

時は移り、人々が徐々に高度で多様な生活を送るようになった現在においても、人間が何らかの場所を舞台として生活・生業を営んでいる以上、地理的知識の重要性は変わらない。むしろ、多様化した知識がそれぞれの場面でより強く求められる状況になっている。

たとえば、二〇一一年三月一一日に東日本を襲った大地震と津波は、時に猛威をふるう自然を前に人間がどのような工夫をすべきなのか、強く考えさせられる出来事だった。非常時、どのような場所が安全なのか。そこまで行くためには、どのようなルートが最適で、どれくらいの時間がかかるのか。そのようなことを示唆してくれるハザード・マップの重要性が、今、改めて認識されている。

また、同じく、今回の地震では歴史的な津波との比較なども検証され、過去の教訓を活かすことの有効性が説かれる場面もあった。そのためには、地域ごとの歴史的景観の復原が不可欠であり、歴史地図ないし歴史アトラスというものの整備が、今後重要となっていくだろう。

地図に求められる情報は時代によって変化していく。コラムにも取り上げた地形図上の地図記号の変化は、その一例だろう。そのほか、たとえば世代や職業などによって求める情報が違う場合もある。デジタル・マップの場合、表示する地図情報を変化させることができるが、現時点では、「見やすさ」を考慮した表示の有無の設定といった程度でしかなく、場面に応じた細かい設定をすることは難しい。デジタル・マップの有効性を高めるためにも、個別のニーズに合わせることのできる機能が追求されてもよいだろう。

地図は古くから人間のそばにあり、人間の生活の変化に合わせた変化をしてきた。そうであるならば、地図が今後、どのような展開をするのか。それは、まさに利用する人間の側にゆだねられている。人間がどのような地理的知識に好奇心を示すのか。地図が向かう道、そして地図が示す道は、その好奇心の先にある。

コラム5　地図記号

地形図には地図記号がつきものである。なかには、地図記号が覚えられないので地形図は苦手だ、という人もいるかもしれない。たしかに、現在の地形図には一六一種もの地図記号があり、それらをすべて覚えるのは難しい。たとえば、道路を示す地図記号には単線と二本線があるが、基本的な二本線の記号だけでも一ミリ幅と〇・八ミリ幅、〇・四ミリ幅があり、それぞれ示す道路が異なっている。これらをすらすらと読み解ければ、地形図からはきわめて豊富な情報を受け取ることができるが、その微妙な差異にとまどう人も多いのは事実だろう。

ただ、覚えなければならないのは、あくまでも学校の授業のなかでの話であり、実際に地形図を利用する場合は、地形図に凡例が付されているので、わからない記号は凡例をみればいいだけの話である。また、たとえ地図記号が苦手な人であっても、「田」や「畑」、また「神社」や「寺院」といった地図記号くらいは、すぐに思い出すのではないだろうか。

地図史をひも解く本書においては、このような地図記号にも歴史があることに注目したい。たとえば、先に示した四つの地図記号にも、それぞれ変遷がある。「田」は近代地形図が作られた当初から地図記号化されていたが、当初は「水田」（一時期、湿田）と「陸田」（一時期、乾田）がそれぞれ別の記号で表現されていた。田を細分することが重要であったということになる。

「畑」については、実は昭和四〇年の図式になって初めて地図記号――種子から発芽した二枚葉がモチーフである――が導入された。より正確にいうならば、それまでは無記号、すなわち空白地が畑を示すものであった。実際、戦前の地形図をみると、一定の区画内が空白地となっているものがある。これは地形図の原画を手描きで作製していたころの省力化の一環であったと聞いたことがある。ただ、空白地というのは、たとえば陸軍や海軍の基地などにも意図的に用いられていたため、その空白が何を示すのかについては、読者の地図の読解が求められた。

「神社」と「寺院」は日本の歴史・文化を象徴する建築物である。地図記号は、それぞれ鳥居と卍（マンジ）をもとに作られており、特に鳥居などは日本の歴史・文化を知る人たちにとっては、きわめてわかりやすい地図記号である。逆にいえば、日本の歴史・文化に精通しない人たちにとっては、何の記号かまったくわからない不可思議なマークに映ることだろう。その意味で、地図記号を直感的に把握できるか否かというのは、歴史・文化の共有度をはかる一つの指標となりうるものである。

地図記号の歴史を語るうえで、近年新たに作製された地図記号も忘れてはならない。現行一六一種の地図記号のうち、もっとも新しい記号は、平成一八年（二〇〇六）に制定された「老人ホーム」と「風車」である。これら二つの施設については、いずれも近年の日本国内の社会的世相を反映したものであり、そのような社会を反映しての記号化であった。

今後、どのような施設ないし地物が地図記号化されていくのか、もしくは記号から削除されていくのか。そのようなことに思いを馳せつつ、地形図――たとえそれが紙に印刷されたものであれ、画面に表示されたものであれ――片手に現地を歩くのも悪くはない。

あとがき

共著者の金田と上杉は、地図についての三回目の共著を試みることとなった。最初が、『地図出版の四百年』（ナカニシヤ出版、二〇〇七年）、ついで *A Landscape History of Japan* (Kinda ed., Kyoto University Press, 2010) 中の Landscape and maps である。前者では冒頭の総説部分と印刷図の初めから近世京都図までを金田が、日本図・世界図・近代図を上杉が担当した。後者では、古代・中世を金田が、近世・近代を上杉が担当した。

近世京都図をどちらが担当するかには違いがあるが、本書でも地図史の初めの部分を金田が、後の部分を上杉が担当した。ただ、結果的に、後の部分、つまり近世・近代の部分が著しく量の多い記述となったことについて若干の説明をしておきたい。分担を構想した時には、一対二くらいの比率が適当ではないかと考えて執筆に入った。しかし、その結果は、一対三・五くらいの量となったが、特に調整をしなかった。最大の理由は、質・量ともに近世・近代の地図の比重が大きいことにあると考えたことによる。

京都図の有名なコレクターである大塚隆氏によれば、氏は求められるままに京都の古地図のすべてを購入したと語られた。その結果、手元に集積した古地図のあるものはたった一点、あるものは数十点に及んだという。同氏はさらに、この量が、出版部数をかなりよく反映しているのではないかと推定されている。このような実態は、どれだけ流布したのかという点が不明のままの、多くの近世の出版物の状況にせまる、一つの方法であるかもしれないと思う。

このことで、執筆量の調整をしなかった理由とはならないが、結果として時代による差が大きいとはいえ、日本地図史の有する一つの側面であるとは言えると思う。この言い訳は別として、本書が日本地図史の理解の一助となれば幸いである。

本書を分野別日本史シリーズの一冊として企画・推進された吉川弘文館、ならびに製作を担当していただいた編集工房トモリーオに御礼を申しあげたい。

二〇一一年晩秋

金田章裕

参考文献

I　古地図の機能と表現対象

青山宏夫　一九九二　「雁道考」『人文地理』四四―五

秋岡武次郎　一九五五　『日本地図史』河出書房

秋岡武次郎　一九五六　「桃山時代の四世界図屏風について」『人文地理』七

岩田豊樹　一九八〇　『日本書誌学大系11　江戸図総目録』青裳堂

応地利明　一九八七　「絵地図に現れた世界像」『日本の社会史7　社会観と世界像』岩波書店

応地利明　一九九三　「日本図と世界図」荒野泰典・石井正敏・村井章介編『アジアのなかの日本史V　自意識と相互理解』東京大学出版会

応地利明　一九九六　『絵地図の世界像』岩波書店

大塚　隆　一九八一　『日本書誌学大系16　京都図総目録』青裳堂

奥野中彦　一九六九　「開田図から四至牓示図への展開」『古絵図特別展観図録』京都国立博物館

奥野中彦　一九七三　「荘園絵図の成立と展開」荘園研究会編『荘園絵図の基礎的研究』三一書房

織田武雄　一九七三　『地図の歴史』講談社

小野寺淳　一九九一　『近世河川絵図の研究』古今書院

景山春樹　一九六九　「古絵図概説」『古絵図特別展観図録』京都国立博物館

葛川絵図研究会　一九八八「葛川絵図」同会編『絵図のコスモロジー』上、地人書房
川村博忠　一九八六『江戸幕府撰国絵図の研究』古今書院
川村博忠　一九九〇『国絵図』吉川弘文館
川村博忠　一九九二『近世絵図と測量術』古今書院
岸　俊男　一九七三「班田図と条里制」同『日本古代籍帳の研究』塙書房
木村東一郎　一九七九『村図の歴史地理学』日本学術通信社
京大地理編　二〇〇七　京都大学大学院文学研究科地理学教室・京都大学総合博物館編『地図出版の四百年―京都・日
本・世界―』ナカニシヤ出版
金田章裕　一九八五『条里と村落の歴史地理学研究』大明堂
金田章裕　一九九一「村絵図類」「山絵図・水利関係絵図類」足利健亮・金田章裕編『藤井寺市史』藤井寺市
金田章裕　一九九三『古代日本の景観』吉川弘文館
金田章裕　一九九五ａ「絵図・地図と歴史学」『岩波講座日本通史』別巻三、岩波書店
金田章裕　一九九五ｂ「奈良時代の土地管理と小字地名的名称」『史林』七八―四
金田章裕　一九九八『古代荘園図と景観』東京大学出版会
金田章裕　二〇〇八『大地へのまなざし―歴史地理学の散歩道―』思文閣出版
楠瀬　勝編　一九八三『石黒信由遺品等高樹文庫資料の総合的研究』（トヨタ財団助成研究報告書）
黒田日出男　一九八四『日本中世開発史の研究』校倉書房
黒田日出男　一九八六「荘園絵図」『国史大辞典』七、吉川弘文館
小山靖憲　一九八七『中世村落と荘園絵図』東京大学出版会

鷺森浩幸　一九九四「文図について」『続日本紀研究』二九〇
佐藤甚次郎　一九八六『明治期作成の地籍図』古今書院
水藤　真　一九九三「荘園絵図について」『企画展示　荘園絵図とその世界』国立歴史民俗博物館
竹内理三　一九七九「絵図―概説―」『文化財講座日本の美術16　古文書』第一法規出版
東野治之　一九八三「南都所伝宮城図残欠について」『古文書研究』二〇
虎尾俊哉　一九六一『班田収授法の研究』吉川弘文館
中村　拓　一九六四「南蛮屛風世界図の研究」『キリシタン研究』九
難波田徹　一九八八「天徳本祇園社絵図考」葛川絵図研究会編『絵図のコスモロジー』上、地人書房
西山　克　一九八六・八七「社寺参詣曼荼羅についての覚書」Ⅰ・Ⅱ『藤井寺市史紀要』七・八
船越昭生　一九七〇「坤輿万国全図と鎖国日本」『東方学報』四一
船越昭生　一九七九「『新訂万国全図』の主要資料アロウスミスの原図について」『史林』六二―一
保柳睦美　一九七四『伊能忠敬の科学的業績』古今書院
水田義一　一九七四「中世荘園絵図の検討」『人文地理』二六―二
南出眞助　一九九六「古代荘園図と中世荘園絵図」金田章裕ほか編『日本古代荘園図』東京大学出版会
室賀信夫・海野一隆　一九五七「日本に行われた仏教系世界図について」『地理学史研究Ⅰ　古地図集』柳原書店
室賀信夫　一九八三『古地図抄―日本の地図の歩み―』東海大学出版会
矢守一彦　一九七四『都市図の歴史　日本編』講談社
矢守一彦　一九八四『古地図と風景』筑摩書房
矢守一彦　一九九二『古地図への旅』朝日新聞社

吉田敏弘　一九九三「荘園絵図の分類をめぐって」『企画展示　荘園絵図とその世界』国立歴史民俗博物館

Ⅱ　古地図の古代・中世

1　古代の地図

石上英一　一九九六「古代荘園と荘園図」金田章裕ほか編『日本古代荘園図』東京大学出版会
応地利明　一九九六『絵地図の世界像』岩波書店
金田章裕　一九八五『条里と村落の歴史地理学研究』大明堂
金田章裕　一九九八『古代荘園図と景観』東京大学出版会
金田章裕　一九九九『古地図からみた古代日本』中公新書
金田章裕　二〇〇二『古代景観史の探究』吉川弘文館
金田章裕　二〇〇三「文化の探究」京都大学文学部編『知のたのしみ　学のよろこび』岩波書店（再録、金田『大地へのまなざし―歴史地理学の散歩道―』思文閣出版、二〇〇八）
栄原永遠男　一九九六「古代荘図の作成と機能」金田章裕ほか編『日本古代荘園図』東京大学出版会
鷺森浩幸　一九九四「文図について」『続日本紀研究』二九〇
鷺森浩幸　一九九六「摂津職河辺郡猪名所地図」金田章裕ほか編『日本古代荘園図』東京大学出版会
橋本義則　一九九六「唐招提寺所蔵「観音寺領絵図」」同右
山口英男　一九九六「額田寺伽藍並条里図」同右
吉川真司　一九九六「東大寺山堺四至図」同右

2 中世の地図

上杉和彦　一九九二　「獄舎と平安京」五味文彦編『都市の中世』吉川弘文館
応地利明　一九九六　『絵地図の世界像』岩波書店
太田順三　一九九一　「伯耆国河村郡東郷荘下地中分絵図」荘園絵図研究会編『絵引　荘園絵図』東京堂出版
大山喬平　一九六四　「尾張国富田荘について」『オイコノミカ』一―一
京都市編　一九四六　『京都市史　地図編』
京都大学附属図書館　一九九八　『日本の西方・日本の北方―古地図が示す世界認識―』(展示図録)
金田章裕　一九八五　『条里と村落の歴史地理学研究』大明堂
金田章裕　一九九三ａ　『古代日本の景観』吉川弘文館
金田章裕　一九九三ｂ　『微地形と中世村落』吉川弘文館
金田章裕　二〇〇七　「平安京左・右京図について」同編『平安京―京都　都市図と都市構造』京都大学学術出版会
金田章裕　二〇〇八　『大地へのまなざし―歴史地理学の散歩道―』思文閣出版
黒田日出男　一九八四　『日本中世開発史の研究』校倉書房
ジャメンツ、マイケル　二〇〇七　「法隆寺所蔵「五天竺図」についての覚え書き」藤井譲治ほか編『大地の肖像―絵図・地図が語る世界―』京都大学学術出版会
東大史料編　一九八八　東京大学史料編纂所編『日本荘園絵図聚影三　近畿二』東京大学出版会
東大史料編　一九九二　東京大学史料編纂所編『日本荘園絵図聚影二　近畿一』東京大学出版会
東大史料編　一九九五　東京大学史料編纂所編『日本荘園絵図聚影一上　東日本一』東京大学出版会
東大史料編　一九九六　東京大学史料編纂所編『日本荘園絵図聚影一下　東日本二』東京大学出版会

東大史料編　一九九九　東京大学史料編纂所編『日本荘園絵図聚影四　近畿三』東京大学出版会
東大史料編　二〇〇一　東京大学史料編纂所編『日本荘園絵図聚影五上　西日本一』東京大学出版会
東大史料編　二〇〇二　東京大学史料編纂所編『日本荘園絵図聚影五下　西日本二・補遺』東京大学出版会
奈良文化財研究所　二〇〇一『法隆寺古絵図集（奈良文化財研究所資料第五十五冊）』
西岡虎之助編　一九七六・七七『日本荘園絵図集成』上・下、東京堂出版
錦　昭江　一九九一「近江国菅浦絵図」荘園絵図研究会編『絵引　荘園絵図』東京堂出版
原田正俊　一九九七「中世の嵯峨と天龍寺」浄土真宗教学研究所・本願寺史料研究所編『講座蓮如』四、平凡社
室賀信夫・海野一隆　一九五七「日本に行われた仏教系世界図について」『地理学史研究Ⅰ　古地図集』柳原書店
桃　裕行　一九四〇「延喜式附図に就て」『歴史地理』七五―二
山田邦和　二〇〇五「院政王権都市嵯峨の成立と展開」吉井敏幸・百瀬正恒編『中世の都市と寺院』高志書院
山田邦和　二〇〇七「中世都市嵯峨の変遷」金田章裕編『平安京―京都　都市図と都市構造』京都大学学術出版会
渡辺久雄　一九六八「松尾神社領伯耆国東郷庄の一考察」『歴史地理学紀要』一〇（集落の歴史地理）

Ⅲ　江戸幕府の地図編纂
秋澤　繁　一九九二・九三「慶長十年徳川御前帳について（一・二）」『海南史学』三〇・三一
礒永和貴　二〇〇〇「慶長国絵図の献上に関する疑問」『国絵図ニュース』七
大谷亮吉　一九七九『伊能忠敬』名著刊行会
川村博忠　一九八四『江戸幕府撰国絵図の研究』古今書院
川村博忠　一九九〇『国絵図』吉川弘文館

川村博忠　一九九八　「江戸初期日本総図再考」『人文地理』五〇—五
川村博忠編　二〇〇〇　『江戸幕府撰慶長国絵図集成』柏書房
川村博忠編　二〇〇二　『寛永十年巡見使国絵図　日本六十余州図』柏書房
川村博忠　二〇〇七　「寛永日本図の改定とその実像」藤井讓治ほか編『大地の肖像―絵図・地図が語る世界―』京都大学学術出版会
川村博忠　二〇〇八ａ　「いわゆる「慶長国絵図」の誤認を解く」『日本歴史』七二三
川村博忠　二〇〇八ｂ　「江戸幕府撰元禄日本図の内容とその切写図について」『人文地理』六〇—五
川村博忠　二〇一〇　『江戸幕府の日本地図―国絵図・城絵図・日本図―』吉川弘文館、
国絵図研究会編　二〇〇五　『国絵図の世界』柏書房
黒田日出男　一九七七　「江戸幕府国絵図・郷帳管見（一）」『歴史地理』九三—二
高樹文庫研究会編　一九八三　『石黒信由遺品等高樹文庫資料の総合的研究―江戸時代末期の郷紳の学問と技術の文化的社会的意義―』第一集・第二集（トヨタ財団助成研究報告書）
新湊市博物館編　二〇〇一　『越中の偉人　石黒信由　改訂版』新湊市博物館
杉本史子　一九九九　『領域支配の展開と近世』山川出版社
平井松午　一九九六　「精緻な阿波実測図を作製した岡崎三蔵」三好昭一郎監修『江戸時代人づくり風土記36　徳島』農山漁村協会
藤井讓治　二〇〇七　「二つの正保日本図」藤井讓治ほか編前掲『大地の肖像―絵図・地図が語る世界―』
藤田和敏　二〇〇二　「近世前期の国絵図・郷帳と村」『洛北史学』四
保柳　睦編著　一九七四　『伊能忠敬の科学的業績』古今書院

水本邦彦　一九八七『近世の村社会と国家』東京大学出版会
矢守一彦　一九七四『都市図の歴史　日本編』講談社
横田冬彦　一九八五「元禄郷帳と国絵図―丹波国を中心として―」『文化学年報』四

Ⅳ　近世の都市図

安里　進　二〇〇〇「講演録　琉球王国と琉球廟役図屏風」『滋賀大学経済学部附属史料館研究紀要』三三
阿刀田令造　一九三六『仙台城下絵図の研究』財団法人斎藤報恩会
アルパース、スヴェトラーナ　一九九三『描写の芸術―一七世紀のオランダ絵画―』ありな書房（原著は一九八三）
飯田龍一・俵元昭　一九八八『江戸図の歴史（別冊江戸図総覧）』築地書館
伊藤　太　二〇〇四「一色氏と雪舟が描いたまち　丹後府中―日本海の〈府中型〉守護所と小京都化―」守護所シンポジウム@岐阜研究会世話人編『守護所・戦国期城下町を考える』（第一分冊）
伊東宗裕　二〇〇八「京都の火災図―京都市歴史資料館蔵大塚コレクションについて―」『京都歴史災害研究』九
今橋理子　一九九九『江戸絵画と文学―〈描写〉と〈ことば〉の江戸文化史―』東京大学出版会
伊従　勉　一九九八「琉球王権の場所―首里城正殿唐破風の誕生とその改修について―」『建築史学』三一
岩崎奈緒子　二〇〇一「報告書『琉球防疫図屏風』の成立について―下貼文書の検討から―」『滋賀大学経済学部附属史料館研究紀要』三四
岩田豊樹　一九八〇『江戸図総目録』青裳堂書店
上杉和央　二〇〇二「近世における浪速古図の作製と受容」『史林』八五―二
上杉和央　二〇〇七「日本図の出版」京都大学大学院文学研究科地理学教室・京都大学総合博物館編『地図出版の四

百年―京都・日本・世界―』ナカニシヤ出版
上杉和央　二〇一〇『江戸知識人と地図』京都大学学術出版会
海野一隆　二〇〇三『東西地図文化交渉史研究』清文堂出版
大久保純一　二〇〇七『広重と浮世絵風景画』東京大学出版会
大阪城天守閣　二〇〇五『特別展　大坂図屏風―景観と風俗をさぐる―』大阪城天守閣
大塚　隆　一九八一『京都図総目録』青裳堂書店
小澤　弘　二〇〇二『都市図の系譜と江戸』吉川弘文館
小野田一幸　二〇〇一「近世刊行大坂図にみる千日墓所とその周辺」大阪人権博物館編『絵図の世界と被差別民』大阪人権博物館
小野田一幸　二〇〇六「鍬形蕙斎『日本名所の絵』を読む」『喜谷美宣先生古稀記念論集』同刊行会
狩野博幸　一九九四「洛中洛外図の流れ」京都国立博物館編『都の形象―洛中洛外図の世界―』京都国立博物館
鎌倉芳太郎　一九八二『沖縄文化の遺宝―本文編・写真編―』岩波書店
河内正芳　二〇一〇『信長が見た戦国京都―城塞に囲まれた異貌の都―』洋泉社
京都国立博物館編　一九九四『都の形象―洛中洛外図の世界―』京都国立博物館
京都国立博物館編　一九九七『洛中洛外図　都の形象―洛中洛外の世界―』淡交社
金田章裕　二〇〇七a「京都図の出版」前掲『地図出版の四百年―京都・日本・世界―』
金田章裕　二〇〇七b「平安京左・右京図について」同編『平安京―京都　都市図と都市構造』京都大学学術出版会
栗田元次　一九五二「日本に於ける古刊都市図」『名古屋大学文学部研究論集』二
黒田日出男　一九九六『謎解き洛中洛外図』岩波書店

黒田日出男　二〇一〇『江戸図屛風の謎を解く』角川書店
神戸市立博物館編　二〇一〇『ワイドビューの幕末絵師　貞秀』神戸市立博物館
小島道裕　二〇〇九『描かれた戦国の京都―洛中洛外図屛風を読む―』吉川弘文館
諏訪春雄・内藤昌編　一九七二『江戸図屛風』毎日新聞社
高橋康夫・吉田伸之編　一九八九『日本都市史入門Ⅰ　空間』東京大学出版会
鳴海邦匡　二〇〇六「近世の大阪の地図に関するノート」『待兼山論叢』四〇（日本学篇）
ハーリー、J・B　二〇〇一「地図と知識、そして権力」コスグローブ、D／ダニエルズ、S編（千田稔・内田忠賢監訳）『風景の図像学』地人書房
平井松午　二〇〇九「近世初期城下町の成立過程と町割計画図の意義―徳島藩洲本城下町の場合―」『歴史地理学』五一―一
深井甚三　一九九〇『図翁遠近道印―元禄の絵地図作者―』桂書房
福島克彦　二〇〇五「「天橋立図」と丹後府中」長谷川孝治編『地図の思想』朝倉書店
堀　健彦編　二〇〇八『平安越後古図集成』新潟大学
堀川彰子　二〇〇八「一九世紀以前の那覇を描いた俯瞰的絵図の基礎研究―年代・構図・系譜―」『史林』九一―三
山村亜希　二〇〇六「古図にみる守護所・戦国城下町」内堀信雄ほか編『守護所と戦国城下町』高志書院
矢守一彦　一九七〇『都市プランの研究』大明堂
矢守一彦　一九七三「米沢城下絵図について―地図史的考察の試み―」『史林』五六―二
矢守一彦　一九七四『都市図の歴史　日本編』講談社
矢守一彦　一九七五『都市図の歴史　世界編』講談社

矢守一彦　一九七八「福井城下絵図史について」藤岡謙二郎先生退官記念事業会編『歴史地理研究と都市研究』大明堂
矢守一彦　一九七九「金沢城下絵図史について」『史林』六二―三
矢守一彦　一九八三「城下絵図の類別―とくに藩用図について―」藤岡謙二郎編『城下町とその変貌』柳原書店
矢守一彦　一九八四『古地図と風景』筑摩書房
矢守一彦　一九八六「熊本城下絵図史について」水津一朗先生退官記念事業会編『人文地理学の視圏』大明堂
矢守一彦　一九九二『古地図への旅』朝日新聞社
渡辺理絵　二〇〇〇「米沢城下町における拝領屋敷地の移動―承応・元禄・享保の城下絵図の分析を通して―」『歴史地理学』四二―四
渡辺理絵　二〇〇三「城下町絵図の様式変化と武家地管理の展開―米沢藩を例にして―」『人文地理』五五―三
渡辺理絵　二〇〇四「拝領屋敷の利用にみる武士の屋敷観と武家地管理政策の展開―城下町米沢を中心として―」『史林』八七―二
渡辺理絵　二〇〇八『近世武家地の住民と屋敷管理』大阪大学出版会

V　マクロな日本図とミクロな地域図
五十嵐勉　一九八五「近世村絵図にみる空間表現の歴史的変化―播磨国赤穂郡『真広村絵図』の通時的分析―」『歴史地理学紀要』二七　空間認知の歴史地理』
五十嵐勉　一九八九「村絵図に見る近世村落の生活世界―播磨国赤穂郡『上村絵図』をテクストとして―」葛川絵図研究会編『絵図のコスモロジー』下、地人書房

礒永和貴・鳴海邦匡　二〇〇九「近世村絵図の史料学（一）―大阪商業大学商業史博物館蔵「河内国茨田郡藤田村文書」の村絵図を通して―」『大阪商業大学商業史博物館紀要』一〇
上杉和央　二〇〇七「日本図の出版」京都大学大学院文学研究科地理学教室・京都大学総合博物館編『地図出版の四百年―京都・日本・世界―』ナカニシヤ出版
上杉和央　二〇一〇『江戸知識人と地図』京都大学学術出版会
上原秀明　二〇〇一「村絵図」有薗正一郎ほか編『歴史地理調査ハンドブック』古今書院
海野一隆　二〇〇三『東西地図文化交渉史研究』清文堂出版
小椋純一　一九九二『人と景観の歴史―絵図から読み解く―』雄山閣
小野田一幸　二〇〇六「鍬形蕙斎『日本名所の絵』を読む」『喜谷美宣先生古稀記念論集』同刊行会
小野寺淳　一九九〇「絵図にみる近世阿武隈川水路の空間認識」『地学雑誌』九九―七
小野寺淳　一九九一『近世河川絵図の研究』古今書院
葛川絵図研究会編　一九八八・八九『絵図のコスモロジー』上・下、地人書房
川村博忠　一九八八「藩政基本資料としての地方絵図―萩藩の村図・郡図・小郡図―」歴史地理学会編『行政の歴史地理』古今書院
川村博忠　一九九二『近世絵図と測量術』古今書院
木村東一郎　一九六二『近世村絵図研究』小宮山書店
木村東一郎　一九六七『江戸時代の地図に関する研究』隣人社
木村東一郎　一九七九『村図の歴史地理学』日本学術通信社
木村　礎編　一九八八『村落景観の史的研究』八木書店

米家泰作　二〇〇〇「山村の村絵図にみる山容描写と空間構成」『地図と歴史空間―足利健亮先生追悼論文集―』大明堂
米家泰作　二〇〇二『中・近世山村の景観と構造』校倉書房
白井哲哉　一九八八「近世村絵図の史料的研究（一）―残存地方絵図史料とその問題点―」『明治大学刑事博物館年報』一九
辻垣晃一・森洋久　二〇〇三『森幸安の描いた地図』国際日本文化研究センター
鳴海邦匡　二〇〇二a「近世山論絵図の定義と分類試論」『歴史地理学』四四―三
鳴海邦匡　二〇〇二b「「復元」された測量と近世山論絵図―北摂山地南麓地域を事例として―」『史林』八五―五
鳴海邦匡　二〇〇七『近世日本の地図と測量―村と「廻り検地」―』九州大学出版会
馬場　章　二〇〇一「地図の書誌学―長久保赤水『改訂日本輿地路程全図』の場合―」黒田日出男ほか編『地図と絵図の政治文化史』東京大学出版会
松尾容孝　二〇〇五「地方絵図」宮津市史編さん委員会編『宮津市史　絵図編（解説）』宮津市役所
水本邦彦　一九九三『近世の郷村自治と行政』東京大学出版会
水本邦彦　二〇〇二『絵図と景観の近世』校倉書房
水本邦彦　二〇〇三『草山の語る近世』山川出版社
三好唯義　一九八九「いわゆる流宣日本図について」『地図』二七―三

Ⅵ　東西交流の隆盛と世界観

青木千枝子　一九九一「我が国における「坤輿万国全図」模写図の諸問題」『人文地理』四三―五

秋岡武次郎　一九五五『日本地図史』河出書房
秋岡武次郎　一九五八「桃山時代・江戸時代初期の世界図屏風等の概報」『法政大学文学部紀要』四
鮎澤信太郎　一九四一『日本文化史上に於ける利瑪竇の世界地図』龍文書局
鮎澤信太郎　一九四三『新井白石の世界地理研究』京成社出版部
鮎澤信太郎　一九五三「世界地理の部」海国百年記念文化事業会編『鎖国時代日本人の海外知識』乾元社
鮎澤信太郎　一九五九『山村才助』吉川弘文館
鮎澤信太郎　一九八〇『地理学史の研究』原書房（初版は愛日書院、一九四八）
上杉和央　二〇一〇『江戸知識人と地図』京都大学学術出版会
海野一隆ほか編　一九七二『日本古地図大成』講談社
海野一隆　一九八五『ちずのしわ』雄松堂出版
海野一隆　一九八九「神宮文庫所蔵の南蛮世界図と南洋カルタ」有坂隆道編『日本洋学史の研究』Ⅸ、創元社
海野一隆　一九九三「南蛮系世界図の系統分類」『論集　日本の洋学Ⅰ』清文堂出版
海野一隆　二〇〇三『東西地図文化交渉史研究』清文堂出版
海野一隆　二〇〇四『地図の文化史―世界と日本―』八坂書房
海野一隆　二〇〇五『東洋地理学史研究―日本篇―』清文堂出版
海野一隆　二〇〇六『日本人の大地像―西洋地球説の受容をめぐって―』大修館書店
岡田正彦　二〇一〇『忘れられた仏教天文学―一九世紀の日本における仏教世界像―』ブイツーソリューション
織田武雄ほか編　一九七五『日本古地図大成　世界編』講談社
川村博忠　二〇〇三『近世日本の世界像』ぺりかん社

金田章裕　二〇〇七　「「新訂万国全図」の編集過程をめぐって」藤井讓治ほか編『大地の肖像―絵図・地図が語る世界―』京都大学学術出版会
黒田日出男　一九九六　『謎解き洛中洛外図』岩波書店
高橋　正　一九八八　「南蛮都市図屛風からカエリウス世界図へ」葛川絵図研究会編『絵図のコスモロジー』上、地人書房
土浦市立博物館編　一九九六　『世界図遊覧―坤輿万国全図と東アジア―』土浦市立博物館
中村　拓　一九五七　「戦国時代の日本図」『横浜市立大学紀要』A人文科学（一一）
中村　拓　一九六四　「南蛮屛風世界図の研究」『キリシタン研究』九
二宮陸雄　二〇〇七　『高橋景保と「新訂万国全図」―新発見のアロウスミス方図―』北海道出版企画センター
芳賀徹監修　二〇〇三　『平賀源内展』東京新聞
平川祐弘　一九六五　『マッテオ・リッチ伝1』平凡社（東洋文庫）
船越昭生　一九七〇　「坤輿万国全図と鎖国日本―世界的視圏の成立―」『東方学報』四一
船越昭生　一九七九　「『新訂万国全図』の主要資料アロウスミスの原図について」『史林』六二―一
船越昭生　一九八六　『鎖国日本にきた「康熙図」の地理学史的研究』法政大学出版局
宮　紀子　二〇〇六　『モンゴル時代の出版文化』名古屋大学出版会
宮　紀子　二〇〇七　『地図は語る　モンゴル帝国が生んだ世界図』日本経済新聞出版社
三好唯義　二〇〇三　「源内焼の地図皿について」『源内焼―平賀源内のまなざし―』財団法人五島美術館
室賀信夫・海野一隆　一九五七　「日本に行われた仏教系世界図について」『地理学史研究』一、柳原書店
室賀信夫・海野一隆　一九六二　「江戸時代後期における仏教系世界図」『地理学史研究』二、柳原書店

室賀信夫　一九八三　『古地図抄―日本の地図の歩み―』東海大学出版会

Ⅶ　近現代の地図

1　近代の地図整備

今西純一・今西亜友美・杉田そらん　二〇一一　「昭和初期の京都市の写る空中写真の撮影時期の再検討」『ランドスケープ研究』七四―五
岩間一水　一九九九　「滋賀県下における明治期作製の地籍図―現草津市域の事例を中心に―」桑原公徳編著『歴史地理学と地籍図』ナカニシヤ出版
上杉和央　二〇〇六　「旧南富永村」高月町編『高月町史　景観・文化財編』分冊一、高月町
大羅陽一　一九八七　「土地宝典の作成経緯とその資料的有効性」『歴史地理学』一三七
木全敬蔵　一九九七　「空中写真撮影の歴史」『写真測量とリモートセンシング』三六―一
木村大輔　二〇一〇　「『京都地籍図』の資料的検討」『佛教大学院紀要』文学研究科篇三八
金田章裕　二〇〇一　「旧安永村（旧亀山村）」彦根市史編集委員会編『彦根　明治の古地図一』彦根市
桑原公徳　一九七六　『地籍図』学生社
桑原公徳編著　一九九九　『歴史地理学と地籍図』ナカニシヤ出版
建設省国土地理院監修（測量・地図百年史編集委員会編）　一九七〇　『測量・地図百年史』日本測量協会
古関大樹　二〇〇四　「滋賀県下における明治期作成の地籍図の再検討」『人間文化』一六
古関大樹　二〇〇八ａ　「明治前期地籍図に関する布達類―滋賀県庁文書の史料紹介―」『人間文化』二四
古関大樹　二〇〇八ｂ　「総論　明治の古地図―その種類と性格―」「能登川の歴史」編集委員会編『明治の古地図』東

近江市
古関大樹　二〇〇九「滋賀県における明治前期地籍図の成立とその機能の変化―佐藤甚次郎説の再検討を通して―」『歴史地理学』五一―一
小林　茂（解説）二〇〇八『外邦測量沿革史　草稿　第一冊』不二出版
小林　茂編　二〇〇九『近代日本の地図作製とアジア太平洋地域―「外邦図」へのアプローチ―』大阪大学出版会
小林　茂　二〇一一『外邦図―帝国日本のアジア地図―』中央公論新社
坂戸直樹　二〇〇九「第二次世界大戦中の機密図誌（海図・航空図）」小林茂編前掲『近代日本の地図作製とアジア太平洋地域』
佐藤　侊　一九九二「陸軍参謀本部地図課・測量課の事蹟―参謀局の設置から陸地測量部の発足まで（四）―」『地図』三〇―一
佐藤甚次郎　一九八六『明治期作成の地籍図』古今書院
島津俊之　一九九七「内務省地理局の地籍編製事業について」小林健太郎（研究代表者）『近畿・中国地方における地籍図類の歴史地理学的活用に関する総合的研究』（平成六年度〜八年度科学研究費補助金（基盤研究A）研究成果報告書）
島津俊之　二〇〇二「明治政府の地誌編纂事業と国民国家形成」『地理学評論』七五―二
清水靖夫　一九七〇「初期の地形図類：二万分の一地形図について」『研究紀要』（立教高等学校）一
清水靖夫　一九八二「台湾の諸地形図について」『研究紀要』（立教高等学校）一三
清水靖夫　一九八三「樺太の地形図類について」『研究紀要』（立教高等学校）一四
清水靖夫　一九八六『日本統治機関作製にかかる朝鮮半島地形図の概要―「一万分一朝鮮地形図集成」解題―』柏書房

清水靖夫　二〇〇一「近代地形図作成史における二万分一地形図」清水靖夫・小林茂『正式二万分一地形図集成〔東日本〕・〔関西〕解題』柏書房
清水靖夫　二〇〇九「外邦図の嚆矢と展開」小林茂編前掲『近代日本の地図作製とアジア太平洋地域』
高月町編　二〇〇六『高月町史　景観・文化財編』分冊一、高月町
長岡正利　一九九三「陸地測量部外邦図作成の記録」『地図』三一―四
長岡正利　二〇〇九「陸地測量部外邦図作製の記録―陸地測量部・参謀本部　外邦図一覧図―」小林茂編前掲『近代日本の地図作製とアジア太平洋地域』
南　縈佑　二〇〇九「植民地化以前の韓半島における日本の軍用秘図作製」同右
平岡昭利　一九九九「海軍の街から重工業都市へ」同編『中国・四国―地図で読む百年―』古今書院
船越昭生　一九八六『鎖国日本にきた「康熙図」の地理学史的研究』法政大学出版局
山村亜希　二〇〇六「中世都市の景観復原と地籍図」『愛知県立大学文学部論集』五四

2　多様化する地図

上杉和央　二〇〇七「近代地図とアカデミズム」京都大学大学院文学研究科地理学教室・京都大学総合博物館編『地図出版の四百年―京都・日本・世界―』ナカニシヤ出版
上杉和央　二〇一〇『江戸知識人と地図』京都大学学術出版会
宇治市歴史資料館編　二〇〇七『パノラマ地図と鉄道旅行』宇治市歴史資料館
大久保純一　二〇〇七『広重と浮世絵風景画』東京大学出版会
織田武雄　一九七三『地図の歴史』講談社

河角龍典　二〇〇七「平安時代のバーチャル京都」矢野桂司ほか編後掲『バーチャル京都』
河角龍典　二〇一一「3次元都市モデルを用いた古代都市の景観分析―バーチャル長岡京・平安京でみる都市の中軸線と山並みの関係―」矢野桂司ほか編後掲『京都の歴史GIS』
建設省国土地理院監修（測量・地図百年史編集委員会編）一九七〇『測量・地図百年史』日本測量協会
国土交通省国土地理院　二〇〇三『国土地理院時報』一〇〇
国土交通省国土地理院　二〇〇九『基本測量に関する長期計画』国土交通省国土地理院
島津俊之　二〇〇七「明治・大正期における「熊野百景」と風景の生産―新宮・久保写真館の実践―」『人文地理』五九―一
杉本史子編　二〇一一『絵図学入門』東京大学出版会
関戸明子　二〇〇七『近代ツーリズムと温泉』ナカニシヤ出版
田中覚・磯田弦　二〇一一「歴史的町並みの自動生成モデル」矢野桂司ほか編後掲『京都の歴史GIS』
塚本章宏・磯田弦　二〇〇七「『寛永後万治前洛中絵図』の局所的歪みに関する考察」『GIS―理論と応用―』一五
辻垣晃一・森洋久　二〇〇三『森幸安の描いた地図』国際日本文化研究センター
中西僚太郎・関戸明子編　二〇〇八『近代日本の視覚的経験―絵地図と古写真の世界―』ナカニシヤ出版
藤本一美　二〇〇二「初三郎の原画を見に行こう」『別冊太陽　大正・昭和の鳥瞰図絵師　吉田初三郎のパノラマ地図』平凡社
三木理史　二〇〇七『世界を見せた明治の写真帖』ナカニシヤ出版
三好唯義　一九九九「貞秀＝玉蘭斎ノート―地図および地図的作品への手がかりとして―」『神戸市立博物館紀要』一五

三好唯義　二〇〇八「吉田初三郎の神戸市鳥瞰図について」『神戸市立博物館紀要』二四
三好唯義　二〇一〇「時代と風景を描く貞秀＝玉蘭斎」神戸市立博物館編『特別展　ワイドビューの幕末絵師貞秀』
　神戸市立博物館
師橋辰夫　二〇〇二「大正広重　昭和源内」前掲『別冊太陽　大正・昭和の鳥瞰図絵師　吉田初三郎のパノラマ地図』
矢野桂司　二〇〇六『デジタル地図を読む』ナカニシヤ出版
矢野桂司・中谷友樹・磯田弦編　二〇〇七『ヴァーチャル京都―過去・現在・未来への旅―』ナカニシヤ出版
矢野桂司・中谷友樹・河角龍典・田中覚編　二〇一一『京都の歴史GIS』ナカニシヤ出版
矢守一彦　一九八四『古地図と風景』筑摩書房
矢守一彦　一九九二『古地図への旅』朝日新聞社

江戸幕府の日本地図　国絵図・城絵図・日本図

川村博忠著　（歴史文化ライブラリー）四六判・二四〇頁／一七八五円

江戸幕府が諸国大名に作成を命じた国絵図と城絵図は日本総図として集成された。地図編纂事業の目的は何か？　伊能忠敬まで測量技術はどのように発達したのか？　幕府の全国統治とともに描く、「日本地図」誕生の歴史。

都市図の系譜と江戸　（歴史文化ライブラリー）

小澤　弘著　四六判・二二四頁・原色口絵二頁／一七八五円

洛中洛外図・江戸図に描かれた建物や四季の風物、人々の生き生きした姿。これら都市図から何が分かるのか。都市図の変遷、描き方の移り変わりと、江戸をテーマとした作品を中心に、魅力溢れる都市図の世界へ招待する。

江戸の地図屋さん　販売競争の舞台裏　（歴史文化ライブラリー）

俵　元昭著　四六判・二二四頁・原色口絵二頁／一七八五円

一見不正確な描写に、必要な情報がふんだんに盛り込まれ、大名屋敷や寺社を尋ねる当時必須の手引＝江戸切絵図。多くの需要と熾烈な出板競争の中、知恵と技術を尽し、究極の江戸図が追求され続けた歴史の舞台裏に迫る。

著者略歴

金田章裕

一九四六年　富山県に生まれる
一九七四年　京都大学大学院文学研究科博士課程単位取得退学
現在　大学共同利用機関法人人間文化研究機構長、博士（文学）
〔主要著書〕
『条里と村落の歴史地理学研究』（大明堂、一九八五年）『古代荘園図と景観』（東京大学出版会、一九九八年）『古代景観史の探究』（吉川弘文館、二〇〇二年）

上杉和央

一九七五年　香川県に生まれる
二〇〇四年　京都大学大学院文学研究科博士後期課程指導認定退学
現在　京都府立大学文学部准教授、博士（文学）
〔主要著書〕
『江戸知識人と地図』（京都大学学術出版会、二〇一〇年）『地図出版の四百年』（共著）（ナカニシヤ出版、二〇〇七年）

日本地図史

二〇一二年（平成二十四）三月一日　第一刷発行

著者　金《きん》田《だ》章《あき》裕《ひろ》
　　　上《うえ》杉《すぎ》和《かず》央《ひろ》
発行者　前田求恭
発行所　株式会社 吉川弘文館
郵便番号一一三—〇〇三三
東京都文京区本郷七丁目二番八号
電話〇三—三八一三—九一五一〈代表〉
振替口座〇〇一〇〇—五—二四四番
http://www.yoshikawa-k.co.jp/
印刷＝株式会社 平文社
製本＝誠製本株式会社
装幀＝清水良洋・星野槙子

ISBN978-4-642-08070-5

索　　引

資料名（地図・文書）

あ　行

か　行

さ　行

た 行

な 行

は 行

ま 行

や 行

ら　行

事項（地図一般名など）

あ　行

か　行

さ　行

た　行

な　行

は 行

ま 行

や 行

ら 行

わ 行

人名・機関名

な　行

は　行

ま　行

や　行

ら　行

図 版 一 覧

機関名の略称　京 大 図：京都大学附属図書館
京大総博：京都大学総合博物館
神戸市博：神戸市立博物館

図11 「大日本沿海輿地全図」(小図・中国四国部分) 神戸市博所蔵 *121*

Ⅳ 近世の都市図

図1 「洛中洛外図屛風」(歴博甲本) 国立歴史民俗博物館所蔵 *130-131*
図2 「洛中洛外図屛風」(高津本) 九州国立博物館所蔵・提供, 山﨑信一撮影 *134-135*
図3 「高松城下図屛風」 香川県歴史博物館所蔵 *138*
図4 『東海道分間絵図』(瀬田〜二条城) 遠近道印作・菱川師宣画 元禄16年(1703)版 京大図所蔵 *139*
図5 『竹斎』の清水寺 *141*
図6 『都名所図会』の清水寺 *141*
図7 『江戸名所之絵』鍬形蕙斎作 享和3年(1803)発行 三井文庫所蔵 *143*
図8 「御開港横浜大絵図全」五雲亭貞秀(橋本玉蘭斎)作 万延元年(1860) 神戸市博所蔵 *145*
図9 「首里那覇港図屛風」(部分) 沖縄県立博物館・美術館所蔵 *146*
図10 「首里那覇鳥瞰図」 沖縄県公文書館所蔵 *147*
図11 『都記』寛永3年(1626)ごろ刊行 京大図所蔵 *153*
図12 『新板平安城東西南北町幷洛外之図』修学寺村無庵版 承応3年(1654) 京大図所蔵 *157*
図13 『改正京町絵図細見大成 洛中洛外町々小名全』(部分) 竹原好兵衛版 天保2年(1831) 京大図所蔵 *163*
図14 『新板江戸大絵図』(部分) 遠近道印作・経師屋加兵衛版 寛文10年(1670)刊 三井文庫保管 *166*
図15 『江戸図鑑綱目(坤)』(部分) 石川流宣作・相模屋太兵衛版 元禄2年(1689)刊 東京都立中央図書館所蔵 *168*
図16 『江戸切絵図』(近吾堂版) 永田町絵図 *171*
図17 『江戸切絵図』(尾張屋版) 麹町永田町外桜田絵図(部分) *171*
図18 『新板大坂之図』河野道清版 明暦3年(1657)刊 名古屋市蓬左文庫所蔵 *173*
図19 『摂津大坂図鑑綱目大成』(部分) 長谷川図書作・万屋彦太郎版 宝永4年(1707)刊 神戸市博所蔵 *176*
図20 『増修改正摂州大阪地図全』 播磨屋九兵衛版 文化3年(1806)刊(山下和正著『地図で読む江戸時代』柏書房, 1998年より) *178*
図21 『花洛往古図』 京都府立総合資料館所蔵 *183*
図22 「須本御山下之絵図」(部分) 国文学研究資料館所蔵, 平井松午提供 *186*
図23 「端原氏城下絵図」 本居宣長記念館所蔵 *189*

Ⅴ マクロな日本図とミクロな地域図

図1 『大日本国地震之図』寛永元年(1624)刊 個人所蔵 *197*
図2 『日本国之図』慶安4年(1651)刊 京大図所蔵 *198*
図3 『扶桑国之図』伏見屋版 寛文2年(1662)刊 京大総博収蔵 *200*
図4 『新撰大日本図鑑』延宝8年(1680)再板 京大総博収蔵 *201*
図5 『日本海山潮陸図』石川流宣作・相模屋太兵衛版 元禄4年(1691)刊 京大総博収蔵 *203*
図6 『改正大日本備図全』馬淵自藁庵図・岡田自省軒書 元禄末ごろ刊 京大総博収蔵 *206*
図7 『改正日本輿地路程全図』長久保赤水作・浅野弥兵衛版 安永8年(1779)刊 明治大学図書館所蔵 *208*
図8 『日本名所の絵』鍬形蕙斎作 国

立歴史民俗博物館所蔵　*209*
図９　「日本分野図」森幸安作　宝暦４年(1754)作製　国立公文書館所蔵　*212*
図10　「河州丹北郡小山村領内碁盤絵図」宝永３年(1706)年紀　松田秋津家所蔵　*218*
図11　大野惣絵図　帝塚山学院大学所蔵　*222-223*
図12　「[字本庄裏山論所立会絵図]」天明７年(1787)作製　「岸本家文書」(大阪府池田市)　*226*
図13　「阿武隈川舟運図」猿羽根瀧付近　福島市資料展示室所蔵　*234*
図14　『花洛一覧図』文化６年(1809)刊　早稲田大学図書館所蔵　*236*

Ⅵ　東西交流の隆盛と世界観
図１　「世界図・日本図屛風」　福井市浄得寺所蔵　*240-241*
図２　「南蛮地図屛風」　小浜市発心寺所蔵，川村博忠提供　*245*
図３　「世界図屛風」　神戸市博所蔵　*246*
図４　『坤輿万国全図』マテオ・リッチ作　1602年刊　京大図所蔵　*249*
図５　『万国総図・人物図』正保２年(1645)刊　下関市立長府博物館所蔵　*252*
図６　「万国惣図」　山口大学図書館所蔵　*255*
図７　「混一疆理歴代国都之図」1402年　龍谷大学附属図書館所蔵　*257*
図８　「世界之図・日本之図屛風」　京大総博収蔵　*263*
図９　「うちわ型仏教系世界図（南瞻部洲図)」　神戸市博所蔵　*266*
図10　『南瞻部洲万国掌菓之図』鳳潭（浪華子）作・文台軒宇平版　宝永７年(1710)刊　京大総博収蔵　*267*
図11　『南閻浮提諸国集覧之図』花坊兵蔵作・本屋彦右衛門版　延享元年(1744)　京大図所蔵　*268*
図12　『地球万国山海輿地全図説』長久保赤水作・浅野弥兵衛版　寛政７年(1795)ごろ　京大図所蔵　*276*
図13　『万国図』延享元年(1744)刊　京大総博収蔵　*279*
図14　源内焼世界図皿　神戸市博所蔵　*280*
図15　『新海洋世界図（Zee-atlas, Nieuwe atlas)』　近畿大学図書館所蔵　*282*
図16　『地球図』司馬江漢作　寛政４年(1792)　京大図所蔵　*283*
図17　『新製輿地全図』箕作省吾作　弘化元年(1844)刊　京大図所蔵　*288*

Ⅶ　近現代の地図
図１　明治前期作成の地籍図類とその系譜および備置場所　(佐藤甚次郎『明治期作成の地籍図』古今書院，1986年より)　*295*
図２　滋賀県下における明治前期地籍図の成立過程　(古関大樹「滋賀県における明治前期地籍図の成立とその機能の変化」『歴史地理学』51-1，2009年より)　*297*
図３　「近江国犬上郡太堂村地券取調総絵図」　明治６年(1880)11月　彦根市太堂町自治会所蔵　*298*
図４　「近江国伊香郡第六区宇根村地位等級取調絵図」　旧高月町税務住民課所蔵　*300*
図５　「伊香郡柏原村地籍全図」　高月町柏原区所蔵　*300*
図６　「長勝寺村更正地図」(一村全図)　明治21年(1888)　能登川博物館所蔵　*306*
図７　『官板実測日本地図』明治２年(1869)版　京大総博収蔵　*310*
図８　輯製二〇万分一図「京都及大阪」明治19年(1886)輯製　大正３年(1914)改版　京大総博収蔵　*311*
図９　第一軍管地方二万分一迅速測図「内藤新宿」明治13年(1880)測量・30